HENRY SHUKMAN

Ein einziger Grashalm

AF650702

Ein einziger Grashalm

Den Weg zum Herzen finden

Ein Zen-Memoir
von
HENRY SHUKMAN

Deutsch von Marlies Ruß

arbor

Arbor Verlag
Freiburg im Breisgau

Die Originalausgabe erschien unter dem Titel: *One Blade of Grass: Finding the Old Road of the Heart – a zen memoir* bei Counterpoint, Berkeley, CA, USA.
Copyright © 2019 by Henry Shukman
First published in the United States of America in 2019 by Counterpoint
Deutsche Erstausgabe
1. Auflage 2024
Copyright der deutschen Ausgabe © 2024 Arbor Verlag GmbH, Freiburg

Lektorat: Georg Grässlin
Umschlaggestaltung und Satz: mediengenossen.de
Titelfoto: © 2024 Philipp Torres/unsplash.com
Druck und Bindung: Memminger MedienCentrum Druckerei und Verlags-AG

Alle Rechte vorbehalten

Seite 19: Zitiert nach: *Hundert Englische Gedichte,* Herausgegeben und übersetzt von Hans-Dieter Gelfert, dtv, München, 1999. S. 107
Seite 108f: Deutsche Fassung zitiert nach: O'Neill, Eugene: *Meisterdramen.* S. Fischer Verlag, Frankfurt am Main 1963, S.742 (Übersetzung: Ursula und Oscar Fritz Schuh). Mit freundlicher Genehmigung.
Seite 128 zitiert nach: Samyutta Nikaya – *Die gruppierte Sammlung der Lehrreden des Buddhas,* Kapitel IV: »Der Splitter«.
Seite 171 zitiert nach: Lawrence, D. h., *Mexikanischer Morgen und Italienische Dämmerung.* Rowohlt Verlag, Reinbek bei Hamburg, 1963, S. 90 (Übersetzung Alfred Kuoni).
Seite 329 zitiert nach: Yamada Kōun Roshi: *Die Niederschrift vom blauen Fels.* Hekiganroku. Ins Deutsche übertragen und herausgegeben von Peter Lengsfeld, Kösel Verlag, München, 2002, Bd.II, S.450.

Dieses Buch wurde auf 100 % Altpapier gedruckt und ist alterungsbeständig.
Weitere Informationen über unser Umweltengagement finden Sie unter
www.arbor-verlag.de/umwelt
www.arbor-verlag.de

ISBN 978-3-86781-392-1

Für meine Lehrer*innen

Joan Rieck Rōshi,
John Gaynor-rōshi,
Ruben Habito Rōshi,
und Yamada Ryo'un Rōshi,
Abt des Sanbō Zen in Kamakura, Japan

Ich habe gesucht und gefunden

Carlo Carretto

Inhalt

TEIL 3
Ein Kalb von einem Bullen geboren

Prolog

Es war der dritte oder vierte Abend des Retreats. Draußen prasselte der Regen, peitschte gegen die dunklen Fenster, und manchmal klirrte es, als ob jemand eine Handvoll Kies gegen die Scheiben geschleudert hätte.

Regen in der Wüste ist rar, und ein Segen, und der prickelnde Geruch von feuchtem Staub schwängerte allmählich die Luft in der Meditationshalle. Auch eine erfrischende Kühle war von draußen hereingekrochen.

All dies nahm ich wahr, aber vor allem war mir bewusst, dass ich endlich in einen Zustand von Ruhe und Klarheit geglitten war. Es war eine willkommene Erlösung. Den ganzen Tag über hatte ich mir richtig schwer getan. Mühselige, quälende Gedankenketten hatten sich durch mein Gehirn gewunden – über einmal getroffene Lebensentscheidungen, dass ich ein gutes Leben in England aufgegeben hatte, um nach New Mexico zu ziehen, dass ich meinen Vorstellungen davon, ein guter Vater zu sein, oder ein aufmerksamer Ehemann, in vielerlei Hinsicht nicht gerecht geworden war, über Herausforderungen in der Arbeit, schwierige Gespräche aus den letzten paar Wochen oder vergangenen Jahrzehnten, alles war genau in dem Moment über mich hereingebrochen, als ich so dringend innere Ruhe gebraucht – oder mir jedenfalls gewünscht – hätte. Es gab alle möglichen Arten, sich zu martern, wenn man in der Meditation hilflos festhing, aber die Tatsache, dass ich die meisten davon inzwischen kannte, schien keinerlei Hilfe zu sein.

Das Retreat-Zentrum lag in den Hügeln oberhalb des abgelegenen Städtchens Gallup im Westen New Mexicos. Gallup war eine staubige, in der Wüste ausgebreitete Kleinstadt, verschlafen, mit Ausnahme der Züge. Zufällig war es nämlich auch ein Eisenbahnknotenpunkt, und den ganzen Tag über war, zwangsläufig immer dann, wenn sich meine Gedanken gerade ein wenig zu beruhigen begannen, das langgezogene, tiefe Hupen eines Zugs die Hügel heraufgeschallt und hatte mich jäh wieder aus der sich sacht anbahnenden Sammlung gerissen. Von Neuem trieben mich Attacken von Unbehagen und Bedauern um, begleitet von Spannungen und Druck in meinen Eingeweiden – wie die Gewitterwolken, die vermutlich gerade draußen über den Nachthimmel zogen.

Doch jetzt hatte sich all das verwandelt. Stattdessen stieg, in der Kühle des Saals und der nach Kreide riechenden Luft des Wüstenregens, eine leuchtende Ruhe in mir auf, sickerte nach oben wie das Wasser der anschwellenden Flut durch nassen Sand, und machte mich hellwach, vollkommen still und tief entspannt. Als ob mein gesamter Körper die schlichte Tatsache seines Existierens genoss. Ich spürte, wie sich meine Wahrnehmung immer mehr weitete, wie die Blende einer sich öffnenden alten Kamera. Gleichzeitig erfasste mich ein komisches Gefühl, wie es manchmal in vertiefter Meditation passiert, als würde ich von beiden Seiten zusammengedrückt und mit jeder Sekunde dünner und länger, bis ich so schlank und rank war wie der Stängel einer Blume und das Gefühl hatte, jeden Moment abzuknicken.

Dann fokussierte mein Blick auf die Wand vor mir – eine Wand aus Lehmziegel – »adobe« genannt –, die im Schein einer Lampe schimmerte.

Eine tiefe Liebe für diese Wand wallte in mir auf, fast als würde ich mich in die Wand verlieben und sie sich in mich. Urplötzlich, mit der Unmittelbarkeit eines Erdstoßes, schien sich der ganze Saal komplett zu öffnen und ins Unendliche auszudehnen, und mir war, als würde ich in diesen grenzenlosen Raum hineingesogen und würde Teil davon, so dass die Wüstenberge draußen, die sich nach Gallup hinunter in das zwei Meilen entfernte Tal und darüber hinaus erstreckten, mein eigener Körper waren.

Eine intensive Energie durchströmte mich und die Welt, und ich spürte Tränen über mein Gesicht rinnen – Tränen der Liebe, der Freude, der Dankbarkeit. Es stimmte, was die Buddhisten sagten: Ich war eins mit der Welt. Ich war eins mit allem. Die ganze Welt war mein Körper, mein Geist. Und deshalb war ich geliebt, zugehörig, geheilt auf jede erdenkliche Weise. Alles war gut und war insgeheim immer schon gut gewesen.

Der Klang der Glocke verkündete das Ende der Meditationseinheit, und in mir beruhigte sich alles und wurde wieder normal, außer einem Kribbeln in meinen Gliedmaßen und einem Gefühl großer Ausdehnung, als wäre mein Geist ausgelöscht worden und ein grenzenloser Friede an seine Stelle getreten.

Dann musste ich mich um das Zimmer für die Einzelgespräche des Lehrenden kümmern, und der Abend ging weiter, und noch immer prasselte der Regen auf das kleine Retreat-Zentrum, trommelte auf das Dach, erfüllte die Luft mit diesem Duft von Verheißung. Aber ich wusste: Diesem Zen konnte ich trauen. Irgendwie war es einfach völlig richtig. Es war real, und es funktionierte. Trotz vieler gelegentlicher Zweifel – ich war auf einem wahrhaftigen Weg.

Einmal besuchte ich einen Vortrag der Engländerin Tenzin Palmo über ihre zwölf Jahre in einer abgelegenen Höhle im Himalaya. Die Isolation war Teil ihres buddhistischen Trainings gewesen. Jemand aus dem Publikum fragte, wie es sich angefühlt habe, danach wieder in die Welt hinaus zu gehen.

»Gut«, antwortete sie. »Entweder ist man gekocht oder nicht.«

»Wie weiß man, ob man gekocht ist?«, wollte die Zuhörerin wissen.

»Man weiß es einfach. Man ist gar.«

Sie überlegte kurz und fügte hinzu, sie habe von Leuten gehört, die dasselbe zwölfjährige Training in einer Höhle absolviert hatten und am Ende nicht »gar« waren. Aber wenn man es war, dann war man's – und mehr gab es dazu nicht zu sagen.

Man kann in der Welt der Meditation diesen Eindruck gewinnen: dass Menschen sich ganz normal hineinbegeben, dann in der Mitte irgendetwas passiert, etwas Unergründliches, Unbeschreibliches, das sich der gewöhnlichen Sprache der Sterblichen entzieht, und dass diese Menschen am Ende neu, verändert, »gar gekocht« wieder daraus hervorkommen.

Ich wohnte eine Zeit lang nahe des Städtchens Stroud in Gloucestershire, England. Dort gab es ein Café, in dem ein Druck an der Wand hing, ein Triptychon mit drei Bildern von einem Berg. Das erste Bild war ganz schlicht, ein ikonischer dreieckiger Berg, und darunter die Worte: BEFORE ZEN, A MOUNTAIN IS A MOUNTAIN. Auf dem zweiten Bild waren mehrere Berge wirr übereinander projiziert und darunter stand: DURING ZEN, A MOUNTAIN IS NOT A MOUNTAIN. Das letzte Bild war dasselbe wie das erste, ganz einfach und schlicht, und der Satz darunter lautete: AFTER ZEN, A MOUNTAIN IS A MOUNTAIN[1].

---

1 VOR ZEN: EIN BERG IST EIN BERG. / WÄHREND ZEN: EIN BERG IST KEIN BERG. / NACH ZEN: EIN BERG IST EIN BERG (Anm. d. Übers.).

Was auch immer also dieser Garprozess mit einem anstellte, wie unübersichtlich es mittendrin auch werden mochte, es ging dabei nicht um irgendein jenseitiges Ziel, jedenfalls nicht auf dem Zen-Weg. Allerdings machte das die ganze Sache nur noch verwirrender. Wenn am Ende alles wieder genauso war wie am Anfang, warum dann das Ganze? Oder vielleicht waren zwar die Dinge am Ende genauso wie zuvor, aber man selbst betrachtete sie anders?

Dieses Buch trägt die Hoffnung in sich, den Garprozess zu entmystifizieren, ihn in gewöhnliche Sprache zu gießen und zu zeigen, wie er im ganz normalen Leben funktionieren kann. Und zu vermitteln, warum er wichtig ist. Denn auch wenn wir weiterhin unser gewöhnliches Leben leben, kann sich durch diesen Prozess die Art und Weise, wie wir dieses Leben erfahren, verändern. Und diese Veränderung ist alles andere als gewöhnlich. Manche sind überzeugt, es sei das Radikalste, was wir für uns und unsere Mitgeschöpfe tun können. Kann uns dieser Prozess doch zeigen, dass wir nicht allein sind, es gar nicht sein können, wie einsam wir uns auch manchmal fühlen mögen. Vielmehr sind wir alle Teil einer einzigen Existenz. Wenn das stimmt, sind die Implikationen schwindelerregend.

GENSHA, EIN ZEN-MEISTER AUS DEM neunten Jahrhundert, erfuhr diese eine Existenz urplötzlich im Alter von dreißig Jahren. Er wuchs als Sohn eines Fischers in China auf und musste als Junge mitansehen, wie sein Vater von einem angeschwollenen Fluss mitgerissen wurde und ertrank. Er wurde selbst Fischer, ging jedoch als junger Mann, aufgewühlt von der Vergänglichkeit des Daseins, in ein Kloster und begann zu meditieren. Nach einigen Jahren kam er zu dem Schluss, dass er nicht das Zeug dazu habe, die Mysterien der Praxis zu durchdringen. Er schulterte seinen Reisesack, stieg in seine Sandalen und machte sich auf den Weg, ohne zu wissen wohin.

An seinem ersten Tag unterwegs wanderte er einen Hang hinauf und stieß sich die Zehe an einem großen Stein an. Es sah schlimm aus. In manchen Quellen ist von viel Blut die Rede, in anderen heißt es, seine Zehe »explodierte«. Während er unter Schmerzen seine verletzte Zehe umfasste, überkam ihn eine tiefe Erkenntnis, und seine Wahrnehmung, sich als getrenntes Wesen durch die Welt zu bewegen, löste sich auf. Dabei soll er ausgerufen haben: »Es gibt keinen Körper. Woher kommt dann dieser Schmerz?«

Außer sich vor Erleichterung – trotz seiner schmerzenden Zehe – humpelte er zum Kloster zurück.

»Warum bist du schon wieder zurück?«, fragte ihn sein alter Lehrmeister. »Was ist mit deiner Pilgerreise?«

Gensha erwiderte: »Kein einziger Schritt wurde getan.«

Offenbar gefiel dem Meister diese Antwort, und er hieß ihn wieder im Kloster willkommen. Dann fragte er, was genau passiert sei, was er gesehen habe.

Genshas Antwort lautete: »Dieses ganze Universum ist eine leuchtende Perle.«[2]

Anhand dieser kleinen Geschichte kann man ein paar Dinge lernen. Erstens, dass es manchmal stimmt: *no pain, no gain* – »Ohne Schmerzen, kein Gewinn«. Zweitens, dass wir manchmal erst weiterkommen, wenn wir aufgeben. *Reculer pour mieux sauter*, sagen die Franzosen. Ein paar Schritte zurückgehen, um besser springen zu können. Und manchmal finden wir das, was wir suchen, erst, wenn wir aufgehört haben, danach zu suchen. Wenn das Gesuchte außerhalb der Vorstellungskraft oder

---

2 Ich habe mir erlaubt, diese Geschichte frei nachzuerzählen und zu komprimieren, und ich verwende im gesamten Buch die japanischen Formen der Namen chinesischer Meister. In diesem Fall ist Gensha der japanische Name für Xuansha; er lebte von 835 bis 908.

Berechenbarkeit liegt, so können wir nicht wissen, was es ist, bis es uns auf die Füße fällt.

Wir leben in einem ausserordentlichen Zeitfenster. Auf der einen Seite ist unsere Situation mit dem Klimawandel und dem nuklearen Waffenarsenal, die wie ein Damoklesschwert über uns hängen, höchst gefährlich. Auf der anderen Seite – und ungeachtet der zunehmenden globalgesellschaftlichen Polarisierung zwischen Arm und Reich – wenden sich so viele Menschen wie nie einer Meditationspraxis zu, was uns nicht nur auf eine freundlichere, klügere Lebensweise hin ausrichten kann, sondern obendrein auch noch so frei verfügbar und kostenlos ist wie die Luft, die wir atmen. Alte Weisheitslehren – von den esoterischen Lehren des tibetischen Buddhismus über den frühen buddhistischen Kanon bis hin zum Kōan-Studium des Zen – sind leicht zugänglich und nicht selten alle in einer einzigen Stadt vertreten.

Gleichzeitig werden die kontemplativen Traditionen der akribischen Erforschung, der Innovation und dem Utilitarismus westlicher Wissenschaft unterworfen: Wie können wir die nützlichsten Teile herausfiltern und sie an moderne Bedürfnisse anpassen? Das bekannteste Ergebnis ist die Achtsamkeitsbewegung. Verschiedene Lehrer haben ihr den Weg gebahnt, allen voran Jon Kabat-Zinn, der selbst seine Meditationspraxis als Zen-Schüler begann. Es gibt eine Kontroverse darüber, wie weise es ist, die Achtsamkeitsmeditation von ihren Wurzeln zu trennen, aber dass sie die westliche Gesellschaft im Sturm erobert, kann kaum bestritten werden. Noch vor einem halben Jahrhundert versuchten sich vielleicht zehntausend Westler darin, heute sind es allein in den Vereinigten Staaten über dreißig Millionen, Tendenz steigend.

Neurowissenschaftliche Forschungen erbringen immer neue Belege für die positiven Auswirkungen der Meditation auf unsere Gehirnfunktionen und legen nahe, dass sie uns tatsächlich aus Stress, Ängsten, Selbstzentriertheit heraus- und zu Frieden, Kreativität und Mitgefühl hinführen kann, wie es ihre Anhänger seit Jahrtausenden postulieren. Doch während die Popularität der Meditation wächst und sie immer mehr in den Mainstream vordringt, wo sie als Allheilmittel für zahlreiche moderne Leiden verkauft wird, könnte es sein, dass die Art Schulung, die ich durchlaufen habe, jung wie sie im Westen noch ist, bereits wieder verloren geht. In unserem Streben nach Effizienz könnten die althergebrachten Ansätze eines langsamen, geduldigen Lernens – über viele Jahre hinweg und unter Anleitung eines erfahrenen Lehrers – womöglich den Weg der Dinosaurier gehen und komplett von kurzfristigen Methoden, sogar chirurgischen oder neuen, momentan noch unbekannten neurologischen Eingriffen ersetzt werden. Geht dabei etwas verloren? Ist Meditation ein bloßes Instrument, um erwünschte Veränderungen herbeizuführen?

Zum einen hat ja Meditation diese paradoxe Eigenart, eher nicht so gut zu funktionieren, wenn man zu direkt nach Ergebnissen strebt. Zum anderen ist die Chance, bei einem Meister in die Lehre zu gehen, sich also einem authentischen Führer auf diesem Weg anzuvertrauen, ein Privileg ohnegleichen. Und falls die modernen Ansätze am Ende die alten, transformierenden Einsichten in das Wesen des Menschseins einfach ersetzen, so werden sie ihre wahre Kraft, unserer Welt zu helfen, verloren haben.

Dieses Buch handelt davon, wie ich einen Pfad gefunden habe, obwohl ich nicht einmal wusste, dass ich einen suchte. Lange Zeit hatte ich keine Ahnung, wo ich hin wollte. Ich wusste bloß, dass ich nicht dort war.

Ich erzähle diese Geschichte nicht, weil sie irgendwie besonders wäre, im Gegenteil: Die Herausforderungen, denen ich mich in meinem Leben zu stellen hatte, waren nicht weiter bemerkenswert. Meine Geschichte handelt von alltäglicher Verzweiflung solcher Art, wie sie vielen Menschen begegnet, und davon, wie ich durch Meditationspraxis Heilung gefunden habe. Aus diesem Grund hoffe ich, dass sie hilfreich für andere sein möge – indem ich zeige, dass die Praxis auch einen ganz gewöhnlichen Dummkopf aus seinem Tran herauskatapultieren und zu einer freundlicheren, besseren Lebensweise führen kann, ohne göttliche Intervention, aber mit Momenten von Gnade. Jene, die wie ich einst mit dem Leben schon so gut wie abgeschlossen haben, mag vielleicht diese kleine Erzählung dazu animieren, es sich doch noch einmal zu überlegen.

Die Geschichte richtet sich auch an jene, die schon seit langem mit einem diffusen Gefühl des Unbehagens durchs Leben gehen, sich innerlich an einer Weggabelung eingerichtet haben und weder den mehr, noch den weniger begangenen Weg einschlagen. Zweifelsohne schüttelt uns das Leben durch und schleift uns mit. Es ist schwer, den Strömungen unserer Natur und Kultur auszuweichen, und wir finden uns in Lebensläufen wieder, die nach außen hin mehr oder minder sinnvoll erscheinen. Doch in unserem Inneren wissen wir, dass da noch mehr ist. Wir spüren, dass ein wahrhaftigerer Einsatz unserer Kräfte und Fähigkeiten noch aussteht.

»Die Welt vereinnahmt uns; tagaus, tagein / Verschwenden wir die Kräfte in uns nur«, schrieb der englische Dichter William Wordsworth. Wie recht er hatte. Eine ehrlichere Auseinandersetzung muss möglich sein. Aber womit? Das wissen wir letztlich nicht so genau – zumindest jedoch mit der schlichten Tatsache, dass wir für eine Weile existieren, in einer Welt voller anderer Lebewesen, die auch existieren. Kann es gelingen, dem näher zu kommen, bevor wir sterben? Aber wenn nicht, ist dann unser Leben nicht irgendwie vergeudet?

TEIL 1

Eine leuchtende Perle

Speedys Hund

Es hat ein paar Jahre gedauert, um dieses Zen-Zentrum wieder zum Laufen zu bringen: diesen sicheren Hafen mit seiner robusten Hülle aus Adobe-Ziegeln am Rande von Santa Fé, New Mexico. Bereits ein Jahr nach der Gründung 1985 wurde es von seinem damaligen Lehrer schon wieder aufgegeben und fristete dann über Jahrzehnte hinweg mehr schlecht als recht sein Dasein. Als Seminarhaus für unterschiedlichste Gruppen verlor es beinahe gänzlich seine Identität und drohte, in die Erde zurückzusinken, auf der es sich erhebt und aus der es gebaut wurde. Doch irgendwie überlebte das Mountain Cloud Zen Center durch viele magere Jahre hindurch, und jetzt fängt es an zu brummen.

Dies ist das achte Retreat in Folge mit über dreißig Teilnehmern. Dreißig ist so ziemlich unsere Obergrenze. Und dabei sind gerade die Hundstage des Juni, die hier in den Bergen des nördlichen New Mexico früh kommen, kaum dass der Sommer sich hereingestohlen hat. Schon jetzt brennt die Hitze unerbittlich, von Mittag bis achtzehn Uhr steht das Thermometer bei um die fünfunddreißig Grad. Später, im Juli, drücken die Regenwolken herein und alles kühlt sich ab. Aber noch nicht jetzt. Nicht einmal die dicken Lehmmauern des Zendōs können die Hitze draußen halten. Wir sitzen in unseren leichtesten Kleidern, der Schweiß tröpfelt und rinnt uns am Körper hinunter und wir schmoren in unserem Saft, während der Nachmittag vor sich hin knarzt, zuckt, zischt, klappert oder flötet, um mit unseren nichtmenschlichen Mitbewohnern dieser Landschaft zu sprechen.

Ganz früh morgens, wenn die Nacht zu verblassen beginnt, sitzen wir draußen auf der Veranda. Tau gibt es so gut wie nicht, doch die Luft ist satt und kühl. Die Holzplanken schwingen sanft, während die Leute sich ihre Plätze suchen und sich niederlassen. An den Berghängen stehen die Pinyon-Kiefern noch im Dunkeln.

Die Glocke ertönt. Im Freien klingt es ganz nüchtern. Das erste Sitzen in Stille dieses Tages beginnt.

Zuerst stellt sich die übliche Unsicherheit ein – also, was jetzt? Was genau sollen wir tun? Doch rasch lässt sich der Geist im Körper nieder, und der Körper lässt sich in der Umgebung nieder, und die Wahrnehmung von Grenzen löst sich auf. Ein Wohlgefühl steigt von innen heraus auf, das Gefühl, Teil der Welt zu sein, die Dankbarkeit dafür, zu existieren.

Je weiter die Woche fortschreitet, desto mehr beginnen wir zu schätzen, wo wir sind und was wir tun: über die trockene Erde gehen, in einem Bachbett aus Kieselsteinen, auf schmalen Wegen zwischen den genügsamen Bäumen; in die Stille eintauchen, thronend auf trockenem Land zwischen Grüppchen von Wacholder und Pinyons, die ihre Existenz der rot-verbrannten Erde abtrotzen. Wunderschöne eisenhaltige Felsen durchsetzen das Gelände. An heißen Tagen ist der Schatten der alten Ponderosa-Kiefern eine Wohltat. Dies ist ein freundlicher Ort, wo Menschen sich nicht beweisen müssen, wo sie sich nicht anstrengen müssen, irgendetwas zu sein, was sie nicht sowieso schon sind. Wir lernen hier viel, indem wir einfach nur still sitzen. Aber diese paar Lehmhäuschen zwischen Bäumen sind auch ein Ort für Entdeckungen.

Er erinnert mich an eine Entdeckerlust, die vor vielen Jahren in mir erwachte, in der Stadt und dem Tal, in denen ich aufgewachsen bin, in Oxford, England. Die warme Luft hier, der ausgetrocknete Boden und die sengenden Nachmittage, wenn die Bäume satt vor Leben rauschen, einer Lust, die nur sie kennen, die ihnen ureigen ist. Dann verdichtet sich das Licht, die Zeit scheint still zu stehen, die Bäume schweigen nach ihrer langen, geheimen Vermählung mit der Sonne, und mit einem bläulichen Schimmer auf dem Laubwerk bricht der Abend an. All dies ruft Gefühle aus meiner Kindheit in mir wach, transportiert mich zurück in die Sommer meiner frühen Teenagerjahre, als eine mußevolle Leichtigkeit über dem Land lag, eine Verheißung in der Erde selbst. Was für ein innerliches Juchzen frühmorgens beim ersten Blick aus dem Fenster – juhu!, wieder ein wolkenloser Sommerhimmel. Eine Ahnung von etwas wohlig Vertrautem berührt mich und löst eine Erinnerung an einen bestimmten, längst vergangenen Abend in mir aus.

An einem Abend ganz am Ende des Sommers, ich war zwölf Jahre alt, klopfte es an der Hintertür unseres Hauses, einem baufälligen Cottage im Cherwell Valley. Unsere Mutter machte auf, und wir hörten ihren überraschten wie erfreuten Aufschrei. Es war eine regnerische Nacht und wir eilten zur Tür, um zu sehen, was da los war.

»Kommen Sie doch rein«, rief Mum, woraufhin ein baumlanger, vom Wind zerzauster Mann in einem nassen, haarigen Mantel aus dem Regen hereintrat, gefolgt von zwei Hunden. Das musste Speedy sein, schoss es mir durch den Kopf.

Wir hatten alle schon von Speedy gehört, hin und wieder auch einen Blick auf ihn erhascht, wenn er, in seinem zottigen Wollmantel von derselben Farbe wie sein wuchernder rötlicher Bart, mit ausgreifenden Schritten und seinem Wanderstab in der Hand an einem fernen Feldrand entlang ging, die durch Hecken und Gebüsch wuselnden Hunde auf seinen Fersen. Aber noch nie hatte ich ihn aus der Nähe gesehen oder gar so dicht vor ihm gestanden.

Jedes Frühjahr erschien er in unserem Tal und schlug sein Quartier in der verfallenen Mühle zwei Meilen flussabwärts auf, die sich abgeschieden hinter hohen Weiden verbarg. Der Platz hatte Atmosphäre. An Sommerabenden war er betörend. An düsteren Nachmittagen war er unheimlich, dann schlugen die langen Weidenruten kreuz und quer im Wind wie ein tosender Ozean.

Speedy verbrachte die Wintermonate an der Südküste Englands, weil es da wärmer war. Niemand wusste, wieso er ausgerechnet in unser Tal kam, aber jedes Frühjahr tauchte er hier auf. Keiner störte sich daran, nicht einmal die Bauern, obwohl er seine Hunde, einen Terrier und einen Lurcher, zum Jagen von Hasen und Teichhühnern einsetzte. Er war ein Könner im Räuchern von Hechten, die er im Kanal angelte, und bei den Frauen im Dorf hatte er einen Stein im Brett, weil er ihnen gelbe, ölige Räucherfischfilets vorbeibrachte. Auch unsere Mum war begeistert, wenn sie eins bekam.

Es waren die Mitt-Siebziger, und damals gab es noch echte Vagabunden auf den Landstraßen Englands, wie sie seit mindestens einem Jahrhundert oder noch viel länger über Nebensträßchen und Feldwege zogen. Immer hatte uns eine Mischung aus Furcht und Faszination ergriffen, wenn wir von ihnen hörten.

An jenem Herbstabend, als Speedy an unsere Tür klopfte, goss es in Strömen. Er blieb unter dem kleinen Vordach stehen. Sein Mantel tropfte. Er streifte das Wasser ab, knöpfte den Mantel auf und zum Vorschein kam ein junges Hündchen.

»Da, wie's angeschafft war«, sagte er zu Mum und stieß einen kehligen Lacher aus.

»O ja«, rief sie mit einer Mischung aus Entzücken und Aufregung. Dann rannte sie in die Küche, um etwas zu essen sowie Bier und Tabak für ihn einzupacken, und dazu einen Geldschein aus ihrer Börse.

Während sie weg war, schaute Speedy uns Kinder an. Noch nie hatten wir so ein Gesicht gesehen. Erstmal war es gar nicht so leicht, seine Wangen zu entdecken, weil die unter seinem Bart, Hut und Haaren verborgen waren. Als einem dann klar wurde, dass man sie sah, war man erschrocken über so eine braune, gerötete Haut. Es sah eigentlich eher wie Tierhaut aus. Dann landete man bei den Augen, die vor Lebendigkeit sprühten. Es versetzte einem einen richtigen Schock, wenn man sich traute, sie anzuschauen, so viel Leben und Licht war darin. Es war, als hätte man ein wildes Tier im Zimmer. Erst als ich lächeln musste, merkte ich, dass auch er lächelte.

»Und«, fragte er, »wem seine wird's?«

Zuerst wussten wir nicht, was er meinte. Seine Stimme war ein Knurren das von irgendwo unter seinem Mantel hervorzukommen schien, und auf seinen Dialekt konnten wir uns keinen Reim machen. Es klang eher wie ein Donnergrollen im übernächsten Tal als menschliche Rede.

»Ja und?«, bohrte er nach.

»Äh, was?«, fragte meine Schwester zögernd und kicherte.

»Wem seine's wird? Deine oder seine?«, fragte er in seinem Singsang weiter.

»Oh«, riefen wir aus, als wir endlich kapierten, was er meinte.

Er hielt uns das hübscheste kleine Hündchen hin, das man sich vorstellen konnte, gelb-braun mit einer dunklen, glänzenden Schnauze, wie ein Afrikanischer Jagdhundwelpe, und schimmernden schwarzen Augen, die uns neugierig ansahen.

»Von uns allen«, antwortete ich. »Niemand bestimmtem.«

»Es ist ein Weibchen, oder?«, fragte meine Schwester.

»Und wie. Wie's eure Mum angeschafft hat. ›Wenn sie Junge kriegt, bring uns ne Hündin‹ hat sie gesagt.«

Auch jetzt noch, wo wir ihn verstanden, klang Speedys Stimme irgendwie seltsam dumpf, doch die Worte hallten deutlich in seinem Körper. Man verstand ihn besser, wenn man seiner Brust lauschte.

»Und, wer mag sie nu zuerst halten?«

Meine Schwester und ich blickten einander an und lachten verlegen.

»Na, nimm du mal«, sagte er und reichte das Hündchen meiner Schwester.

Mum kam mit der Tüte für Speedy zurück, und er sagte: »Besten Dank, Ma'am.«

Wir hatten noch nie gehört, dass jemand »Ma'am« zu ihr sagte.

»Ich danke Ihnen«, sagte Mum höflich, und wir spürten, dass er irgendwie bedeutsam war.

Er spähte in die Tüte. »Da schau an.« Dann richtete er sich mit einem Ruck auf. »Ist ein Weibchen, genau wie Sie wollten, und was für ne Süße.«

Und im nächsten Moment war er in der Dunkelheit und dem Regen verschwunden, und seine beiden Hunde mit ihm.

Als Speedy an diesem Abend davonging, wusste ich, dass es noch eine andere Art gab, Mensch zu sein. Es war anders als alles, was ich bis dahin kannte. Als ob das Zimmer selbst gerade aufgerüttelt worden wäre, und jetzt sprudelte ein verblüffender Friede durch den Raum. Eine Lebendigkeit, die mir neu war, und die nicht meine war, wallte in mir auf.

Während der ersten Woche mit dem Welpen tauchte jeden Tag einmal die Mutter an unserer Hintertür auf und kam ins Haus gelaufen, um ihr Junges zu suchen, das sogleich aufsprang und sie schwanzwedelnd begrüßte. Die Hündin war eine Schönheit, ein Terrier wie ein kleiner Fuchs, aber weiß. Den ganzen Sommer hatte sie mit unserem Hund, einem großen Terrier, herumgetollt, und sowohl unsere Mutter als auch Speedy hatten vermutet, dass es Junge geben könnte.

Jeden Tag stand sie in unserer Küche, säugte kurz ihr Junges, leckte es einmal hinter den Ohren und trottete mit klackenden Pfoten auf dem Linoleumboden wieder davon. Der Welpe stand da und sah ihr nach.

Das faszinierte uns Kinder. Die Mutter hatte ihr Junges nicht vergessen. Sie wusste, wo sie es fand, und kam ganz von allein. Woher kannte sie den Weg? Es waren zwei Meilen bis zur alten Mühle. Konnte sie die Landschaft lesen wie eine Landkarte?

Eines Tages, als sie kam, sprang der Welpe nicht auf. Die Mutter lief in unsere Küche und blieb regungslos stehen, während sie zu ihrem Nachwuchs schaute, der still bedrückt auf seinem Platz saß. Die Mutter machte kehrt und kam nie wieder zurück.

Nicht lange danach hiess es für uns wieder zurück in den Elfenbeinturm, nach Oxford in die Schule.

Es war inzwischen September, und wie alljährlich im Frühherbst kam der Jahrmarkt in die Stadt. An dem Abend, als er begann, saß ich an meinem Fenster und blickte über die Dächer hinweg auf funkelnde Sterne, die niedrig am Himmel standen, bis mir aufging, dass auch die fernen Lichter des Jahrmarkts mit seinen Fahrgeschäften darunter waren und ich Lichter und Sterne gar nicht auseinanderhalten konnte.

Ich stellte mir vor, ein junger Dichter zu sein, und als mir ein Satz in den Sinn kam, griff ich nach Stift und Papier. Nach einer Weile stand eine neue Art von Gedicht auf dem Blatt, anders als alle, die ich bis dahin geschrieben hatte, etwas, was die Szenerie besser kannte als ich, als ob es von einer von außerhalb kommenden Energie hervorgebracht worden wäre. Ich zitterte vor Erregung. Ich fühlte mich der Welt näher als je zuvor. Das Gedicht hatte nicht mein gewöhnlicher Verstand hervorgebracht, sondern jener andere Teil, den Speedy wachgerufen hatte.

In diesem Winter lasen wir *As I Walked Out One Midsummer Morning,* Laurie Lees brillanten Bericht, wie er mit einer Fiedel, einer Decke und einer Handvoll Peseten, die er sich als Straßenmusikant verdiente, durch Spanien wanderte. Wir lasen *The Dharma Bums* von Jack Kerouac und lernten die Beatniks kennen, die von Gelegenheitsjobs gelebt und gedichtet und ihre Spuren über ganz Amerika gezogen hatten.[3] Wir lasen die Gedichte der Imagisten aus den 1910er Jahre, die ihrerseits die chinesischen Dichter aus dem achten Jahrhundert bewundert hatten und die Berge und Flüsse des »Reichs der Mitte« erwanderten, sich in den jähen Landschaften verloren, Gedichte über die Freundschaft, die Liebe zum Wein und die Schönheit der Natur verfassten. Wir trafen uns in Cafés und rauchten Selbstgedrehte, verglichen Gedichte, die wir entdeckt, und teilten Textschnipsel, die wir selbst verfasst hatten. Gedichte waren unser Weg, dem Leben näher zu kommen.

Eine Idee keimte in uns: dass das Land selbst unsere Heimat sein könnte. Wir waren Geschöpfe dieser Erde, autochthon wie Plutarch es genannt hatte. Warum sollten wir nicht überall zu Hause sein? So wie Speedy und seine Hunde?

Das folgende Jahr war zufällig 1976, ein legendäres Jahr in England. Barry Sheene und James Hunt wurden Motorrad- und Formel-Eins-Welt-

3 Deutsch als: Laurie Lee: *An einem hellen Morgen ging ich fort: Aufzeichnungen eines Vaganten.* München: Kindler Verlag 1970. Sowie: Jack Kerouac: *Die Dharmajäger.* Hamburg: Rowohlt Verlag 2022.

meister, Lynyrd Skynyrd tourten durch das Vereinigte Königreich, aber vor allem herrschte von Juni bis September Dürre. Es war ein Sommer, der in die Geschichtsbücher eingehen sollte, in dem Heuwagen spontan in Flammen aufgingen und sich auf den Straßen stundenlange Staus bildeten, in dem Wasserspeicher austrockneten und in unserem Tal die Felder zu knisternder Savanne verdorrten und die vom Vieh hartgetrampelte Erde entlang der Gatter an ausgetrocknete afrikanische Wasserlöcher erinnerte. Die Wälder wurden dunkel und ernst unter der Himmelskuppel, als schmeckten sie zum ersten Mal ein reiferes Leben, das ihnen lange verwehrt worden war.

Es war auch der Sommer, in dem wir Speedy richtig kennenlernten. Er freundete sich mit uns an und brachte uns ein paar seiner Kniffe bei. Wie man aus Bindfaden eine Schlinge zum Kaninchenfangen bastelte und sie auf verborgenen Kaninchenpfaden anbrachte. Wie man Fische fing und räucherte. Er erzählte uns von seinen Wintern an der Südküste und seinem Leben auf der Landstraße. In seinen haarigen Mantel gewickelt, mit den Schnürstiefeln an den Füßen saß er gerne einfach nur still da und beobachtete, so erzählte er uns. Man konnte so viel lernen, wenn man sich einfach bloß still hinhockte. Alle anderen, die ganze Welt, rennt den lieben langen Tag herum, die haben keine Zeit um nix zu lernen. Wenn die bloß mal einen Moment lang innehalten würden, die täten sich wundern, was sie dabei lernen.

Er erzählte auch von den alten Wegen, die das Land kreuz und quer durchzogen. Heutzutage fanden die Leute sie nicht mehr, dabei wären sie klar und deutlich zu sehen, wenn man nur wusste, wonach man Ausschau halten musste, sagte er. »Die meisten Leute sehen die Geisterpfade nicht« – so nannte er sie auch –, »sie zeigen sich einem erst, wenn man schon viel gegangen ist.«

Wir wussten nicht, was wir davon halten sollten. Aber das Leben auf offener Straße, das war real. Hecken, Sträucher, Wälder, verfallene Scheunen, alte Eisenbahn-Stellwerke. Speedy liebte Stellwerke, so erzählte er uns, wo man nachts von den mit Kohle beladenen Güterzügen aus den Kohlerevieren im Norden in den Schlaf geschaukelt wurde. Es gab viele Plätze, wo man schlafen konnte, mit bloß einem Schlafsack und einem Stück Plastikfolie. Und mit einem Haken und einer Schnur konnte er Barsche und Schleien aus stehenden Gewässern ziehen. Speedy hatte kein Zuhause, keine Küche und kein Schlafzimmer. Im Grunde hatte er nur sich selbst, das war alles. Das und das Land. Er war überall zu Hause. Er war sich selbst ein Zuhause.

Wir machten es ihm nach, schulterten Rucksäcke vollgestopft mit Schlafsack, Würstchen, Tee und Brot und wanderten durch Täler und über Hügel, schliefen nächtelang unter freiem Himmel und kochten uns überm Lagerfeuer süßen Tee aus Bachwasser. Es gab eine kleine, wechselnde Gruppe von Freunden, die sich uns anschlossen. Wir hatten das Gefühl, dass jetzt das Leben anfing, und glaubten, dass unsere Träume, Wanderer, vagabundierende Weltliebhaber zu werden, sich bewahrheiteten. Man konnte sich treiben lassen wie die alten Dichter aus den Bergen Chinas, sein altes Leben abstreifen, jeden Tag ein neues in den Konturen der Landschaft entdecken und dem Duft der Erfüllung nachjagen, der stets zum Greifen nah war.

In der Glut unseres Lagerfeuers zündeten wir uns Zigaretten an, tranken Flaschenbier von kleinen Brauereien aus der Gegend und fingen an, eine Kraft in uns zu entdecken, die leben wollte. Etwas geschah in diesem Sommer. In den Wölbungen und Krümmungen der Felder, die wir wie unseren eigenen Körper kennenlernten, im Herumstreifen immer weiter weg von Zuhause, in den Dorfläden, wo wir unsere Vorräte aufstockten, in Gräben und Gehölzen, über sonnengebleichte Weidezäune kletternd und durch Bäche platschend fanden wir uns selbst, als Menschen mit einer eigenen Beziehung zum Land und seinen Geschöpfen.

Unsere kleine Hündin war immer dabei, wenn wir draußen schliefen. Sie konnte der Verlockung der offenen Felder, die sie als Welpe gekannt hatte, nicht widerstehen. Manchmal verschwand sie im Schilf eines Flussufers. Dann hörten wir sie darin herumtollen, bis sie aufgeregt wieder hervorgeschossen kam. Sie wurde richtig lebendig da draußen. Das war das Leben, für das sie gemacht war: durch die Felder, Flüsse und Wälder ihres Territoriums zu preschen, in dem sie geboren war. Sie brauchte sich nicht zu überlegen warum. Sie war einfach dafür gemacht, und das Land für sie. Am Abend ließ sie sich, ein blasses Dreieck, am Fußende meines Schlafsacks nieder, blickte über die dämmrige Landschaft in die Nacht hinein, und ringelte sich erst zusammen, wenn alle anderen eingeschlafen waren.

Unter der Haut

Das alles ist eine Seite der Geschichte, eine Version. Aber es gibt noch eine andere. Oft hatte ich das Gefühl, mein Körper und meine Haut waren nicht für diese Welt gemacht.

Ich wurde in eine brennende Haut hineingeboren. In ein Nesselhemd.

In der Schule lernten wir über das mythologische Ungeheuer Typhon, das unter dem Vulkan Ätna lebte. Das war ich. Ich lebte in einem Vulkan. Oder aber ein kleiner, Schwefeldämpfe speiender Typhon lebte in mir, und diese Dämpfe bahnten sich durch meine Haut ihren Weg nach draußen.

Sie nannten es Ekzem[4], was »herausbrodeln« bedeutet. Bläschen bildeten sich unter der Lederhaut und der Oberhaut und brachen nach außen auf, dann folgte Jucken, Nässen, Bluten und so weiter.

Genau genommen wurde ich nicht direkt hineingeboren. Bei meiner Geburt war alles in Ordnung. Das Problem begann, als ich ein halbes

4 Gemeint ist das »atopische Ekzem«, im deutschen Sprachgebrauch »Neurodermitis«. (Anm. d. Übers.)

Jahr alt war. Mein Vater, Historiker am Russisch-Seminar der Universität Oxford, hatte eine Dozentur in Helsinki erhalten und war samt seiner Familie dorthin gezogen.

Von Helsinki aus war Russland, per Schiff über den Finnischen Meerbusen hinweg, weniger als eine Tagesreise entfernt. Es war der Kalte Krieg, und wenn vom Cambridge Circus eine Nachricht kam, dass mein Vater in dringenden Angelegenheiten nach Leningrad reisen sollte, dann gab es kein Zögern. Obwohl er ein stiller Oxford-Mann war, wie viele damalige Russisten, arbeitete er gelegentlich für »The Circus« – den britischen Geheimdienst MI6. Er war Spion in Teilzeit.

Mum und Dad fuhren zusammen. Sie verschwanden übers Wasser in die sowjetischen Einöden und ließen die Kinder in der Obhut eines finnischen Au-pair-Mädchens zurück. Offenbar hatte mein vierjähriger Bruder keinerlei Probleme damit, ich hingegen schon. Ich weiß nicht, was geschah, aber als sie ein paar Tage später zurückkamen, fanden sie das Baby, also mich, feuerrot und wund vor, buchstäblich vom Kopf bis zu den Zehen mit Ekzemen bedeckt.

»Er sieht aus wie gehäutet«, soll mein Vater mit gerunzelter Stirn gesagt haben, während er das heiße kleine Bündel im Arm hielt.

Was war passiert? War es das Au-pair-Mädchen? Was hatte sie angestellt? Meine Mutter haderte mit sich, weil sie den Jungen so abrupt abgestillt und dann einfach unter der Aufsicht eines Teenagers zurückgelassen hatte, noch dazu in einem fremden Land. Das Au-pair war der Ansicht, es müsse eine Allergie auf die finnischen Kiefern sein. Mein Vater kratzte sich am Kopf und sinnierte, dass sich zu Hause in Oxford schon alles wieder einrenken würde und dass man am besten nicht zu lange darüber nachgrübelte. Doch Finnland war erst der Anfang.

WIR KEHRTEN NACH OXFORD ZURÜCK. Meine Haut tobte und brodelte weiter. In den folgenden Jahren wiesen mich die Ärzte immer wieder ins Radcliffe-Krankenhaus ein, wo ich auf frisch gestärkten Laken durch einsame Tage der Linderung dämmerte, betäubt und sicher. Wenn ich zu Hause war, kam täglich eine Krankenschwester vorbei, legte mich auf ein Handtuch, badete mich in antiseptischer Lösung, die nach Karamell roch, und wickelte mich in Steinkohlenteerverbände aus grauem, feuchtem Lehm, die nach Kreide rochen.

Während ich mich auf Neurodermitis spezialisierte, fand meine kleine Schwester, einmal im Kindesalter angelangt, ihr Fachgebiet in Asthma. Sie hatte Inhalatoren und Tabletten und war auch manchmal im Krankenhaus. Offenbar gingen sie Hand in Hand: Allergien, Asthma, atopisches Ekzem.

Manche Mütter würden sich mit solchen Kindern verrückt machen und sie von einem Spezialisten oder Quacksalber zum nächsten zerren. Andere, wie die Mittelschicht-Mütter im Nachkriegsengland, neigten eher zu einem »Jetzt mach nicht so ein Gezeter«. Unsere Mutter war sich nicht sicher, zu welchem Lager sie tendierte. Manchmal glaubte sie ihren Kindern, manchmal nicht. Vielleicht übertrieben wir ja und wollten bloß Aufmerksamkeit. Andererseits war es furchtbar, uns so leiden zu sehen. Derweil würgte meine Schwester an ihren Inhalatoren und ich kratzte mich durch meine Kindheit.

ICH WURDE AUCH IN PRIVILEGIEN hineingeboren. Wir wohnten im alten Oxford, in seiner breiten Senke inmitten sanfter Hügel, an denen sich die Wolken sammelten und Nieselregen an der Tagesordnung war. Im Regen glänzten die Straßen hell und wirkten die Stirnseiten der alten Colleges dunkel. Wenn die Sonne herauskam, leuchteten die Fassaden aus dem Gestein der umliegenden Hügel pfirsichfarben.

Unsere Eltern lehrten beide an der Universität. Die Eltern unserer Freunde lehrten an der Universität. Und die Freunde unserer Eltern auch. Mein Bruder und ich besuchten eine Privatschule vor Ort, die sich für progressiv hielt, weil die Jungen Cordblousons anstatt Blazern trugen. Ab dem Alter von acht Jahren drillten sie uns in Französisch, Latein und Griechisch.

Wir waren zwar privilegiert, aber es war kompliziert. In der Familie meiner Mutter waren die Männer auf der einen Seite seit Generationen Anwälte, auf der anderen Seite bei der Küstenwache Northumbrias. Ein Jahrhundert vorher hatte einer der Männer von der Küstenwache als Kabinensteward auf einem Schiff angeheuert und war als Schiffseigner zurückgekehrt. Er baute eine Handelsflotte auf, die er größtenteils im Verlauf der beiden Weltkriege wieder einbüßte. Doch die Geister früheren Ruhms hingen über der Sippschaft.

Die Vorfahren meines Vaters hingegen waren bis zum letzten Mann und zur letzten Frau Schneider und Schneiderinnen gewesen. Den Pogromen in Osteuropa entkommen, waren sie als Flüchtlinge ohne einen Penny in der Tasche und mit nicht mehr als ein paar Habseligkeiten in Pappkoffern an den Tilbury Docks in London gelandet, im Glauben, sie hätten Amerika erreicht. So gingen sie an Land und blieben.

Wir gehörten nicht wirklich zur Mittelschicht, aber auch nicht zur Arbeiterschicht. Und auch nicht zu den Juden, denn unsere Mum war nicht jüdisch.

Anstatt zu schneidern wie alle vor ihm, wurde Dad Elektrotechniker, doch als er mit achtzehn zum Kriegsdienst eingezogen wurde, schickte man ihn in die *Joint Services School for Linguistics*, einen Paukkurs für Russisch, den sich die Briten in den 1950ern ausgedacht hatten, als man sich plötzlich im Kalten Krieg befand und zu wenig Leute mit Russischkenntnissen hatte. Die Spion-Schule, wie sie mit Spitznamen hieß, bot vielen cleveren jungen Männern einen Weg aus der Arbeiterklasse, darunter unserem Dad, der in einer Londoner Mietskaserne aufgewachsen war und später Professor in Oxford wurde. Zur Ausbildung gehörte ein Trimester am Russisch-Seminar der Universität Cambridge, wo er unsere Mutter kennenlernte.

Wir waren Treibhauskinder: überzüchtete Sprösslinge. Unsere Eltern waren nicht besonders wohlhabend, aber sie hatten Ressourcen in punkto Bildung, und die bekamen wir ab. Wir wurden erzogen, um zu brillieren, in Geisteswissenschaften, Naturwissenschaften, Literatur, Sprachen, Musik – egal was, Hauptsache wir waren hervorragend.

Dad sah aus wie Inspektor Morse aus den Oxford-Krimis im Fernsehen. Wallendes 70er-Jahre Haar, etwas dunkler als das von Morse, bis es silbrig wurde. Und auch ein dunklerer Teint. Ein jüdisches Gesicht mit ausgeprägten Wangenknochen und einer markanten, scharf geschnittenen Nase. Wenn man ihm mit dummen Ideen kam, konnte er so böse dreinschauen wie Morse. »Ein kaschmirischer Gewürzhändler«, würdigte er sich einmal beim Anblick eines Fotos, das jemand von ihm gemacht hatte: ein Mann mit dunklem Teint und üppigen Koteletten, Augen, die sich hart wie Hagelkörner in die des Betrachters bohrten. »Nein«, korrigierte er sich. »Ein libanesischer Juwelenhändler.«

Wir lachten, weil er natürlich keins von beiden war. Er war unser Dad.

»Das atopische Ekzem hat eine multifaktorielle Ätiologie«, hieß es im *British Medical Journal.* Was so viel bedeutet wie, dass es viele Ursachen haben kann.

Die Grunderkrankung, Atopie, was im Griechischen »Ortlosigkeit« bedeutet, ist ein mütterlicherseits vererbter Gendefekt, der Allergien auslöst. Die Barthaare einer Katze, der Kot einer Milbe, ein Pollenkörnchen: diese harmlosen Gäste, die in ein Nasenloch gelangen oder über einen Knöchel streichen, werden als tödliche Invasoren betrachtet und der Körper schaltet auf totalen Krieg, um den Eindringling wieder loszuwerden. Aber obwohl das atopische Ekzem genetisch mit den Allergien verwandt ist, benötigt es keinen Auslöser, um loszuschlagen. Und – noch ein Unterschied zur Allergie – es ist chronisch.

Der Lebenszyklus beginnt mit winzigen Bläschen, die in Zeitlupe hervortreten. Das ist der *zema*-Teil des Ekzems, das Brodeln. Zum Griechischen sollte es mich später im Studium hinziehen, vielleicht wegen meines Brandmals, das auch griechisch war: *ek-zema*. Die Sprache nahm mich schon früh in Beschlag und zerrte mich hinunter in die Höhle des Typhon, wo er mich unter Vertrag nahm, als Lehrling seiner sinistren Künste.

»Atopisch« oder »ortlos« war eine seltsame Bezeichnung, wenn man bedachte, dass die Ausschläge hartnäckig an Ort und Stelle blieben. Bei mir erreichten manche die Drei-Jahrzehnte-Marke in voller Ausprägung und ohne sich je vom Fleck zu bewegen. Dabei wandelten sie durch die Jahreszeiten ihres Lebenszyklus: zuerst die Minipusteln, wie die Knötchen einer Brombeere, dann die nässenden, klaffenden Risse der mittleren Phase, schließlich die vertrockneten Schluchten der ausgedörrten Spätphasen und die knotigen Papeln des Endstadiums. Dann ging es wieder von vorne los, wie Obstbäume in den Tropen, die gleichzeitig blühen, Früchte tragen und Blätter abwerfen.

Ich erinnere mich an Straßenpflaster in meiner Kindheit, das von der Kraft nach oben strebender Baumwurzeln aufgerissen war, und wie ich den Blick nicht davon abwenden konnte, so exakt glich das Bild den langsamen Eruptionen auf meiner Haut.

Doch all diese Stadien trafen sich in einem Glutofen namens Juckreiz. Als ob es nicht schon genug des Elends gewesen wäre, manchmal musste ich einfach den gesamten geothermischen Prozess in Fetzen reißen, alle Darstellungen der Stadien dieser »Naturgeschichte« in einem einzigen, rasenden Taumel zerstören – über Hosennähte reibend, an Tischkannten schabend, oder hemmungslos mit den Fingernägeln kratzend – egal wie, bloß irgendwie dieses ewige Feuer aus der Schmiede in meinem Inneren mit einem Schuss Blut oder Lymphe oder Tränen ersticken.

Und doch stimmte »ortlos« auch. Es sei eine jüdische Disposition, hieß es. Wir waren ortlose Leute. Aus England und Schottland zwar, aber auch aus Russland, nur eben nicht ganz, weil unser Volk im eigentlichen Russland kein Aufenthaltsrecht hatte, sondern nur in seinen Annexen: Ukraine, Polen, Belarus. Wir waren die ortlose Sippe.

Die westliche Medizin hatte zwei Optionen im Angebot: Antibiotika-Cremes, die das Ekzem ein wenig störten, es aber ansonsten nicht weiter behelligten, und Kortisonsalben, die als der Heilige Gral galten, weil sie wirkten, zumindest die hochdosierten. Doch die Ärzte waren zurückhaltend damit, weil diese Salben die Haut »verbrannten« und dünn werden ließen, und weil sie krebserregend waren.

Das Ekzem hinterlässt seine Spuren nicht nur auf der Haut, sondern auch in der Psyche. Die Scham geht tief und versteht es geschickt, sich selbst zu verstärken. Der verstohlene Blick eines Passanten auf der Straße, eine abweisende Bemerkung der Kindergärtnerin – Scham sucht Beschämung. Auch Verzweiflung ist mit im Boot, denn ungeachtet all der Vorhersagen der Ärzte hört es einfach nicht auf. Jahr für Jahr passiert man die Meilensteine, zu denen angeblich alles verschwunden sein soll: Fahrradfahren lernen, in die Schule kommen, Freunde finden, Spiele spielen.

Die Ärzte sagen, man soll nicht kratzen. Aber sie haben keine Ahnung. Ob man kratzt oder nicht ist völlig egal. Es geht auch nicht weg, wenn man nicht kratzt. Es verläuft dann nur anders, als eine sich ausbreitende subkutane Intrusion, während, wenn man kratzt, wenigstens die Entzündung mal an Ort und Stelle bleibt.

2007 entdeckte man am Forschungszentrum für Juckreiz der Washington University in St. Louis einen speziellen Juckreiz-Rezeptor im Rückenmark: Damit war belegt, dass Juckreiz und Schmerz verschiedene Nervenbahnen benutzen. Der große Gewinn beim Juckreiz ist, dass, wenn man kratzt, die neurologischen Belohnungsschaltkreise dem Gehirn ein Endorphinbad bescheren. Aber bei Neurodermitis so fest zu kratzen, dass der Juckreiz übertüncht wird, bedeutet, sich die Haut aufzureißen, und somit feuern auch die Schmerzrezeptoren und blasen die Endorphinflut wieder ab.

Das war *ein* Problem: die Schnittstelle zwischen der Welt und mir, meine impulsive Haut. Doch es gab noch andere. Dad zum Beispiel. Und die Scheidung.

Die »Familienzusammenkunft« (unsere erste und letzte) fand in unserem kaum benutzen Wohnzimmer statt. Eines Morgens rief Dad uns alle zusammen. Während wir uns missmutig in dem Zimmer einfanden und uns unsicher auf die steifen Polstermöbel setzten, fragten wir uns, was es wohl gab.

Mum hatte ein zerknülltes Papiertaschentuch in einer Hand. Dad sagte etwas, das ich nicht verstand, und lachte dazu. Meine Schwester schaute ihn an und brach in Tränen aus. Durch das Lachen hindurch sagte Dad: »Du wusstest nicht, dass Daddy weinen kann, was?«

Er lachte also gar nicht.

Mein älterer Bruder schrie auf. »Oh nein, ihr lasst euch doch nicht scheiden?«

Er wusste also, was das war, nämlich offenbar nichts Gutes.

Im nächsten Augenblick schluchzten alle. Ich saß derweil am Rand des Sofas und war im Bann eines Juckreizes in meiner Kniekehle, und jetzt auch noch auf der Haut zwischen meinem Zeigefinger und Mittelfinger der einen Hand und dann der anderen, außer dass es in meinem Fall keine Haut zwischen den Fingern war sondern Schuppen.

Das Ekzem hat es so an sich, alle anderen Sorgen zu übertrumpfen. Wenn es gerade juckt, ist es fast unmöglich, seine Aufmerksamkeit auf irgendetwas anderes als dieses Jucken zu richten. Im Hirn ist dann kein Platz für irgendetwas, das nicht seinem ständigen Bestreben untergeordnet wäre – nämlich dem gegenwärtigen Juckreiz zu entkommen.

Dann ging Dad auch schon mit seinem marineblauen Koffer den Gang entlang und mit knallenden Schritten die Stufen zur Straße hinunter, stieg in den kleinen Fiat, aus dem eine bläuliche Wolke kam, und ich klammerte mich an die Stoßstange und rief, »Ich schieb dich, Dad!«, immer noch nicht kapierend, was los war, und die ganze Welt war auf einmal glasig und wässrig und hatte verschwommene Konturen, und Dad rief mit erstickter Stimme aus dem offenen Autofenster, »Lass los, Schatz, lass los«, und dann fuhr er davon und das Aroma seiner kleinen Auspuffwolke blieb in der Luft zurück.

Sie sagten immer, sie wären sich irgendwann auf die Nerven gegangen. Aber wir gingen uns doch alle auf die Nerven.

Unsere Mutter hatte nie ein festes Zuhause gehabt: Ihre Kindheit war vom Zweiten Weltkrieg zusammengestutzt worden. Ihre Mutter war eine der ganz wenigen Frauen gewesen, die als Fliegerinnen ihren Kriegsbeitrag leisteten, die erste Frau, die ein Spitfire-Kampfflugzeug flog. Sie arbeitete als Überführungspilotin bei der *Air Transport Auxiliary* und brachte kriegsbeschädigte Flugzeuge von Flugplätzen an der Südküste zu Fabriken weiter oben im Norden, wo sie wieder repariert wurden. 1944 starb sie bei einem Flugzeugabsturz. Aber schon vor dem Krieg war sie die meiste Zeit in ihrer De Havilland Gipsy-Moth auf transkontinentalen Pionierflügen unterwegs und somit abwesend.

Vielleicht hatte Mum sich vorgestellt, dass das Leben ohne Ehemann einfacher sein würde, dabei aber nicht bedacht, was es für eine Schinderei bedeutete, drei Kinder alleine aufzuziehen. Klar, wir verbrachten alle vierzehn Tage eine Nacht bei Dad, aber das war keine wirkliche Erleichterung für sie. Jeden Tag dieselbe Routine, ohne Wenn und Aber: Frühstück, Abendessen, Wäsche, zu Bett bringen, Einkaufen, Hausaufgaben beaufsichtigen, die Haustiere füttern, tagein, tagaus.

Mum wollte nicht Single sein, aber verheiratet bleiben wollte sie auch nicht. Die Ehe war ihr eine Qual. Nie konnte sie sich entspannen. In ihrer Familie hatte Scheidung eine lange Tradition, und vielleicht hatte sie es einfach in ihren Genen. Die beste Erholung für sie waren feuchtfröhliche Dinner-Partys mit ihren Freunden von der Universität, dann floss der Wein in Strömen und die Gespräche wurden immer wilder und lauter. Wir Kinder liebten diese Abende. Wir stahlen uns aus unseren Betten und lauschten hinterm Treppengeländer versteckt dem Stimmengewirr unten im Haus: Es war wie ein Segen, als wären wir plötzlich in einem Märchen gelandet, in dem die Erwachsenen fröhlich waren. Aber diese Abende waren allzu selten.

Nach der Scheidung stürzte sich Mum wie besessen in die Arbeit und ihre Studien. Sie ließ den Putzmann, einen netten Schotten aus den Lowlands, öfter kommen, damit er mit den Kindern aushelfen und sie sich währenddessen in ihr Forschungsprojekt vertiefen konnte, ein Buch über sowjetische Literaturtheorie, an dem sie schrieb. Sie zeigte uns Kindern, wie man Dosenbohnen auf Toast zubereitete, damit wir uns selbst etwas zu essen machen konnten, und verfrachtete uns nach dem Frühstück so schnell wie möglich zur Schule, damit sie an ihrem Schreibtisch abtauchen konnte.

DAD WAR NACH DER SCHEIDUNG nicht gerade aus der Welt. Er wohnte nur eine Meile weit weg von uns, und wir besuchten ihn alle zwei Wochen. Aber diese eine Meile der Banbury Road in Oxford trennte uns für den Rest unseres Lebens.

Anfangs war das Arrangement noch ganz gut. In seiner neuen Wohnung durften wir auf dem rollenden Bürostuhl herumfahren und schliefen in Stockbetten, während er Hähnchen in Sojasoße mit Chinakohl kochte. Nach dem Abendessen kuschelten wir uns auf sein neues Cordsofa und lutschten Minzbonbons, während er uns vorlas: überwiegend amerikanische Bücher wie *Die Abenteuer von Huckleberry Finn* und *Der Fänger im Roggen*. Wir badeten im Klang seiner Stimme, und ein warmes Glücksgefühl durchströmte uns dabei. Wenn es Zeit zum Schlafengehen war, zog er mich auf meinem Bett aus, um mich mit den Cremes und Salben einzuschmieren, die zu meiner täglichen Routine gehörten. Seine Hände strichen mit ruhigen, gleichmäßigen Bewegungen über meinen Körper, und in mir keimte dann die Hoffnung, dass die Ekzeme eines Tages tatsächlich verschwinden würden.

Es war immer traurig, wenn wir am Sonntagnachmittag wieder gehen mussten, aber zumindest wussten wir, dass dieser Ort uns genau so wieder erwarten würde, wie wir ihn verlassen hatten.

Doch dabei sollte es nicht bleiben. Eines Abends, vielleicht ein oder zwei Jahre nach der Scheidung, als Dad mit uns, wie wir dachten, zu seiner Wohnung fuhr, gab es wieder eine Ankündigung.

Es war Oktober und ich saß mit meiner Schwester zusammen in seinem neuen Auto. Unser Bruder war damals schon im Internat. Wie üblich bettelten wir, dass er das Schiebedach aufmachte, es war unser erstes Auto mit einem Schiebedach. Es nieselte zwar leicht an diesem Herbstabend, doch Dad gab seufzend nach, und wir schauten begeistert in das Laub der großen, hellen Birken, das über unseren Köpfen hinweg zog.

Aus heiterem Himmel sagte er: »Was glaubt ihr wohl, wer hierher ziehen wird?«

Bevor wir überhaupt Zeit hatten, darüber nachzudenken, sagte er: »Eure Tante aus Kanada.«

Die Stimmung im Auto schlug um.

»We-her?« fragte meine Schwester mit ungläubigem Tonfall. »Unsere Tante?«

»Genau«, stellte Dad klar. »Eure Tante.«

Unsere Tante war eigentlich gar nicht unsere Tante, sondern eine Cousine meiner Mutter. Ich mochte sie sehr. Sie lebte in Kanada, weshalb wir sie nur selten sahen, aber sie war nett und behandelte uns wie Erwachsene. Sie war Künstlerin, und deswegen irgendwie anders: Sie war frank und frei, und wir Kinder spürten das. Doch bei dem, was uns unser Dad da gerade eröffnet hatte, fühlten sich weder meine Schwester noch ich wohl. Es lag etwas Ungutes in der Luft.

Wie sich herausstellte, würde sie nicht erst hierher ziehen: Sie war schon da. Sie wohnte bereits mit ihren Kindern in Oxford. Das hatte nur bisher keiner erwähnt. Selbst im Alter von sechs und neun Jahren wussten meine Schwester und ich, dass das komisch war.

Und das war noch nicht alles: Wir waren gerade eben auf dem Weg zu ihr nach Hause. Nicht in Dads kuschelige Wohnung mit dem weichen Teppich und dem süßen Aroma von Sojasoße und dem rollenden Bürostuhl, sondern in eine Wohnung, die wir nicht kannten, und zu einer Familie, die wir zwar kannten, aber bloß als unsere Verwandten in Kanada.

Es hätte eine fröhliche Überraschung sein sollen, aber auf einmal hatte die Stimmung im Auto etwas Bedrückendes. Wir versuchten, ihn dazu zu bringen, wieder umzudrehen und zu seiner Wohnung zu fahren, doch er tat es nicht. Unsere Abende mit ihm allein waren vorbei.

Das hatte Mum nicht kommen sehen: Ihre Cousine ersten Grades kehrte samt ihren Kindern und ihren gesamten Habseligkeiten nach England zurück, und nicht nur nach England, sondern nach Oxford, und zog mit unserem Dad zusammen.

Es war unvorstellbar. Ihre Cousine. Und ihr Ex-Ehemann.

Sie versuchte, nicht daran zu denken, stürzte sich noch eifriger als bisher in ihre Arbeit und ihre Studien und vermied den Kontakt mit just den Menschen, die ihr einst so viel bedeutet hatten.

Sie sprach nie mit uns darüber, aber wir wussten, was sie durchmachte. Ich spürte es. Manchmal, wenn ich morgens in die Küche kam, stand sie gedankenverloren vorm Kühlschrank oder mit einer Pfanne in der Hand vorm Herd und rührte sich nicht. Oder sie saß im Morgenmantel am Tisch, den Kopf in die Hand gestützt, die Wange runzlig wie ein alter Apfel. Ich versuchte dann, sie zu trösten. Aber was konnte ich mit meinen kleinen Ärmchen schon tun? Trotzdem versuchte ich, den Arm um sie zu legen, und spürte, wie sie fröstelte.

Es war uns peinlich – ihr und mir. Sie wollte nicht, dass ich sie so sah, und ich wollte sie nicht trösten. Aber insgeheim wollte ich es doch. Entstellt von meinen Ekzemen wie ich war, fühlte ich mich wie eine Schande für meinen Vater, und daran änderten auch die gelegentlichen Einreibungen nichts, wenn ich bei ihm war. Mit meiner Mutter hingegen war es einfacher. Vielleicht hatte ich ja irgendwie gewollt, dass er ging. Und er war gegangen. Vielleicht hatte ich das Ganze insgeheim herbeigeführt und es war alles meine Schuld. Und jetzt hatte ich die Konsequenzen zu tragen.

Währenddessen erwies sich die zweite Ehe meines Vaters als eine echte Liebesheirat. Auf einem Foto von den beiden kurz nach der Hochzeit lodert das Feuer wie bei Elizabeth Taylor und Richard Burton. Die Vereinigung von Körper und Seele ist buchstäblich greifbar auf dem alten Bild. Es war schwer, sich nicht vorzustellen, wie Dad uns nach der Hochzeit loswerden wollte, so nach dem Motto: »Liebling, mach dir keine Sorgen, ihre Mutter wird sich um die Kinder kümmern. Sie werden uns nicht zur Last fallen.«

Zuhause bei Mum lag ich nachts wach, nachdem ich mich selbst mit den verschiedenen Cremes und Salben eingeschmiert hatte, und erging mich in Phantasien über meine Eltern. Mum saß in einem Graben fest, und eine böse Hexe entführte Dad in den Nachthimmel hinauf, und ich musste sie beide befreien und nacheinander wieder nach Hause zurückbringen.

Eines Nachts bei Dad wachte ich aus einem Alptraum auf. Eine Hexe war am Fußende meines Betts gestanden, hatte mir die Zunge herausgestreckt und ein summendes Geräusch gemacht. Im Traum hatte ich erkannt, wer sie war: eine Kindermörderin, die nachts durch die Stadt schlich und tötete. Und zwar machte sie das genau so – mit ihrer Zunge. Sie war gerade dabei, mich umzubringen. Ein Blick genügte, auf Gorgo-Art.

Ich erwachte schreiend und sah noch, wie sich der Vorhang bewegte, als ob gerade jemand hinausgehuscht wäre.

Vielleicht wurde damals ein Teil von mir tatsächlich umgebracht, etwas, das ich viele Jahre später würde zurückfordern müssen.

Mein Herz kochte. Ich hasste diese zweite Ehe. Ich schmollte schonungslos. Einmal setzte sich Dad mit mir in seinem Büro oben unterm Dach seines Hauses hin und sagte mir, dass ich es einfach akzeptieren müsse – dass er unsere Stiefmutter liebe, und Punkt. Und dass er jetzt nichts mehr davon hören wolle.

Sollte er auch nicht. Stattdessen mussten die beiden mein bleiernes Schweigen ertragen. Ich schaltete auf stur und weigerte mich, mit meiner Stiefmutter auch nur ein einziges Wort zu sprechen.

Aber da war auch noch die Schule: Ich stürzte mich mit vollem Einsatz ins Lernen und brachte allmählich die Noten zustande, die erwartet wurden.

»Sehen Sie?«, sagte mein Hautarzt. »Er ist Spitzenklasse. Sie kompensieren es immer auf andere Weise.«

Wer »sie« waren – die anderen Ekzematiker – wusste ich nicht. An meiner Schule waren keine.

Schulische Leistungen waren also der Lohn. Wie die Frau in einer von Chaucers Geschichten, die für ihre überirdische Schönheit mit zwei verborgenen wunden Stellen an den Schenkeln bezahlte, so musste ich meine schulischen Leistungen mit meiner Haut bezahlen.

Im Unterricht umwickelte ich mir die Hände mit einem Taschentuch oder setzte mich auf sie, um die Feuersbrunst zu unterdrücken, bis sich die Rippen meiner Cordhose darauf abzeichneten. Die Schule machte wegen Gesundheitsproblemen keine Zugeständnisse. Dreckverklumpte Rugby-Bälle, Sportshorts, Umkleideräume, Duschen, einen Bleistift oder Hockey- und Cricketschläger halten, nach Hause radeln, den Abwasch machen, mein Bett machen – alles war angstbesetzt. Wasser bedeutete Schmerzen – *L'eczème craint l'eau*, hörte ich viele Jahre später einen algerischen Arzt sagen: Ekzeme fürchten das Wasser. Das stimmte. Aber sie fürchteten auch das Leben. Das Leben war eine Litanei von Dingen, die man nicht ohne Haut tun konnte. Und die Haut war da, egal was man tat. Eine bloße Umarmung konnte den ganzen Körper in Flammen setzen.

Die Ärzte gaben vor, alles im Blick zu haben. Unterschiedliche Salben für unterschiedliche Zwecke. Morgens Aureomycin, eine gelbe antibiotische Salbe. Dann Steinkohlenteerpaste aus einem großen braunen Schraubglas, dann eine »Barriere-Creme«, die man auf Knie und Waden auftrug, so dass sie weiß gekalkt waren. Es war eine Qual, vor allem in den kurzen Hosen der Schuluniform: die Haut gleichzeitig brennend und entblößt. Nachts Tri-Adcortyl, eine grüne Salbe; oder Graneodin, kalt und grau. Dann Oilatum, E45, Nivea, die die Haut bläulich erscheinen ließen.

Ich wuchs in stummem Zorn auf, ummantelt von einer Landschaft aus Vulkanspalten. Und in meinem Herzen ein Felsblock aus Scham, eine sture Verzweiflung über den Verlust unserer Familie. Das Magma floss in mich hinein und wurde hart.

So sah es in der Tiefe aus. Deshalb lebte ich an der Oberfläche und humpelte dort herum, so gut ich konnte. Die Oberfläche war mir gerade recht. Schulische Kudos, Gedichte, mit ein paar Freunden durch die Landschaft wandern. Wir ahmten unsere älteren Geschwister nach, saßen im Schneidersitz um einen knisternden Plattenspieler, auf dem Van Morrison und Creedence Clearwater lief, in einer Vase brannte ein Räucherstäbchen. Ich pinnte ein Indien-Tuch an die Wand über meinem Bett und klaute auf dem Jahrmarkt zwei bunte Glühbirnen: blau oder orange, je nach Stimmungslage.

Scheiß auf die Eltern, scheiß auf die Haut, gib mir eine Selbstgedrehte und ein Glas Ale.

Unsere Stadt wuchs mir ans Herz.

Oh Oxford,

schrieb meine vierzehnjährige Hand,

lass mich deine dunkle Sirupluft
durch meine Finger gießen
von Hand zu Hand
und aufsaugen die gewaltige
Ungerührtheit
deines alten Gesteins.

Ich hätte selbst eine Portion Ungerührtheit gebrauchen können. Nichts zu fühlen, mich nicht jucken zu lassen.

(Und ich hatte was gegen Kommas.)

Manchmal stellte sich ein Zustand der Gnade ein, in dem ich nichts fühlte. Nachts, in den Fängen des Pruritus, wenn mich ein Juckreizanfall bis spät in die Nacht hinein wachgehalten hatte, befiel mich mitunter eine seltsame Taubheit: dann schwebte ich, mit Gliedmaßen so riesig wie aufgeblasene Sperrballons oder Blimps, und die Welt war auf Distanz gehalten, weit draußen an den Rändern der Sinneswahrnehmung. Es war ein seliges Gefühl. Als wäre ich selbst eine Wolke.

Meine Mutter hatte ein Buch mit dem Titel *Die Wolke des Nichtwissens* im Regal stehen. War es das, was der Titel meinte? Ich wusste es nicht, aber reimte es mir so zurecht.

Dann kam Gustavo in die Stadt.

Gustavo war ein kolumbianischer Priester. In diesem Sommer war er auf der Rückreise in seine Heimat, nachdem er ein Jahr in einem radikalen marxistischen Priesterseminar in Belgien verbracht hatte, und kam dabei durch Oxford.

Ich war früher schon Priestern begegnet, die mit muffigem Atem und in ranzigen Kutten von Kanzeln herunter in düstere, leere Kirchen predigten. Gustavo war anders. Er hatte langes schwarzer Haar und einen üppigen Bart. Er trug Jeans mit Schlag und lief barfuß. Er sah aus wie Cat Stevens. Oder Jesus.

Er war Befreiungstheologe, und im Sommer seiner Durchreise in Oxford bezauberte er eine Gruppe von uns Kindern. Wir saßen in sonnigen Gärten im Schatten der Ulmen im Gras und lauschten ihm. Er wolle bei den Kindern sein, sagte er.

Er erzählte uns Geschichten von erleuchteten Meistern im Himalaya, die meditierten und sich dabei sterben lassen und dann wieder zurückkommen konnten, von eingeborenen Schamanen in seiner Heimat, die mit Jaguar und Rotwild sprechen konnten, von Straßenkindern, die Taxiunternehmen, Bäckereien und Kaffeebuden betrieben. Kinder könnten viele Dinge tun, die Erwachsene tun, sagte er.

Er wollte nach Kolumbien zurück, um den Armen zu helfen. Die Welt werde von gierigen Menschen beherrscht, die von den Armen stahlen, und als Priester war es seine Mission, den Armen zu helfen.

Er bot an, uns aus der Hand zu lesen. Ich zögerte. Eigentlich durfte niemand meine Hände berühren. Das wollte sowieso niemand, aber ich wollte es auch nicht, wenn ich es irgendwie vermeiden konnte. Doch dann fiel ihm auf, dass alle schon dran gewesen waren außer mir, und so richtete er seinen sanften Blick auf mich. Ich konnte nicht ablehnen.

Er fasste meine Hände ganz zart und dreht sie um. Dann lächelte er und blickte zu mir auf. Er sagte, mein Leben werde erfüllt sein, vollgestopft mit allen erdenklichen Dingen, wie ein mittelalterliches Gemälde – ein vorbeisegelndes Schiff, Bauern, die die Erde pflügen, spielende Kinder, ein heiratendes Paar, ein Schmied bei der Arbeit.

Er fragte uns, ob wir schon einmal verliebt gewesen seien. Obwohl noch Kinder, waren wir sofort elektrisiert und schauten in unser Inneres und gaben unsere Antworten.

Und hatten wir je gehasst? wollte er wissen. Er sprach davon, wie stark Hass sein konnte – ähnlich wie die Liebe in mancherlei Hinsicht. Sie bewirken, dass man die ganze Zeit nur an die Person denken konnte.

Ich wurde feuerrot, während ich im Schatten der üppigen Bäume saß. Doch seine warmen Augen und sein bärtiges Gesicht und seine nackten Fußsohlen strahlten ein solches Wohlwollen aus, dass man sich vorkam, als ob man neben einem Heiligen saß, und mein Bedürfnis, mich zu verstecken, schmolz dahin. Ich erzählte ihm, dass ich schon gehasst hatte, ja.

Anstatt mich zu tadeln, nickte er. »Magst du ein wenig davon erzählen?«

Nachdem ich die Situation in meinem Elternhaus erklärt hatte, schwieg er einen Moment, schaute mir tief in die Augen und sagte dann: »Natürlich wolltest du deinen Vater nicht verlieren. Bestimmt hast du gehofft, dass deine Eltern wieder zusammenkommen.«

Er hatte recht, und es tat gut, es ausgesprochen zu hören.

»Das ist nur normal«, fuhr er fort. »Denkst du viel über die beiden nach?«

»Schätze schon«, sagte ich.

Er nickte, und auf einmal fiel eine Last von mir ab. Vielleicht war ich ja doch nicht böse, und meine Wünsche, die ich einfach nicht loslassen konnte, waren gar nicht falsch.

Er lächelte. »Es ist nicht ihre Schuld, weißt du. Deine Stiefmutter liebt nun mal deinen Vater. Vielleicht kannst du ihnen eines Tages vergeben. Lass sie ihr Leben leben, und du kannst deines leben.«

In meinem Kopf drehte sich alles. Ich hatte mein tiefstes Geheimnis preisgegeben, meine immer noch gärende Wut und Verzweiflung über das, was meiner Herkunftsfamilie angetan worden war, und anstatt mich zu schämen, fühlte ich mich verstanden und mir war verziehen.

»Natürlich willst du, dass deine Mutter und dein Vater wieder zusammen sind«, sagte er noch einmal. »Und wer dem im Weg steht – wie sollte diese Person nicht als ein Feind erscheinen?«

Da war etwas in seinen Augen: dunkel, fast schwarz. Und doch leuchteten sie und strahlten eine Sanftheit aus, die grenzenlos schien. Sie hörten nicht auf zu geben. Manchmal streifte er sich ein paar lange Haarsträhnen aus dem Gesicht, ein angedeutetes Lächeln ließ Grübchen in seine Wangen treten, und dann wandte er einem diese Augen zu und eine Welle von Wärme breitete sich im Körper aus.

Das Gespräch ging weiter, aber seine Worte ließen mich nicht los: Lass sie ihr Leben leben. Auf einmal klärte sich alles, der Groschen fiel. Ich konnte meinem Dad und meiner Stiefmutter vergeben. Sie liebten einander. Das war eigentlich schön. Und es war ihr Leben, nicht meins. Warum also nicht sie freigeben?

Die Welt dehnte sich aus. Ich erahnte neue Möglichkeiten, unbekannte Horizonte. Das Leben hatte noch viel mehr zu bieten, als ich wusste.

Auch mehr, als Gustavo wusste. Zwei Jahre nach der Rückkehr in seine Heimat wurde er an einem Vormittag auf dem kleinen Marktplatz des Bergdorfs, in dem er sich um die Armen kümmerte, von der Staatsgewalt erschossen.

Mein Leben ging weiter. Unsere Teenager-Jahre verbrachten meine Freunde und ich im Regen, beziehungsweise, sobald wir alt genug aussahen, in den Pubs. Bier war unser Sonnenschein – Hefe, Hopfen und Gerste, gereift im Regen, der ihnen Leben gab –, die Selbstgedrehte und das Ale-Glas unsere Sakramente. Ich musste bloß meine Manschetten unten lassen und mich auf meine Hände setzten, wenn sie zu jucken anfingen. Irgendwann ging ich dazu über, meine Finger mit Pflastern zu umwickeln und Sweatshirts mit langen, überhängenden Ärmeln zu tragen, so dass ich ein Bierglas in die Hand nehmen konnte, ohne zu viel preiszugeben.

Im abgeschiedenen Oxford, unserem Elfenbeinturm, war Lyrik nach wie vor unser Ausdruck von Renegatentum. Wir vertieften uns in T. S. Eliot und Ezra Pound, dann Ted Hughes und Elizabeth Bishop, und blieben in den Gedichten etwas Unbenennbarem auf der Spur, das selbst den Regen in Schönheit zu verwandeln vermochte.

Tropfende Weiden, der Fluss gekräuselt vom Regen, alte Steinmauern, grau und trüb im Nebel, das in Pfützen schimmernde Licht von Busscheinwerfern: das war das Oxford, über das wir dichteten, und das war meine tägliche Fahrradfahrt zur Schule und zurück. Ich trug Handschuhe. Selten einmal kam es vor, dass im Mai eine Hitzewelle ausbrach und der Boden entlang des Flusses steinhart wurde, so dass man Radfahren konnte, ohne im Matsch zu schlittern, dass die Treidelpfade entlang des Kanals glatt wie Zement unter den Reifen waren und die Bänke vor den Pubs strohtrocken, dann trugen die Mädchen Sommerkleider, die so leicht waren, dass man die Wölbung eines jeden Muskels darunter erahnen konnte, das Gras war grün wie Kopfsalat und die Eichen standen einsam in der Wiese, selbstvergessen in ihrem rauchblauen Laub, wie mittelalterliche Mönche, zu trunken, um auch nur einen Schritt zu tun.

Aber Gustavo hatte recht: Ich hatte nach wie vor mein Leben, und bald schon sollte sich mein Horizont jenseits alles Vorstellbaren erweitern, und etwas, das außerhalb jeglicher Kalkulation lag, sollte sich zeigen.

Die Lücke

Nichts an mir ist allein und absolut außer meinem Geist,
und wir kommen nicht umhin zu erkennen,
dass der Geist keine Existenz an sich besitzt,
er ist nur das Glitzern der Sonne auf der Wasseroberfläche.
D. H. LAWRENCE

Schade, dass es ausgerechnet an einem Strand in den Tropen passierte. Das erweckt vielleicht den Eindruck, dass es eines besonderen Ortes bedurfte. Aber es hätte überall passieren können: in der Londoner U-Bahn, beim Fahren auf der Autobahn, beim Zubereiten das Abendbrots in der Küche. Es war nur eine Minute, oder eine Sekunde – es ist schwer zu sagen. Doch am Ende meiner Teens, fünftausend Meilen weit weg von Zuhause und aus heiterem Himmel, widerfuhr mir etwas, das meine Welt auf den Kopf stellte.

Mit achtzehn brach ich zu einem Auslandsjahr auf. Ich erinnere mich an den Nachmittag, als mein Freund Rory und ich, atemlos vor Angst, in seinem Zimmer unsere Rucksäcke auf den Boden stellten und alles hineinpackten, was wir für notwendig hielten. Wir breiteten alles auf dem Teppich aus: Gaskocher, Schlafsäcke, Zelt, Taschenmesser, Feldflaschen und Geschirr, zwei Garnituren Kleidung. Am darauffolgenden Tag flogen wir in ein uns unbekanntes Land jenseits des Ozeans, auf den Kontinent, wo Gustavo gelebt hatte.

Gustavos alter Freund an der Fakultät meines Vaters hatte es arrangiert, dass wir auf einer Estanzia tief in den Bergen im Norden Argentiniens arbeiten konnten. Wir jäteten Unkraut auf Bohnenfeldern, fütterten das Vieh, halfen beim Auslichten junger Baumpflanzungen. Wir besserten mit ein paar Farmarbeitern zusammen meilenweise Zäune aus, standen bei Dunkelheit auf, verbrachten den ganzen Tag unter der Sonne und kehrten bei Dämmerung in unsere Holzbaracken zurück. Dann kam der Tag, an dem wir mit geschulterten Rucksäcken und einem Batzen Pesos in den Taschen den Zufahrtsweg zur Farm hinunterliefen, um in Richtung Norden zu trampen: Wir fuhren auf den Ladeflächen von Lastern quer durch die menschenleeren Berge und über die Plateaus des bolivianischen Altiplano, eine unfassbar abgelegene und magische Landschaft. Wir überquerten Salzseen, kletterten auf Vulkane, freundeten uns mit Dorf-*corregidores* an, aßen Alpaka und ungesäuertes Brot, stapften zu Fuß zu steinalten Dörfern und vergessenen Ruinen und schliefen in schlichten Lehmhütten unter Strohdächern.

Ich führte ein Tagebuch in der Hoffnung, dass einmal ein Buch daraus würde. Rory war ambitionierter Fotograf, und wir planten, seine Bilder in dem Buch zu verwenden. (Aus ihm ist tatsächlich ein renommierter Profi-Fotograf geworden.) Währenddessen veränderten mich die Erfahrungen – das schlichte Essen, die körperliche Fitness, die harte Arbeit, das Trekking, und die mentale Arbeit, all das festzuhalten. Alles war so vollkommen anders in Südamerika. Sich unter Leuten zu bewegen, die in engem Kontakt mit den Bergen, Flüssen, Lamas, Kartoffelfeldern und Behausungen aus Erde lebten … Sie schienen dadurch mehr im Frieden mit sich zu sein. Die Babys wurden ständig auf dem Rücken getragen, egal ob von einem älteren Geschwister, einer Tante oder der Mutter, ein Bündel in einer Decke und Augen, die einen über eine Schulter hinweg anstrahlten. Was machte es wohl mit einem Kind, sein erstes Lebensjahr oder länger ungetrennt von einem anderen menschlichen Körper zu verbringen? Welche Sicherheit im eigenen Körper würde ein Kind in sich aufsaugen, wenn es wie ein Baum in dem Mulch heranwuchs, den Generation seiner Spezies kultiviert hatten? War das der Unterschied? Diese Menschen waren weniger reizbar und ängstlich. Sie strahlten Ruhe aus. Sie hatten eine Tiefe, die man spüren konnte. Sie waren freundlich und hießen Fremde willkommen. Hin und wieder trafen wir auch auf jemand Unfreundlichen, aber selbst bei denen spürte man, dass sie tief in ihrem Menschsein verwurzelt waren.

Das alles war neu für mich. Da wo ich herkam, schien den meisten Menschen dieses angeborene Selbstvertrauen, oder was es auch war, schlicht abzugehen.

Von Zeit zu Zeit verkroch ich mich in einem Hostel, um an meinem Buch zu arbeiten. Oft fastete ich während dieser intensiven Schreibphasen. Jahre vorher hatte mir mein älterer Bruder einmal von einer Wanderung während seines eigenen Auszeitjahrs erzählt, wo sie sich nur von Schokolade und Milchpulver ernährt hatten. Anscheinend konnte man davon leben. Ich probierte es einmal eine ganz Woche lang aus, nur Zigaretten und Kakao. Es war ein komisches Arkadien, die Tinte floss aus der Bohne des Füllfederhalters wie der Rauch von der Zigarettenspitze, wie Walter Benjamin phantasierte. Am Ende dieser Marathons wankte ich aus dem Zimmer und gönnte mir ein Bier und einen Teller Eintopf.

Mein Traum von einem Schriftsteller- und Wandererleben, jemand zu sein, der die Welt erkundete und Hymnen darüber schrieb – er schien wahr zu werden. Und was dem noch die Krone aufsetzte: meine Haut heilte. Vor der Abreise hatte ich bei meinem Arzt eine Tube Steroidcreme erbettelt und hin und wieder einen sorgenvollen Gedanken daran verschwendet, was ich wohl tun würde, wenn sie leer war. Aber dann hatte ich sie gar nicht gebraucht. Der alte Schorf heilte ab, die Risse schlossen sich, die rauen Stellen wurden glatt. Alles wurde gut. Ich war geheilt. Es war ein Wunder: ein halbes Jahr mit heiterem Herzen, gesundem Körper, einem Buch, das sich unter meinen Fingern formte, und meine Haut war vollkommen gesund.

Gegen Ende meiner Reise stieg ich in einem Fischerdorf an der Küste ab, wo es ein paar billige *cabanas* für *gringos* zu mieten gab. Rory war bereits nach Hause geflogen, so war ich allein. An einem Nachmittag spazierte ich ein paar Meilen die einsame Küste hinauf bis zu einem kleinen, abgeschiedenen Strand und kam dort zu der Stunde an, wo die Sonne groß und rund dem Horizont entgegensinkt. Ein Leuchten lag in der Luft, und draußen auf dem Meer zeichnete sich eine gleißend-weiße Lichtspur ab, fast zu grell für die Augen.

Es war niemand da außer mir. Ich stand und schaute aufs Wasser hinaus, auf das Licht der sinkenden Sonne, die breiter wurde, je weiter sie sich entfernte. Ich fühlte mich ungewöhnlich wohl. Ich war inzwischen so lange von meiner Heimatstadt inmitten der grünen englischen Hügel weg, dass sie nur mehr eine Erinnerung war. Das allein kam mir schon wie eine Errungenschaft vor. In ein paar Tagen würde ich nach Hause fliegen, und auch das war eine aufregende Aussicht. Und ich hatte zuletzt sehr viel geschrieben und war überzeugt, dass mein Buch nun fertig wäre. (Damals wusste ich noch nicht, dass die erste Fassung gerade mal der Anfang ist.) Und ich war ganz allein an diesem Strand.

Der Autor der *Wolke des Nichtwissens* sagt, »das Werk Gottes« sei »das Werk eines Atoms«, was für Christen des vierzehnten Jahrhunderts die kleinste Zeiteinheit war, ein Vierundsechzigstel einer Sekunde. Das hier war genauso: ein Blinzeln, ein Wimpernschlag, und alles war neu.

Ich habe viele Male versucht zu beschreiben, was dann passierte. Wenn ich das Thema mit Freunden ansprach, fragten sie mich, was ich eingeworfen hatte, worauf ich peinlicher Weise nur »nichts« antworten konnte. Ich war stocknüchtern. Abgesehen von einem gelegentlichen Bier war ich das meistens in jenen Tagen. Ansonsten wäre es wohl kaum zu jenem prägenden Augenblick in meinem Leben gekommen.

Dies hier ist mein frühester Versuch, es aufzuschreiben. Aus einer jugendlichen Befangenheit heraus fand ich es leichter, es in der dritten Person festzuhalten, als ob es jemand anderem passiert wäre.

> Es war später Nachmittag, die Stunde, wo die sinkende Sonne eine glitzernde Spur auf das Meer wirft. Während sein Blick darauf lag, erfasste ihn ein unerklärliches Glücksgefühl.
>
> Er hatte den kleinen Strand ganz für sich allein. Es fühlte sich an, als hätte er eine Last abgelegt, von der er gar nicht wusste, dass er sie die ganze Zeit getragen hatte. Etwas stieg in seinem Inneren auf, ganz von selbst, wie die Arme es tun, wenn man ein schweres Gewicht abgesetzt hat. Sein ganzes Leben lang hatte er seinen Geist eingeengt, fiel ihm jetzt auf, ihn in Bahnen gelenkt, um mit anderen kommunizieren zu können. Jetzt brauchte er das nicht. Er war frei, vollkommen frei, auf eine Art und Weise, die sich so gut anfühlte, dass er sie für immer wollte.

Ein großes altes Fischerboot lag vor der Küste vor Anker. Als er in das gleißende Licht auf dem Meer starrte, verschwand das Boot, verschluckt von dem Glitzern. Dann tauchte es einen Moment lang wieder auf, eine schwarze Gestalt, dann verschwand es wieder, ein Geisterschiff, wie ein flackernder Fleck auf der Retina. Es war so schön, dass er es kaum fassen konnte. Und plötzlich erschienen ihm die vergangenen Monate seiner Reise nur mehr als eine traumartige Sequenz von Bildern, die vor seinen Augen vorbeigezogen war.

Ein junger Mann, ein Strand, ein Boot auf dem Wasser: Es gab nichts, was ihm hätte sagen können, welches Jahr es war. Er hätte irgendein junger Mann in irgendeinem Jahrhundert sein können, der auf irgendein Wasser blickt.

Und dieses Wasser war faszinierend, blendend weiß und doch vollkommen dunkel. Glitzernde Schuppen glitten über Dunkelheit, so dass es zwischen dickem Mattschwarz und gleißendem Licht hin- und herwechselte. Aber Wasser war doch transparent, und auch Luft, und doch war dort die Oberfläche, die Haut des Meeres, dick wie Elefantenhaut. Was genau sah er eigentlich?

Noch während er dieser Frage nachhing, war die Szenerie auf einmal nicht mehr vor ihm. Sie war in ihm. Oder er war in ihr, als hätte er sie betreten und wäre ein Teil von ihr geworden. Innen und außen waren nicht mehr zu unterscheiden. Im selben Augenblick verwandelte sich die Welt um ihn herum, oben, unten, der Sand, das Meer, das Licht auf dem Wasser in ein einziges funkelndes Feld. Ein Feuer knisterte in seiner Brust, seine Finger kribbelten, ja, alles kribbelte. Das Feuer war nicht bloß in seiner Brust, es war überall. Alles bestand aus fließenden Funken. Das ganze Universum wurde zu Feuer. Er bestand selbst aus ein und demselben Stoff wie das gesamte Universum. Es genügte nicht, zu sagen, dass er ein Teil davon war. Er war es.

> Es war er. Der Anbeginn und das Ende der Zeit waren genau hier, so dicht, dass seine Nase dagegen zu drücken schien.
>
> Plötzlich wusste er, warum er geboren worden war: um dies hier zu finden. Diese Realität. Sein Leben war gelöst, sein Daseinszweck erfüllt, und jetzt konnte er glücklich sterben. Er könnte in dieser Nacht sterben, und alles wäre gut.
>
> Zwei Arme aus schwarzer Lava umschlossen den kleinen Strand. Sie lagen wie träge Leguane mit der Nase zum Wasser, und auch sie waren eingeschlossen in diese Wahrheit. Dass es die Wahrheit war, wusste er ohne jeden Zweifel. Es war wahrer als irgendetwas sonst. Genau so war alles immer schon gewesen und würde es immer sein.

Es war wie eine Explosion von Schönheit, Seligkeit, Freude. Aber es war viel mehr als das. Ich hatte in eine Art verborgene Wahrheit im Herzen allen Seins geblickt. Als ich anschließend die Küste entlang zurückging, fühlte ich mich schwerelos. Ich driftete, schwebte – und die Welt schwebte auch. Palmen, Kakteen, die platschenden Wellen des schweren, gemächlichen Pazifik, die muskulöse Oberfläche des Meeres, das Licht am westlichen Himmel, das jetzt in leuchtendes Orange überging, und der Mond, der wie ein Kreidesplitter darin hing – als ob wir alle Teil ein und desselben Films, oder Traums, wären, den niemand je stören konnte.

In meiner *cabana* angekommen, legte ich mich in der Dämmerung auf mein Bett, die hölzerne Zimmerdecke direkt über mir, und eine Flamme loderte in meiner Brust, wie die Gasflamme meines Campingkochers, intensiv, aber geisterhaft. Es war ein Feuer der Liebe, und es strömte aus mir heraus. Ich kannte nichts Vergleichbares. Und doch war es irgendwie vertraut, so als wäre es schon mein ganzes Leben lang bei mir gewesen, nur unbemerkt.

Die Wände aus verwittertem Sperrholz leuchteten im Dunkeln. Ich lag da und lauschte dem Plätschern und Murmeln des Wassers draußen. Bisher hatte Schönheit immer eine Grenze gehabt, jetzt war sie überall. Nichts war ausgespart. Es gab für mich nichts weiter zu tun, als hier zu liegen, während die Liebe in einem stetigen, stillen Strom aus meiner Brust floss wie Goldregen. Ich fühlte mich wie von unsterblicher Liebe beschlagnahmt.

In dieser Nacht lag ich lange wach und das Leuchtfeuer in meinem Herzen loderte bis tief in die Nacht hinein. Es kam mir vor, als würde ich nie wieder schlafen müssen. Brauchte ich auch nicht, denn ich hatte etwas gefunden, was größer war als die Welt.

Aber was in aller Welt war es? Was war passiert?

Zeitraffer: Fünf Tage später. Ein Blechtisch in einem Straßencafé in der Stadt.

Das Café ist leer. Es ist Vormittag und ich bin zurück in der modernen Welt. Im Lauf des Tages werde ich einen Bus in die Hauptstadt nehmen.

Inzwischen ist das Feuer in meinem Solarplexus zu einem warmen Glimmen heruntergedimmt, aber es ist immer noch da. Seit diesem mystischen Nachmittag lebe ich in einer verwandelten Welt. Sorgen und Hoffnungen in Bezug auf die Zukunft haben sich in nichts aufgelöst. Mein Interesse richtet sich nur noch auf das, was unmittelbar vor mir ist. Wenn ich im Schatten von Kasuarinen und Palmen die Asphaltstraßen entlangdrifte, mich durch Abgase und Verkehrslärm bewege, fühle ich mich so substanzlos wie die Schatten selbst.

An dem Tisch am Straßenrand sitzend trinke ich einen Kaffee, zünde mir eine Winston an und schlage mein Notizbuch auf. Ich will über diesen wundersamen Nachmittag schreiben. Ich will versuchen, zu verstehen, was passiert ist. Ich hatte im Sinn gehabt, zu reisen und die Welt kennenzulernen. Stattdessen kam es umgekehrt: die Welt hatte die Arme ausgebreitet und mich eingesogen. Was bedeutete das alles? Ich war gerade mal neunzehn, und alles, was ich bisher über das Leben gedacht hatte, war mir gerade unter den Füßen weggezogen worden.

Doch das machte mir gar nichts aus.

Wäre ich christlich erzogen worden, so hätte ich vielleicht geglaubt, dem Göttlichen begegnet zu sein, was auch immer das sein mochte. Wäre ich ein chassidischer Jude gewesen, hätte ich vielleicht gedacht, das Hitlahavut gesehen zu haben, das heilige Feuer für das »jede Stunde sein Schemel und jede Tat sein Thron« ist, wie Martin Buber es beschreibt. Wäre ich Buddhist gewesen, so hätte ich mich gefragt, ob das etwas mit Buddha-Natur zu tun haben mochte. Hätte ich vom New Age gehört, so hätte ich vielleicht mit der Vorstellung gespielt, eine Begegnung mit dem Quantenfeld gemacht zu haben. Aber ich war an solchen Sachen nicht interessiert.

Ich war nicht einfach bloß rationalistisch erzogen worden, ich war in Oxford aufgewachsen, dem Epizentrum des logischen Positivismus. Meine Eltern waren Akademiker. Bald schon würde ich an einer guten Universität ein Studium aufnehmen, und, wer weiß, vielleicht selbst eines Tages ein Akademikerleben führen. Das Wort »spirituell« kam in meinem Wortschatz nicht vor. Ich wusste nicht einmal, was »mystisch« eigentlich bedeutete. Und doch war in den paar Monaten seit Ende meiner Schulzeit, in der ich eine klassisch-humanistische Bildung erhalten hatte, und vor dem Beginn meiner Studienzeit, in dieser Lücke also, etwas passiert, was außerhalb jeglicher Vorstellung lag.

Meine Meinung dazu war, dass dieser Nachmittag etwas mit der Natur des Bewusstseins zu tun haben musste. Es war nichts, was mir irgendwie bekannt war, und meine Schulbildung hatte mich in keinster Weise darauf vorbereitet, und doch fühlte es sich vertraut an. Es war rätselhaft, aber deswegen musste man ja nicht gleich einem religiösen Wahn verfallen.

Als ich im Café anfange, darüber zu schreiben, oder es versuche, fällt es mir als Fiktion leichter, und im Nu ergießen sich zehn Seiten aufs Papier. Ich habe das Gefühl, gerade das erste Kapitel eines Romans geschrieben zu haben. Aha. Unabhängig davon, was diese Erfahrung sonst noch gewesen sein mag, ist sie jedenfalls der Samen eines Romans, so meine Schlussfolgerung – der Sirenenruf einer literarischen Begabung. Es ging also um ein Buch.

Mit der Zeit entwickelte sich die numinose Gnade an dem Strand zu einem inneren Zwang. Dad hatte immer davon geträumt, ein populärer Romanautor zu sein, ein »*paperback writer*«. Am Steuer unseres alten Renault sitzend, wenn wir durch den obligatorischen Oxforder Regen rauschten, redete er versonnen davon, dass er Bestseller schreiben und mit einem weißen Rolls-Royce an der Riviera entlangfahren wollte. Ich beschloss, mich daran zu machen, seinen Traum für ihn zu erfüllen, und vielleicht würde ich ja eines Tages durch meine eigene Schriftstellerkarriere mit seinen bemerkenswerten Leistungen gleichziehen. Zumindest gab mir das eine Art Handhabe für diesen seltsamen Nachmittag.

Hätte ich mehr über Psychologie gewusst, so hätte ich es eine Gipfelerfahrung nennen können. Aber in Oxford lernten wir nichts über Psychologie. Wir lernten, wie man auf Griechisch und Latein Hexameter schrieb, wie man Satzteile bestimmte und wie man eine literarische Textanalyse verfasste. Die Aufgabe des Lebens bestand, so wie ich das mitbekommen hatte, darin, sein Auge und sein Ohr für die Literatur zu kultivieren. Was sonst sollte also die Erfahrung jenes Nachmittags, sobald sie zu verblassen begann, bedeuten, als einen literarischen Ruf?

Trotzdem: War es das wirklich gewesen?

Solche Sachen passieren. Immer wieder haben Menschen nach »Erwachen« und »Erkenntnis« gestrebt, indem sie unter Bäumen saßen, fasteten, Nächte hindurch beteten, heilige Pilgerreisen unternahmen. Manchmal passiert es zufällig, während man die Wäsche macht oder mit dem Fahrrad zur Arbeit fährt – oder aufs Meer hinaus starrt. Manchmal wurden daraus Auslöser für Religions- oder Sektengründungen, manchmal führten sie auf gewöhnlichere Wege.

Es hätte einfach nur ein zufälliger Augenblick sein können, eine verirrte Heimsuchung von »Gnade«. Ich hätte es mit einem Dankeschön hinter mir lassen und einfach mein Leben weiterleben können. Aber während dieses Auszeitjahrs, fern der Heimat, hatten sich mehrere Dinge verändert. Ich war gesundheitlich, physisch und mental, auf einem Höhepunkt, und meine Haut war auf wundersame Weise abgeheilt, als der geheimnisvolle Augenblick passierte.

Wenn ich in den folgenden Wochen und Monaten das Ganze zu verstehen versuchte, griff ich immer wieder nach anderen Erklärungsansätzen: Es war eine Ekstase, ausgelöst durch die abgeschlossene Erstfassung meines Buchs, oder weil das Auszeitjahr zu Ende ging, oder ein ästhetischer Orgasmus wie das »Stendhal-Syndrom« oder eine Explosion von Narzissmus oder Solipsismus. Aber wenn dem so war, wieso hatte ich mich dann so frei von meinem gewöhnlichen Selbst mit seinen Sehnsüchten und Beschwerden gefühlt und gerade darin eine solche Kraft gespürt? Und warum dieses Gefühl von Zugehörigkeit, das Gefühl, von einer großen Liebe, die alles einschloss, vereinnahmt zu werden? Sie hatte alle Bedenken weggeschwemmt, es war ihr egal, wie unwürdig man sein mochte, sie bot eine vollkommen neue Perspektive auf das Leben und was es sein könnte.

Nicht im Traum hätte ich mir damals vorstellen können, dass ein Mittel existieren könnte, sich dieser Erfahrung weiter zu öffnen – in ein ganz neues Leben hinein, wo man darin gegründet war, Teil davon war, da heraus lebte –, und schon gar nicht, dass ich mich selbst eines Tages an einem Punkt wiederfinden würde, wo ich dieses Mittels verzweifelt bedurfte.

ICH WÜNSCHTE, DIES WÄRE EINE kürzere Geschichte geworden. Es gibt anrüchige Wunderheiler, die einem »Erleuchtung« in einem Wochenende oder durch einen vierwöchigen Online-Kurs versprechen. Aber die bieten nicht die alten Wege an, die tradierten Pfade, auf denen über Jahrtausende hinweg das menschliche Wesen vermessen wurde. Und dies ist auch nicht bloß die Geschichte eines »spirituellen Erwachens«.

Tatsächlich bin ich dann Schriftsteller geworden. Doch mit der Zeit wurde die Erfahrung am Strand zum Anfang von etwas Neuem, etwas anderem und viel Längerem: eine widerwillige Reise der Heilung. Ganz am Ende, viele Jahre später, sollte sie zu etwas führen, was ich nie im Leben hätte voraussehen können: dass aus mir ein Zen-Lehrer wird, und zwar nicht in England, sondern in New Mexico.

All das hat lange gebraucht. Manche Dinge, vor allem die guten, die es wert sind, dass wir dafür leben und sterben, kann man nicht beschleunigen.

Ein paar Tage später saß ich an dem einsamen Hochland-Flughafen der Landeshauptstadt und wartete auf meinen Rückflug. Es hatte geregnet. Die Startbahn glänzte silbrig. In der Ferne erhob sich ein Höhenzug als Silhouette am Horizont.

Ich hatte gemischte Gefühle: Zuhause in England würde ich bald zu studieren beginnen und blickte dem lernbegierig entgegen. Ich hatte ein Gebirge überquert, ich hatte mir meinen eigenen Lebensunterhalt verdient, ich war der Überzeugung, ein Buch geschrieben zu haben, und ich hatte eine Epiphanie erlebt. Ich glaubte, erwachsen geworden zu sein und mich selbst gefunden zu haben. Ich glaubte, dass mein Leben sich nun eingerenkt habe. Aber ich war dabei, nach Hause zurückzukehren, und da war auch Traurigkeit, dass diese außergewöhnliche Zeit nun zu Ende ging.

Die nasse Startbahn glitzerte, und zwischen den Bergen und einem Wolkenband zeigte sich ein silbrig-heller Streifen Himmel. Pfützen schillerten auf dem Asphalt. Es sah alles ziemlich englisch aus und erinnerte mich daran, was mich bei meiner Heimkehr erwartete. Ich hätte nicht sagen können warum, doch ich hatte ein ziemlich flaues Gefühl im Bauch, als ich auf die Abflugschleuse zuging.

Heimkehr

Es war ein grauer Vormittag in Heathrow. Nicht wirklich Regen, aber auch nicht wirklich kein Regen. Ein allgegenwärtiges Rauschen: Von Autos, Bussen, Gepäckwaggons spritzte Wasser auf.

Ich folgte den Schildern zum Busbahnhof, durchquerte riesige Hallen mit glänzendem Fußboden. Bei WHSmith kaufte ich mir ein Päckchen Zigaretten und eine Schachtel Streichhölzer. Alles wirkte aufgebläht. Die Zigaretten waren absurd dick und die Streichhölzer kamen mir im Vergleich zu den spindeldürren Fitzelchen aus Wachs und Papier, an die ich mich in Südamerika gewöhnt hatte, wie kleine Holzscheite vor. Selbst die Zeitungen, die den Tod eines weiteren Hungerstreikenden in Belfast verkündeten, wirkten viel zu füllig.

Als ich meinen Bus gefunden hatte, oder was ich dafür hielt, und einen Fahrschein nach Oxford verlangte, schnauzte mich der Fahrer an. »Klau mir nicht meine Zeit. Oxford ist der X70.«

Autsch. Ich stieg wieder aus und wartete.

Der richtige Bus kam, und während er begleitet vom Quietschen der Scheibenwischer seine Schleifen auf dem Flughafengelände drehte, um weitere Passagiere aufzulesen, vergaß ich für eine Sekunde, warum ich hier war. Aber natürlich, ich war zurückgekommen, um ein Studium anzufangen, mein Leben wieder aufzunehmen. Doch während der Bus gurgelnd durch den Regen tuckerte, kam mir mein Daseinszweck abhanden, den ich, als ich weg war, so wohlig in meiner Zwerchfellgegend gespürt hatte.

Auf der High Street in Slough stapften die Leute steif und wie in Zeitlupe durch den Regen, und mich befiel zum ersten Mal eine Ahnung, dass mein neues Ich, die Person, die ich im Ausland geworden war, gesund an Körper und Geist, womöglich nicht hierher passte. In den Anden wurde in den Bussen geredet, geschrien, gelacht, geschlafen und gepfiffen und Radios liefen. Hier saßen die Leute unter einer Glocke des Schweigens, als wüssten sie um irgendeine fürchterliche, lähmende Wahrheit. Ich merkte, wie mein Verstand panisch seine Dateien durchsuchte, um das Ganze irgendwie einzuordnen. Waren es die IRA-Bomben und Hungerstreiks? Die Politik von Ms. Thatcher? Der Schatten des verlorenen Weltreichs? Derweil drängten die Straßen mit ihren strengen Kanten und weißen Linien die Grasflächen zurück und zwangen sie in dumpfen Gehorsam. Autos blieben an Kreuzungen stehen – korrekt, pflichtschuldig – und warteten mit groß und eindringlich pulsierenden Blinklichtern in dem trüben Grau, um abzubiegen. Da, wo ich bis eben noch gewesen war, gab es keine PKWs, nur Laster, die sich nicht um Blinker scherten. Sie fuhren einfach rumpelnd dorthin, wo sie hinwollten.

Dad holte mich an der Bushaltestelle in Oxford ab. Er stand neben dem geöffneten Kofferraum, in dem Cordblouson, das sein verstorbener Bruder ihm geschneidert hatte.

Er sagte nichts, sondern nahm meine Schläfen zwischen seinen behandschuhten Hände und küsste mich herzlich auf die Wangen.

»Kalt? Ist dir nicht kalt?«, fragte er nach einem Moment der Stille.

War mir nicht. Jedenfalls war mir nichts aufgefallen. Aber jetzt überlegte ich doch. Vielleicht war mir ja kalt und ich hatte es gar nicht bemerkt. Ich trug meine Cordhose und ein steifes Sweatshirt aus blauer bolivianischer Baumwolle. Das war sozusagen mein Kalt-Wetter-Outfit. Ich liebte dieses Oberteil und trug es, bis es so übel roch, dass ich nachgeben und es waschen musste, und dann wartete ich mit nacktem Oberkörper, bis es in der Sonne der Anden getrocknet war und zog es mir wieder über, den bitteren Geruch von Seifenlauge in der Nase.

Ich musste gezögert haben. »Soll ich ihn dir abnehmen?«, fragte Dad.

Ich warf meinen Rucksack in den Kofferraum. »Natürlich nicht. Ich hab den gerade quer über die Anden getragen.« Im selben Augenblick tat mir diese Prahlerei leid. Ich wusste nicht, wieso ich das gesagt hatte.

Ich konnte nicht fassen, wie klein die Geschäfte entlang der Straße waren. Noch wie es sich anfühlte, neben Dad in seinem Auto zu sitzen. Wobei es eigentlich nicht die tatsächliche Größe der Geschäfte war. Vielmehr wirkten sie drall, wie die Zigaretten, die ich am Flughafen gekauft hatte, aber auch wie im Spielzeugformat, ein Modellbau-Dorf. Es war hübsch, geradezu niedlich, aber schräg.

An der St. Giles und Banbury Road standen die großen Oxforder Kastanienbäume üppig im ihrem fünfblättrigen Laub, und die Rinnsteine waren übersät mit glänzenden Kastanien. Bei ihrem Anblick fühlte ich mich schuldig. Erinnerungen an den Schuljahresbeginn im Herbst stiegen in mir auf, während wir den dicken Asphalt der Bunbury Road entlang fuhren, dieser Hauptdurchgangsstraße meiner Kindheit.

Während ich weg war, hatten Dad und ich uns Briefe geschrieben. Es war immer aufregend, in einer neuen Stadt das Postamt zu suchen und sich am Schalter für postlagernde Sendungen in die Schlange zu stellen, dann hochgespannt den Pass vorzulegen, während der Beamte einen Stapel Briefe durchsah. Ob wohl einer dabei war?

Meine Eltern schrieben mir beide, und ich freute mich immer auf diese Briefe. Die von Mum waren handgeschrieben auf speziell gefaltetem Luftpostpapier, und sie erzählte darin von ihrem Haus auf dem Land, dem neuen Buch, an dem sie schrieb, dem neuesten sowjetischen Schriftsteller-Dissidenten, der bei ihr abgestiegen war. Die von meinem Vater waren einzeilig auf Kanzleipapier getippt und lang, meistens waren es zwei Blätter, beidseitig beschrieben. Noch nie hatte ich solche Briefe erhalten. Ich schätzte sie sehr und las sie immer wieder. Noch hatte ich jemals so ungeteilte Aufmerksamkeit von ihm erhalten. Er war Historiker, Professor, Übersetzer, Herausgeber – und Spion – und in der Zeit, bevor er ausgezogen war, war er oft weg gewesen, an der Uni, gab Vorlesungen, Seminare, Tutorials. Ich sah ihn erst beim Abendessen und dann kurz zum Schlafengehen. Nach seinem Auszug von Zuhause waren die Besuche bei ihm Segensmomente mit einer himmlischen Geborgenheit, jedoch kurz und zu selten. Jetzt sehnte ich mich danach, mit ihm über all meine Erlebnisse zu reden – die Arbeit, das Reisen und die Offenbarung am Strand. Unsere Beziehung hatte sich verändert, während ich weg war. Ich war jetzt ein junger Mann, ein Sohn, der sein Zuhause verlassen hatte und nun zurückgekehrt war.

Bei Dad angekommen, liess ich meinen Rucksack im Flur stehen und wir setzten uns ins Wohnzimmer, ich in den Korbsessel, Dad aufs Sofa.

»Tja«, sagte ich und versuchte ein Lächeln. »Schätze, ich bin wieder da.«

»Ja«, sagte er. »Sieht ganz so aus. Du bist wieder da.«

Sein Ton war komisch, als ob das nicht unbedingt etwas Gutes war, weder dass ich weg gewesen, noch dass ich nun wieder zurück war.

Vielleicht waren wir beide verlegen, wie wir uns so gegenübersaßen, mit dem kleinen Couchtisch aus Messing zwischen uns. Auch ich hatte ihm lange Briefe geschrieben und darin hauptsächlich über die Arbeit auf der Farm erzählt, und danach vom Reisen und von dem Buch, das ich schrieb, hatte meine Gedanken, Eindrücke, Hoffnungen mit ihm geteilt. Und er hatte es genauso gemacht. Wir hatten uns auf dem Papier näher kennengelernt, frei von Anklagen und Verstimmungen. Unterwegs hatte ich seine Hand auf meinem Rücken gespürt. In den Jahren davor hatte ich ihn beschämt, hatte getrunken, geraucht, Schule geschwänzt, dazu meine Haut, grau und rissig. Schlimmer noch, gegen Ende meiner Schulzeit hatte ich mich einer zwielichtigen Clique angeschlossen, alle älter als ich, die sich um einen begabten Künstler formiert hatte; sein Studio erschien mir als der Inbegriff eines verfeinerten Lebensstils, ein Olymp kleinstädtischer Weltläufigkeit. Noch schlimmer wurde es, als ich mir in einer Phase des Dandytums allerlei Jacketts und Krawatten aus Secondhand-Läden besorgte, bezahlt mit dem Geld, das ich mir mit Nachhilfestunden verdiente. Schließlich wollte ich etwas hermachen im Studio des Künstlers.

Die seltenen Male, bei denen ich meinen Vater sah, hatte er diese Affektiertheiten mit Abscheu quittiert. Ich hielt kaum seinem Blick aus den dunklen, hinter den Brillengläsern vergrößerten Augen stand.

Aber während der Arbeit in den Bergen auf der anderen Seite der Welt hatte ich diese jugendlichen Verirrungen abgelegt und war stark und drahtig geworden. So saß ich nun also hier, mit frischer Haut, gesund, zu Hause.

So, Boychick, du bist wieder da.

Seine Stimme klang seltsam normal, ohne zu würdigen, wo ich gerade gewesen war. Oder dass wir uns Briefe geschrieben hatten. Oder wie ich mich verändert hatte.

»Und, wie war es?«, fragte er, gefolgt von einem Lacher, als ob ihm selbst aufginge, wie unzulänglich diese Frage war.

Auch ich lachte, doch ein Teil von mir beobachtete mit wachsendem Entsetzen, was hier geschah. Ich fühlte mich, als ob ich am Rand eines Kliffs stand, während der Teppich unter mir sich immer weiter zu entfernen schien. Das Lachen verklang und eine Stille trat ein. *Wie war es, während ich weg war?* Er wartete auf eine Antwort von mir.

Ich saß da wie gelähmt. Da hatte ich gerade Monate damit verbracht, eine Persönlichkeit zu werden, auf die er stolz sein konnte, die mit allen möglichen Leuten ein freundliches Gespräch führen konnte. Mehr als alles andere wünschte ich mir, ihn zu dem Augenblick am Strand zu befragen. Ich war mir nicht sicher, ob er wüsste, was das war, aber zumindest eine Ansicht dazu würde er doch haben, mir vielleicht eine Richtung weisen können, wie ich damit weitergehen könnte. Doch jetzt schien es unmöglich, überhaupt irgendetwas zu sagen, dies oder was anderes.

Ich gab mir innerlich einen Schubs. »Tatsächlich ist was ganz Außergewöhnliches passiert«, hob ich an.

Doch im selben Augenblick merkte ich, dass es nicht funktionieren würde.

»Ah ja?«, fragte er mit einem Lachen. »Bestimmt sind ganz viele außergewöhnliche Sachen passiert.«

Ich nickte und versuchte ein »Ja«, doch es kam wie ein Krächzen heraus. Da hatten wir uns monatelang so ausgiebig geschrieben, und jetzt war es, als wären wir einander plötzlich fremd geworden.

»Sprich weiter«, forderte er mich auf.

Ein Abgrund tat sich vor mir auf. Ich hatte einen Kloß im Hals. Alles vor meinen Augen – der rote Teppich, der Tisch, Dad mit seinen reflektierenden Brillengläsern – war auf einmal nebulös, entrückt. Was war bloß los? War ich krank? Wurde ich verrückt?

Dann kam seine Frau herein – meine Stiefmutter, die Cousine meiner Mutter, und meine eigene Cousine, es war kompliziert.

»Hal-*loh*!«, rief sie lachend.

Ich spürte ein komisches Gefühl in der Magengegend, halb Jucken, halb Übelkeit. Ich stand auf, und das Zimmer drehte sich. Wir gingen aufeinander zu und umarmten uns.

Sie trat einen Schritt zurück. »Du bist *älter* geworden. Sieht er nicht älter aus, Schatz?«

Dad brummte etwas.

Sie begutachtete mich von oben bis unten. »Jetzt sieh einer an. Aus dir ist ein *Mann* geworden.«

Ich konnte mir ein Grinsen nicht verkneifen. Es war zu schön, dass sie das gesagt hatte.

Dad lachte. Es war weder Zustimmung noch Widerspruch.

»Setz dich doch«, drängte sie mich. »Was kann ich dir anbieten? Saft? Tee? Kaffee?«

Bei diesem Wort kam Leben in mich. Kaffee, der nationale Treibstoff Südamerikas, das Schmiermittel des sozialen Austauschs, reichte mir freundlich die Hand.

»Kaffee bitte«, sagte ich.

Es würde Instantkaffee sein, wie immer in England, nicht die kräftigen Schlucke süßen schwarzen Düsentreibstoffs, die auf den Straßen der Anden von kleinen Jungen auf Tabletts feilgeboten wurden. Trotzdem, es war Kaffee.

»Milch? Zucker? Wie trinkst du ihn dieser Tage?«

Ihre fürsorgliche Frage ließ der Möglichkeit Raum, dass ich mich verändert hatte. Auch das war nett von ihr. Doch die Antwort überforderte mich. Wie wollte ich meinen Kaffee? Ich konnte mich nicht erinnern. »Milch und Zucker bitte«, brach es aus mir heraus, in der Hoffnung, dass es damit beigelegt war.

»Wie viel Stück Zucker?«, fragte sie.

Wieder musste ich überlegen. Aber ich wusste es nicht. Mein Hirn war ein einziger Nebel. Sie stand da und wartete. Eine Sekunde lang vergaß ich, wo ich war. Da war nur noch diese absolut absurde Situation: Ich stand auf einem roten Teppich, jemand wartete darauf, dass ich etwas sagte, und mein Magen brodelte wie ein Eimer voll Aale.

Dann kam mir ein Gedanke: *Drei.* Dann noch einer: *Oder vier.* Laut sagte ich: »Vier bitte.«

Stille. Dad fragte: »Vier?«. Seine Stimme hatte einen hohen, ungläubigen Tonfall. »Seit wann trinkst du deinen Kaffee mit vier Würfeln Zucker?«

Ja, seit wann eigentlich? Ich wusste es nicht. Üblicherweise nahm ich einen Löffel, aber das war mir in diesem Augenblick entfallen. Ich kam mir vor, als wüsste ich überhaupt nichts mehr.

Ich stammelte: »Ähm, was … ist denn richtig?«

Dad schaute mich vom Sofa aus an und lachte. »Was richtig ist? Es gibt kein richtig. Was du magst, ist richtig. Wenn du vier magst, dann sollen es vier sein.«

Und beide lachten.

»Okay«, sagte ich, um das Ganze hinter mich zu bringen, und setzte mich wieder hin.

Nach einem weiteren Moment des Schweigens sagte Dad: »Also, du hast gesagt, etwas *Außergewöhnliches* ist passiert.« Er gab dem Wort eine ironische Betonung und lächelte dazu.

Wieder tat sich eine schwindelerregende Stille auf, als ob das Zimmer selbst gähnte.

Er war eigentlich ein gesprächiger Mann und hätte normalerweise den Hänger überbrückt, aber etwas – ich, vermutlich – hatte ihn aus der Fassung gebracht.

»Ist dir nicht zu warm?«, fragte er schließlich.

Mir war nichts aufgefallen.

»Dir muss doch warm sein in dem Pulli. Und anscheinend trägst du darunter noch ein Unterhemd.«

Ich trug zu dieser Zeit überhaupt keine Unterhemden mehr, aber ich hatte tatsächlich ein T-Shirt darunter an. Das Wort »Unterhemd« löste einen Panikmoment in mir aus. Unterhemden gehörten einer Kleidervorschrift der Vergangenheit an. Als Kind hatte ich immer eins tragen müssen. Musste ich das jetzt wieder?

Ich schälte mich aus meinem Sweatshirt.

Woraufhin Dad lachend ausrief: »Puh! Also, *du* hast offenbar schon eine Weile keine Badewanne mehr gesehen.«

Er wartete auf eine Erwiderung von mir.

»Hab ich nicht«, sagte ich mit einem unsicheren Grinsen.

Er verdrehte die Augen. »Na gut, dann nimmst du jetzt erstmal ein Bad. Klar doch. Das wird dir guttun. Wasch dir mal den Staub der Straße ab.«

Mein Vater zog alle Register. In unserer Familie war Ironie ein Zeichen für gute Stimmung. Er versuchte, mich zum Lachen zu bringen.

Meine Stiefmutter kam mit einer großen Tasse Kaffee zurück, der so süß war, dass mein Zahnfleisch davon kribbelte. Eine Weile saßen wir alle schweigend und lauschten meinem Nippen und Schlurfen. Schließlich sagte mein Vater. »Schatz, ich lass ihm ein Bad ein. Ich geh schnell hoch, du bleibst hier schön sitzen.«

An der Badezimmertür reichte Dad mir ein Badetuch. Mir fielen zwei Handtücher auf, die drinnen über der Heizung hingen. Sie mussten meiner Stiefmutter gehören. Bei ihrem Anblick überkam mich ein diffuses Schuldgefühl.

Wasser donnerte aus beiden Hähnen, und das Badezimmer füllte sich mit Dampf.

»Okay?«, fragte er mit einem Blick zu mir. »Okay, Boychick?«

Wieder hatte ich einen Kloß im Hals und nickte, während ich die Tür zuzog.

Als ich im Badezimmerspiegel einen Blick auf meine hellbraune Haut erhaschte, ging mir auf, dass ich mich seit meiner Abreise nicht mehr nackt im Spiegel gesehen hatte. Das heiße Wasser verbrannte mich fast. Es machte mir nichts. Ich streifte mir Schaumblasen von den Beinen und lehnte mich zurück. In Südamerika war ich nur selten in den Genuss eines heißen Bads gekommen. Während der Monate unterwegs hatte ich mir gesagt, dass die Art, wie man Unbequemlichkeiten ertrug, das Maß eines Mannes ausmachte. Doch in meinem Kopf huschte ein verängstigtes Eichhörnchen umher, und dieses Eichhörnchen war mein eigenes Ich.

Ich hörte die Leitungen tief im Mauerwerk des Hauses pfeifen und erkannte ihre sich veränderten Tonhöhen wieder. Dann hörte ich undeutlich meinen Vater und meine Stiefmutter unten reden. Ich hatte vergessen, wie gut ich das Timbre ihrer Stimmen kannte. Sie sprechen zu hören, triggerte etwas in mir und auf einmal kam ich mir vor wie in einem alten Traum – einem Alptraum genau genommen, einem, den ich zwischenzeitlich vergessen hatte, ein Dauerzustand davon, wie es damals war.

Ich griff nach der Seife, um den Bann zu brechen. Kaum hatte ich mich aufgesetzt, verzerrte sich mein Mund zu einem Grinsen und das Zimmer füllte sich mit goldgelbem Licht. Ich spürte die Fäden in der Glühbirne wie Sterne über mir glimmen, milchig wie Asteroiden, aufgeblasen wie Glühwürmchen, ich hörte sie knistern, und der Keramikrand der Wanne schillerte wie ein Hallenbad. Dann sah ich gar nichts mehr, und ein Geräusch drängte zwischen meinen Zähnen hervor: ein Schnauben, ein Japsen. Auf einmal schluchzte ich.

Ich hatte jahrelang nicht geweint. Meine gesamte Kindheit hindurch konnte ich mich an keine Tränen erinnern. Ich versuchte, die Gefühle zu unterdrücken und das Schluchzen zu ersticken. Zurück zu Hause nach sechs Monaten auf Reisen, ich war ein Mann geworden, und jetzt das – ich saß wie ein heulendes Baby in der Badewanne. *Was ist los mit dir? Reiß dich zusammen, Mann!*

Etwas in mir gab nach. Der Teil, der mich zusammenhielt, das neue Selbst, das ich während meiner Auszeit aufgebaut hatte, zerbrach und löste sich im Badewasser auf. Gleichzeitig traf es mich wie ein Schlag: meine Zeit weg von zu Hause war vorbei. Ich war zurück.

In meinem Kopf drehte sich alles in aberwitzigem Tempo, drehte sich in einem Abwärtssog hinunter in eine furchtbare Angst. Mir war, als würde, zusammen mit meinem neuen robusten, hart arbeitenden, die Welt liebenden Selbst jegliche Hoffnung in den Abfluss hinunter gesogen.

Ich zitterte wie Wackelpudding, als ich aus der Wanne stieg. Ich fühlte mich wie Zellplasma, dem man seinen genetischen Code entzogen hatte. Ich rollte ich mich auf dem Badezimmervorleger zusammen, zog das große Handtuch über mich und kauerte voller Angst im Dunkeln – Angst vor der Welt draußen, und vor der Welt in mir drin.

Es war Emotion, die die Fakten überstieg, um es mit T. S. Eliot auszudrücken. Ich hatte eine tolle Zeit auf Reisen gehabt und war nach Hause zurückgekommen, um auf eine tolle Uni zu gehen. Ich bewegte mich von einem günstigen Geschick zum nächsten. Doch zwischen den beiden brach das Zentrum ein.

Vermutlich klingt das nach nichts Besonderem: der junge Mann kehrt nach Hause zurück und weint in der Badewanne. Doch ich war so empfindsam, so orientierungslos – durch die Heimkehr, durch die seltsame Erfahrung am Strand – dass ich das Gefühl hatte, augenblicklich wieder in irgendeine Hölle zurückgerutscht zu sein, deren Tore wieder zugefallen waren. Und ein zweites Mal würden sie mich nicht mehr freigeben.

Es hätte eine so schöne Geschichte sein können: Einem unwürdigen Trottel widerfährt aus heiterem Himmel eine tiefe Erkenntnis, die daraufhin sein Leben transformiert. Leider war dem nicht so. Ich könnte es so darstellen, schätze ich, wie manche herkömmlichen spirituellen Erzählungen dies tun, aber es würde nicht der Wahrheit entsprechen.

Ich wusste es damals nicht, aber ich erlebte gerade den Beginn einer Art Zusammenbruch.

Panikattacke. Verzögerter Ausbruch einer Adoleszenz-Depression. Akute Angststörung. Reaktivierung von Kindheitstraumata. Die folgenden Jahre brachten mir allerlei Diagnosen ein.

Dies ist nicht nur eine Geschichte des Erwachens, sondern der Heilung. Vielleicht können und sollen beide auch gar nicht voneinander getrennt werden. Keine Heilung ohne Wunde.

Zusammenbrüche, Kollapse, psychische Abstürze kommen in unterschiedlichen Aufmachungen daher. Meiner kam so. Das schiere Ausmaß der Angst war mir neu. Ich spürte instinktiv, dass hier etwas schieflief, was nicht so leicht in Ordnung zu bringen war. Und tatsächlich kämpfte ich mich in den kommenden Wochen, Monaten, Jahren so stotternd durchs Leben weiter wie ein Auto, bei dem nur die Hälfte der Zylinder zünden.

Ich wusch mir mehrfach am Waschbecken das Gesicht, um die Tränenspuren wegzuwischen. Schließlich zog ich mich an, blickte ein letztes Mal prüfend in den Spiegel und ging mit einem Gefühl wie ein wandelnder Geist nach unten.

»Prima«, sagte mein Vater. »Bis du fertig? Ich hab mit deiner Mum gesprochen, sie erwartet uns. Ich fahr dich hin.«

ES REGNETE ZWAR NICHT, DENNOCH bildeten sich Tröpfchen auf der Windschutzscheibe, als wir fuhren. Die Landschaft hatte Farbschattierungen, für die es keine Namen gab, irgendetwas zwischen Grau, Grün und Braun. Die Farben Englands. Jedes Wochenende hatten wir sie durchfahren – meine Schwester, Mutter und ich – auf dem Weg zu unserer Halb-Ruine auf dem Land, einem nicht enden wollenden Bauprojekt, und hatten dort unsere Tage mit Allergien und Heimwerkertum verbracht. Mum lebte inzwischen ganz dort.

»Du musst zusehen, dass du wieder Boden unter den Füßen bekommst«, sagte Dad neben mir.

Also waren die Monate unterwegs womöglich nur eine einzige lange Traumfantasie gewesen. Aber wenn ja, wieso hatten ich mich dann so gut gefühlt? Ich hatte erfahren, was das Wort »glücklich« bedeutet. Es bedeutete, dass man keinen Klumpen im Magen spürte, und wenn man sich fragte, wie es einem ging, kam ganz spontan die Antwort: *gut*. Und was war das mit meiner Haut? War die Tatsache, dass sie geheilt war, ein Versehen, ein Fehler?

Aus dem Nieseln wurde Regen. Wir bogen in die Einfahrt mit dem alten Eisentor, das schon lange über einem Brennnesselfeld kollabiert war, fuhren an einer Garage mit Kieselrauputz vorbei, die ein vagabundierender Maurer aus einem Bausatz gefertigt hatte, allerdings nicht richtig, so dass jetzt Löcher in den Wänden klafften, und schließlich an der Kastanie, deren Stamm an diesem feuchten Tag schwarz war.

Als ich das Steinhaus erblickte, wallte eine raue Liebe in mir auf.

Dad umarmte mich mit einem Arm vom Fahrersitz aus, ein Zeichen, dass er nicht mit aussteigen würde. Doch die Hunde kamen heran, schnüffelten an seiner Tür und wedelten mit dem Schwanz, und so ließ er das Fenster herunter, um zumindest den älteren zu begrüßen. »Schau, er kennt mich noch«, bemerkte er.

Die Haustür ging auf.

»Okay«, sagte Dad und lachte nervös, während er den Gang einlegte.

Nicht Mum, sondern mein Bruder erschien auf der Veranda. Er hob die Arme zu einem Winken und kam mit hochgezogenen Schultern durch den Regen gerannt.

»Gib her, gib her«, rief er und wollte mir den Rucksack abnehmen.

»Nicht nötig, es geht schon«, wehrte ich ab und musste grinsen.

»Verschollener Weltenbummler«, sagte er. »Jetzt komm schon, lass dir den Rucksack abnehmen, Himmel nochmal.«

Er blieb mit meinem Rucksack über der Schulter stehen, um mit Dad zu reden. »Wow, ich kann es kaum glauben, er ist wieder da.«

»Stimmt«, sagte Dad mit einem Lacher. »Ist er *tatsächlich*.« Als ob es ihm eben erst klar geworden wäre.

Ich spürte einen Anfall von Erleichterung. Mein Bruder würde mich verstehen. Auch er hatte nach der Schule eine Auszeit genommen und war weg gewesen.

Ich war unsicher, ob ich mich zu meinem Vater hinunterbeugen und ihn zum Abschied noch Mal umarmen sollte. Er hatte seine Cordjacke bis obenhin zugeknöpft und die behandschuhten Hände startbereit am Lenkrad. Hier stand ich mit meinem Bruder in der Auffahrt zum Haus unserer Mutter im Regen, während er in seinem Auto saß, nicht einmal den Motor ausgestellt hatte und nur darauf wartete, in die Stadt zurückzufahren. Und ich hatte nicht ein einziges Wort über die Sache am Strand loswerden können.

So fing es an, dass ich das Ganze schließlich für mich behielt. Jahre sollten vergehen, bis ich einer Menschenseele davon erzählte.

Die Rücklichter leuchteten rot im Regengrau, als Dad davonfuhr.

ICH KAM MIR KOMISCH VOR, ohne meinen Rucksack ins Haus zu gehen, doch mein Bruder bestand darauf, großzügig, herzlich.

Meine Schwester kam herbei, lachte und wir umarmten uns. Ich sah Mum hinter ihr im Wohnzimmer aus einem Sessel aufstehen. Es war Gelächter im Raum. Dann erstarb es und ich stand da, auf dem Teppich, die offene Tür hinter mir, Sofa und Fenster vor mir, der kalte Herbsttag draußen, und die zwei allmählich in die Jahre gekommenen Hunde liefen schwanzwedelnd um mich herum, blickten hechelnd zu mir hoch, ihre Schnauzen suchten immer wieder Kontakt mit meiner Hose. Und die Blicke meiner Familie ruhten auf mir.

Wieder brachte ich kein Wort heraus. Sie warteten darauf, dass ich etwas sagte. Aber ich wusste nicht was. Bevor ich wusste, wie mir geschah, kam wieder ein Schluchzer. Es kamen keine Worte, sondern Tränen. Nicht schon wieder! Ich hatte den Impuls, das Gesicht in meinen Händen zu verbergen, rannte aber stattdessen aus dem Raum, die Treppen hinauf, den Flur entlang und kletterte die Leiter zu meinem Zimmer im Dach hinauf.

Da war ich also, stolze neunzehn, wieder zu Hause und lag schluchzend auf meinem Bett. Die Monate des Erwachsenwerdens, meinen eigenen Weg im Leben findend – wie ausgelöscht, verloren!

Ich spürte eine Hand auf meinem Rücken: mein Bruder.

»Was ist los?«

Eine neue Welle von Schluchzern.

Er gab nicht auf, sondern blieb bei mir im Zimmer. Irgendwann rollte ich mich auf den Rücken und versuchte, etwas zu sagen, mir das Gesicht abzuwischen. Da erst sah ich die zwei Karten, die an den Holzbalken über meinem Bett gepinnt waren.

WILLKOMMEN ZUHAUSE! stand darauf. Eine von meiner Schwester, eine von meiner Mutter.

Schließlich kam auch meine Schwester nach oben, dann meine Mutter, und es gab eine Art Wiedersehensfeier. Wir lagen alle auf meinem Bett, und während die anderen mich unterhielten, erzählten, witzelten, war mir schmerzlich bewusst, dass ich mich ihrer guten Stimmung nicht anzuschließen vermochte. Traurigkeit schwang in mir wie der Klang einer Glocke.

Aber warum?

Ich war zurück. Ich hätte niemals zurückkommen sollen, jaulte es in mir. Was hatte ich mir dabei gedacht? Aber ich hatte eben nicht gedacht, sondern war dumm heimgekehrt wie ein Zugvogel in sein Nest. Und noch einmal wegzugehen würde nicht funktionieren, weil ich jetzt gebrochen war.

Mit dem Abstand von Jahrzehnten betrachtet, war es vielleicht ganz normal. Ich hatte während meines Unterwegsseins angefangen, erwachsen zu werden, hatte gearbeitet, Geld verdient, ein gewisses Maß an Unabhängigkeit entwickelt, versucht, ein Buch zu schreiben. Jetzt saß ich wieder zu Hause bei der Familie, wo es andere Ressourcen brauchte. Es war mir nie in den Sinn gekommen, dass zu Reife auch gehören könnte, durch die Schmiede des Kummers zu gehen.

Aber Kummer worüber? Er war zu wenig greifbar, zu diffus. Er demontierte mich. Ich war durch diesen Tränenausbruch in der Badewanne völlig aufgelöst, und der Kummer verwandelte sich per Kurzschluss in Verzweiflung.

Mir war damals nicht klar, dass ich während meiner Kindheit eine Menge Gefühle von mir weggeschoben hatte. Bei meiner Rückkehr nach Hause waren sie über mich hereingebrochen, wollten erinnert werden und machten mich platt. Es war einfach zu viel. Trotzdem war ich das. Dieser Schmerz, das war mein Schmerz, er machte mich aus. Aber damals konnte ich das nicht akzeptieren, und es war einfacher, in die Knie zu gehen.

Sie fragten mich, wie es in Südamerika war. Erzähl uns davon.

Ich war wie vor den Kopf gestoßen und wieder gähnte ein Abgrund.

Und dann war da immer noch der Moment am Strand. Wo war der hin verschwunden? Irgendwo existierte immer noch mein anderes Ich, ein Vagabund, Schriftsteller, Dichter, Weltenbummler mit Dreitagesbart und Rucksack. Ich sah ihn am Straßenrand stehen und auf einen Laster warten, der ihn über die nächste Sierra mitnehmen würde. Er schaute sich über die Schulter zu mir um, während ich zitternd zu Hause auf meinem weichen Bett lag. Das einzige Zittern, das er kannte, war das auf der Ladefläche eines Lasters auf einer Schotterstraße. Er nahm seinen staubigen Rucksack auf und machte sich auf den Weg zur nächsten Kreuzung, wo er hoffentlich mehr Glück mit einer Mitfahrgelegenheit haben würde.

Was war mit *diesem* Teil von mir? Er war in einem Sumpf gelandet. Das Kostbarste war gerade verloren gegangen. Irgendwie musste er es wiederfinden. Aber wie? Und was war es überhaupt?

Wir gingen zusammen mit den Hunden spazieren. Mein Bruder und ich hackten Holz, eine Arbeit, die wir eigentlich gern machten. Aber als wir unter den dunklen Bäumen in dem feuchten englischen Herbstnachmittag standen, Axt und Holzhammer schwangen und Holzstücke spalteten, wurden meine Arme schwach. Schlimmer noch, als ich ins Haus ging, musste ich niesen. Dann fing meine Stirn zu jucken an. Instinktiv kratzte ich mich, in der Hoffnung, den Juckreiz loszuwerden, doch er breitete sich nur noch weiter aus. Als wir uns an diesem Abend zum Essen um den Küchentisch versammelten, juckte mein ganzer Körper.

Ich war gerade mal einen halben Tag zu Hause, und die Neurodermitis war zurück.

Die Alternativen

Die folgenden Jahre – ich weiß nicht recht, was ich dazu sagen soll. Sie waren ein Elend, ein Nebel, ein Sumpf, etwas, wo man heraus will. Jegliche Orientierung war dahin. Stattdessen: Hautprobleme, Scham, Rauschmittel, Verzweiflung. Die Ekzeme bezogen wieder ihre alten Außenposten, und ich versteckte mich in meinem Zimmer im Studentenwohnheim, behandelte sie unsachgemäß, und fürchtete mich davor, aus dem Haus zu gehen.

Etwas stimmte nicht: nicht nur mit meiner Haut, sondern auch mit meinem Denken, mit meinem Herzen. Etwas war zerbrochen. Ich wusste es, aber ich wusste nicht was. Von morgens bis abends rang ich darum, es zu korrigieren, auch wenn mir dies gar nicht bewusst war. Monatelang redete ich kaum, aus Angst, ich könnte plötzlich in Tränen ausbrechen. Ich konnte nicht lernen. Die Traurigkeit war überwältigend. Ich wanderte durch einen kalten, weißen Nebel, während mein schwefeliger Kern brodelte.

Wieder verfing ich mich in der anderen Version der Geschichte: Des Suchenden, des Wanderers beraubt, gab es keinen Pfad mehr. Das

Leben war ein Sumpf, und ich war der Schlamm darin. Vor lauter Scham wagte ich nicht, mir Hilfe zu holen, war überzeugt, dass ich im Kern falsch war. Ich schleppte mich durchs Studium, gehemmt von meinem Zusammenbruch, verunstaltet von meiner Haut, verkrampft von andauernder Scham.

EINMAL, NOCH IN MEINER ANFANGSZEIT in Cambridge, rief ich an einem kalten Herbsttag von einer Telefonzelle aus Mum an. Ich wartete auf die Pieptöne in der Leitung, um die Münze einzuwerfen.

Sie nahm den Hörer ab, ich sagte »Hallo« und hörte, wie sie »Hallo« sagte.

Dann konnte ich nicht weitersprechen. Ich stand da, meine rissige Hand schmerzte, während sie den Hörer hielt, mein von Ausschlag bedecktes Gesicht fühlte sich steif an wie ein zum Trocknen im Freien vergessenes Handtuch. Ein klaffendes Schweigen. Die Pieptöne kamen wieder und ich konnte nicht schnell genug die nächste Münze aus der Hosentasche angeln. Dann war meine Mutter weg. Zwei meiner Fingerknöchel bluteten von dem Kampf mit der Hosentasche.

Was sollte ich tun? Es war ein kalter grauer Vormittag. Ich hätte eigentlich in einer Vorlesung sein sollen, einem Tutorial, einem Seminar, was auch immer. Stattdessen war ich verzweifelt, wie jeden Morgen, suchte in einer Telefonzelle Zuflucht, versuchte zu Hause anzurufen.

Ich rief noch einmal an, schob die Münze hinein und plärrte in den Hörer, dass einfach alles schiefgelaufen war.

»Jetzt red keinen Unsinn«, sagte sie. »Du bist in *Cambridge*. Du wirst dort eine tolle Zeit haben.«

Ich versuchte es bei Dad.

»Was glaubst du, wie viele Leute ihren rechten Arm dafür geben würden, in Cambridge zu studieren«, sagte er.

Ich wusste ja, wie recht sie hatten. Was für ein Glück ich hatte. Doch ich fühlte mich wie ein Krustentier in einer Rüstung aus Ekzemen, mein Gehirn ein Nebel, und keine Ahnung weshalb. Irgendwie musste ich einen Weg finden, mich daran zu gewöhnen. Wenn ich hier bleiben wollte, dann war das jetzt eben, wie es sein würde. Mein Lebensgefühl, während ich weg gewesen war, war offenbar falsch gewesen. Das hier war das Leben, das hier war England, das hier war ich.

Ich könnte endlos so fortfahren.

Es war wie eine Amputation, und ich war das amputierte Glied.

Porridge-Gesicht nannten sie mich. Das Ding aus *Doctor Who*.

Ich schätze, ich nahm es mit den Herausforderungen meines Lebens auf, den Dingen, denen ich mich würde stellen müssen – auf meiner Schulter sitzende Dibbukim, die mir ins Ohr flüsterten, vom Weg abzugehen, oder dass es gar keinen Weg gab. Es war meine Aufgabe, mich mit ihnen auseinanderzusetzen, doch wusste mir nicht zu helfen. Ich bemerkte nicht einmal, dass sie da waren. Und der Trauer konnte ich auch nicht trauen. Vielleicht war sie ja das Unterpfand einer authentischen Wunde, aber damit konnte ich nichts anfangen – ich wusste ja gar nicht, wie es war, eine Wunde zu haben. Alles deutete schlicht auf den desaströsen Badewannenmoment zurück: Das war mein Verderben. Und es bedeutete Verdammnis. Nachdem ich am Strand ein unverletzbares Geliebtsein erfahren hatte, wurde ich in der Wanne wieder in die Korridore der Hölle zurückverwiesen, von denen mir erst jetzt aufging, dass sie der Spuk meiner Kindheit waren. Es gab keinen Ausweg. Wenn jemand vorschlug, mir Therapie, Beratung, Hilfe zu suchen, so war dies nur noch ein weiterer Beweis für mein Verdammtsein.

Für jemanden, der das nicht selbst erlebt hat, mag es schwer nachvollziehbar sein, in welchem Ausmaß es bei Neurodermitis nicht um die

Haut geht. Das Jucken zum Beispiel passiert nicht auf der Haut sondern im Körperinneren. Das Zwerchfell krampft. Emotionen erfassen das Herz: Frustration, Verzweiflung. *Nicht das schon wieder. Wie lange geht es diesmal?* Es ist schwer, einen Fokus zu halten, wenn man im Griff eines Anfalls ist. Zeit und Raum gehen zu. Der ekzematöse Geist konzentriert sich nur noch auf eine Sache: den momentanen Juckreiz.

Die Scham, der Rückzug, das idiosynkratische Denken – du denkst anders, es ist einfach so. Die qualmende Haut brandmarkt die Seele. Zelda Fitzgeralds berüchtigt grässliche Haut blühte stets gemeinsam mit ihrer Psychose. Dann wurde sie nicht nur mit entzündeter Haut, sondern auch mit entzündeter Psyche in ihr Schweizer Sanatorium eingewiesen. Das atopische Ekzem mag eine genetisch bedingte Krankheit sein, doch der Stressfaktor mischt ordentlich mit dabei, und zwar in beide Richtungen: Stress verschlimmert die Haut, aber die ruinöse Haut verursacht selbst Stress.

Ich hockte in meinem Zimmer und hörte alte Schallplatten, trank Smirnoff-Wodka aus der Flasche, brütete über ungeschriebenen Seminararbeiten, verzweifelt, nicht das zu studieren, was ich wollte, aber auch außerstande, es mit den mittelalterlichen Universitätsstatuten aufzunehmen, die mir nicht erlaubten, den Studiengang zu wechseln, vergeudete meine Zeit und war offensichtlich unfähig, etwas daran zu ändern, überlegte, wie ich hier bloß wegkäme, und war panisch bei der Vorstellung, damit ernst zu machen. *Von Cambridge weggehen?* Der Gedanke schnürte mir die Kehle zu. Meine Eltern, Onkel, Tanten, Großeltern hatten alle in Cambridge brilliert. Und ich war doch Geisteswissenschaftler, Linguist, werdender Schriftsteller.

Das war noch so eine Sache: das Buch. Es fühlte sich inzwischen wie ein Unglück an, wie es da zwischen den Deckeln meines Notizbuchs im Schrank lag. Ich hatte mir ausgemalt, wie ich es während meines Studiums, zwischen Seminararbeiten und Vorlesungen, überarbeiten und abtippen würde und es dann veröffentlicht würde. Doch jetzt war ich nicht einmal in der Lage, es auch nur aufzuschlagen.

Natürlich sind viele Menschen mit weitaus härteren Herausforderungen konfrontiert. Aber meiner in Schieflage geratenen Psyche erschien das Wiederaufflammen der Ekzeme just in dem Moment, als ich mein Erwachsenenleben begann, wie eine Katastrophe, noch dazu nach den Monaten im Ausland. Ich dachte, ich wäre unterwegs erwachsen geworden, hätte meine Kindheitsthemen hinter mir gelassen. Doch tatsächlich war ich ihnen nur für eine kurze Zeit entwischt. Und hatte dann den fatalen, nicht mehr wiedergutzumachenden Fehler begangen: nach Hause zurückzukehren.

An ein gewissenhaftes Studium war nicht mehr zu denken. Der einzige Grund, warum ich in Cambridge nicht rausgeschmissen wurde, war mein verständnisvoller Tutor, der mein Versagen bei den Seminararbeiten immer wieder deckte.

Aber es war nicht alles schlecht. So machten mich die Probleme, mit denen ich zu kämpfen hatte, vermutlich zu einem Lehrbuchfall für die Arten von Praxis, auf die ich später stoßen sollte. Mein Leiden war so »klebrig« wie nur irgendeines, voller Widerhaken, die es einem ahnungslosen Gesellen schwer machten, sich davon zu lösen. Wenn ich es schaffen würde, da heraus zu kommen, dann bestand Hoffnung für uns alle.

Schon damals ging ich davon aus, dass es Auswege geben müsse. Kübelweise Bier zum Beispiel waren leicht zugänglich, genau wie Wodkaflaschen und dicke, schwache Joints aus Rotem Libanesen. All das brachte vorübergehende Linderung, auch wenn die Haut dadurch schlimmer wurde und einem am nächsten Tag der Schädel brummte. Aber selbst high war ich nicht unbedingt jemand, den man gern um sich hatte, und die paar

Freundschaften, die ich in meiner Anfangszeit an der Uni knüpfte, waren bald dahin. Neue Freunde kamen und gingen, überwiegend aus der Kategorie Thekenphilosoph, die die Nichtigkeit allen Seins am liebsten auf dem Boden eines Whiskey-Glases entdeckten.

Für eine Weile machte ich bei den Turnern mit. Turnen war in der Schule eine Zeit lang mein Lieblingssport gewesen. Allerdings holte ich mir schon bald mehrere Zerrungen, und selbst davor war es mir schwer gefallen, den geforderten Trainingseinsatz aufrechtzuerhalten. Es war, als würde ständig etwas noch Dringenderes nach meiner Aufmerksamkeit verlangen – nur wusste ich nicht, was es war. Ich ging allein unter winterlich kahlen Bäumen spazieren, die Fäuste in den Taschen vergraben, und grübelte darüber nach.

Manchmal zerrte mich ein guter alter Freund aus der Schulzeit aus meiner Höhle und in sein Netzwerk von Geselligkeit hinein, wo ich unbehaglich herumschlich und mich danach sehnte, dass die Events wieder vorbei waren – oder exzessiv zechte und mich für die Seele der Party hielt. Mit der Zeit entwickelte ich neben Mr. Morbid noch eine andere Persönlichkeit: Mr. Fun, der flirtete und gesellig war, aber auch reizbar und überempfindlich. Er hatte seine Auftritte zwischen den Besäufnissen, Kleidung und Haare so drapiert, dass keine wunde Haut zu sehen war, bis er sie sogar selbst aus seinem Bewusstsein tilgen und sie beinahe wie das Elend eines anderen verachten konnte.

Mein Freund stellte mich einer Reihe qualvoll begehrenswerter junger Damen vor, alle Zöglinge teurer Privatschulen, nach denen ich mich verzehrte. Aber trotz Mr. Funs Jovialität vermeldete ihr Radar sofort einen nicht vertrauenswürdigen Hauch von Sonderbarkeit. Sie merkten, dass irgendwas nicht stimmte, auch wenn sie nicht wussten was.

Ich entwickelte ein Hobby: Ich zog mir die Kopfhörer auf und tauchte in die fröhlichen Rhythmen von Weltmusik ab, vor allem Calypso und

Soca aus Trinidad. Die Bläser-Linien, mit Trompete und Saxophon besetzt, knisterten und funkelten wie glitzerndes Licht auf dem Meer. Sie ließen das Bild eines sonnenbeschienenen Ozeans auf der anderen Seite der Welt erstehen, einen Strand, und einen Augenblick eines alles übersteigenden Friedens, den ich einst gekostet hatte.

Ein Teil von mir wünschte sich, ein Einsiedler zu sein, der andere, ein geschmeidiger Mann von Welt, und beide hatten nicht die leiseste Ahnung, wie sie mit dem jeweils anderen umgehen sollten.

Vielleicht war ich auch einfach nur ein typischer junger Jude, eine Figur von Bashevis Singer oder Amos Oz: nervös, unentschlossen, ekzematös. Es gab eine Herkunft, ein Erbe. Aber ich konnte es einfach nicht erkennen.

Ich probierte andere Wege.

An einem Herbstabend – es war nasskalt, regnete aber nicht – radelte ich zu den Gog Magog-Hügeln hinaus, ungefähr zehn Kilometer vor der Stadt. Ich kettete mein Fahrrad an einen kleinen Baum, stieg unter den hohen Buchen, die die sanften Hügel bewaldeten, bergauf und legte mich unter die erhabenen, rauschenden Baumkronen. Es war ein bisschen unheimlich. In den vergangenen Tagen hatte der Wind die Blätter aus den Bäumen gefegt, so dass das Gitterwerk der nackten Zweige und Äste vor dem gespenstischen Glanz des dämmrigen Himmels aufschien.

Die Hügel galten als prähistorische Stätte. Die einen vermuteten ein jungsteinzeitliches Hügelfort, die anderen eine urzeitliche Grabstätte. Es ging auch das Gerücht, unter den Wurzeln der hohen Buchen befinde sich eine Kreidefigur einer Muttergöttin, und dass dies ein »Kraftplatz« sei, der das Bewusstsein verändern könne.

Mir war im Grunde egal, was es war, solange ich mich nach dem Besuch besser fühlte als vorher.

Die meiste Zeit war ich zu ängstlich, um mich wirklich auf den Ort einzulassen. Aber dann passierte doch etwas. Während ich auf dem Rücken lag, löste sich eines der letzten Blätter in der Baumkrone und begann zu fallen. Ich beobachtete, wie es herunterkam. Es war seltsam. Die Zeit schien sich zu verlangsamen. Das Blatt wirbelte herum, und normalerweise hätte ich seine flatternde Spur aus den Augen verloren, doch irgendwie gelang es mir, es im Blick zu behalten. Es flackerte, löste sich in Pixel auf, wie eingefroren in einer Comiczeichnung. Gebannt schaute ich ihm zu, wie es sich drehte und dabei immer tiefer sank, immer näher kam, bis ich erschrocken feststellte – als ob ein Fremder in einer Menschenmenge plötzlich den Arm ausgestreckt und mich berührt hätte – dass es direkt auf mich zukam. Da war ein Impuls, ihm auszuweichen, mich zu bewegen, aufzuspringen, wegzurollen. Doch ich blieb ruhig liegen, kapitulierte einen winzigen Moment lang, und das Blatt landete mitten auf meiner Brust.

Ein Aberglaube besagte, dass es Glück brachte, wenn man ein fallendes Blatt einfing. Und dieses hatte ich mit meinem Herzen gefangen. Ich konnte mich des Gefühls nicht erwehren, dass mir etwas begegnet war. Das Blatt hatte mich in seinen Bann gezogen und mich dann als Landeplatz auserkoren.

Für eine Weile wurde es still in mir, staunend lauschte ich der Stille, dann steckte ich das Blatt in meine Tasche und fuhr im Dunklen die paar Meilen zur Stadt zurück. Der Strahl meiner Fahrradlampe zitterte über der Straße, und der Himmel war immer noch ein wenig hell, während es um mich herum dunkel wurde.

Es hatte vermutlich nichts zu bedeuten, doch die seltsame Begegnung berührte mich.

Manchmal, wenn ich die Energie dafür hatte, versuchte ich es mit einer »Hautkur«. Diese konnten durchaus traumatischer sein als die Neurodermitis selbst. Kräuterheilkunde, Bioenergetik, Kinesiologie, Makrobiotik – trotz ihrer wissenschaftlich klingenden Namen waren sie alle hochgradig alternativ, aber da die Ärzte außer den krebserregenden Steroidcremes nichts anzubieten hatten, landete man früher oder später eben dort.

Der Kräuterheilkundler hatte seine Praxis in einem Bauernhaus im Umland von Cambridge. Er war ein imponierender Mann, korpulent und bärtig, mit Haltung, einer Präsenz. Ich mochte ihn, auch wenn mir seine Kräuter Angst machten. Kräuter waren wie Heu, und von Heu bekam ich Juckreiz. Er saß vor seinen Regalwänden voller Körbe und Gläser mit getrockneten Blättern und fragte mich, wie es mir an der Uni gefiel.

Ich erzählte es ihm.

Er fragte mich, wieso ich dann weitermachte damit, und ich wiederholte, was andere so sagten – dass man ein Sicherheitsnetz im Leben brauche.

Er antwortete nicht, sondern bat mich, T-Shirt und Hose auszuziehen und untersuchte mich.

»Nun, etwas verbrennt dich, nicht wahr?«, fragte er. »Wenn so viel Hitze durch deinen Körper nach außen drängt, was glaubst du, passiert innen drin? Etwas in dir brennt.«

Von der goldenen Zeit in Südamerika wusste ich, dass das nicht so sein musste. Aber genau das war die brennende Frage: Warum war ich während meiner Zeit auf Reisen ekzemfrei gewesen?

Er schaute mich durch seine Brillengläser an und zuckte mit den Achseln. »Wie auch immer. Wir müssen dich runterkühlen.« Er verkaufte mir zwei Beutel getrockneter Kräuter, die fast nichts wogen, und wies mich an, davon Tee zu kochen und täglich mehrere Tassen zu trinken. Sie würden kühlend wirken.

Kamille, Verbene: Ich folgte seinen Anweisungen, doch die einzige Wirkung, die ich feststellte, war, dass mein Gesicht heiß wurde und kribbelte.

Die Kinesiologin war eine großgewachsene, energische Frau mit grauen Locken. Sie wollte wissen, ob es in meiner Familiengeschichte Tuberkulose gab.

»Mein Großvater hatte TB«, sagte ich ihr.

Der Vater meiner Mutter war ein vielversprechender junger Anwalt gewesen, bis ihn die Schwindsucht niederrang. Er starb zwar nicht daran, verlor aber eine Lunge und dazu seine Karriere als Kronstaatsanwalt in London. Und seine erste Frau, die Mutter meiner Mutter, war der tristen, krankheitsbelasteten Ehe mit ihm in ihrem Doppeldecker entflogen, glamourösen Abenteuern im Orient entgegen.

»Ah«, sagte die Kinesiologin. »Das ist es also. Die Haut gilt als die dritte Lunge, wissen Sie.«

»Ich habe eine TB der Haut?«

»Sozusagen. Was Ihr Großvater damals nicht ausgeheilt hat, hat er Ihrer Mutter hinterlassen, und die hat es Ihnen hinterlassen. Tuberkulose ist wie ein Feuer in den Lungen«, fügte sich noch hinzu, als würde das alles erklären.

Also war das atopische Ekzem ein Feuer der »dritten Lunge«, der Haut?

Es war eine von vielen Diagnosen.

»Vergessen Sie nicht, wir suchen nach der *Ur-sache* der Krankheit«, erklärte sie mir. Sie machte das immer wieder, dass sie Worte so komisch betonte, in zwei getrennten Silben. Ich fand es irritierend.

Dann musste ich Daumen und Zeigefinger zu einem Ring schließen und sie stellte ihm – dem Ring – allerlei Fragen. Wenn der Ring schwächelte, dann bedeutete es, dass ein Schwachpunkt, ein ur-sächlicher »Aspekt« identifiziert war.

»Henrys Mutter?«, fragte sie.

Der Ring machte schlapp.

Ein anderer Test sah so aus, dass ich meinen Arm ausgestreckt halten musste, während sie ihn herunterdrückte. Wenn der Arm nachgab, war das ein klarer Hinweis.

»Henrys Vater?«

Der Arm gab nach.

»Okay! Diese Krankheit hat sowohl mit der Beziehung zu Ihrer Mutter als auch Ihrem Vater zu tun! Und vergessen Sie bitte nicht, am Eingang einen Scheck zu hinterlassen.«

Mum und Dad. *They fuck you up*, schrieb der Dichter Philip Larkin. Hatten sie das? Hatten sie mich verkorkst? Der Gedanke mutete wirklich schräg an. Bestimmt waren doch meine Probleme meine eigene Angelegenheit. Konnten andere damit zu tun haben? Gar daran schuld sein?

Die Bioenergetikerin war eine attraktive Frau, Reservistin beim britischen Heer, und bot Mittwochnachmittags Behandlungen an. Alles habe mit den Füßen zu tun, sagte sie, und bohrte in meinen Fußsohlen herum. Die Fußsohlen waren eine Landkarte des Körpers, und es war, als ob man feindliche Kräfte durch umkämpftes Gebiet verfolgte. Sie musste die Krankheit bis zu einem »Austrittspunkt« treiben.

Als sich an einem Fuß ein Ausschlag bildete, war sie hoch erfreut. Leider stellte es sich als Fußpilz heraus.

Einmal versuchte ich es mit einer makrobiotischen Diät. Die »Ärztin« war überzeugt, dass mich in Südamerika die Abstinenz von Kuhmilch geheilt haben musste. Ich sagte ihr, dass ich hier auch keine Milchprodukte zu mir nahm, doch das brachte sie nicht von ihrer These ab. Es genüge nicht, das Allergen zu vermeiden. Man müsse die Krankheit heilen, nicht das Symptom. Der Auslöser der Allergie müsse ausgetrieben werden, wie bei einem Exorzismus. Die richtige Diät könne das schaffen.

Zu dieser Zeit hatte mich ein Freund gefragt, ob ich bei seiner Calypso-Band mitspielen wollte. Peter und ich kannten uns noch aus unserer Schulzeit in Oxford, wo wir in Musik zusammen waren und gemeinsam in einer Bläser-Band spielten. Ich war Posaunist wie er. Er war ein talentierter Komponist, war inzwischen erfolgreich mit seiner Musik unterwegs und hatte momentan ein paar Gigs bei den Cambridger Mai-Bällen anstehen. Ich fing mit meiner Diät an und hoffte, dass sich meine Haut bis zu den Konzerten bessern würde.

Man durfte nur ganz bestimmte Dinge essen. Keine Milchprodukte natürlich, keinen Weizen und nichts Verarbeitetes. Brauner Reis und Hafer hingegen unbegrenzt. Und gedünstetes Gemüse. Und kein Leitungswasser. Nur reines Mineralwasser aus Flaschen.

Ich kannte mich mit Kochen nicht aus, und das Ganze war mir irgendwie zu hoch, aber ich gab mir Mühe. Meine Haut rebellierte, und schon bald gab es kaum noch eine Stelle an mir, die nicht feuerrot war.

Die Makrobiologin sagte, das sei ein gutes Zeichen, weil die Krankheit jetzt nämlich herauskäme. Aber ich müsse die Haut sauber halten.

Also nahm ich brav jeden Tag ein Bad und trocknete mich ab, was die Haut noch weiter reizte, egal wie sanft ich mit dem Handtuch umging. Anschließend zog ich mich zittrig in meine Dachkammer zurück, fühlte mich, als würde ich aus nassen Fetzen bestehen, und zog mir die Kopfhörer auf, für das einzige, was mir Erlösung verschaffte: meine Birne mit den Meereswogen tropischer Musik zu fluten, einer Dosis Sonne von weit weg.

Eines Tages begegnete ich in einem Laden meinem Hausarzt. Er warf nur einen Blick auf mich und ging dann mit mir zur nächsten Telefonzelle, wo er die Notaufnahme anrief.

»Du hast hochinfektiöses Impetigo«, fuhr er mich an. »Warum zum Teufel bist du nicht im Krankenhaus?«

Nein! Sie verstehen das falsch. Ich bin mitten in einer Hautkur. Es muss erst schlimmer werden, bevor es besser wird.

Er wollte nichts davon hören und fuhr mich schließlich höchstpersönlich in die Notaufnahme.

Was ein echtes Glück war. Weil ich dort nämlich mehr Steroidcreme bekam und meine Haut gerade noch rechtzeitig für die Mai-Bälle besser wurde.

Unter dem chemischen Großangriff heilten die Wunden auf eigenwillige Weise ab. Sie verwuchsen sich zu großflächigem Schorf, unter dem, wenn er wegbrach, zarte neue Haut zum Vorschein kam, makellos wie frisch gewaschene Laken. Doch sobald die Tube leer war, kehrte die alte Garde zügig zurück.

Wenn ich in den Ferien nach Hause fuhr, aß ich mit Dad im College zu Mittag.

»Und, Boychick, wie läuft es? Hast du ein gutes Trimester? Erzähl mal.«

Ich war ratlos. Was sollte ich sagen? Noch nie hatten sich Wörterbücher so bleischwer angefühlt noch Bibliotheken so beängstigend. Aber das konnte ich ihm doch nicht erzählen. Cambridge hatte sein Leben verändert. Hochschule und Gelehrtentum waren seine Welt. Genau wie von Mum. In einer meiner Prüfungen im zweiten Studienjahr brachte ich es fertig, gerade mal eine halbe Seite zu schreiben, so paralysiert saß ich in dem Saal, wo das Examen geschrieben wurde: ein beispielloses Versagen für einen jungen Mann, der zum Akademiker bestimmt war. Das durften sie nicht wissen.

Ich murmelte irgendetwas, und er quittierte es mit einem unverbindlichen, glucksenden Lacher.

»Alles soweit okay?«, fragte er, um sicherzugehen, und ich suchte nach einer Antwort, während mein Magen sich wie Brei anfühlte.

Ehe ich mich versah, knöpften wir unsere Mäntel zu, trotteten die Treppen von seinem Büro hinunter, hinaus in die feuchte Oxford-Luft, und dann hinüber zur Mensa, wo es ein erstklassiges Mittagessen gab. Wenn wir an den alten Häusern und dunklen Ulmen vorbei gingen, verspürte ich für ein paar Augenblicke in seiner Gegenwart einen eigenartigen Elan, eine beiderseitige Erleichterung, eine Ahnung davon, dass das Leben okay sein konnte und mein Elend bloß eingebildet war. Ich hatte dann ein frisches Bild von uns, wer wir waren. Wir waren nämlich robuste Rationalisten, Denker, geradlinige, gesunde Menschenkinder. Mit Jammer hatten wir nichts am Hut, ganz bestimmt nicht.

Irgendwo in meiner verwirrten Psyche war mir klar, dass meine Reaktionen übertrieben waren, meine Situation handhabbar sein musste, in den Griff zu kriegen, und dass ich in der Tat Glück hatte. Doch das machte es nur noch schlimmer: Ich hatte somit kein Recht, mich so lausig zu fühlen.

Doch neben Dad war ich wie geblendet, spürte nichts, so als wäre ein Rollo zwischen mir und meinem Leben niedergesaust und hätte mich taub und stumm gemacht. Es war dann nicht mehr nur so, dass ich mich nicht erklären konnte, sondern ich erinnerte mich dann gar nicht mehr an die vorangegangenen Wochen und Monate. Da war nur eine vage Ängstlichkeit, überdeckt von einer seltsamen Erregung, das war alles.

Wir leerten unsere Teller in dem hallenden Speisesaal, stellten sie in die Durchreiche und schlüpften wieder in das Oxforder Wetter hinaus.

»Fährst du bald wieder nach Cambridge zurück?«, fragte er.

Ich nickte dann. Oder murmelte, dass ich vorher noch zu Mum fahren würde.

Dann legte er die Hände an meine Wangen und drückte mir einen Kuss auf die Stirn. Seine Bartstoppeln sandten ein Kitzeln durch meinen ganzen Körper.

»Danke, Dad.«

»Wofür?«

Und wieder war ich um eine Antwort verlegen. Doch dann fiel es mir wieder ein. »Fürs Mittagessen.«

»Gern geschehen.«

Und dann ging er davon, in seinem Anorak und Mütze, und sein breiter Rücken pendelte beim Gehen ein wenig hin und her. Ich schaute ihm nach und spürte in mir eine Welle von Traurigkeit über wieder eine verpasste Gelegenheit.

Dads Arbeit bestand darin, in seinem Büro zu sitzen und Master-Studenten zu betreuen. Er war ein Stubenhocker. Doch er bewunderte Männer der Tat. Nicht die niedrigen Handwerker und Lohnsklaven, unter denen er aufgewachsen war, sondern die Macher. Er blickte sehnsüchtig aus dem Fenster, wie Akademiker das so tun, in eine Welt, in der echte Menschen echte Dinge taten, und träumte von Bestsellern und einem Rolls-Royce an der Riviera.

Bei uns zu Hause drehte sich alles um »Das Buch«. Egal um wen es ging – hatten sie ein Buch geschrieben? Ohne ein Buch war kein Mensch vollständig. Da war zum Beispiel ein Freund unserer Eltern, eine brillanter Typ am All Souls College, der seine Brillanz beim Dinner-Talk verpulverte. Er veröffentlichte hin und wieder einen Artikel, aber kein Buch.

Das Problem mit dem Buch rückte näher. Dad hatte als junger Mann mehrere Forschungsstipendien ergattert und eine Doktorarbeit geschrieben, die als Buch verlegt wurde, und er brachte es in jungen Jahren schon zu einer Dozentur in Oxford. Das ließ auf Größeres hoffen. Doch fünfzehn, zwanzig Jahre später waren die größeren Dinge – die Bücher – ausgeblieben. Angedachte Buchprojekte verpufften in Vorlesungen. Er gab Bücher heraus, übersetzte Bücher, aber das war nicht dasselbe.

Ich hatte so früh ein Buch geschrieben wie ich nur konnte: zweihundert Seiten in diesem alten Notizbuch, die Früchte meiner Auszeit, schmachteten in meinem Schrank vor sich hin, klagten mich an, sagten mir, dass ich das falsche Leben führte. Der bloße Gedanke daran konnte mich in schiere Panik versetzen.

Betrunken, einsam und verliebt in Musik aus der Karibik schaffte ich es dennoch irgendwie, die Uni mit einer ausreichend guten Note zu verlassen, um mein Studium über Homer in London fortzusetzen. Ein üppiges staatliches Stipendium würde meinen Unterhalt sichern, und so machte ich mich, gebeutelt wie ich war, auf in die große Stadt.

London-müde, lebensmüde

Meine ganzen frühen Zwanziger hindurch, während ich in London lebte, trug ich einen buschigen, wuchernden Bart, der mein halbes Gesicht verbarg. Manchmal wünschte ich mir, ich hätte kein Gesicht. Jeden Morgen schlappte ich in einem unförmigen Anorak, den ich mir für vier Pfund bei einem Straßenhändler gekauft hatte, von einer Bibliothek zur nächsten, über mir die verwaschenen Laken des Londoner Himmels.

Offiziell forschte und arbeitete ich an meiner Doktorarbeit. Ich hatte ein fabelhaftes Thema – greifbare, authentische Spuren von Schamanismus bei Homer –, aber ich wollte nicht. Ich wollte eigentlich überhaupt nichts. Jetzt, wo ich erwachsen war, wollte ich nicht einmal mehr zur menschlichen Rasse gehören.

Stattdessen las ich die Bibel von Anfang bis Ende und suchte dort nach Antworten. Ich fing an, an Sonntagvormittagen auf der Suche nach Erlösung oder zumindest Erleichterung Kirchen abzuklappern. In meiner Verzweiflung befiel mich manchmal eine vage, abergläubische Vorstellung, dass ich besessen sein könnte: dass ein Geist aus den Sümpfen von East Anglia bei mir eine Mitfahrgelegenheit gefunden hatte und mich dirigierte wie eine Marionette. Vielleicht brauchte ich einen Exorzismus. Ich glaubte zwar nicht an Übernatürliches, aber ich war so verzweifelt, dass ich nichts, aber auch gar nichts, ausschloss, nicht einmal den alten Wundertäter aus Galiläa.

Einmal fragte ich einen evangelikalen Pfarrer, ob Jesus wohl mit meiner Haut helfen könne. Er antwortete, natürlich, aber nicht so, wie ich mir das vorstellte. Zuerst müsste ich Jesus in mein Herz lassen. Wenn ich das getan hätte, dann wäre es nicht mehr von Bedeutung, ob ich diese Ekzeme hatte oder nicht.

»Das heißt also, es könnte sein, dass er mich *nicht* heilt …«

Er nickte.

»Aber weshalb sollte er mir die Hilfe verweigern?«

»Es wäre allein die Entscheidung Jesu, was er tun will«, sagte der Pfarrer.

Ein anderes Mal hörte ich der Pastorin einer Pfingstkirche zu, wie sie den Teufel erklärte. Der Teufel erscheine nicht als er selbst, sagte sie. Oh, nein, der zeigte einem nicht seinen roten Schwanz. Eher würde er als ein junger Typ am Strand mit geöltem Oberkörper und Sixpack daherkommen. Sie beschrieb das Bild so detailliert, polierte ihren Adonis mit so viel Schmackes, dass man spürte, wie im Saal die Spannung stieg.

Ich hatte zu viel D. h. Lawrence gelesen, um so etwas zu schlucken. Hatten wir unsere natürlichen Triebe nicht Jahrhunderte lang dämonisiert? War nicht das der große jüdisch-christliche Irrtum, den gottgegebenen Körper zu verdammen? Der Jude in mir, der Gelehrte, Schriftsteller, Dichter, Rationalist konnte da einfach nicht mitgehen. Meine Haut war ein Mysterium. Sie hatte ihre eigenen Energien und Kämpfe, ihre Wahrheiten und Geschichten. Sie wusste mehr über mich als ich selbst. Ihr

Leben war mein eigenes, nur wahrhaftiger. Wenn ich mich ihm ergab, fand ich meines. Wenn ich es ignorierte, verlor ich meines. Es versuchte, mich an etwas zu erinnern, aber ich verstand es nicht. Ich wollte bloß, dass es Ruhe gab, keinen Ärger machte.

Ich suchte nach etwas Authentischem, etwas, das Antworten auf Nöte geben konnte, anstatt diese mit einem Schwall von Überzeugungen beiseite zu wischen, wie es die Prediger taten. Ich wollte, dass sowohl das Ekzem als auch die Verzweiflung eine faire Anhörung bekam. Sie mussten gemeinsam die Heilung herbeiführen.

Dann rief eines Tages aus heiterem Himmel Dad bei mir an und verkündete, dass er in der folgenden Woche in London sein würde, und da könne er doch bei mir vorbeischauen.

Ich steckte gerade in einer Ringelblumen-Kur. Ich hatte sie mir für die langen Sommerferien aufgehoben, wenn es nicht so schlimm wäre, falls sie mich völlig entstellte. Jemand hatte mir mal gesagt, dass man Proust am besten las, wenn man ein gebrochenes Bein hatte. Meine Gliedmaßen waren zwar unversehrt, aber meine Haut war gebrochen, und so blieb ich zu Hause und las Proust. Als ekzematöser Neurastheniker fühlte man sich bei ihm gut aufgehoben. Kein Wunder, er war ja selbst einer gewesen.

Meine Haut spielte jedes Mal verrückt, wenn ich die Ringelblumentinktur auftrug. Der Ringelblumen-Doktor, ein junger Inder mit kräftigem, schwarzem Bart, der seine Praxis in einem Bungalow im Norden Londons betrieb, inklusive Gewächshäuser und Blumenbeete mit unterschiedlich wirkenden Ringelblumen, hatte mir bei meinem letzten Termin über die Hände gestrichen und mich zum Ergebnis beglückwünscht.

»Echt?«, fragte ich.

»Oh, ja, das Pathologische muss rauskommen. Schauen Sie, wie es rauskommt.«

Wir betrachteten beide meine gräulichen Hände, die glänzten wie frisch aus dem Ofen geholte Braten.

Besuche meines Vaters waren selten. Er war bis dahin nur ein einziges Mal bei mir aufgetaucht, und dass es diesmal ausgerechnet zu einem Zeitpunkt geschah, als meine Empfindlichkeit auf einem Höhepunkt war, mitten in einer Heilkur und mitten in Proust – hm, das sollte nun eben so sein.

Kaum hatte er sich an jenem Sommerabend auf dem Sofa in meiner Wohnung niedergelassen, seine leichte Jacke ausgezogen und über eine Stuhllehne gehängt, entspannt ein Bein übers andere geschlagen, fing er mit einem Seufzer an zu erzählen, was für eine schwere Zeit mein Stiefbruder momentan durchmachte.

Mein Stiefbruder war ein paar Jahre jünger als ich und absolvierte zu dieser Zeit sein Grundstudium. Ich mochte und bewunderte ihn, aber in diesem Augenblick hatte ich herzlich wenig Lust, mir anzuhören, wie es ihm gerade ging.

Ich war seit einem Monat mit den Ringelblumen-Tinkturen unterwegs, und irgendwie hatte mich die Behandlung zusammen mit der schweren Proust-Dosis in einen noch brüchigeren Neurastheniker verwandelt, um Prousts eigenes Wort zu benutzen, auch wenn ich nicht mal genau wusste, was es hieß. Während ich meinen Vater reden hörte, fing ich an zu zittern. Auf einmal hörte ich mich selbst mit heiserer Stimme sagen: »Jetzt erzählst du hier von deinem Stiefsohn und seinen Sorgen. Und was ist mit deinem eigenen Sohn?« Ehe ich wusste, wie mir geschah, schrie ich: »Hast du eigentlich irgendeine Ahnung, was ich durchmache?«

Eine ohrenbetäubende Stille trat ein. Noch nie hatte ich etwas Derartiges zu ihm gesagt. Wir wussten beide nicht, was wir jetzt sagen oder tun sollten.

Dad schaute mich an. Ich konnte seine Augen nicht sehen, weil seine Brillengläser zu sehr spiegelten, aber ich konnte seinem Körper den Schock ansehen, wie er so da saß, regungslos mit übergeschlagenem Bein. Schließlich räusperte er sich.

»Also, was soll ich sagen?«, fragte er und hustete.

Ich beruhigte mich zumindest soweit, dass ich sprechen konnte anstatt zu schreien, und fing an, nach Worten zu suchen, um ihm klarzumachen – aufgebrachter als ich es eigentlich wollte – dass er jahrelang seine eigenen Kinder zugunsten seiner Stiefkinder vernachlässigt hatte.

Er verteidigte sich. »Wie hätte ich es denn anders machen sollen? Du kennst doch die Situation«, sagte er beinahe winselnd.

Ich wusste nicht genau, worauf er anspielte. »Aber wir sind deine Kinder«, sagte ich.

»Ja natürlich, natürlich, das weiß ich doch«, erwiderte er und seine Stimme ging dabei rauf und runter.

Wieder waren wir in einer Sackgasse. Ich war schockiert von meinem Ausbruch und spürte bereits, dass er zu nichts führen würde. Alles war eine einzige Sackgasse, es gab nichts, was man dazu sagen konnte. Und jetzt, wo ich so eine lange unterdrückte Trauer ausgesprochen hatte, was konnte man schon tun? Er leugnete es nicht, aber irgendwie war das Thema zu groß, um darüber zu sprechen.

War ich denn jahrelang erstarrt gewesen? Oder wir alle? Unfähig, uns weiterzubewegen, zu fühlen, uns anzupassen? Jener lange zurückliegende Tag, als Mum und Dad ihre Scheidung verkündeten: Während alle anderen heulten, saß ich in einer glasigen Benommenheit da. Und als wir erfuhren, dass Dad und unsere Stiefmutter heiraten würden, hatte ich auf stur geschaltet und mich geweigert, es zu akzeptieren. Und derweil hatte Mum die Tür zu ihrem Studierzimmer zugemacht, und Dad sagte einfach gar nichts.

Heute heißt es in der Psychologie, dass traumatische Erlebnisse nicht nur den Kampf-oder-Flucht-Reflex auslösen können, sondern auch ein Erstarren. Wir gehen in einen Lockdown, und dies ist umso wahrscheinlicher, wenn jemand bereits ein von chronischem Stress belastetes Nervensystem hat, etwa durch eine chronische Krankheit.

Irgendwann zuckte Dad mit den Schultern, löste seine übergeschlagenen Beine und sagte: »Tja, vielleicht musst du es einfach akzeptieren. Dein Dad ist eben ein Scheißkerl.«

Meine Haut war wie nasse Leinwand. Wo sie aufriss, sah das Fleisch darunter aus wie grobe Wurst. Meine Doktorarbeit war ein hin und her flappendes Segel in einem Sturm, dessen Ausmaß ich gar nicht erfassen konnte. Ich musste wissenschaftliche Artikel in fünf Sprachen lesen, und jüngst hatte mein Doktorvater angemerkt, dass ich auch Deutsch bräuchte – man konnte keine Karriere in Klassischer Philologie anstreben, ohne Deutsch zu können. Wollte ich eine Karriere in Klassischer Philologie? War das wirklich mein Ziel? Parallel dazu versuchte ich nach wie vor, irgendwie als Autor Fuß zu fassen, streckte die Fühler nach Aufträgen aus und marterte mich wegen des Buchs – die zweihundert auf Tischplatten in den Anden niedergeschriebenen Seiten, die sich infolge meiner Untätigkeit zu einer dauerhaften dunklen Wolke über mir zusammengebraut hatten. Dieses Buch war die Messlatte meines Lebens, es war, was ich *nicht* tat. Die Aufgabe wäre durchaus zu bewältigen gewesen, das war selbst mir klar. Das Problem war nicht, dass ich dazu nicht fähig gewesen wäre: Es lag auf einer anderen Ebene. Es hatte eher mit Selbstvertrauen zu tun, oder überhaupt einer grundlegenden Lebensbewältigung – sich von der Vorstellung zur Tat zu bewegen, ohne im Vorfeld schon in Schuldgefühlen stecken zu bleiben.

Und jetzt das hier. Dad war ein Scheißkerl. Er hatte es selbst gesagt. Die ganze Zeit über hatte ich es so verstanden, dass *er* der Gute war, »a mensch«, das Vorbild eines ehrbaren, edlen Menschen, und ich, sein Sohn, war die große Enttäuschung. Dad war ein *guter* Mensch, aktiv, produktiv, freundlich, andere ermutigend, beliebt bei seinen Kollegen, seinen Studenten, seinen Freunden, mit Leidenschaft bei seiner Arbeit. Wie hatte der Sohn eines solchen Mannes so weit vom Stamm fallen können? Wie konnte er nur so verwirrt, entstellt, verängstigt, entrückt, ein Außenseiter, ein Dichter, ein Verzagter, ein Versager sein? (Zu viel Versagen, überall: die Haut, das Buch, die Doktorarbeit, kein Job, keine Freundin – das letztere war auch noch so eine Sache. Wie sollte ich dafür Zeit finden, und selbst wenn, was dann? Wer würde schon einen schwefeligen Eigenbrötler in seinen Armen halten wollen?)

Meinte Dad das ernst? Dass *er mich* hängen lassen hatte? Aber er war doch bewundernswert. Ja, sicher, er war mit seiner Entscheidung seinen eigenen Prioritäten gefolgt, aber mal ehrlich: ein friedliches Zuhause stand nun mal ganz oben, was es auch kostete.

An diesem Abend, als Dad ging, fühlte ich mich, als wäre mir das Herz aus dem Leib gerissen worden. Und obendrein schäbig.

Ich hörte unten in dem düsteren, muffigen Londoner Hausflur die Eingangstür mit einem dumpfen Laut ins Schloss fallen, dann zwei einsame Schritte auf dem Gehsteig, dann war er weg.

Er hatte einen hellen Leinenanzug getragen. Es war Sommer. Er war bei einer Vernissage gewesen, bevor er zu mir gekommen war, und war mit Vorfreude auf diesen Abend in der Stadt angereist. Und ich hatte ihm einen Schlag ins Gesicht versetzt. Er hatte sich klein gemacht und gesagt, es sei seine Schuld. Jedoch nicht in einer Art, die vermittelte, dass es ihm leid tat. Sondern eher mit der Botschaft: *Kapier's endlich. Und geh zum Teufel.*

Immer noch brannte und spannte meine Haut, und obendrein besaß sie auch noch die Frechheit, ausgerechnet in diesem Augenblick zu jucken. Ich ging ins Bad und drehte das Heißwasser auf. Sobald es dampfte, hielt ich die juckende Stelle auf meinem Handrücken in den heißen Wasserstrahl, um sie zu verbrennen. Mein Magen krampfte. Schmerz übertrumpfte Juckreiz, zumindest für eine Weile.

Ich wollte weinen. Oder tat ich es? Ich wusste nicht, wie man weinte. Es gab so vieles, was ich nicht wusste.

Ich saß reglos da. Lauschte. Vom Wasserhahn über der Spüle fiel ein Tropfen. Die Stadt draußen summte in meinen Ohren. Das Geräusch war mir in diesem Moment seltsam nahe. Einen Augenblick lang fühlte sich die Nacht zärtlich an, als ob eine mir unbekannte Unterstützung in dieser Dunkelheit wartete, die in mich einströmen würde, wenn ich es nur zuließe.

DER STRAND: INZWISCHEN WUSSTE ICH, dass andere auch dort gewesen waren. In Eugene O'Neills Theaterstück *Eines langen Tages Reise in die Nacht* zum Beispiel stieß ich staunend auf diese Passage:

> Vollmond! Der alte Kahn macht vierzehn Knoten. Ich liege vorne am Bugsprit, schau achtern aus, das Wasser schäumt unter mir, und die Maste über mir türmen sich hoch auf mit ihren weißen Segeln im Mondlicht. Ich war wie trunken von all der Schönheit und dem singenden Rhythmus des Ganzen. Für einen kurzen Augenblick verlor ich mich selbst – wirklich ich verlor mein Leben. Ich war befreit, war frei! Ich löste mich auf in Meer, wurde weißes Segel und fliegende

> Gischt, wurde Schönheit und Rhythmus, Mondlicht und das Schiff und der hohe mit Sternen übersäte, verschwimmende Himmel. Ich gehörte, ohne Gegenwart und ohne Zukunft, mit hinein in den Frieden und die Einheit und in eine wilde Freude, in etwas das größer war als mein eigenes Leben, größer als das Menschenleben überhaupt, ich gehörte zum Leben selbst!

Es war nicht genau dasselbe, was ich an jenem Strand erlebt hatte, aber ziemlich ähnlich.

Wie sich herausstellte, basierte diese Rede der Figur Edmund auf einem Tagebucheintrag O'Neills aus seinen frühen Zwanzigern, während seiner Zeit auf See. Es war also autobiographisch. Das war spannend. Noch dreißig Jahre später, als O'Neill sein großes Theaterstück verfasste, schrieb er über diese Erfahrung. Sie zerrte immer noch an ihm.

Und warum auch nicht? Was könnte wichtiger sein als das?

Ich konnte mich noch immer an die Lebendigkeit und Kraft dieses Augenblicks erinnern. Es war, als hätte ich ein entscheidendes Teil eines großen Puzzles in die Hand bekommen, einen Hinweis, der diese ganze Sache lösen würde.

Es war der Stein von Rosette. Es interpretierte alle Erfahrung, es übersetzte alles. Und es war der Stein der Weisen: Es verwandelte alles in Gold. Es war der Prüfstein und der Magnetstein. Es war Kompass und Ozean, zugleich Kurs und wogende See. Es war das Ende von allem. Und die Quelle von allem. Es war die Erfüllung dessen, was sich in unserem Leben erfüllen wollte. Das Ende ist der Anfang. Das hatte ich an jenem Strand erfahren. Und der Anfang ist das Ende. Irgendwo, irgendwie war dieser Augenblick doch sicherlich noch lebendig. Nicht nur, dass er nicht vergessen werden konnte – er durfte es nicht. Das Leben musste so organisiert werden, dass dieser Augenblick wiedergefunden, wiedergewonnen und gelebt wurde. Nichts sonst war von Bedeutung.

Als das O'Neill passierte, ging er, sobald sein Schiff einen Hafen erreichte, in die nächste Spelunke und trank sich fast zu Tode. Die Erfahrung hatte ihn nicht von Verzweiflung befreit. Genau wie ich hatte auch er keine Möglichkeit, sie zu vertiefen oder zu stabilisieren oder verständlich zu machen oder mit seinem Leben zu verbinden. Auch mir war sie zufällig in den Schoss gefallen, ein plötzlicher, erstaunlicher Riss im Gewebe des Lebens. Dann wehte sie weiter, und zurück blieb der Riss, flatternd im Wind.

Manchmal mündete alles in eine einzige Antwort: *Geh fort.*

Das Absurde daran war, dass ich ja die Möglichkeiten dazu hatte: mein vor sich hin dümpelndes Manuskript, vor langer Zeit voller Energie und Hoffnung verfasst, das mir, kaum dass ich nach Hause zurückgekehrt war, in den Händen verwelkte wie ein Wunderkraut, welches im englischen Klima nicht überleben konnte. Wenn ich es nur wiederbeleben könnte, dann würde es vielleicht eines Tages mein Ticket hier heraus sein.

Bis dieser magische Tag kam, tat ich, was mir möglich war. Einmal im Sommer stopfte ich einen Schlafsack, Plastikfolie und einen Kompass in meinen Rucksack – hastig, bevor ich es mir noch einmal anders überlegen konnte, und noch in den Sandalen, in denen ich gerade dastand – und verließ das Haus meiner Mutter in dem Tal nördlich von Oxford durch die Hintertür. *Richtung Westen*, sagte ich mir. Nach Wales, hundert Meilen entfernt. Es war Hochsommer, die Ernte hatte begonnen. Was war es nur, ein dürres Feld zu überqueren, den Boden fest unter den Füßen spürend, und am fernen Feldrand der lockende dunkle Streifen eines dichten Gehölzes: der Reiz, der Zauber eines Waldes, und auch die Furcht, wenn man aus dem Sonnenlicht heraus in die dunkle Welt der Bäume eintrat. Nur hin und wieder ein Sonnenstrahl, der einen führte. Ich erinnerte mich, wie es war, einen Bach zu finden, nachdem man sich, von einer Vermutung geführt, durch finsteres Dickicht gekämpft hatte – ein murmelndes klares Licht im Halbdunkel der Sträucher. Aus Tagen wurden Wochen, immer den Pfaden folgend, Fünfundzwanzig-Meilen-Tagesmärsche, nach denen ich meine erschöpften Glieder allabendlich auf den harten Erdboden bettete. Ich ging unermüdlich weiter und stieß dabei auf den Pembrokeshire Coast Path. Gedichte begannen aus der Tiefe aufzusteigen, und irgendwo in der Nähe meines Herzens flackerte wieder ein Funken Leben auf. Mir fiel ein, was Speedy über die »alten Wege« erzählt hatte, die man nicht direkt sehen konnte, die aber da waren und die Landschaft über große Distanzen hinweg durchquerten, und hin und wieder fragte ich mich, ob ich nicht gerade einen Blick darauf erhaschte.

Doch bevor ich mir sicher sein konnte, war ich wieder zurück in London, zurück in einem Leben in der witterungslosen Großstadt.

Ein andermal in den Semesterferien sagte ich mir, *Scheiß drauf, ich will leben* – und konnte einen Zeitungsredakteur davon überzeugen, mich für eine Reportage in die Sahara zu schicken. Eine Bekannte aus der Anthropologie hatte ein Projekt in Flüchtlingslagern im Südwesten Algeriens laufen, und da sie wusste, dass ich gern andere Sachen als meine Doktorarbeit schreiben wollte, tat sie mir den Gefallen, für mich einen Besuch zu arrangieren.

Ein längst vergessener Krieg, Flüchtlingslager, die von Frauen geleitet wurden, obwohl sie dem Islam angehörten: Es klang gerade noch interessant genug für einen Redakteur, um der Story eine Chance zu geben. Aber am Anfang stand der Besuch beim Arzt.

Er beäugte mich misstrauisch. Ich erklärte ihm, dass ich angesichts des Infektionsrisikos in Afrika mit meiner offenen Haut eine Steroidcreme bräuchte. Er wusste nicht, wie er es mir abschlagen sollte, und so stellte er mir widerwillig ein Rezept aus.

Nach einer Woche in den Flüchtlingslagern, dann einer weiteren, wo ich mit einer Guerilla-Truppe im offenen Landrover herumfuhr, unterm Sternenhimmel schlief, mit Ferngläsern feindliche Positionen ausspähte, starken Tee aus winzigen Gläsern trank, scharfen Tabak aus kleinen Bronzepfeifen rauchte, befremdliche, über dem offenen Feuer gekochte Eintöpfe aß, und gelegentlich unter Artilleriefeuer geriet – wir hörten dann in einiger Entfernung zwei dumpfe Einschläge, auf die ein paar Sekunden später ein doppeltes Krachen oder Donnern folgte, je nachdem, wie weit weg die Geschosse landeten – erwachte ich wieder zum Leben. Ich liebte die Gefahr, das wilde Campen und unter freiem Himmel zu leben. Kurzerhand beschloss ich, in Richtung Süden durch die Sahara zu trampen.

Mitten in einer aufflammenden Entzündung meiner Haut ging mir die Salbe aus. Aber ich war ein junger Mann. Nach den ekzem-gefesselten Jahren in Bibliotheken wollte ich einfach wieder die weite Welt unter der Sonne schmecken. Ich nahm die entzündete Haut einfach hin. Ich ließ zu, dass hungrige Wüstenfliegen sich daran labten. Ich wurde gleichgültig gegenüber dem Horror meiner Haut. Ich war wieder ein Reisender, wenn auch nur kurz, und würde mich nicht von meiner Haut aufhalten lassen. Das hier war Abenteuer, das hier war Leben, und alles vollzog sich im Sonnenschein.

Unterwegs hörte ich von dem Mönch Charles de Foucauld, einem ehemaligen Offizier der Französischen Armee und Pariser Lebemann, den die Wüste in einen Suchenden der Einsamkeit und Stille verwandelt hatte. Meine Reise geriet mir zu einer halben Pilgerreise, als ich die abgeschiedene Wüstensiedlung, wo Foucauld ein Jahrhundert vorher seine Einsiedelei errichtet hatte, auf mich wirken ließ. Ich lauschte der Stille im Inneren des alten Gemäuers und sah im Putz die Einschusslöcher der Kugeln, die ihn getötet hatten. Er hatte sich mit den »blauen Männern«

der französischen Sahara angefreundet, den Tuareg, und einen kleinen, kontemplativen Orden in der Wüste hinterlassen, die Kleinen Brüder und Schwestern Jesu. Es ergab für mich unmittelbar Sinn: die normale westliche Lebensweise hinter sich zu lassen, sein Leben in der Unermesslichkeit der Wüste abzustecken, dem Garten Gottes, wie die Tuareg sie nannten. Die nackte Tatsache von Leben und Sterben war einem hier irgendwie näher. Sie sagten, Gott habe die Wüsste leer gelassen, damit er einen Platz auf Erden ganz für sich allein habe.

Hier zu leben fühlte sich an wie eine Art existenzielle Erlösung. Ich stieß auf Carlo Carrettos *Geistliche Briefe aus der Wüste*. Er war Stadtbewohner gewesen, hatte Partys geliebt, bis ihn eines Tages die Leere seines Lebens überwältigte und er alles aufgab, um in die Wüste zu ziehen, wo er sich Foucaulds Orden anschloss.

Ich habe gesucht und gefunden, so lautete ein weiteres seiner Bücher: seine ganze Biographie steckte in diesem Titel. Etwas daran ließ mich nicht mehr los, auch nicht nachdem ich zu dem Berg meiner Doktorarbeit und meinem semi-funktionalen Halb-Leben im verregneten London zurückgetrottet war.

»Wer Londons müde ist, ist lebensmüde«, hatte Dr. Samuel Johnson vor zweihundertfünfzig Jahren festgestellt. Wie recht er hatte. Schon bald war ich wieder beides.

Aber Hilfe ist nie fern. Wir wissen nur vielleicht nicht, wo wir danach suchen sollen.

Stille

Flora bewohnte ein kleines Studio in einem betreuten Wohnkomplex im Londoner Stadtteil Primrose Hill. Sie war eine langjährige, ältere Freundin von Mum aus deren Cambridge-Zeit, inzwischen war sie in ihren frühen Achtzigern. Sie stammte aus Rumänien, war in den Bergen Transsilvaniens aufgewachsen, kannte sich aus mit Hexenwerk und Wahrsagerei und hatte alle griechischen Philosophen gelesen. Sie war mit einem Athener verheiratet gewesen, einem brillanten Mann, Philosophie-Professor in Cambridge, und hatte viele hoch begabte Persönlichkeiten kennengelernt. Sie hatte ihren Teil an Katastrophen abbekommen und diese durchgestanden. Sie war zäh und zärtlich, beides zugleich.

Sie verstand mich besser als ich mich selbst. Sie hörte mir zu und gab dann sehr bestimmt ihre Meinung ab, kritisch aber treffend. Sie konnte die Vergangenheit deutlich sehen, aber auch die Zukunft. Sie teilte Hoffnung und scharfe Kritik in gleichem Maße aus, eine vollkommene Lehrerin.

Sie war der erste Mensch, dem ich die ganze Geschichte von dem Augenblick am Strand erzählte. Als sie es hörte, leuchteten ihre Augen.

»Ah«, sagte sie nur. Aber die Atmosphäre im Raum hatte sich verändert. Sie verstand mich. Sie wusste, dass das, was ich beschrieb, real war, und das spürte ich. Dann fragte sie mich, ob ich nicht zu meditieren anfangen wolle.

Ich konnte mir nicht vorstellen, wie sie zur Meditation gefunden haben mochte. In unseren Kreisen meditierte niemand. Es habe ihr das Leben gerettet, sagte sie. Als ihr Mann, ihre große Liebe, sie nach vielen Ehejahren für eine junge Studentin verließ, war sie vollkommen verloren gewesen, hatte abwechselnd ihn und dann wieder sich selbst umbringen wollen. Irgendwie machte sie die Erfahrung, dass das tägliche stille Sitzen, wie es Sokrates getan hatte, und Heraklit und Pythagoras, es ihr ermöglichte, einfach im Angesicht des psychischen und familiären Desasters *zu sein*. Obwohl man sich dabei nicht bewegte, war es doch eine Art Weg, der in eine gute Richtung führte. Es konnte einen sogar auf die wichtigste Reise unseres Lebens mitnehmen, sagte sie.

Ich vertraute ihr, hatte jedoch meine Zweifel. Aber mein alter Freund Peter meditierte auch.

Nach dem Studium in Cambridge war Peter auf die andere Seite der Weltkugel gereist, um an einer Universität in Tonga eine Stelle an der Musik-Fakultät anzunehmen. Drei Jahre später war er wieder unter dem tief hängenden Englischen Himmel gelandet und versuchte nun, sich eine Karriere als freischaffender Musiker und Komponist aufzubauen und seine Musikprojekte zu realisieren. Doch anstatt auf der Suche nach einem Sicherheitsnetz deprimiert von einer Bibliothek zur nächsten zu schlurfen, oder nach einer vagen Erlösung heischend von Kirche zu Kirche, oder seinen Vater niederzumachen, war Peter lebenslustig und fröhlich. Peter meditierte.

Er zeigte mir einen Zeitungsartikel über TM, Transzendentale Meditation. Darin beschrieb der Autor die kristallklare Wachheit, die er erreicht hatte, und in der ihm die Straßen Londons wie taufrisch und neu erstanden vorgekommen waren. Er hatte gespürt, wie Jahrzehnte von Staub von seiner Seele gespült wurden. Gewöhnliche Alltagsdinge schienen zu leuchten.

Irgendwo zwischen diesem Artikel und Peter und Flora – und der Tatsache, dass die TM-Leute Studenten einen neunzigprozentigen Rabatt auf den stattlichen Preis des Einstiegskurses anboten, und dass sie Meditation als ein Werkzeug für tätige Menschen beschrieben, als etwas, das einem im beruflichen Leben helfen würde und nicht selbiges verunmöglichte, und dass ein berühmter Harvard-Professor es in den höchsten Tönen gelobt hatte – beschloss ich, dass ich nichts zu verlieren hatte. Schließlich hatten es die Beatles auch getan, und was hatten die für eine Karriere hingelegt.

Ein gepflegter Mann im grauen Anzug redete vor einer Gruppe von Leuten in einem Raum im ersten Stock eines gewöhnlichen Londoner Wohnhauses. Da saßen Bankangestellte, Marketing-Leute, Verkäuferinnen, ein Anwalt, eine Grafikdesignerin – normale, respektable Menschen – und lauschten höchst aufmerksam. Nicht etwa ein Haufen Spinner. Sondern Leute mit richtigen Jobs und einem richtigen Leben.

Heute, am Anfang des 21. Jahrhunderts, sind die positiven Wirkungen der Meditation bekannt. MRTs und EEGs und EKGs und Blutuntersuchungen, mehrere Jahrzehnte rapider Fortschritte in der neurologischen Forschung haben jeden Zweifel ausgeräumt: Konsequent praktiziert kann Meditation uns ruhiger, aufmerksamer, glücklicher und freundlicher machen. Schlichte vierzig Minuten pro Tag still zu sitzen – es hilft. Und die Wissenschaft kann es belegen.

Aber damals, 1987, da war man misstrauisch. War das eine Sekte? War es gefährlich? Es war eindrucksvoll, dass die TM-Crew einen Raum mit Leuten füllen konnte, die so aussahen, als ob sie ihr Leben weit besser auf die Reihe bekamen als ich.

Eine Woche lang trafen wir uns jeden Abend für neunzig Minuten. Im Lauf dieser Woche wurden wir Schritt für Schritt mit der Praxis des stillen Sitzens vertraut gemacht. Am letzten Abend gingen wir nacheinander einzeln in ein separates Zimmer, legten dort ein Stück Obst als Gabe vor einem Altar nieder und erhielten dann unser persönliches Mantra – eine »heilige Silbe«, die wir während der Meditation im Stillen wiederholen sollten.

Hätte ich gewusst, was für ein Fass ich damit aufmachte, auf was für einen langwierigen Weg ich mich einließ – ich hätte es vermutlich trotzdem gemacht.

Der Londoner Regen trommelte gegen die dunkle Fensterscheibe hinter dem Altar, und die Fenster der Häuser auf der anderen Straßenseite leuchteten gelb im Dunkeln, und auf der Euston Road toste, gedämpft durch die Entfernung, der Verkehr vor sich hin, während der Lehrer und ich, zwei Engländer, uns auf Stühlen gegenübersaßen und uns gegenseitig ein Sanskrit-Wort zuflüsterten, immer leiser, bis es kaum noch hörbar war. Zuletzt war es ganz stumm, nur mehr ein Gedanke, ein Murmeln in meinem Geist. Nie wieder würde ich es laut aussprechen. So lautete die Regel. Es mochte kindisch anmuten, aber dieses Mantra war für mich allein, und seine magischen Kräfte wurden durch meine Stille versiegelt.

Der Lehrer hatte eines ganz klar gemacht: Damit TM funktionierte, musste man es zweimal pro Tag für je zwanzig Minuten praktizieren, morgens und abends. Dazu musste man sich bereit erklären, sonst konnte man es auch gleich bleiben lassen. Manchmal würde es wohltuend und still sein, manchmal würde man sich zusammenreißen müssen, um nicht ständig auf die Uhr zu schauen. Egal wie, man machte es trotzdem.

Ich war bereit. Ich willigte ein, diese Vorgabe zu befolgen. Und das tat ich auch.

Ich hatte bedrückende innere Kämpfe mit mir selbst erwartet, doch gleich zu Beginn geschah etwas anderes. Sobald ich mit der täglichen Praxis angefangen hatte, schlief ich wie nie zuvor.

In der ersten Nacht nach der Abendmeditation schlief ich zwölf Stunden durch. Am Morgen erwachte ich orientierungslos und verwirrt. Ich machte meine Morgensitzung, kochte mir Kaffee, aß meinen Toast, packte meine Bücher ein und ging nach unten, um zur U-Bahn zu gehen und zur Uni zu fahren. Kaum hatte ich die Tür des Wohnhauses aufgezogen, erfasste mich eine so überwältigende Erschöpfung, dass ich mich am Türpfosten festhalten musste. Einen Moment lang nickte ich im Stehen ein, direkt im Hauseingang, an den Türrahmen gelehnt.

Irgendwas stimmte nicht. Vielleicht bekam ich eine Grippe. Ich ging wieder nach oben in meine Wohnung, setzte mich aufs Sofa und überlegte, was da los war, ob es vielleicht gar etwas Ernstes sein könnte. Das nächste, was mir zu Bewusstsein kam, war, dass die Uhr Mittag zeigte. Ich war an Ort und Stelle erneut für vier Stunden eingeschlafen.

Mein Kopf war schwer und die Glieder taten mir weh. Also war es wohl eine Erkältung. Ich legte mich aufs Sofa, starrte an die Decke und stellte fest, dass ich Hunger hatte. Ich ging in die Küche und machte mir eine Tasse Tee und ein Sandwich. Die Gliederschmerzen ließen nach, sobald ich aß und trank. Inzwischen war es ein Uhr vorbei, aber der Tag hatte ja noch einige Stunden zu bieten, und so schulterte ich meine Tasche und ging erneut hinunter, um zum College zu fahren.

Diesmal schaffte ich es ein paar Schritte weit auf die Straße hinaus, bis dasselbe wieder passierte. Eine schlagartige, schwindelerregende Welle von Müdigkeit schlug mir ins Gesicht. Ich konnte kaum noch gehen. Ich tappte taumelnd bis zum nächsten Baum und lehnte mich an, weil ich befürchtete umzukippen.

In letzter Zeit waren Berichte durch die Presse gegangen, wonach TM bei Chronischem Fatigue-Syndrom, salopp als Yuppie-Krankheit bezeichnet, helfen konnte. Die Zeitungen waren voll davon. In ganz London kurierte Meditation die chronische Müdigkeit. Eine Schrecksekunde lang fragte ich mich jedoch, ob die Meditation irgendeine heimliche Verbindung zu der Krankheit selbst haben könne und mir nun tatsächlich CFS *bescherte*.

Was auch immer die Ursache sein mochte, es bestand jedenfalls keine Chance, dass ich in diesem Zustand bis zur U-Bahn kam. Ich machte kehrt und wankte nach Hause. Mit Müh und Not schaffte ich es, den Schlüssel in die Haustür zu stecken und die Treppen hinaufzusteigen. Dann kollabierte ich erneut auf dem Sofa und hoffte, mich irgendwie wieder in den Griff zu bekommen.

Als ich das nächste Mal zu mir kam, war es Nacht. Nacht! Ich hatte den kompletten Nachmittag durchgeschlafen.

Peter kam vorbei und wir meditierten zusammen, dann aßen wir gemeinsam zu Abend und ich erzählte ihm von meinem seltsamen Tag und der Schläfrigkeit.

»Mach dir keine Sorgen«, sagte er. »Wenn du müde bist, dann bist du eben müde. Was sonst? Ruh dich aus. Wahrscheinlich zahlst du einfach eine Schlafschuld zurück.«

Der TM-Lehrer hatte diese Möglichkeit erwähnt. Viele von uns trügen »Schlaf-Schulden« mit sich herum, sagte er, angesammelt über Jahre hinweg, und er wies uns darauf hin, dass wir vielleicht in den ersten Tagen extra Schlaf brauchen würden.

In meinem Fall war es die ganze erste Woche, die ich praktisch im Liegen verbrachte, mit durchschnittlich zwanzig Stunden Schlaf pro Nacht.

Es war durchaus einleuchtend. Die menschliche Haut ist dünn: Wir sind ängstliche, reaktive Säugetiere. Doch die ekzematöse Haut bietet noch weniger Schutz und wird selbst zum Problem. Vermutlich steckte mein Nervensystem seit Jahren in einer Stressantwort. In der balsamischen Umarmung der Stille und des Mantras konnte es endlich loslassen, und die Meditation brachte eine Entspannungsantwort in Gang. Körper und Seele konnten anfangen zu regenerieren.

Seltsam war nicht nur, dass das Schlafdefizit mit solcher Wucht sein Recht einforderte, sondern auch, dass es genauso plötzlich gestillt war. Am siebten Morgen wachte ich auf, machte mir Frühstück, trank meinen Kaffee, alles in der Erwartung, gleich wieder zum Bett zurück taumeln zu müssen, doch stattdessen fühlte ich mich wach und klar und in einer Art und Weise erfrischt, an die ich mich seit Kindertagen nicht mehr erinnern konnte, oder genauer gesagt, seit ich weiß nicht wann.

Ich zog mich an und ging hinaus. Ein sanfter Regen fiel auf die Straßen. Es war schön. Mir fiel wieder ein, wie sehr ich als Junge den Regen geliebt hatte. Regen hatte etwas Zärtliches, eine Seelentiefe, er konnte einen Tag sanft und schön machen, es war eine Zeit zum Nachdenken, eine Zeit für tiefe Gespräche bei einer Tasse Kaffee. An diesem Tag ging von den Straßen der Stadt ein düsterer Glanz aus, und von den Bäumen tropfte es dunkel, und die Atmosphäre war wundervoll und satt, als wäre die ganze Stadt aus Zinn gefertigt und verfüge über eine ihr eigene, verborgene, innere Energie, die in der Schönheit der Häuser, Bäume und Menschen zum Ausdruck kam, letztere geduckt unter Kopftüchern und Regenschirmen, und der knatternden Motorroller und vorbeirauschenden Autos. Was für ein Ort, an dem ich da lebte. Einen Moment lang war es magisch, einfach bloß lebendig zu sein.

Dieses Buch fertigzustellen, war keine Sache von Jahren, das wurde mir jetzt klar. Ich entschloss mich, die Ärmel hochzukrempeln und es anzupacken. In den Semesterferien nahm ich einen Zug in die Pyrenäen und wanderte zu einem Dorf gleich hinter der spanischen Grenze, wo man sich für fünf Pfund pro Nacht inklusive Frühstück und Abendessen in einem Bauernhof einquartieren konnte. Ich qualmte das Zimmer mit Ducados voll und schwor mir, dass ich die Straße aus dem Dorf nicht hinausgehen würde, ohne das abgeschlossene Manuskript in meinem Rucksack zu haben. Nach dem jahrelangen Herumeiern wollte ich es auf keinen Fall mehr unfertig mit mir herumtragen.

Jeden Abend ging ich auf den Befestigungsanlagen des alten ummauerten Städtchens spazieren, schaute den Schwalben zu, wie sie an den Mauern entlangsegelten, jungen schmusenden Pärchen, älteren Ehepaaren, die Arm in Arm durch die Straßen schlenderten, und zwei Wochen später war es geschafft.

Zurück in London bestand Flora darauf, dass ich sofort einzelne Kapitel an Literaturagenten aus dem *Writers' and Artists' Yearbook* verschickte. Sie drohte mir, kein Wort mehr mit mir zu sprechen, bis ich es getan hätte. Bangend folgte ich ihrer Anordnung, und zwei Agenturen meldeten sich bei mir. Ich einigte mich mit einer, gab ihnen das gesamte Manuskript und nahm an, dass es von jetzt ab nur noch eine Formsache sein würde. Doch zu meiner Überraschung machten sich mehrere Verleger die Mühe, das Buch zu lesen, und lehnten es dann ab.

Das konsternierte mich. Ich war fünfundzwanzig. Irgendwie hatte ich mir immer in der Vorstellung gefallen, dass ich in diesem Alter entweder ein Buch veröffentlicht haben oder tot sein würde. Aber nun war keines von beiden eingetroffen.

MR. MORBID UND MR. FUN: in der Stille der Meditation fingen sie an, einander zu begegnen. Die Alchemie, die da am Werke war, entzog sich meinem Verständnis, dennoch kristallisierte sich in der Gelöstheit tiefer Ruhe ganz allmählich ein realeres Ich heraus. Zumindest hin und wieder.

Die Meditation half mir in Sachen Geduld. Der Atlas des ekzematösen Lebens führt auch keine noch so winzige Provinz namens Geduld auf. Doch als ich mit dem Meditieren anfing, stellte ich verblüfft fest, dass ich stillsitzen konnte. Juckreiz löste sich auf. Ich konnte auf meinem Hintern sitzen. Das war grandios.

Ich ging auf ein TM-Retreat in einem weitläufigen Landhaus in Surrey. Die meiste Zeit verbrachten wir mit Yoga- und Meditations-«Runden« auf unseren Zimmern, schliefen viel, trafen uns zu den Mahlzeiten und einem Vortrag am Abend, bei dem ein Mann am Whiteboard feierlich die verschiedenen Ebenen des »kosmischen Bewusstseins« erklärte. Die meisten von uns gähnten und dösten vor sich hin. Wir waren mehr am Schlafen interessiert.

Oft erlebte ich beim Meditieren, dass sich nach ein paar Minuten der Unruhe ein wohliges Gefühl einstellte, als ob ich innerlich und äußerlich einbalsamiert würde. Neurophysiologisch gesprochen sprang dann das parasympathische Nervensystem an und regelte den Stresslevel herunter. Ich hatte so lange mit einem dysregulierten Nervensystem gelebt, dass mir das Ausmaß der Anspannung in meinem Körper zur Gewohnheit geworden war. Dass dies womöglich gar nicht zu hundert Prozent notwendig sein könnte, war mir nie in den Sinn gekommen.

TM hieß »transzendental«, weil man sich immer wieder einmal in einem eigenartigen Frieden wiederfand, wo alles zur Ruhe kam. Da war eine Klarheit, eine summende Stille, als ob alle Uhren angehalten wären, die Gedanken kamen zum Erliegen und es herrschte nur noch eine ruhige, minuziöse Bewusstheit. Man »transzendierte«, wie sie das nannten: in einen Zustand des Ausruhens, der tiefer war als Schlaf, in dem jedoch das Bewusstsein erhalten blieb.

Ich fühlte mich ein bisschen wie diese »Wolke des Nichtwissens«, die ich nachts als kleiner Junge geschmeckt hatte, und es geschah mit der

Zeit immer öfter. Es verschaffte mir eine Erleichterung, vor der ich die Dramen meines Lebens betrachten konnte, eine alternative Messlatte für die Dinge, und es bot meinem Nervensystem ein noch tieferes Ausruhen.

Was die tägliche Meditation anging, war ich gewissenhaft. Eine Sache, die man bei TM jedenfalls lernte, war ein bisschen Selbstdisziplin. Oft saß ich mit einem schweren Druck auf der Brust, aber ich saß. Ich ging zu einem der kostenlosen Einzelgespräche, die das TM-Zentrum anbot, und fragte den Lehrer nach diesem Druck, den ich ständig erlebte. Er schlug vor, dass wir gemeinsam meditierten, und so begannen wir eine Meditation in dem kleinen, stillen Raum, wo das Gespräch stattfand. Sobald ich den Druck spürte, sollte ich es ihm sagen.

Das tat ich.

»Aber wir haben gerade erst angefangen«, sagte er.

»Naja, ich spüre ihn eben.«

»Wie fühlt es sich an?«

»Wie eine Eisenstange in meiner Brust.«

Er sagte mir, ich solle das Mantra sein lassen und nur dieses Gefühl wahrnehmen. Wenn es nachließ, solle ich wieder zum Mantra zurückkehren.

Den Großteil der folgenden Monate saß ich mit diesem Druck in der Brust und wartete darauf, dass er verschwand. Manchmal tat er es, dann nahm ich das Mantra wieder auf, manchmal nicht. Es war nicht leicht, aber immer wieder gelang es mir, einfach damit zu sitzen.

Einmal kam mir ein komischer Gedanke. War es möglich, dass dieser eigenartige Schmerz eine Emotion war, dass ich etwas fühlte, dessen ich mir gar nicht bewusst war?

Manchmal erwähnte Flora Psychotherapie und erzählte, wie es Freunden von ihr geholfen hatte. Vielleicht legte sie damit einen Samen.

Einmal ging ich mit einer Freundin im Park spazieren, eine attraktive, ernste Flötistin, die zufällig selbst in Therapie war. Sie sagte zu mir: »Du bist gut im Reden, Henry. Aber du sprichst nicht wirklich. Du benutzt das Gespräch, um dich zu verstecken.«

Insgeheim war ich empört und gekränkt, weil ich in sie verliebt war.

Ich fragte sie, was sie damit meinte.

»Der Verstand ist komplex«, sagte sie. »Wir wissen gar nicht, was in unserer Psyche vorgeht, keiner weiß das. Man nennt es das Unbewusste, und es kann uns unglücklich machen. Aber es gibt Hoffnung. Wir müssen mit jemandem darüber sprechen.«

»Wie, sprechen?«

»Ich weiß nicht. Sprechen eben.«

»Du meinst, mit einem Seelenklempner.«

Sie holte scharf Luft.

»Einem Psychologen, ja.«

Mir sank das Herz, allerdings nicht so tief wie vielleicht noch vor einiger Zeit. Die Meditation machte mich weicher. Ich konnte mir ein Gespräch über eine Heilung für die wunde Psyche anhören, ohne dass diese wunde Psyche gleich dagegen aufbegehrte. Vielleicht würde es ja meine Chancen bei ihr verbessern.

Ein paar Tage später rief ich sie an und bat sie um die Telefonnummer ihres Therapeuten.

Harvey war TV-Sex-Therapeut in Kalifornien gewesen, bis ihm die staatliche Zulassung entzogen worden war und er nach London umsiedelte. Kalifornien war für seinen radikalen Ansatz noch nicht bereit gewesen, munkelten wir Groupies untereinander.

Wir waren eine Gruppe hoffnungsloser Mittzwanziger oder darum herum und trafen uns sonntagvormittags in seiner Souterrain-Praxis in Royal Oak. »Wir helfen euch, euch selbst die elterliche Fürsorge zu geben, die ihr als Kind nicht bekommen habt«, pflegte Harvey zu sagen. Und im Rahmen der weitschweifigen Anweisungen, die er uns gab, versuchten wir alle, dies zu tun.

Neben den erwartbaren Couches und Sesseln verfügte sein Praxisraum über zwei riesige Fernsehbildschirme, mehrere VCRs und eine Regalwand voller Pornovideos. Wut und Sex, sagte Harvey: das war unser Handwerkszeug. Zwei konkrete Dinge, mit denen man arbeiten konnte.

Harvey war auch in England schon im Fernsehen gewesen. Channel 4 hatte eine Dokuserie über einen jungen schottischen Rennfahrer gemacht, der bei ihm in Therapie war. Der Rennfahrer, er fuhr in der Formel 4000, lag bei den meisten Rennen vorn; dann baute er jedes Mal in der letzten Runde Mist und flog raus. Er sabotierte sich selbst, so Harveys Diagnose. Tief in seinem Inneren hegte er die Überzeugung, dass er den Sieg nicht verdiente.

Es gibt eine legendäre Szene in dieser Serie. Während einer Therapiesitzung springt der Rennfahrer, nachdem ihn Harvey beharrlich aufgestachelt hat, von der Couch auf, stürzt sich auf Harvey und reißt ihn zu Boden. Der Produzent kommt ins Bild gesprungen und versucht, den Rennfahrer von Harvey wegzuzerren, im Hintergrund hört man den Kameramann rufen, der Toningenieur stürzt sich auch noch ins Getümmel, und all das wird von der Kamera festgehalten.

Das war der Wendepunkt in der Karriere des jungen Rennfahrers. Der Augenblick, wo er seiner Wut freien Lauf ließ, seinen Schmerz nicht mehr verleugnen konnte. Er brach schluchzend im Studio zusammen, während Harvey seine Brille zurechtrückte und seinem Klienten die Hand auf den bebenden Rücken legte. Der Fahrer wurde danach britischer GT-Champion.

Eines Tages hob ich die Tür von Harveys Praxis aus den Angeln. Anstatt mich aufzuhalten, blieb er ruhig sitzen und sah mir zu. Er war sehr angetan.

Er hatte mich aufgestachelt. »Du bist doch bloß ein Stück Scheiße«, murmelte er die ganze Zeit in seinem weichen kalifornischen Akzent. Er war zu einem Achtel vom Stamm der Menominee und seine Stimme hatte ein weiches, indianisches Timbre.

Während ich ihm zuhörte, spielte ich mit einem Bohnensäckchen, das ich mit wachsender Erregung von einer Hand in die andere warf, und versackte immer tiefer in meinem Sessel. Ohne zu wissen, was ich tat, war ich plötzlich auf den Füßen und stakste zur Tür. Alles war hell erleuchtet. Ich stolperte, fasste nach dem Türgriff und rüttelte vergeblich daran, dann hämmerte ich mit den Fäusten gegen die Tür.

Eine Tür. Warum eine Tür?

In mir war alles weißglühend. Ich konnte kaum laufen. Ich war zwei Jahre alt. Ich stemmte mich gegen die Tür, schlug dagegen, hämmerte darauf ein, fiel zu Boden, stand auf zittrigen Beinen wieder auf und schlug noch fester gegen die Tür, rüttelte am Türgriff, zog daran, fiel wieder hin. Dann wieder auf und zuschlagen, dann wieder am Boden, tobend, hoffnungslos, außer mir.

Das ging eine Weile so. Harvey sagte nichts. Er wollte sehen, was jetzt passierte. Am Ende hob ich die Tür aus den Angeln, warf sie zu Boden und zertrümmerte sie.

»Eine gute Sitzung«, sagte Harvey, zog seine Polaroid-Kamera heraus und verewigte den Augenblick, wie wir beide auf dem Trümmerhaufen stehen, ich mit dem Türgriff in der Hand wie einer Trophäe.

Neurodermitis kann einen komisch machen. Es ist einfach so. Man ist nicht vollständig sozialisiert.

Der Vorfall mit der Tür wurde zu meinem Durchgangstor. Ich konnte mir nicht länger etwas vormachen. Was auch immer meine Eltern getan oder nicht getan hatten, es hatte Schmerz verursacht. Dad war ein großartiger Mann, aber kein großartiger Vater. Zur Hälfte hatte er recht mit seiner Feststellung, dass er ein Scheißkerl sei. Er hatte mir nicht das an Liebe gegeben, was ein Junge brauchte. Mum hatte ihr Bestes getan, aber ihre eigene Kindheitsgeschichte hatte lange Schatten geworfen, und die Umstände dieser Ehe waren einfach hart.

An jenem Nachmittag, nachdem ich die Trümmer in Müllsäcke gepackt, den Teppich gesaugt und wir eine Ratenzahlung für eine neue Tür vereinbart hatten, schlenderte ich den Queensway hinunter und spürte das Blut in meinen Adern pochen wie seit Jahren nicht mehr. Die Welt war wieder an ihrem Platz, die Dinge wieder da, wo sie hingehörten. Straßen, Gebäude, Autos, sogar Menschen – sie waren nicht länger bedrohlich für mich. Sondern neutral. Sie waren nicht im Krieg mit mir. Bis zu diesem Augenblick war mir nicht klar gewesen, wie sehr ich das geglaubt hatte.

Warum so viel Zorn auf diese Tür? Steckte ein Kindheitserlebnis dahinter? Hatten meine Eltern mich in ein Zimmer gesperrt, weil sie das Jucken und Kratzen, das mich wachhielt, nicht ertragen konnten? Und ich hatte mich mit zwei, drei oder vier Jahren mit aller Wucht gegen die Tür geworfen, damit mich jemand herausholte?

Mir kam wieder dieser Zustand in den Sinn, in dem ich oft einschlief. Wenn ich mich nachts, dem Juckreiz ausgeliefert, in den Schlaf kratzte. Nachdem die Hauthülle aufgerissen war, glitt ich in die Wolke des Nichtwissens hinüber. War diese Benommenheit der Nachklang eines Tobsuchtsanfalls?

Irgendwann im Drama dieser Therapie stellte ich fest, dass die Eisenstange in meiner Brust sich aufgelöst hatte.

Jahre später stieß ich auf diese Zeilen des Buddha. Vermutlich sprach er darin nicht über genau diese Eisenstange, trotzdem:

»Sogar die, denen ein Splitter in die Brust gedrungen,
Augenblick um Augenblick ihr Herz verwundend,
Sogar diese finden Schlummer trotz des Splitters;
Warum sollte nicht ich schlummern
meines Splitters ledig geworden?«

PETER DRÄNGTE MICH, WIEDER MUSIK zu machen. Er hatte eine Band aufgezogen, die Weltmusik spielte, und brauchte Musiker. Die Engagements häuften sich und die Band fing an zu touren. Ich spielte auch noch mit einer Calypso-Band, »Homer's Odyssey«, die einmal wöchentlich im Kensal Rise Calypso Tent in West London auftrat.

Das »Tent« war ein informeller Nachtclub, der in den Wochen vor dem Notting Hill Carnival immer am Freitagabend ein Arbeiter-Lokal bespielte. »Homer's Odyssey« war die Haus-Band. Sie hatten sich nach dem Band-Leader, Len Homer, benannt und spielten für die westindische Community, Leute, die Heimweh nach der Musik ihrer Inseln hatten, und erhellten ihre Abende mit den alten Rhythmen der Karibik. Ich war einer der wenigen weißen Musiker in der Calypso-Szene und wurde freundlich aufgenommen. Wir waren lässig unterwegs und probten wenig, doch der unwiderstehliche Beat der Percussion-Gruppe hielt uns auf Kurs, und Homer freute sich, einen weißen Jungen rekrutiert zu haben. Das kam von Zeit zu Zeit vor. »Bisschen frischer Pepp«, nannte er es.

Die Bläsergruppe stand hinten auf der Bühne, während mehrere Frauen und Männer in Glitter und Pailletten nacheinander vorne auf die Bühne kamen und ihren momentanen Hit vortrugen.

Golden Cockerel, der im goldenen Anzug auftrat, hatte einen ernsten Song über den Weltfrieden, mit einer Melodie, die einem nahe ging und die genial mit dem Sprechrhythmus zusammenpasste.

Let me tell you, girl,
in this whole crazy world
I will not find rest
until there is forgiveness.[5]

Der Song ergatterte in jenem Jahr die Carnival Crown.

Cockerel arbeitete als Busfahrer und erzählte mir, er habe den Song für 250 Pfund gekauft.

»Gekauft?«

»Mann, glaubst du vielleicht, die verschenken das?«

»Wer?«

»Die Schreiberlinge, Mann. Die brauchen auch ihr Geld.«

Das Publikum saß in Reihen und nippte diskret Rum mit Cola aus Plastikbechern. Es war ein sehr manierliches Publikum, lautstark, wenn es dazu aufgefordert wurde, trampelnd, klatschend, lachend, wo es geboten war, aber anständig.

Eines Abends nach der Show reichte mir Homer eine Gitarre und fragte: »Kennst du irgendwelche Songs?«

Ich konnte ein bisschen Cat Stevens und Leonard Cohen. Wir saßen in dem leeren Saal rings um einen runden Tisch – ein paar Bandmitglieder, ein oder zwei Sängerinnen, und Len. Ich spielte einen schwermütigen Cohen-Song an, und selbst in dem Halbdunkel und ohne zu schauen, konnte ich spüren, wie das Leuchten aus den Gesichtern verschwand.

5 Etwa: »Ich sag dir, Mädchen: In dieser ganzen irren Welt werd' ich keine Ruhe finden solange keine Vergebung herrscht.« (Anm. d. Übers.)

»Moment.« Ich brach ab. »Ich hab was anderes.« Und dann spielte ich eine alte Calypso-Nummer, »Big Bamboo«, die ich irgendwann einmal von einer Schallplatte abgehört hatte.

Ich schlug die Saiten schnell und kräftig und sang dazu in dem hohen Tonfall, den ich von der Schallplatte kannte. Sie grinsten, vor allem über den Refrain, der voller Doppeldeutigkeiten über *bamboos* und *bananas* war.

»*Yes, man!*«, schrie jemand.

»Yeah!«, riefen sie lachend.

Als ich zum Ende kam, schaute Len mich an. »Wo hast du den gelernt?«

»Von einer Schallplatte.«

»Das bringen wir auf die Bühne, Mann. Bist du dabei? Wenn du dabei bist, ist die Band auch dabei. Ein *white boy*, der Calypso singt? Wir nennen dich Mighty English.«

So wurde ich in den kommenden Wochen ein oder zweimal von meinem Platz im hinteren Teil der Bühne ins Rampenlicht geholt, um zu singen. Das Publikum kicherte an den richtigen Stellen, aber es wurde nicht der Hit, den sich Homer vorgestellt hatte. Trotzdem sollten diese kurzen Auftritte noch zu etwas führen.

Ohne mein Wissen hatte Homer einen Freund in Trinidad kontaktiert, der eine Band leitete, und sie boten mir einen Spot beim nächsten Karneval an. Ich konnte nicht hin – es war vollkommen ausgeschlossen – aber, was für ein Gedanke!

Ich kämpfte mit meiner Doktorarbeit und bemühte mich weiterhin, journalistische Aufträge an Land zu ziehen.

Ich hatte an einem Artikel über eine Plattenfirma aus Wales geschrieben und mich ein paar Mal mit dem Firmenchef zu einem Interview getroffen. Sie boten mir eine Stelle an. Ich hatte es mir nicht eingestehen wollen, und meinem Doktorvater schon gar nicht, doch je mehr Notizen ich für die Doktorarbeit sammelte, desto verwirrter wurde ich. Ich sah jetzt, dass diese Arbeit vermutlich nie etwas werden würde und dass es an der Zeit war, sie aufzugeben.

Ich kam so fiebrig am Sitz der Plattenfirma in Wales an, dass sie mich erst einmal für eine Woche in einem ihrer Cottages ins Bett schickten, bis die Attacke nachgelassen hatte und ich in der Lage war, meine Stelle anzutreten.

Ein paar Monate, nachdem ich dort angefangen hatte, machte mich die Literaturagentin von damals ausfindig. Ein neuer Lektor in einem der Verlage, denen sie mein Manuskript geschickt hatte, hatte es herumliegen sehen und wollte sich mit mir treffen. Ein paar Telefonate später war es ausgemacht. Sie wollten nicht nur das Buch kaufen, sondern auch noch ein zweites, noch nicht geschriebenes, unbesehen. Ein *Two-Book-Deal*. Ein großer, altehrwürdiger amerikanischer Verlag würde mitmachen. Ich brauchte bloß noch eine Idee für das zweite Buch.

Es war offensichtlich: Len Homers Angebot, dass ich in einer Band in Trinidad mitspielte. Ich könnte durch die Karibik tingeln und eine moderne Version von Laurie Lees Wanderleben in Spanien auflegen.

Ich hatte einen intensiven Tagtraum: Ein Engel griff in meine Brust, zog einen finster dreinblickenden Homunkulus heraus und trug den kleinen Dämon unter tobendem Geschrei davon. Endlich exorziert. Und ich hatte einen Traum: Ich stand auf einem Abhang in den Walisischen Mooren und über mir, direkt über meinem Kopf, schwebte ein phosphoreszierender Ball. »Du kannst ihn berühren«, sagte ein alter Mann zu mir. Ich streckte die Hände aus und hielt den Ball, woraufhin er sagte: »Das ist der Mond, weißt du.«

Der Ortswechsel, der neue Job, die Therapie, die beiden Verlage, die Aufgabe meiner Doktorarbeit: all das hatte sich ereignet, seit ich mit der Meditation begonnen hatte. War es möglich, dass die schlichte Praxis, zweimal am Tag für zwanzig Minuten still zu sitzen, Ordnung in eine durcheinandergeratene Psychophysiologie brachte und ein aus den Fugen geratenes Leben in geordnetere Bahnen zu lenken vermochte? Und obendrein begann meine Haut, wenn auch stotternd und in Schüben, besser zu werden.

Das war nicht etwa eine Wunderheilung. So wie sich das Sehen nur in einer Welt entwickeln kann, in der Licht herrscht, so hatte sich die Neurodermitis in einem günstigen psychischen Klima entwickelt, nämlich einem mit viel Verzweiflung und Ängsten. Haut und Psyche hatten gemeinsam ihr eigenes Ökosystem geschaffen: Juckreiz und Schmerzen in der Dermis, Frustration und Elend in der Psyche. Als die Emotionen in der Meditation mit sich selbst abzurechnen begannen und sich klärten, zeigte sich, dass auch das Ekzem – obwohl es zum Teil wohl ein Schutzpanzer gegen genau diese Emotionen gewesen war – diese als Existenzgrundlage brauchte. Ohne sie wurde es schwächer und zunehmend überflüssig. Es hatte weniger Boden, auf dem es stehen, weniger Atmosphäre, in der es atmen konnte. Und bei den ersten Anzeichen, dass es seine bewährten Außenposten und Festungen aufzugeben begann, ließ auch der Druck auf die Psyche, der hautbedingte Stress im Nervensystem nach. Es bedingte sich gegenseitig. Und nun kam ein Kreislauf positiver Rückkopplung zwischen Haut und Psyche in Gang.

Oder jedenfalls könnte es so gelaufen sein. Ich versuche hier zu erklären, was mir bis jetzt noch kein Arzt angemessen erklären konnte. So wie das atopische Ekzem eine »multifaktorielle Genese« hat, hat es auch multifaktorielle Heilungswege. Aber eine Rolle spielte dabei sicherlich der Faktor, ein wenig glücklicher zu werden. Und die tägliche Stille war der Schmelztiegel, in dem die Kultur des Wohlgefühls Kraft gewann.

Ein Jahr später hatten Dad und ich uns ausgesöhnt. Wir redeten einfach nicht über den schwierigen Abend. Er verschwand in den Wellen.

Immer wieder einmal ging ich mit ihm auf dem Campus Mittagessen.

Ich versuchte, von der Meditation zu erzählen. Er fragte nach. Als vorausdenkender Akademiker hatte er einen Hang zu allem Amerikanischen, und dort war die Meditation populär. Dad lebte keineswegs hinterm Mond. Ich hatte den Eindruck, dass er es gut fand.

»Also, Boychick, erklär das mal ein bisschen. Ich meine, was genau ist Meditation? Natürlich hab ich davon gehört, aber was ist es?«

Ich fing mit den konkreten Aspekten an. »Du musst zweimal am Tag in Stille sitzen«, erzählte ich ihm, »morgens und abends. Du hast ein…« – ich wollte schon sagen »Mantra«, besann mich aber noch einmal. »Im Grunde beruhigst du deinen Geist«, vollendete ich den Satz.

»Den Geist beruhigen? Das klingt schön. Wie macht man das?«

Ich spürte, wie mein Gesicht heiß wurde, und eine seltsame Kühle in der Brust.

»Also«, setzte ich an. »Du achtest auf Dinge.«

»Dinge? Was für Dinge?«

»Deinen Atem zum Beispiel.«

»Ah, verstehe«, sagte er und nickte, als wäre er interessiert, gähnte dann aber. Und seine Augen, die durch die Brillengläser vergrößert und klarer erschienen, wurden bereits glasig.

»Die Beatles haben es auch gemacht«, sagte ich in der Hoffnung, noch ein Überbleibsel an Interesse aus seiner Beatnik-Zeit wachzurufen, als er in einem Club in Soho Jazz-Trompete gespielt und türkische Zigaretten geraucht hatte. Bestimmt wusste er, dass die Beatles meditierten.

»Ja, ich erinnere mich vage. Eine Zeitlang war es groß in Mode. Da war doch dieser Inder mit dem Privatjet, oder nicht? Das war mir zu hoch, fürchte ich.«

Und damit waren wir auch schon wieder auf dem Rückweg von der Mensa.

Es war nicht nur so, dass ich in Dads Gesellschaft nicht erklären konnte, was Meditation war, sondern ich hatte dann das Gefühl, dass ich es selbst nicht mehr verstand. Seine Welt war eine, wo man solche Mittel nicht brauchte, weil man sowieso okay war.

HARVEY SCHALT MICH DAFÜR, DASS ich Reiseliteratur schrieb. »Das ist doch bloß Urlaub«, pflegte er zu sagen. »Wann packst du endlich die richtige Arbeit an und schreibst deinen Roman?«

Ich wusste, dass er recht hatte. Jahre vorher, während ich leprös in London lebte, hatte ich drei komplette Romane hingeworfen und mich an einen großen gemacht, eine Mehrgenerationen-Chronik, die die Geschichte zweier Familien verflocht, zum einen jüdische Immigranten, zum anderen britische Akademiker. Dabei würden unsere eigenen Familiengeheimnisse aufgearbeitet und ein paar Leichen aus dem Keller geholt werden.

Überwiegend würde es um meine Eltern gehen. Sie waren ja auch wirklich interessant. Dads Lebensgeschichte war ein Einwanderermärchen: eine legendäre Kindheit in einem Mietshaus in Soho, wo es vor Schneidern wimmelte und die Singer- und Frister & Rossmann-Nähmaschinen um die Wette klapperten. Er schafft es da heraus und hinauf bis zu den verträumten Turmspitzen einer legendären Universität. Mums Geschichte war ein ganz anderes Märchen: trauriges Waisenkind, von der Aviatik-begeisterten Mutter auf einem Flugplatz zurückgelassen, vom strengen Arm des Kindermädchens aufgelesen und unter Verwandten herumgereicht.

Vielleicht würde ich, wenn ich in das reiche Vermächtnis dieser Ahnenreihen hinuntertauchte, den Zauberschlüssel finden, ihn strahlend aus den Tiefen emporholen und unser aller Wohlergehen damit erschließen, sogar mein eigenes. Als gescheitertes Experiment, zu Unrecht aus dieser Kreuzung hervorgegangen, würde ich die Dinge bis zu dem Fehler an der Wurzel zurückverfolgen und sie in Ordnung bringen.

Und dann war da noch der Kalte Krieg. Das war fast ein Familienwitz. Nicht nur Dad war ja Spion gewesen, sondern auch Mum. Sie hatte sogar eine noch fundiertere Ausbildung im Spionage-Handwerk erhalten als er – wie man jemanden beschattet, wie man einen Beschatter abschüttelt, eine Übergabe plant – und tatsächlich hatte ja *sie ihn* rekrutiert, ohne dass er es wusste. Also wenn das kein Romanstoff war! Warum hatte Dad *daraus* nicht seinen Bestseller verfasst? Und warum tat ich das eigentlich nicht?

Es war immer noch die Endphase der Ära des Romans, wo einen Roman zu schreiben ein Leben definierte. Tolstoi, Eliot, Austen, Lawrence, Conrad, Dostojewski, Maugham, – wo man hinschaute Schriftsteller, die mit ihren Romanen ihrer Zeit einen Stempel aufdrückten. Proust, Rushdie, Naipaul mit ihren einzigartigen großen Werken, und Fielding, Woolf, James, Melville, Hardy, Bellow. Wenn man ein junger Mann mit dem Kopf voller Literatur war, dann konnte man nichts Besseres mit seiner Zeit anfangen, als einen Roman zu schreiben.

REISEN. VERÖFFENTLICHUNGEN. NEUE FREUNDE. NEUE Projekte. Es war ein Hochgefühl. Und Harvey hatte mich in eine neue Phase der »kognitiven Umstrukturierung« geführt, in der ich negative Denkmuster zu Tage fördern und mich ihnen stellen musste.

Ich hatte inzwischen eine Diagnose: Dysthymia. Eine andauernde, dafür »mildere«, schambasierte Depression. Das Tückische daran war, dass eins der Symptome darin bestand, die Symptome zu leugnen, weil man sich für diese schämte – wobei die Scham selbst ein Symptom war. Ein geschlossener Zirkel, sehr clever. Doch der neue, kognitiv-verhaltenstherapeutische Ansatz brachte tatsächlich Hilfe. Mir war nicht bewusst gewesen, was für diabolische Denkgewohnheiten ich pflegte. Wie sich zeigte, hatte ich mich eigentlich immer schon ins Elend gedacht. Ich hatte auf mich selbst eingedroschen, mich niedergemacht, unter Moralvorstellungen und Selbstansprüchen begraben, katastrophiert und alles chronisch schwarz gemalt. Ich war ein eingefleischter *Muss*turbator: Ich *muss* dies tun, jenes *muss* funktionieren, und so weiter und so fort. Je mehr dieser gewohnten Denkmuster ich entlarvte und nach und nach aufgab, umso neuartiger und spannender erschien mir das Leben.

Eines Tages erhaschte ich beim Verlassen meiner Wohnung einen Blick auf mein Gesicht im Spiegel neben der Tür, und mir war, als würde ich mich zum ersten Mal selbst sehen. Wer war dieser Mensch? Ich musste an Derek Walcotts Gedicht denken, in dem er eine Begegnung mit sich selbst im Spiegel beschreibt und jeder der »beiden« lächelt beim Gruß »des anderen«. Eines Tages, sinniert Walcott, wird man wieder den Fremden lieben, der man war.

Ich schlenderte durch das Stadtviertel, in dem ich wohnte. Es war ein sonniger Tag, und ich hatte das Gefühl, endlich einen echten Zugang zum Leben gefunden zu haben. Ich hatte meinen Kopfhörer aufgesetzt und lauschte einem Peter-Tosh-Song: »*Here though I trod through this valley I will fear no evil… ›Cause I know Jah guide, Jah guide I through this valley.*« Ich glaubte zwar nicht an Jah, oder Gott, aber was ich in Toshs Stimme hörte, war nicht etwa ein Geisterglaube. Es war Hoffnung – nicht auf etwas Bestimmtes, sondern Hoffnung selbst.

Ein Stück vor mir hatte sich auf der Straße über einem Gully eine Pfütze gebildet. Die Sonne schien und ließ das trübe Wasser derart glitzern, dass mir das Herz aufging. Plötzlich musste ich an den Augenblick am Strand denken, in dem mir alle Existenz als ein einziges großes Abenteuer erschienen war.

Als ich fast auf Höhe der Pfütze war, machte ein Taxi auf der Fahrbahn einen Schlenker, um einem Radfahrer auszuweichen, und fuhr mitten durch die kleine Überschwemmung. Im nächsten Moment traf mich eine funkelnde Fontäne mitten auf die Brust und riss mich aus meinen Träumereien. Eine Sekunde lang flammte Zorn in mir auf, während das Taxi einfach davonrauschte. Aber dann dachte ich mir, was soll's, machte auf dem Absatz kehrt und ging zurück zur Wohnung, um mich umzuziehen.

Eine Woche später, und nachdem ich mehrere Jahre lang versucht hatte, nach Hause zu kommen, verließ ich England.

TEIL 2

Der Ochs und die Mücke

Lawrence-Land

Ich bin in New Mexico. In meinen späten Zwanzigern, inzwischen nicht mehr von Wohnung zu Wohnung, sondern von Land zu Land wandernd, habe ich ein Leben, oder sowas in der Art jedenfalls, als Reiseschriftsteller. Die Neurodermitis kann in einem fremden Klima heikel sein, aber im Großen und Ganzen bewahrt mich die Meditation vor den alten Fumarolen, und die potente Dermovate Creme, die ich sicherheitshalber gern bei mir habe, brauche ich nur noch selten.

Es ist nicht das große Los, aber in den frühen Neunzigern ist Reiseliteratur populär. Manche Bücher verkaufen sich sensationell gut, und die Verlage sind bereit, großzügige Vorschüsse zu gewähren, wenn sie der Meinung sind, ein Stück von diesem Kuchen abbekommen zu können. Ich lebe von ihrem Optimismus.

Aber vielleicht ist es auch gar nicht so ungewöhnlich, sage ich mir. Isherwood, Maugham, Conrad, D. h. Lawrence, T. E. Lawrence, Huxley – die Liste englischer Schriftsteller, die im Ausland lebten und sich treiben ließen, ließe sich endlos fortsetzen. Und obendrein bin ich Jude, halbwegs zumindest. Und der Jude wandert. Dazu kommt die Realität meiner ökonomischen Situation: Von Zeit zu Zeit gehen beachtliche Schecks bei mir ein, und damit das so bleibt, muss ich reisen. Und ich habe Freunde, die genauso leben: Nick Danziger, ein unermüdlicher Abenteurer, und Pico Iyer, der sich ebenfalls in der Meditation versucht und auf brillante Weise von seinem Kästchenhüpfen rund um den Globus berichtet.

Nachdem ich London verlassen hatte, verbrachte ich ein Jahr in Trinidad und Kolumbien und spielte mit Bands in Port-of-Spain und Cali. Dort lernte ich eine andere Karibik kennen, als die, die man sich gemeinhin so vorstellt – eine von schimmligem Putz und glutheißen Apartments, von billigen Schnellimbisslokalen und Fabrikgeländen, auf denen riesige Outdoor-Partys und Feste stattfanden, von schmuddeligen Kellerbars, von hart arbeitenden Musikern, die abgenutzte Mazdas fuhren und sich manchmal einfach nur wünschten, vor vier Uhr morgens ins Bett zu kommen.

Die Ekzeme sind weiter zurückgegangen. Ich kann noch immer nicht genau sagen, wie das geschah oder warum, nur dass sich ein giftiger Mantel, der mir wie in einem Märchen vor langer Zeit von einer bösen Hexe über die Schultern gelegt worden war, gelüftet hat. Auf jeden Fall ist meine nervliche Belastung zu dieser Zeit geringer und von anderer Art. Und ich bin von zu Hause weg. Auch die Meditation hilft mir nach wie vor, mein Nervenkostüm zu entspannen. Das geht so weit, dass die alten Zyklen von Schmerz und Juckreiz unterbrochen sind und ich mich konzentriert anderen Dingen widmen kann. So in der Art. Und vielleicht haben ja diese brutalen Heilkuren über die Jahre hinweg doch irgendetwas bewirkt und etwas von der Bösartigkeit der Krankheit abgebaut. Und natürlich liebt die Haut Freiheit – Freiheit von Büroarbeit, Familie, Pflichten. Sie mag lichtes, allergen-freies Klima, auch wenn sie unter fremder Sonne empfindlich reagieren kann. Manchmal rebelliert sie gegen einen neuen Ort, und nach ein, zwei Tagen, in denen ich mit meinem

Notizbuch herumbummle, werden meine Finger rau und steif, Blasen zeigen sich an meinen Handgelenken und meine Flanken verwandeln sich in Sandpapier. Wenn es ganz schlimm wird, überzieht das Sandpapier den ganzen Körper und alles glänzt wie weinrot lackiert.

Aber selbst wenn die Ekzeme da sind – so lange ich draußen in der Welt unterwegs bin, macht es mir weniger aus. So wie damals in Kindertagen, als ich mit Freunden am Fluss übernachtete und wir mit Rucksack bepackt durch Dickicht und Gehölze wanderten und wie Tramps unter freiem Himmel schliefen, so jedenfalls sahen wir uns. Und irgendwie lässt es immer recht bald wieder nach. Gesund zu sein ist jetzt die Norm.

Reisen, Bücher, Reportagen: aus dem leprösen Einsiedler ist etwas Annehmbares geworden. Die Redakteure lehnen meine Vorschläge zwar regelmäßig ab, aber eben nicht immer. In den folgenden Jahren sollte ich kein festes Zuhause haben, doch das machte mir nichts aus. Und meiner Haut auch nicht. Ich hatte Glück, mit der Arbeit, dem Reisen, dem Schreiben, der Haut.

Inzwischen bin ich in New Mexico, um über D. h. Lawrence zu schreiben. New Mexico war der einzige Ort, wo Lawrence je ein Haus besaß, und er sagte einmal, dass kein anderer Ort ihn so »von außen« verändert habe. Eine verwirrende Aussage, wenn man bedenkt, dass er seine Kindheit auf einem Bauernhof nahe Nottingham verbrachte, oder an die Landschaften Sardiniens denkt, ans österreichische Tirol und an Mexiko: Über all dieses Orte hat er in einer Art und Weise geschrieben, die verrät, wie tief sie ihn berührt haben. Er war sensibel für Landschaft. Seine besten Texte sind aus meiner Sicht jene, die von Landschaft handeln. Sein Leben war eine Litanei von Orten, welche ihn veränderten. Tatsächlich lag meine eigene Motivation, Reiseschriftsteller zu werden, darin begründet, dass ich als Teenager Lawrence gelesen hatte, und seine Texte über Orte und Landschaften hatten ein Loch in meine Vorstellungskraft gebrannt. Als ich mit achtzehn ins Ausland ging, war es seine Literatur, die mich inspirierte, mich selbst darin zu versuchen.

Wenn er über New Mexico schrieb, blühte er auf: Er schrieb die Landschaft mit lebhaften Sätzen herbei, deren Tinte auf ewig feucht blieb, und die die blutroten Berge mit einer solchen Energie heraufbeschwor, dass man beim Lesen den Eindruck hatte, sie unmittelbar selbst zu entdecken.

Ich sollte über Lawrences Spuren in New Mexico schreiben. Es war rasch klar, dass es davon nur drei gab, und alle waren wohlbekannt: seine alte Ranch in den Bergen oberhalb von Taos, seine Ölgemälde, die in einer baufälligen *fonda* an der Taos Plaza aufbewahrt wurden, und das weitläufige Adobe-Haus seiner Gönnerin Mabel Dodge Luhan, wo er mit seiner Frau Frieda zusammen ein paar Monate wohnte. Das reichte nicht für ein Buch. So fing ich an, in dem Bundesstaat herumzureisen, sah mir indianische Pueblos und Stammestänze an und begegnete allerlei Leuten.

UNTERWEGS LERNTE ICH NATALIE GOLDBERG kennen, eine aus Long Island stammende Schriftstellerin, Jüdin, mit einer Biographie voller Zen-Meditation und reihenweise Bestsellern. Es gefiel ihr, dass ich ein Schriftsteller aus England war, und halb jüdisch. Für sie war ein halber Jude ein ganzer Jude. Wir verstanden uns sofort. Sie vermietete mir das Souterrain ihres Hauses in Santa Fe, und wir trafen uns oben in ihrer Küche zum Essen.

Natalies Spezialgebiet war Schreiben über Schreiben. Sie schrieb darüber in einer Art und Weise, die es einladend, herausfordernd und absolut der Mühe wert erscheinen ließ, egal wie das Ergebnis war. Es war befreiend, und ihre Bücher waren populär und inspirierten Tausende Amerikaner, es selbst zu versuchen. Im Café zu sitzen und Notizbücher mit eigenen Texten zu füllen, entwickelte sich zu einem nationalen Hype, und das war ihr Verdienst. Sie war auch der Katalysator für eine Reihe beachtlicher literarischer Karrieren. Ihre eigenen Texte hatten eine fesselnde Leuchtkraft und Schönheit.

Ihr Ansatz kam aus dem Zen. Sie nannte es »Schreibpraxis«. Zen war in der amerikanischen Literaturszene populär. Allen Ginsberg, Jack Kerouac, Gary Snyder, Peter Matthiessen waren Autoren, die aus ihrer Verbindung zum Zen kein Geheimnis machten. Natalie gehörte auch dazu. »Der erste Gedanke ist der beste Gedanke« lautete die Maxime. Schreib die Seite voll, lauf dem inneren Zensor davon.

Sie hatte eine besondere Ausstrahlung – eine innere Ruhe, ein stilles Leuchten. Mir war noch nie etwas dergleichen begegnet. Als ob eine Art Juwel in ihrem Inneren strahlte. Sie war eine hingebungsvolle Zen-Schülerin, und ich mutmaßte, dass es etwas damit zu tun haben müsse. Sie sprach offen über »Erleuchtung«. Während der Siebziger Jahre in England hatte ich als Heranwachsender das Wort hin und wieder einmal gehört, aber seit damals kaum noch.

Etwas Ähnliches wie dieses innere Leuchten hatte ich bei Gustavo, dem kolumbianischen Priester, gesehen, der uns damals besucht hatte. Es strahlte aus ihm heraus. Er sagte, die Armen verfügten über eine Freude, die die Reichen nicht kannten, und ich musste an die Entspanntheit denken, die ich bei den Menschen in den Anden gespürt hatte.

Nun hatte ich also Jahre später, im fernen New Mexico, jemanden kennengelernt, der wie Gustavo an Erleuchtung glaubte. Da, wo ich herkam, bestand Hoffnung darin, das Leben vielleicht ein bisschen weniger schlimm zu machen – aber dass es eine grundlegende Erlösung der menschlichen Existenz geben könnte? Das war seit 1969 vom Tisch, seit Altamont, seit »Get Back«, seit die Beatles sich getrennt hatten, wenn nicht gar seit der Geburt von Newtons mechanischem Universum, oder seit damals im Garten Eden. Schließlich gab es eine *conditio humana*, einen Sündenfall. Es bedeutete, dass man nicht glücklich sein konnte. Nicht richtig jedenfalls. Wir waren zu uns selbst verdammt, zu unserer Sterblichkeit, zur Erbsünde.

Ich erinnerte mich, wie ich in meinen frühen Teens die Rockalben meines Bruders angehört hatte: struppige Gestalten in Schlaghosen, die über die *road to freedom* sangen; Van Morrison, der dem Mond und Rembrandt huldigte und einem Ort namens San Anselmo. Die Musik dieser Epoche kam aus einem Land der Befreiung. Niemand wusste, wo es war, aber vielleicht existierte es ja immer noch, vielleicht sogar in New Mexico.

Einmal sassen Natalie und ich auf der Veranda und blickten auf den kleinen, von einer Mauer aus Adobeziegeln umschlossenen Garten, der im sich verdichtenden Licht des Spätnachmittags zu leuchten begann. Pappeln mit langen silbrigen Blättern wie Weiden begrünten das Viertel und standen reglos in der Abendluft. Eine Katze sprang auf die breite, oben abgerundete Mauer und setzte sich, um sich die Pfoten zu lecken.

Ich beobachtete die Katze. Die Bäume, die Schatten, das wandernde Licht, die ruhigen Feierabendgeräusche der Nachbarschaft, und wieder die Katze, die sich putzte und ausruhte – all das berührte mich mit seiner Schönheit. Es war, als ob das Geschehen um einen herum sich in Natalies Gesellschaft verlangsamte. Die Dinge ließen sich auf einmal Zeit und enthüllten sich dem Betrachter. Ich musste daran denken, wie ich als Teenager und aufstrebender Poet gelernt hatte, Schönheit in gewöhnlichen Dingen zu erkennen. Eine weiße Katze, die unter einem dunklen Gebüsch vor dem Regen Zuflucht suchte. Eine Straßenlaterne, deren Licht in der Nacht eine Stuckatur hervortreten ließ. Das Zischen des Verkehrs auf nasser Straße, das bei einem Fenster im zweiten Stock hereindringt.

Natalie schlug ein Buch über Zen auf und las laut daraus vor. Es war ein Abschnitt von Dōgen Zenji[6], einem japanischen Zen-Meister aus dem dreizehnten Jahrhundert. In ihrem langsamen, für New Yorker Juden typischen Tonfall las sie:

> Bergen ermangelt es nicht am Berg-Sein. Deshalb ruhen sie stets in sich und schreiten ständig fort. Ihr solltet diese Eigenart des berglichen Schreitens sorgfältig erforschen. Das Fortschreiten der Berge ist genau wie menschliches Schreiten. Daher zweifelt nicht am Schreiten der Berge, auch wenn es nicht genauso aussieht wie menschliches Schreiten.

Sie liess das Buch sinken, blickte sich um, ein wenig taumelig, und sagte kopfschüttelnd: »Wow. Ist das nicht umwerfend?«

Ich gab einen unverbindlichen Laut von mir. Ich konnte mir keinen Reim auf das machen, was ich da gerade gehört hatte. War das Nonsens-Literatur, sowas in der Art von Edward Lear? *Berge, die schreiten?*

Ich bat sie, mir das Buch zu reichen, und warf selbst einen Blick hinein. Die Kapitelüberschrift lautete »Das Sutra der Berge und Flüsse«. Was auch immer das heißen mochte. Ich las den Abschnitt noch einmal leise für mich. Dann bat sie mich, ihn laut zu lesen, und ich tat es.

Ich verstand gar nichts, und sagte es. Sie sagte, sie verstünde es auch nicht, fände es aber trotzdem wunderschön.

Dann war es also Nonsense. Und war »berglich« überhaupt ein Wort? – war das ein Druckfehler? oder Absicht? Trotzdem bohrte sich mir der Textausschnitt ins Hirn. Es war Unsinn, den man aber irgendwie nicht abschütteln konnte. Ich jedenfalls nicht. Den ganzen Abend über spürte ich eine unterschwellige Verstörung, und auch noch am nächsten Tag.

---

6 Dōgen (1200–1253) gründete die Sōtō-Schule in Japan, die größte Zen-Schule.

Wie kam jemand dazu, so etwas zu sagen? Und warum konnte ich es nicht einfach wieder vergessen?

Ein paar Tage später, während ich mir in der Küche eine Tasse Tee machte, kam mir plötzlich ein Gedanke: Was, wenn der Mönch Dōgen über das gesprochen hatte, was ich vor Jahren an jenem Strand erlebt hatte? Was, wenn dieser Augenblick und der seltsame Textabschnitt etwas miteinander zu tun hatten?

Noch während mir dies durch den Kopf ging, spürte ich, dass es stimmen musste. Wie sonst sollte man Dōgens offensichtlichen Unsinn deuten? Aber aus Sicht der Strand-Erfahrung ergab es Sinn. Nicht, dass ich hätte sagen können, wie genau. Aber damals war alles auf einmal da gewesen, in diesem leeren Feuer, das ich gesehen hatte, diese eine wimmelnde, geisterhafte Wirklichkeit, in der alle Zeit und aller Raum gegenwärtig waren. Alles war dort möglich – jedes einzelne und alles zusammen. Wie sollte es auch anders sein, wenn das Universum ein einziges Gewebe war und man selbst auch aus diesem Gewebe war?

Mir wurde ein wenig schwindlig. War ich womöglich darauf und daran, endlich etwas zu kapieren? Mein Herz schlug wie wild, das Blut rauschte in meinen Adern. Der Strand, das Sonnenlicht auf dem Meer, die Freude, das Feuer, die Liebe, die ich damals gefühlt hatte – alles kam im Köpergedächtnis wieder zusammen. Ich erinnerte mich daran, wie ich gespürt hatte, dass mein Leben sich bereits erfüllt hatte, und wie ich nachher bereitwillig hätte sterben können.

Konnte es sein, dass diese Offenbarung ein Schlüssel zum Verständnis dieses seltsamen Mannes namens Dōgen war? Und wenn ja, und wo doch Dōgen ein Zen-Meister war, was hatte das alles mit Zen zu tun? Es traf mich wie ein Blitz. Zen und jener Moment am Strand waren verknüpft! Diese Erfahrung war sozusagen das Spezialgebiet von Zen.

War das tatsächlich möglich?

Ich sagte Natalie, dass ich mehr über Zen wissen wolle.

»Warum probierst du es nicht einfach aus?«, fragte sie. »Beim Zen geht es nicht um Wissen. Es ist eine Praxis, es ist etwas, was man tut.«

Dagegen hatte ich nichts einzuwenden. »Und wie tue ich es?«

ICH HATTE MIR EIN ALTES Fahrrad zugelegt, und am folgenden Tag radelte ich einen langen Feldweg am Ostrand der Stadt hinauf zu einem kleinen, quadratischen Gebäude, das neben einem *arroyo*, einem ausgetrockneten Flussbett lag. Das Gebäude war ein Zendō. Davor stand ein Mann, ein Freund von Natalie, und erwartete mich.

Er hieß Robert Winson und war Zen-Priester. Er hatte kurzgeschorenes Haar, sah ansonsten aber ganz normal aus – keine Robe, Ornat oder sonstiges Pipapo. Einfach ein ganz normaler Typ. Einige Jahre später starb er, gerade mal in seinen Dreißigern, und hinterließ eine junge Witwe und eine Tochter. Es war ein seltsamer Tod, insofern, als er sich ein paar Monate vorher beklagt hatte, dass er einfach nicht mehr in der Zen-Meditation sitzen könne. Er hatte sein gesamtes Erwachsenenleben dem Zen gewidmet, und plötzlich konnte er es nicht mehr, obwohl er scheinbar bei bester Gesundheit war. Dann fingen seine Eingeweide an zu bluten, und er starb binnen kurzer Zeit.

»Natalie sagt, du willst Zazen lernen.«

»Zen«, korrigierte ich ihn.

»Zen ist Zazen. *Za-zen* bedeutet ›sitzendes Zen‹. Genau das machen wir hier.«

Mir war unbehaglich zumute. War das eine gute Idee? Was wurde dann aus meiner TM? Musste ich sie aufgeben, wenn ich Zen probieren wollte? Bis zu diesem Moment hatte ich daran noch gar nicht gedacht. Oder könnte ich irgendwie beides praktizieren? Würde es etwas ausmachen, mit TM aufzuhören, wenn ich dafür eine andere Meditationspraxis aufnahm?

Er schloss eine Tür auf, wir überquerten einen gepflasterten Hof mit einer tibetischen Stein-Stupa in der Mitte und betraten einen dunklen Raum an der rückwärtigen Seite.

Es war ein schöner Raum. Und man spürte sofort: Hier war Frieden. Der Raum war ungefähr quadratisch, hatte dicke Wände aus Adobeziegeln, wie in Santa Fe üblich, und war kühl und still. Es gab kein Mobiliar, nur eine Reihe schwarzer Matten auf dem Boden entlang der Wände, etwa ein Dutzend, eine jede mit einem schwarzen Sitzkissen darauf.

Man hätte erwarten können, dass der Raum etwas Spartanisches hatte. Doch da war eine dichte Atmosphäre von Frieden und Ruhe.

Ein kleiner Buddha aus Holz stand auf einem Altar mit Kerze. Während Robert die Kerze anzündete und sich vor dem Altar verneigte, fiel mir eine Schnittwunde vom Rasieren an seinem Hinterkopf auf. Dann zog er zwei der Kissen heran.

Es gab nicht viel zu sagen zum Zazen. Er zeigte mir verschiedene Sitzpositionen, und ich blieb bei einer Stellung, die er »Viertel Lotus« nannte. Er beschrieb die korrekte Haltung der Wirbelsäue und wie ich die Hände im Schoß halten solle. Dann wies er mich an, meine Atemzüge in Zehner-Intervallen zu zählen. Das war alles.

»Das war's?«, fragte ich.

»Nicht ganz«, sagte er. »Aber so das Wichtigste.«

Wir saßen für zehn Minuten.

Es war komisch. Nicht, dass das Ganze irgendwie großartig gewesen wäre, aber es fühlte sich angenehm an. Und auch ein bisschen beängstigend, als ob man nicht wisse, was auf einen zukam. Ich war nach wie vor ein launischer Typ, und wenn ich nichts zu tun hatte außer meinen Atem zu beobachten, fühlte ich mich ausgesetzt. Jeden Augenblick konnte mich irgendeine Stimmung erfassen. Und doch war es irgendwie ungewohnt, so zu sitzen: Es kam einem fast so vor, als ob man doch etwas tat dabei, vielleicht wie ein Boot zu steuern. Es war nicht so, dass es gar nichts zu tun gab, aber auch nicht richtig etwas. Man tat also nicht wirklich was, aber auch nicht wirklich nichts.

Als wir anschließend den kleinen Tempel verließen und in das friedliche vormittägliche Sonnenlicht New Mexicos hinaustraten, wusste ich plötzlich, dass ich das machen musste.

Da war Angst, und Sehnsucht, und Hoffnung und eine vage Verheißung, all das hatte ich beim Sitzen verspürt. Aber das sind abstrakte Begriffe. Als ich wegging, den Fußweg zu den Bäumen hinunter und dann eine kleine Böschung hinab in das trockene Flussbett neben dem Weg, wo ich mein Rad abgestellt hatte, fiel mir auf, dass das, was ich gerade eben gekostet hatte, wirkliches Lebendigsein war. Es war furchteinflößend, und das sollte es auch sein. Normalerweise schreckte ich, das fiel mir jetzt auf, vor der nackten Tatsache, dass ich lebendig war, zurück. Ich kannte es nicht anders. Aber jetzt doch. Im Zazen. Meditation im Zen-Stil. Eigentlich war es keine Überraschung, dass die andere Meditationsform, die ich praktizierte, diesen Geschmack nicht bot. Transzendentale Meditation war regenerierend, aufbauend, geradezu medizinisch. Sie half einem, sich zu entspannen und zu schlafen und wieder zu Kräften zu kommen. Aber dieses Zazen interessierte sich scheinbar gar nicht für derlei Dinge. Stattdessen ließ es einen ganz unmittelbar und ohne jede Absicht erfahren, was es bedeutet, lebendig zu sein. Und gleichzeitig spürte man, dass man gerade mal an der Oberfläche dessen gekratzt hatte, was es zu bieten hatte. Es war, also ob ein riesiger Energieball sich direkt unter der Oberfläche drehte, und man hatte mit der Spitze des Fingernagels des kleinen Fingers darüber streichen dürfen. Da war mehr, viel mehr.

So begann ich mit Zen. Hätte ich Natalie nicht getroffen und den Text von Dōgen gehört, hätte sich die Tür zu einer intimen Erfahrung von Lebendigkeit nicht in genau diesem Moment zufällig geöffnet, vielleicht hätte ich dann den ruhigen Balsam der TM nie verlassen.

Ich fing an, täglich Zazen zu praktizieren. Im Lauf der folgenden Wochen wurde es mir zu einer Gewohnheit, die ich nicht mehr missen mochte. Ein Gefühl von Klarheit, eine wässerige Qualität in allem, stellte sich dann ein. Bei der Zen-Meditation saß man mit offenen Augen, wodurch die Wahrnehmung der Welt beim Meditieren intensiver wurde. Ich spürte eine Wärme, einen Druck in der Brust. Manchmal musste ich grundlos weinen. Manchmal passierte es während des Sitzens, dass ein eigenartiger Wind mich und meine Umgebung kräuselte, und ich musste an Sapphos berühmten Vers denken, dass die Liebe sie schüttele wie der Wind die Eichen auf dem Berg. Es war, als ob mein Dasein in New Mexico und diese tägliche Sitzpraxis einem alten Leid erlaubten, sich zu zeigen. Eine Süße lag in diesem Leid. Das Leid war also gar nichts Schlimmes, wenn man es nur ruhig kommen ließ.

Ich verliebte mich in die Hügel rund um Santa Fe, Hügel aus klumpiger roter Erde, wo Kiefern und Wacholder dufteten. Auch in die Stadt verliebte ich mich, ihre ockerfarbenen Lehmbauten, die breit und geduckt unter dem weiten Himmel saßen, dem Geruch von Holzfeuern, wenn der Herbst anbrach, allabendlich überwacht von apokalyptischen Sonnenuntergängen mit rauchigen Wolkentürmen über der Stadt während spätes Sonnenlicht die Straßen flutete. Dieses Licht war so dick wie konzentrierter Orangensaft, man hätte es mit den Händen schöpfen können. Es war greifbar, man konnte es in der Brust spüren, es hüllte einen ein.

Schließlich verliebte ich mich tatsächlich, in eine Frau aus Wisconsin, eine Sängerin und Songwriterin, die sich vom Tod ihrer Eltern erholte, die beide kurz zuvor an Krebs gestorben waren. Nicht im Traum hätte ich mir vorstellen können, jemals mit einer Frau wie ihr zusammen zu sein: eine sensible, weizenblonde, langgliedrige Göttin von den Album-Covers meiner Jugend, als amerikanischer Country-Rock für ein paar Sommer in den Siebzigern den britischen Äther übernahm. Andi war ein wenig älter als ich. Das war eine Wohltat. Sie hatte mehr durchgemacht und war mir in Seelenarbeit voraus. Ich vertraute ihr. Ich musste nichts beweisen. Sie zeigte mir, dass es okay war, sich für seine Wunden zu öffnen. Man musste ihnen nicht ständig davonrennen.

Es gibt so einen Typ jungen, sensiblen, intellektuell hochgezüchteten Mann, dem eine reifere Partnerin guttut. Ich schätze, ich falle in dieses Muster. Und sie suchte nach Wahrheit, Liebe, Befreiung, Heilung, nach spirituellen Antworten. Sie war eine Suchende. Und hier in Santa Fe war es irgendwie okay, suchend zu sein. Sogar das Wort wurde hier benutzt: *a seeker* – »ein Sucher«. In England, dem England, das ich kannte, hatte es dieses Wort nicht gegeben. Dort gab es keine Suchenden, dort gab es kein Mysterium mehr. Das Leben war so, wie Newton es beschrieben hatte. Die Bibel war ein Märchen, verfasst vor langer Zeit von Männern, die weniger wussten als wir heute. Und nichts war an ihre Stelle getreten, es gab gar kein Bedürfnis danach. Die Antworten waren bekannt, und es gab nichts mehr zu entdecken, außer vielleicht ein paar Details. Die wissenschaftliche Sicht hatte gewonnen. Sie hatte geleistet, was sie sich vorgenommen hatte: mehr oder weniger alles zu erklären.

Mir war nicht bewusst gewesen, dass mich das störte. Ich verstand mich grundsätzlich als Atheisten, und es sah auch nicht danach aus, dass sich das ändern würde. Das Einzige, was ich all die Jahre hatte wissen wollen, war, was mir damals mit neunzehn an dem Strand zugestoßen war. Ich sehnte mich nach einer klaren, nicht-theistischen, ja, eigentlich wissenschaftlichen Erklärung dafür. Und nicht nur einer Erklärung, sondern auch einer Anleitung, wie ich da wieder hinfinden konnte. Und endlich sah es nun womöglich so aus, als würde ich sie finden – indem ich einfach jeden Tag in Stille saß und meinem Herzen erlaubte, seine Last loszuwerden.

Aber wie war das bloß möglich? Wie konnte es sein, dass im Zazen – indem man einfach nur saß und den Atem beobachtete – all diese alten Gefühle nach oben kommen und sich lösen konnten? Konnte es sein, dass das menschliche Herz eigentlich nur eins benötigte, nämlich Zeit? Gib ihm Zeit, und es wird sich selbst entwirren? Man musste nur geduldig sein und ihm jeden Tag seinen Moment der Gnade gewähren.

Irgendwo in den Tiefen der Meditation erahnte ich schließlich gar eine seltsame Übereinstimmung zwischen der rohen Energie des Zen und der wilden, unvergesslichen Wundheit der Ekzeme, die wie Zen offen waren für die Welt, für Zorn und Dringlichkeit, für seismische Kräfte, die so tief in der Psyche verborgen lagen, dass sie uns nicht nur mit der Erde zu verbinden schienen, sondern mit den Urkräften, die die Erde hervorgebracht hatten. Selbst die Neurodermitis war nicht durch und durch schlecht gewesen, dämmerte es mir.

Eines Tages ergab sich in einem Café ein Gespräch mit einem großgewachsenen Exil-Russen, einem Künstler, der seit zwanzig Jahren in New Mexico lebte. Ich prahlte damit, dass ich immer noch aus Schulzeiten ein wenig Puschkin auf Russisch zitieren konnte, und unsere Unterhaltung belebte sich. Wir bestellten eine neue Runde Kaffee und saßen rauchend und redend im Garten, während der Nachmittag verstrich. Er sprach von der Disziplin, die es brauche, um ein Künstler-Dasein zu führen, dass man beständig jeden Tag praktizieren müsse, dass man stets früh aufstehen und arbeiten solle, bevor man irgendetwas anderes anfing. Wie wichtig es sei, seinen Instinkten zu trauen und das Staunen zu kultivieren.

Er wirkte ein wenig streng, betonte seine Eleganz, aber sein Rat war stimmig, und ihn von einem reiferen Menschen zu hören, tat mir gut. Er erinnerte mich an Flora, unsere Familienfreundin aus Transsilvanien, damals in London. Und hier war nun wieder ein Osteuropäer mit einem weiten, tiefen Erfahrungshorizont, weiter und tiefer als ich ihn hatte, und willig, ihn mit mir zu teilen. Ich musste daran denken, wie mich Flora in ihrer Wohnung am Primrose Hill ermutigt hatte, als ich mich durch mein erstes Buch quälte, und wie sie mich zur Meditation gebracht hatte. In diesem Augenblick, dort in dem Café, kam das Gefühl ihrer Unterstützung so stark bei mir an, dass mir unwillkürlich ein seltsamer Gedanke durch den Kopf ging: Vielleicht hatte Flora mir diesen Mann irgendwie geschickt.

Als ich nach Hause kam, war eine Nachricht auf meinem Anrufbeantworter. Ich drückte den Code in die Tasten und hörte die Stimme meiner Mutter, und noch im selben Augenblick wusste ich, warum sie mich anrief: um mir zu sagen, dass Flora gestorben war.

Ich glaubte nicht an Telepathie oder dergleichen. Trotzdem hatte ich mit meiner Ahnung recht gehabt.

Ist es möglich, dass ein Mensch im Augenblick seines Todes eine solche Welle von Wohlwollen aussendet, dass ein anderer Mensch diese in fünftausend Meilen Entfernung empfangen kann? Wer weiß. Aber der Tod verbindet uns, die Liebe verbindet uns, und das Leid verbindet uns.

NATALIE MEINTE, ICH SOLLE MIR aus der Hand lesen lassen. Aus dem Prinzip heraus, dass man niemals vorhersagen konnte, wo sich vielleicht Material für das noch zu schreibende Buch ergeben würde, war ich zu allem bereit und tat, wie mir geheißen.

»Du bist in deiner Saturn-Wiederkehr«, sagte die Handleserin. »Du bist neunundzwanzig. Saturn kehrt an den Ort in deinem Horoskop zurück, wo er bei deiner Geburt stand. Du kehrst zu deiner Bestimmung zurück.«

Ich nahm zur Kenntnis, dass sie also nicht nur Handleserin, sondern auch Astrologin war. *Du meine Güte*, dachte ich, aber biss tapfer die Zähne zusammen und harrte aus.

Sie fing bei meinen Handrücken an: narbig und verbrannt von jahrelanger Dermatitis. Ich sah, wie sie die Stirn in Falten zog.

»Du musst langsamer machen. Du bist in ständiger Hast? Oft angespannt?«

Ich war mir nicht sicher. »Kann sein.«

»Man darf sich auch um sich selbst kümmern, weißt du.«

Ehrlich gesagt wusste ich das nicht. Ich lebte mit der Angst, mir selbst gegenüber zu nachgiebig zu sein, und es verwirrte mich, weil ich nicht wusste, wo ich die Linie zwischen dieser Gefahr und der Selbstfürsorge ziehen sollte.

Dann drehte sie meine Hände um und betrachtete die Handflächen.

»Hmm«, sagte sie. »Also, du wirst eine Art Zusammenbruch haben.«

»Nein«, korrigierte ich. »Den hatte ich schon. Mit neunzehn.«

Trotzdem war ich beeindruckt, dass sie das gesehen hatte.

»Vielleicht war das nur das Warm-up? Was diesen hier angeht – entweder bringst du dich danach um oder du wirst Zen-Meister.«

Mit gerunzelter Stirn betrachtete sie meine Hände, den Kopf ein wenig zur Seite geneigt. »Ja, du könntest Zen-Meister werden.«

Woher kam das jetzt? Ich überging es, weil es so offensichtlich lächerlich war und mich dieser zweite mutmaßliche Zusammenbruch weitaus mehr besorgte. Bitte nicht das noch einmal. Hatte ich nicht lange und hart daran gearbeitet, den ersten zu überwinden, und immerhin einiges erreicht?

Ich war in einer Flitterwochen-Phase. Mit New Mexico, mit meiner Freundin, mit dem Leben selbst. Ich hatte mich aus dem langen Schatten meiner Kindheit befreit. Ich trat bereitwillig ins Leben ein. Ich hatte

Arbeit, ich hatte eine Liebesbeziehung, ich kam immer mehr zu mir selbst nach Hause, ich ging auf die Dreißig zu und jetzt hatte ich auch noch Zen. Ich *wollte* mich der menschlichen Rasse anschließen, der Mensch sein, der ich war. Ich ignorierte die Handleserin.

Der natürliche nächste Schritt war ein *sesshin*: ein echtes, einwöchiges Zen-Retreat. Eines Tages erwähnte Natalie, dass sie demnächst eines machen würde, auf einer alten Ranch oben in den Bergen nördlich von Santa Fe. Ein Gast-Lehrer aus Boston würde es leiten. Er sei großartig, sagte sie, und der Ort grandios – Zitterpappeln, Douglasfichten, Elche, wilde Schafe – und das Essen hervorragend. Es war ausgeschrieben als Retreat für »ausgebrannte Naturschützer«, stand aber allen Interessierten offen.

Ich stellte es mir als eine Art inneren Luxus vor – ein *Retreat*, eine Gelegenheit sich zu entspannen und die Batterien wieder aufzuladen.

Ich hatte gehört, dass Sesshins der Kern des Zen-Trainings waren. Das Wort – *ses-shin* – bedeutete »dem Herzen begegnen« oder »das Herz berühren«.

Natalie erklärte mir, dass das Wort *shin* im Japanischen sowohl »Herz« als auch »Verstand« bedeutete. Dass genau darin der Unterschied zwischen Ost und West läge. Wir im Westen trennten das Herz vom Verstand. Nicht so im Osten. Und gemäß dem Zen war unser wahrer Herz-Verstand unendlich, er kannte keine Grenzen oder Beschränkungen, er schloss alles ein.

Das letztere war mir zu hoch, aber es schreckte mich nicht ab. Es machte ein wenig Angst, es war ein Schritt ins Unbekannte, aber ich hatte so eine Ahnung, dass es genau das Richtige für mich war.

Widerwilliger Mystiker

Am schlimmsten waren die Blähungen. Alles was ich tat, war still auf einem Kissen zu sitzen. Aber jedes Mal, wenn ich meinen Platz in dem improvisierten Zendō auf der Ranch oben in den Bergen einnahm und das Klingelzeichen ertönte, das die nächste Meditationseinheit eröffnete – was vollkommenes Stillsitzen bedeutete, kein Herumrutschen oder –nesteln mehr – dann war das Erste, was passierte, noch bevor der Schmerz in meinen Knien aufflammte, noch bevor die Truppe von Dämonen in meinem Kopf hastig in den Kulissen ihre Zigaretten ausdrückten und auf die Bühne meines Geistes – oder was ich bis dahin dafür gehalten hatte – stolperten, noch bevor die Güterzüge von dunklen, schwierigen Gedanken mit lautem Tut-Tuuut aus dem Depot gerollt kamen, wo sie zwischenzeitlich geparkt gewesen waren, – dann war also das Erste, was mir ins Bewusstsein kam, wie sich tief in meinen Eingeweiden mein Gedärm neu verknotete.

Was ging da drinnen ab? Das Retreat fand auf einer Höhe von über 2700 Metern statt und Gas dehnt sich in der Höhe aus, aber trotzdem. Es machte mich wahnsinnig. Wie eine halb-verreckte Maschine, die endlich zum Stillstand kam, furzte ich vor mich hin. Den ganzen Tag still zu sitzen, war ein öffentlicher Exorzismus, bei dem Legionen rußiger Dämonen aus ihrem Versteck gescheucht wurden.

Ich musste an die vergangenen ein, zwei Jahre zurückdenken. Verschwommen tauchten Bilder auf, von Bands, mit denen ich auf den Westindischen Inseln gespielt hatte, fleckigen Zimmern, in denen ich abgestiegen war, und riesigen tropischen grünen Blättern, die in der Sonne glänzten. Von Bühnenbeleuchtungen und ominösen schwarzen Lautsprechertürmen. Dann, wie ich mich, wieder in England und bevor ich nach New Mexico ging, in eine unwürdige Marketingkampagne für mein Buch über die Musikszene der Karibik stürzte, die mein Verlag aufgelegt hatte. Ich hatte in dem Werberummel geschwelgt, bei jeder Gelegenheit mit meiner Feder gehurt, mich auf den Events mit Wein zugeknallt, die öffentliche Aufmerksamkeit aufgesogen. Rückblickend betrachtet war es eine Schande.

Und jetzt saß ich hier in den Bergen New Mexicos und durfte mich nicht vom Fleck rühren – nicht nur nicht aus diesem Raum, sondern nicht einmal von dem knappen Quadratmeter meines *zabuton*, meiner Sitzmatte. Ich war nicht nur auf meinem Kissen gefangen, sondern auch in meiner Haut. Es schien mir der allerletzte Ort auf Erden zu sein, an dem ich sein wollte. Was hatte ich mir nur dabei gedacht? Wie alle wollte ich, grob gesagt, einfach ein wenig glücklicher werden. Aber ausgerechnet so? Eine ganze Woche lang bewegungslos herumsitzen? Wer ist jemals durch Nichtstun glücklich geworden?

Was würde wohl Dad dazu sagen? Tatsächlich wusste ich es sogar, weil er es nämlich gesagt hatte:

Boychick, im Leben geht's darum, was zu tun. Wie Freud sagte: Liebe deine Arbeit und arbeite an deiner Liebe.

Jetzt war ich also auf meinem ersten richtigen Zen-Retreat, und ungeachtet der seligen Momente, die ich in den vergangenen Monaten mit meiner neuen Meditationspraxis erlebt hatte, quälte ich mich nun damit, stundenlang stocksteif dazusitzen, und sehnte mich nach dem zweimaligen Ton der Glocke, der das Ende der Einheit markierte. Manchmal war es die reinste Agonie, wenn die Person, die das Zeichen gab, nach dem ersten Mal noch wartete, einfach um zu sehen, wieviel Anspannung man damit im Raum auslösen konnte, bis er oder sie dann neckisch das ersehnte zweite Mal klingelte und wir unsere glühenden Kniegelenke entfalten, unsere eingeschlafenen Beine ausstrecken und aufstehen durften.

Aber selbst dann durften wir nicht einfach davongehen, nicht bevor alle standen und wir gemeinsam unsere kleine Verbeugung gemacht hatten und die Hölzer erklungen waren, die die Gehmeditation einläuteten. Erst dann durften wir uns bewegen. Manchmal verzögerte jemand das Ganze auf nicht nachvollziehbare Weise, erhob sich ganz langsam von der Matte, um sich im allerletzten Moment noch einmal hinunter zu bücken und das Sitzkissen glattzustreichen, bevor er oder sie sich uns für die finale Verbeugung anschloss, der Verbeugung, die uns endlich entlassen würde. Und selbst dann gab es noch eine kleine Pause. Warum? Aber wer wusste das schon?

In mir brodelte es, ich knirschte mit den Zähnen, und in dem Augenblick, als die Klanghölzer endlich aneinandergeschlagen wurden und alle sich sanft und leise umwandten, um mit der Gehmeditation zu beginnen, machte ich einen Schritt über meine Matte hinweg, was man eigentlich nicht sollte, und ging schnurstracks zur Tür, die auf die Veranda hinaus führte.

Von einem Zen-verliebten Novizen war ich zu einem dumpfen Zyniker geworden, der die Schnauze gestrichen voll hatte von diesem Zinnober, vielen Dank aber auch.

Was hatte ich hier eigentlich zu suchen? Und was zum Teufel war das überhaupt, dieses Zen?

In den vorhergehenden Monaten hatte ich über Zen gelesen. »Was ist Zen?«, war eine Frage, mit der das Zen selbst fünfzehnhundert Jahre lang gerungen hatte. Was allerdings weniger daran lag, dass es die Antwort nicht kannte, als dass es sie nicht zu formulieren wusste. Es ging dabei sehr wohl um etwas, aber dieses Etwas war nicht wirklich »Etwas«, obschon es auch nicht nichts war. So zumindest hatte ich es mir zusammengereimt.

In der Mitte des zwanzigsten Jahrhunderts war Zen in Amerika enthusiastisch begrüßt worden, was vor allem dem Wirken von D. T. Suzuki und Allan Watts zu verdanken war, die beide eigentlich gar keine Zen-Lehrer waren. Der Erstere, er war eine Zeit lang Mönch gewesen, zog von Japan in die Vereinigten Staaten und promotete als Autor und Redner Zen als eine ideale Form der Spiritualität für die Moderne, nämlich frei von lästigen Glaubenssätzen und Überzeugungen. Der Zweite war ein englischer Priester, der Zen gar nicht praktizierte, aber sich davon inspirieren ließ und brillant darüber sprach.

Zen war vor allem durch Bücher bekannt geworden: *Die drei Pfeiler des Zen*, *Zen in der Kunst des Bogenschießens*, *Zen und die Kunst, ein Motorrad zu warten*. Aber man konnte eine Menge darüber lesen und nach wie vor im Dunkeln tappen.

Immerhin, ein paar Dinge waren klar: Zen war eine Form des Buddhismus mit Einflüssen aus dem chinesischen Taoismus, deren Hauptaktivität nicht so sehr in der Anbetung oder im Lesen der Schriften, sondern in der Meditation bestand. Das japanische Wort *zen* leitete sich vom Chinesischen *chan* ab, das seinerseits wiederum auf Sanskrit *dhyana*, »meditative Versenkung« zurückging. Doch im Gegensatz zu anderen

Meditationsrichtungen bot Zen kaum detaillierte Anweisungen. Der Rat, den mir der Zen-Lehrer Robert gegeben hatte – meinen Atem in Zehner-Einheiten zu zählen – war schon so ungefähr das Ausgefeilteste, was es zu finden gab.

Im Zen gab es »Linien« von Meistern, die einander im Verlauf der Jahrhunderte »bestätigt« hatten. Was sie dabei bestätigten, war, dass der Schüler dieselben Einblicke in die Natur des Bewusstseins oder der Wirklichkeit erfahren hatte wie der Meister und gelernt hatte, sie im täglichen Leben zu befolgen.

Es war schon komisch: Es ging bei dem Ganzen um eine radikale Erfahrung, die den eigenen Blickwinkel auf die Dinge veränderte, und gleichzeitig ging es um etwas absolut Gewöhnliches. Wenn man die Wirklichkeit erst einmal klarer erkennen konnte, dann wurden gewöhnliche Dinge zu einem Wunder.

Das gefiel mir. Es war genau wie mit Dichtung, die die Kraft hatte, den Alltag zu transformieren. Man musste sich dabei gar nicht in andere Räume beamen. Es genügte, ein Loch in den gewohnten Blick auf die Realität zu bohren, welcher üblicherweise die eigenen Erfahrungen filterte. Irgendwie klang das stimmig.

Auf der Veranda stand gleich neben der Tür eine Holzbank. Sie hatte Armlehnen auf beiden Seiten und war nicht lang genug, um sich darauf auszustrecken, aber ich konnte mich seitlich hinlegen und zusammenringeln, während die anderen drinnen ihre Gehmeditation machten, konnte die Augen schließen und ein Zehnminuten-Schläfchen machen.

Eigentlich wollte ich nicht schlafen. Ich wollte bloß dieser körperlichen und geistigen Qual entkommen. Da hatte ich mir also diese kostbare Gelegenheit verschafft, »mein wahres Herz zu berühren«, und jetzt hasste ich es.

Ich hatte schon halbe und sogar ganze Tage mit Zen verbracht. Ich hatte ein Einführungswochenende besucht. Ich saß seit mittlerweile mehreren Monaten täglich auf dem Kissen, nachdem ich jahrelang zweimal täglich Transzendentale Meditation praktiziert hatte, aber nichts davon hatte mich auf das hier vorbereitet.

Sobald ich mich auf dem Kissen einrichtete, verspürte ich einen Druck im Iliosakralgelenk und meine Knie jaulten auf. Meine Schultern und der untere Rücken verspannten sich, bescherten mir Dauerschmerzen und willkürliche Stiche oder aber Krämpfe, die mir den Schweiß aus den Poren trieben. Andererseits waren die Schmerzen das Einzige, was mich noch wach hielt. Neue Reservoire von Erschöpfung hatten sich aufgetan. Böen von Schläfrigkeit schüttelten mich. Immer wieder nickte ich ein, nur um mit einem Ruck wieder in die Bewegungslosigkeit zu erwachen. Wenigstens kippte ich kein einziges Mal um.

Und dann noch meine Eingeweide, wo ein kleiner Magier eifrig damit zu Gange war, meine Gedärme zu langen Ballontieren zu ver- und dann wieder entknoten. Aber all das war nichts im Vergleich zu meinen Seelenqualen.

Das Retreat war als regenerative Auszeit für ausgebrannte Naturschützer deklariert gewesen. Aber es war ein richtiges Sesshin. Das wurde am ersten Abend klar, bevor es losging, als der Lehrer erklärte, was genau wir die kommenden sieben Tage machen würden, nämlich von fünf Uhr morgens bis neun Uhr abends auf einem Kissen sitzen. Ja, wir durfte auch ein wenig gehen, essen, ausruhen. Aber sonst nichts. Nicht lesen, nicht schreiben, nicht sprechen, gar nichts. Bloß sitzen.

Meine Knie hatten schon recht: Was sollte das hier? Was war bloß in mich gefahren? Ich hatte meinen gesunden Menschenverstand beiseite gefegt und war irgendeiner dekadenten Spinnerei des ausgehenden Jahrtausends auf den Leim gegangen, um mein Ego zu füttern. *Auch du kannst ein Mystiker sein. Komm schon. Die Erleuchtung ist nur einen Schritt entfernt.* So dumm war ich doch wirklich nicht! Ich stammte von Generationen britischer Anwälte und Geschäftsleuten ab und von verarmten, aber intelligenten jüdischen Schneidern, allesamt Rationalisten, Realisten. Ich war mit dem Kopf voll Homer und Cicero groß geworden. Ich wusste, was Beweisführung war, der Humanismus der westlichen Welt drang mir aus jeder Pore. Was hatte ich mit asiatischem Mystizismus am Hut? Oder, wenn ich schon mal dabei war, mit den Bergen New Mexicos? Wie hatte ich mich bloß da reinziehen lassen können?

Natalie war schuld, ganz klar. Es war ihre Idee gewesen. Sie saß auch in diesem Raum, auf der anderen Seite des Kamins. Aber meine Qualen waren so erdrückend, dass das letztlich auch nichts mehr änderte. Ich konnte ihr nicht das geringste bisschen böse sein. Nicht sie hatte mich hierher geschleppt. Ich hatte das.

Ja, ich hatte einen Verlagsvertrag unterschrieben, dass ich eine Erzählung über meine Spurensuche nach D. h. Lawrence in New Mexico schreiben würde, und allmählich wurde die Zeit bis zur Deadline knapp und ich brauchte Sachen, über die ich schreiben konnte, und hatte gehofft, dieses Retreat könnte vielleicht irgendwie eine davon sein, aber jetzt saß ich hier mitten in der Landschaft, die Lawrence so geliebt, die er seine eine wahre Heimat genannt hatte, und starrte den ganzen Tag lang eine Wand an. Also, was für eine Art Recherche gedachte ich hier eigentlich zu machen?

Der Mann, mit dem ich das Zelt teilte, war zu genau dem »Batterien aufladen« hier, das ich mir so nett vorgestellt hatte. Er war ein echter ausgebrannter Naturschützer, und nach dem ersten Vormittag des Retreats traf er beim Mittagessen kurzerhand eine gesunde Entscheidung: Das hier war nicht, wofür er sich angemeldet hatte. Er verlangte sein Geld zurück, packte seine Tasche und fuhr die zehn Meilen auf der ausgefahrenen, schlammigen Forststraße hinunter zurück in die Welt.

Ich beneidete ihn. Inzwischen war er wahrscheinlich wieder in der Stadt, in der er wohnte, inmitten von Cafés, Autos, Gebäuden, Gehsteigen, auf denen man flanieren konnte, wo man Leute beobachten konnte, wo Autos hupten und man von einem gesegneten Treiben umgeben war. Er hatte genug Selbsterkenntnis besessen, um aufzustehen und zu sagen, *das ist nichts für mich.* Warum konnte ich das nicht? Ich wirbelte herum wie ein Blatt im Wind. Jemand sagt zu mir: »Hey, Henry, wie wär's mit einem Zen-Retreat?«, als ob man mal eben ein Eis essen geht. Und ich schenke prompt bereitwillig eine Woche meines Lebens her.

Und dann war da noch die Arbeit: Ich hatte einen Auftrag auf dem Tisch, und ich musste neue an Land ziehen. Ich war gerade mitten in einem Hin-und-Her mit dem Redakteur eines Magazins, für das ich noch nie geschrieben hatte und mit dem ich unbedingt ins Geschäft kommen wollte.

Und dann hatte ich auch noch am Tag vor dem Retreat einen Anruf von zwei Freunden aus England bekommen, die zufällig in New Mexico herumreisten. Und nun würde ich sie verpassen! Es machte mich fassungslos. Was für ein besonderes Erlebnis das geworden wäre, die beiden hier draußen in der Wüste wiederzusehen. Und jetzt fand es nicht statt, weil ich beschlossen hatte, eine Woche lang die Wand anzustarren.

Als hätte das noch nicht gereicht, stellte meine Verdauung nach zwei Tagen empört ihre Tätigkeit ein. Das waren schlechte Nachrichten. Irgendwie hatte ich mir die Vorstellung zu eigen gemacht, Ekzeme seien ein Anzeichen dafür, dass Toxine nicht angemessen aus dem Körper transportiert wurden. »Wie ist Ihre Verdauung?«, hatte mich eine Heilpraktikerin bei jedem Besuch gefragt. Und Lawrence selbst hatte dem Schlaf eine »entleerende Funktion« zugeschrieben. Daher auch die morgendliche

Verdauung. Schlafen, kacken und die Haut waren für mich zu einem unheiligen Dreieck geworden.

Die ersten drei Tage dieses Sesshins waren die härtesten, die ich je auf einem Meditationskissen erlebt habe (bis jetzt).

Zen ist nicht einfach, es stößt einen vor den Kopf. Es lässt sich nicht auf den Punkt bringen. Also, einerseits lässt es sich ganz leicht auf den Punkt bringen: Man sitzt jeden Tag auf einem Kissen. Man versucht, zu beobachten, was geschieht. Atmen, vor allem, und Gedanken, die kommen und hoffentlich auch wieder gehen. Wenn sie gehen, ist es schön. Dann landet man womöglich in einem erbaulichen Zustand von Frieden.

Zen ist eine Reise zurück zu radikaler Schlichtheit. Keine Mantren, keine »heiligen Silben«, kein heiliges Irgendwas.

Das gefiel mir. Es war erfrischend. Es fiel mir nicht schwer, Zen zu mögen. Zen behauptete nicht, irgendetwas zu wissen. Keine Widergeburten, keine Gottheiten, keine besonderen Zustände. Einfach sich hinsetzen. Und schauen, was so passiert. Nichts Besonderes. Nichts, was nicht offensichtlich wäre.

Aber das hier, das mochte ich nicht. Anscheinend konnte man auch von den schlichtesten Dingen irgendwann genug bekommen.

Der Lehrer, George Bowman, hielt jeden Vormittag einen Vortrag. Wir drehten dann unsere Kissen zur Mitte des Raums, und er redete vierzig Minuten lang. Einmal sprach er über Bodhidharma, einen der Gründerväter des Zen, einen indischen Mönch, der Zen im Jahr 527 aus Indien nach China gebracht haben soll.

Bald nachdem Bodhidharma China erreicht hatte, ließ ihn ein Kaiser für eine Audienz zu sich rufen. Der Kaiser war interessiert an Buddhismus und hatte Klöster bauen lassen, Mönche unterstützt, die Übersetzung von Sanskrit-Texten ins Chinesische finanziert. Als dann sozusagen ein lebendiges Original, ein echter buddhistischer Meister, seine Gestade erreichte, lud er ihn schnurstracks an seinen Hof ein.

Es herrschte die Ansicht, dass Akte der Wohltätigkeit einem ein »Verdienst« zugunsten einer besseren Wiedergeburt eintragen konnten. Der Kaiser fragte Bodhidharma, wieviel Verdienst er durch seine Unterstützung für den Buddhismus bereits erworben habe.

»Keinerlei Verdienst«, antwortete Bodhidharma.

Das war nun nicht gerade die Antwort, die der Kaiser erwartet hatte. Laut George glaubte man im Zen nicht an Wiedergeburt, geschweige denn an ein moralisches Bankkonto.

Dann bat der Kaiser den Mönch, seine höchste und heiligste Lehre auszuführen.

Bodhidharma antwortete: »Keinerlei Heiligkeit, unendlich weit und leer«.

Im Zen gab es das Konzept der Heiligkeit nicht. Zen trennte nicht zwischen heilig und profan.

Das gefiel mir schon wieder besser. Ich stellte fest, dass ich wieder anfing, Zen zu mögen. Und Bodhidharma.

Frustriert fragte der Kaiser Bodhidharma, wer um alles in der Welt er sei, so wie er da vor ihm stand.

Worauf Bodhidharma antwortete: »Ich weiß es nicht.«

Zen verweigere uns die Sicherheit einer festen, dauerhaften Identität, erklärte George.

Man konnte nicht umhin, Bodhidharmas Chuzpe zu bewundern, seine Weigerung, irgendwelche aufgeblasenen Ideen über die Praxis durchgehen zu lassen.

Georges Vortrag wurde immer wieder von wissenden, glucksenden Lachern begleitet. Die anderen schienen das alles in vollen Zügen zu genießen, kicherten, schmunzelten vor sich hin, und so weiter, während ich mehr oder weniger in der Hölle schmorte. Doch die Geschichte berührte etwas in mir, ein vages Sediment des Wiedererkennens regte sich in der Tiefe, ein zartes Echo von Sinn. Aber auch das störte mich schon wieder. Ich wollte Sinn, den man erklären konnte, den man wiedergeben konnte, und der einem half, sich im Leben zu orientieren. Und ich konnte nicht erkennen, inwiefern diese Art des Sprechens dabei helfen sollte, selbst wenn sie auf irgendeine ferne, diffuse, sich dem Verstehen halb entziehende Art »wahr« sein mochte.

Nachdem Bodhidharma dem Kaiser die besagten undurchschaubaren Lehren erteilt hatte, überquerte er kurzerhand den Yangtse auf einem einzigen Grashalm und setzte sich für die nächsten neun Jahre in eine Höhle in Shaolin.

Neun Jahre. Neun Jahre lang die Wand einer Höhle anzustarren. Seinetwegen meditierte man im Zen bis heute mit dem Blick zur Wand.

Und da machte ich mir Sorgen, weil ich eine einzige Woche mit Sitzen zubrachte, noch dazu in einem warmen Raum auf einem Kissen und Matte! Doch obwohl der Gedanke an Bodhidharmas neun Jahre unsere hiesige Quälerei in Relation setzte, brachte er mir weder Inspiration noch Trost, sondern nur das Gefühl absoluter Unzulänglichkeit für diese Art von Praxis.

Wie konnte man anderen nur so ein unmögliches Beispiel setzen! Und damit noch nicht genug, hatte er sich auch noch die Augenlider abgeschnitten, um nicht einzuschlafen. Kein Schlaf. Neun Jahre. (Was würde meine Haut wohl dazu sagen?) Da, wo er die Augenlider auf den Boden geworfen hatte, wuchsen Teebüsche. So kam der Tee nach China. Somit war zumindest der legendäre Charakter dieser Geschichte bestätigt. Und wenigstens war für China dabei der Tee herausgesprungen.

Zen nannte sich selbst die »plötzliche Schule«, erklärte George. Man musste nicht einen graduellen Prozess mit Stadien der Praxis durchlaufen. Stattdessen konnte man mit einem einzigen, plötzlichen Sprung alles finden, wonach man suchte. Bodhidharma sagte, die Praxis basiere nicht auf Schriften oder Lehrsätzen, sondern »ziele direkt auf den menschlichen Geist«.

»Die Lehre der Plötzlichkeit.« Man brauchte keine Etappen zurückzulegen. Irgendwie verstand ich das trotz meiner Qualen. Die Antwort auf das Leben war die ganze Zeit schon da, genau hier. Vielleicht gab es da auch einen Zusammenhang mit der Tatsache, dass ich mir damals, in den schlimmsten Zeiten meiner Neurodermitis, so schwer getan hatte, den Ärzten und Quacksalbern zu vertrauen. Schließlich war sie in Südamerika wie durch ein Wunder ganz von selbst verschwunden, schlagartig, ohne irgendwelche Etappen.

»Was bedeutet das Wort ›Buddha‹?«, fragte George rhetorisch. Es bedeutete, zu der Tatsache zu erwachen, dass wir unser wahres Bewusstsein mit allem teilten. Es war weitaus größer als es schien.

So sehr ich das Retreat auch hasste, ich konnte nicht umhin, bei diesen Worten aufzuhorchen.

»Unmittelbar« hätte ein genauso gutes Wort für Zen sein können, sagte er: sowohl in dem Sinne, dass sich seine Lehre auf einmal vermittelte, ganz unmittelbar, als auch in der Bedeutung, dass es nichts dazwischen gab. Du und deine Erfahrung waren eins. Es gab nichts Vermittelndes zwischen Subjekt und Objekt.

Was uns George im Grunde sagte, war: Setz dich hin, sei still und entdecke, dass die Beziehung zwischen dir und allem anderen nicht so ist, wie du gedacht hast.

All das hätte sich wie ein erfrischender Atemzug anfühlen sollen. Kein Abdrehen vor der Wirklichkeit. Kein Oben-drüber-Schweben. Eine

Gelegenheit, sich hinein zu begeben und diese Wirklichkeit genauer zu untersuchen. Aber stattdessen ärgerte es mich. Ich wollte das alles nicht hören. Ich wollte nicht hören, dass die Erfahrung, auf die das Ganze hinauslief, willentlich kultiviert werden konnte. Solch eine Erfahrung musste doch ein Geschenk sein, eine Gnade, wenn sie einem überhaupt zuteil wurde. Es kam mir geradezu gierig vor, sie zu suchen.

Ich hatte alles, was ich mir wünschte. Ich hatte mit neunundzwanzig Jahren bereits zwei Bücher veröffentlicht und Verträge für ein drittes, und zwar von renommierten amerikanischen Verlagshäusern. Ich war überbezahlt, ich war frei, und ich hatte mir ein Leben als herumreisender Schriftsteller-Dichter geschaffen, von dem ich als Teenager geträumt hatte. Jetzt lebte ich es. Ich war dem nieselnden, ekzematösen Sumpf meiner Jugend entronnen. Meine Haut war inzwischen weich und glatt und hatte unter der Sonne New Mexicos einen Milchkaffee-Teint angenommen, der vermutlich den sephardischen Pigmenten tief in meinen Genen geschuldet war. Die psychischen Abstürze aus früheren Zeiten waren überwiegend passé. Ich hatte eine Freundin. Ich hatte das, was man gemeinhin so »ein Leben« nennt.

Mehr noch, ich war an einem Ort gelandet, nach dem ich mich immer gesehnt hatte. Ich konnte mich noch gut an eine Nacht während meiner Studienzeit erinnern: Der Regen trommelte gegen die Scheiben meiner Studentenwohnung und eine noch ungeschriebene Seminararbeit stand zur Abgabe an. Ich zog ein Buch aus dem Regal und schlug es wahllos auf. Die Prosa, auf die ich stieß, setzte meine Phantasie in Flammen und verwandelte die Nacht: Lawrence, der über seine Ranch in New Mexico schrieb, hoch oben über der magischen, abgelegenen Stadt Taos mit ihrem großartigen heiligen Berg, den Pueblo Indianern, die tanzten und trommelten, um die Sonne in Bewegung zu halten:

> Und ich würde mir im Schlafzimmer mein Öfchen anzünden und es ein bisschen sausen lassen, wenn es am Winde saugte. Dann pfeilgeschwind zu Bett, alle Geister der Farm gemütlich um mich versammelt, und geschlafen, bis mich die Kälte meiner herausragenden Nase weckte. Dann schaute ich sofort durch die Glasscheiben der Schlafzimmertür und sähe den Stamm der gewaltigen Kiefer wie eine Person auf Wache und tief am Himmel einen Stern, der eben über den Berg steigt, stark glitzernd, wie jemand, der eine elektrische Lampe schwingt.

Die Tinte troff von der Seite. Ich war entrückt. Ich las von dem Leben, das ich wollte. Wenn ich bloß dort sein könnte, dachte ich. Was für ein Leben Lawrence geführt hatte: den Globus mit seinen Wanderungen zu beschriften.

Und jetzt war ich hier und tat genau das. Verdiente meinen Lebensunterhalt mit Schreiben. Mehr noch, ich machte allen Ernstes ein Zen-Retreat unter der Leitung eines echten, lebenden Zen-Meisters. Das war umwerfend. Wie sich mein Leben gewandelt hatte, entzog sich jeglichem Verstehen.

Warum also war ich nicht glücklich? Was wollte ich denn noch?

Dysthymia. Hartnäckig, entschlossen, ungebrochen. Sie lässt einen nicht los. Vielleicht macht sie mal einen Winterschlaf oder geht eine Weile in den Untergrund, macht sich unscheinbar. Aber sie hinter sich zu lassen? Keine Chance.

In der Stille und Bewegungslosigkeit des Retreats konzentrierte sie sich, wurde lauter, geballter. Es gab keine Chance, ihr auch nur einen Augenblick auszuweichen. Sie wurde immer dichter, wie einer dieser Londoner Nebel, denen ich glaubte wie durch ein Wunder entkommen zu sein.

Ich entdeckte einen Teich auf dem Gelände der Ranch, nicht weit vom Retreatzentrum.

Das Haupthaus, in dem wir meditierten, war ein Blockhaus aus den 1920er Jahren und hatte ursprünglich reichen Gästen von der Ostküste als Unterkunft zum Jagen gedient. Unser Zendō war in der Eingangshalle eingerichtet worden, indem man die Möbel entfernt und unsere fünfzehn Matten in zwei Reihen auf dem dicken, dunklen Teppichboden ausgelegt hatte. Aber die Ranch hatte noch andere Gebäude und Merkmale, zum Beispiel einen kleinen See.

Wenn ich, sobald die Hölzer ertönten, vom Zendō losrannte und mir beim Laufen bereits das T-Shirt über den Kopf zog, schaffte ich es, den See zu erreichen, der am Ende einer Wiese lag, mir rasch die Hose abzustreifen, in das klare bräunliche Wasser zu springen, sechs Züge zu schwimmen, mich mit einem der Handtücher, die auf dem Holzsteg zum Trocknen in der Sonne lagen, notdürftig abzutrocknen, mich wieder anzuziehen und exakt zum Ende der zehnminütigen Gehmeditation wieder beim Zendō anzukommen. Rechtzeitig zur nächsten Meditationsrunde saß ich wieder auf meinem Platz.

Es half. Ich mochte den kleinen Spurt, ich mochte das kalte Wasser und die Sonne, die Bäume, die leuchtend grüne Wiese mit dem hohen Gras, und das Gefühl, mir etwas Gutes zu tun. Wenn ich mich, ein wenig außer Atem, wieder auf meinen Platz setzte, fiel es mir leichter, mich zu konzentrieren.

Nachdem die ersten paar Tage um waren, in denen George uns angewiesen hatte, uns auf den Atem zu konzentrieren, das stetige sich Füllen und wieder leer Werden der Lungen zu beobachten, schlug er uns vor, die kleine Frage *Wer bin ich?* auf dem Atem »mitfließen zu lassen«, wenn wir wollten.

Ich erlebte inzwischen gelegentliche Phasen von Ruhe, in denen nicht mehr permanent Gedanken durch mein Hirn stürmten. Mein Rumpf fühlte sich dann an wie eine große, dunkle Höhle, die sich sanft mit Luft füllte und wieder leerte. Der Friede hielt nie lange vor, weil der Schmerz in meinen Knien wieder ansprang und mich ablenkte, oder sonst ein Bedauern auftauchte, oder das Entsetzen über die Länge des Retreats in mein Bewusstsein drang, aber es machte schon einen Unterschied, überhaupt einmal etwas Frieden zu verspüren.

Jeden Tag hatten wir in der oberen Etage ein Einzelgespräch mit George. Ich nutzte es nicht nur, um die Beine auszustrecken, sondern auch, um mich wortreich über diese sinnlose Schinderei zu beklagen, durch die er uns da führte. Zwischen den Meditationseinheiten – wenn ich nicht gerade zum See rannte – machte ich mir Notizen, die ich zum nächsten Gespräch mitnahm.

Als ich am dritten Tag während des Gesprächs gerade wieder einen Absatz an Schmähungen losgeworden war, hatte ich auf einmal das irritierende Gefühl, mir meiner Sache nicht mehr ganz sicher zu sein. Ich brach mitten im Satz ab. Eine gespannte Pause entstand. Dann rutschte mir etwas heraus, was mich selbst überraschte: »Wahrscheinlich werde ich irgendwann mal mit dem Gefühl auf diese Woche zurückblicken, dass ich meine Zeit nicht besser hätte verbringen können.«

Während ich mich diese Prophezeiung sagen hörte, verspürte ich auf einmal eine ungewohnte Zärtlichkeit in meiner Brust. Gleich darauf tappte ich wieder die Treppen zum Zendō hinunter, dachte an die langen Stunden auf dem Kissen, die mir noch bevorstanden, und die Wärme in meinem Brustkorb verschwand.

Noch etwas fiel mir ein. Die Fernsehsendung *Alias Smith and Jones* über zwei einzelgängerische Cowboys, die ich als Kind jeden Montagabend mit hochheiligem Ernst geschaut hatte, spielte genau hier, in den Bergen des amerikanischen Südwestens. Da waren genau diese trockenen Pfade, zickzackartigen Felsabbrüche und Kiefern gewesen. Das war meine Zuflucht gewesen. Und *Kung Fu,* das auch in dieser Landschaft spielte. Ich hatte diese Serie geliebt, allerdings nicht so sehr die Kampfszenen, sondern die Meditationen: All diese Kerle, die stundenlang vor ihrem Tempel saßen und sich nicht rührten. Wie konnten die das? Spürten die kein Jucken, wurden die nicht unruhig oder wollten sich die Nase putzen? Mir hatte die Vorstellung gefallen, dass sie durch ihr Sitzen in der Lage waren, sich zu verändern, andere zu werden.

Am vierten Tag war es warm, und George ließ uns nachmittags draußen auf der Wiese sitzen.

»Lassen wir uns vom Wind einen Dharma-Vortrag halten«, sagte er.

Üblicherweise formten sich, während ich dem Vormittagsvortrag über Zen-Praxis, Zen-Weisheit, Zen-Geschichte lauschte, heftige Beschuldigungen in meinem Kopf – gegenüber den anderen Sitzenden ebenso wie gegen mich selbst –, weil wir uns dazu übertölpeln ließen, eine ganze, gottgeschenkte Woche unseres Lebens zu vergeuden. Womöglich wurden ja in diesem Reservoir von Zen-Zeit heftigere Qualen an die Oberfläche befördert, als ich bis dahin berührt hatte. In der tiefen Ruhe des Retreats war ich ihnen auf Gedeih und Verderb ausgeliefert. Ich hatte keinerlei Ahnung, was da eigentlich ablief, spürte nur Frustration, Schmerz, Reue und die Sehnsucht, irgendwo anders zu sein, nur nicht hier. Es erinnerte mich alles irgendwie an die Neurodermitis und diesen ständigen brennenden Wunsch, die Haut möge anders sein als sie war. Auch wenn meine Haut inzwischen überwiegend verheilt war, so hatte sie vielleicht doch einen langen Schatten hinterlassen, der jetzt eine Gelegenheit fand, sich zu klären.

Oder war das Quacksalber-Gefasel?

Andererseits führe Zen, in Georges Worten, zu der Entdeckung, dass wir so ziemlich über alles falsche Vorstellungen hatten. Das sei eine erlösende Aussicht, hatte er uns versichert.

Ich fragte mich, ob ich mich vielleicht anfangs vom Zen angezogen gefühlt hatte, weil mein Körper auf seine eigene Weise lange Zeit falsch gelegen hatte. Er hatte falsche Annahmen über seine Umwelt getroffen – über das, was er aß, atmete, berührte. Allergien entstanden ja dadurch, dass das Immunsystem sich zum Super-Wachmann aufspielte, in Wirklichkeit aber die Wachsamkeit zu einem Angriff auf sich selbst mutierte. Die Nebenhöhlen hypertrophierten, bloß weil ein Stäubchen die Nasenlöcher hinauf gelangt war, die Haut entflammte sich vor Zorn über ein wenig Kuhmilch oder eine Berührung mit Grassamen. Allergien waren eine gewaltige Übertreibung.

Aus Sicht des Zen, jedenfalls in Georges Worten, lagen wir die ganze Zeit mit großem Eifer daneben und merkten es noch nicht einmal. »Erwachen« war nichts weiter, als genau dies zu erkennen.

Als wir an diesem vierten Tag alle draußen auf der sanft gewellten Wiese im Gras saßen und dem Wind lauschten, ging es mir auf einmal gut. Meine Gedankenmuster verstummten. Ich nahm das Geräusch des Windes in den Fichten jenseits der Wiese wahr, wie er in den Ästen rauschte. Es war faszinierend. Er donnerte wie ein Düsentriebwerk. Und dann wieder knisterte er wie Gischt, die vom Strand zurückrollte. Es war schön, dem zuzuhören, und es erinnerte mich an glückliche Momente in meiner Kindheit.

Dann fingen meine Knie auf dem unebenen Boden der Wiese plötzlich an zu brennen wie nie zuvor. Hätte man zwei glühende Schürhaken hineingebohrt, der Schmerz hätte sicherlich nicht schlimmer sein können.

Was sollte ich tun? Es war uns eigentlich verboten, uns während der Meditation zu bewegen. Außerdem hatte ich die Erfahrung gemacht, dass kleinere Positionsveränderungen den Schmerz nur noch verschlimmerten. Es war besser, es auszusitzen. Diesmal aber war es, als würde mir heißes Öl direkt in die Kniegelenke injiziert. Ganz bestimmt machte ich mir was kaputt.

In meiner Verzweiflung fiel mir die Frage wieder ein, die George uns gestellt hatte, und ich gab mich mit Leib und Seele in diese Frage hinein. Wer bin ich? Wer bin ich wirklich?

Es funktionierte. Ein bisschen. Es lenkte mich für eine gewisse Zeit von dem Knieschmerz ab.

Wieder strich ein kräftiger Windstoß langsam durch die Nadelbäume. Ich lauschte. Es war faszinierend. Und plötzlich geschah etwas.

Der Knieschmerz war immer noch da, und das Geräusch des Windes war immer noch da, aber es gab niemanden mehr, der es erfuhr. Es war absolut seltsam. Es gab kein Ich. Das innerste Zentrum meines Daseins, das Kerngehäuse meines Lebens, war verschwunden. *Ich* war verschwunden. Wohin? Was war geschehen? Da, wo ich üblicherweise war, gab es nur noch eine offene Weite. Alles geschah genau wie zuvor, nichts hatte sich im Grunde verändert, und doch war alles verändert, weil es kein Ich mehr gab, dem das alles wiederfuhr.

Es war, als hätte es in meinem Kopf ein Blitzlicht gegeben, und was es erhellt hatte, war: kein Ich. Die Idee von »Ich« war genau das – nicht mehr und nicht weniger als eine Idee. Und jetzt war sie wie eine Blase zerplatzt.

Die Erleichterung war unbeschreiblich. Die ständigen Sorgen, der permanente Ärger über irgendwas – und die ganze Zeit über war gar niemand zu Hause. Das Leben war ein Schiff, und ich hatte angenommen, dass selbiges einen Kapitän besaß. Aber es gab keinen. Es war niemand an Bord.

Ich hatte die Antwort auf die Frage des Lehrers gefunden. Ich war niemand. Ich hatte mir mich selbst nur ausgedacht.

Eine maßlose Freude brach in mich ein. Wie großartig war es jetzt, hier im Gras zu sitzen, dem Wind zu lauschen und diese Empfindungen in den Knien wahrzunehmen, die mir eben noch unerträglich erschienen waren, aber jetzt bloß ein interessantes Kribbeln waren, einer von vielen Stimuli und Impulsen, die in einem grenzenlosen Bewusstseinsfeld auftauchten.

Mir war schlagartig klar, dass ich mein ganzes Leben lang davon ausgegangen war, diese Stimuli würden einem Wesen namens Ich begegnen. Sie waren miteinander verbunden, weil sie *mir* widerfuhren. Doch in Wirklichkeit gab es diesen Verbindungsfaden gar nicht. Jeder einzelne dieser Stimuli tauchte unabhängig von den anderen auf. Vollkommen frei.

Mehr noch, ohne ein Ich gab es keine Vergangenheit und keine Zukunft. Jedes Phänomen trat immer zum ersten und einzigen Mal auf und füllte dann das gesamte Bewusstseinsfeld. Das machte es zu einer absoluten Kostbarkeit.

Den Rest des Tages verbrachte ich in Seligkeit. Alles war durchtränkt von Frieden. Liebe brannte in meiner Brust wie ein Leuchtfeuer. Ich konnte das Gras wachsen hören, ein feiner, hoher, singender Klang wie das Knistern frischen Schneefalls. Mir fiel eine jüdische Redewendung ein: »Kein Grashalm, über den nicht ein Engel gebeugt ist, der ihm ins Ohr flüstert: Wachse! Wachse!« Jeder einzelne Grashalm verdiente das. Jeder Halm *war* ein Engel. Ich weinte. Mein Herz war eine einzige Pfütze. Irgendwie fühlte es sich an, als würde das Gras mitten in meiner Brust wachsen. Jeder Gegenstand besaß ein inneres Licht, und jetzt konnte ich es sehen.

Als wir zum Essen anstanden, war ich nicht mehr ungeduldig und begierig, meinen Teller zu füllen, lauerte nicht mehr darauf, dass das

Tischgebet vorbei war und ich über mein Essen herfallen und mich in dieser Ablenkung vergraben konnte. Jeder Augenblick war Freude. Gehen war ein Waten in Seligkeit.

Als ich das nächste Mal zu meinem Einzelgespräch mit George die Treppen hinaufgestiegen war und mich vor ihm hingesetzt hatte, entfuhr mir ein langer Seufzer der Erleichterung.

Zu meiner Überraschung entfuhr ihm sozusagen im selben Augenblick genauso einen Seufzer, als wäre er mein Spiegel.

Ich setzte an, ihm zu erklären, was geschehen war, aber das brauchte ich gar nicht. Er wusste es bereits. Er lächelte. Und verstand. Er sah es sofort.

Wir lachten und lachten. Tiefes Lachen aus dem Bauch. Die machtvolle Erleichterung, die ich spürte, spürte auch er.

Die Offenbarung hatte zwar nur einen kurzen Augenblick gedauert, doch ihr goldener Nachklang hielt an. Die letzten beiden Tage des Retreats ging ich auf Wolken. Selbst der Boden, auf dem ich ging, war aus Luft. Ich ließ auch keine der Gehmeditationen mehr aus. Meine körperlichen Unpässlichkeiten – die Schmerzen, die Schläfrigkeit, die Verstopfung – alles löste sich in Wohlgefallen auf. Ich wollte nur noch sitzen und gehen. Ich aß leicht und geduldig. Eine Agonie war vorüber.

Jetzt wusste ich auch, warum ich hier war. Es war vollkommen offensichtlich: wegen der Erfahrung am Strand vor zehn Jahren. Diese unerklärliche Sache, die ich niemandem hatte kommunizieren können, die aber mein Leben verändert hatte, dieser unwahrscheinlichste aller Grale, eine Antwort, die ganz von selbst einem angstbesetzten, ekzematösen Teenager in den Schoß gefallen war. Sie hatte sich geöffnet wie ein »Portal« zwischen den Welten in jugendlicher Fantasy-Literatur. Im einen Augenblick war es die Welt, die man kannte, im nächsten eine ganz andere, wo alle Sorgen und Nöte geheilt waren. Es mutete fast an wie Sterben, so fernab von allem Bekannten war es. Und doch war man nicht gestorben. Dann war es vorbei, und man war wieder in seinem alten Leben. Alles war wieder genau gleich, nur dass einem etwas Außerordentliches enthüllt worden war.

Und jetzt, ein Jahrzehnt später, als ich die Hoffnung, diesen Ort wiederzufinden, schon aufgegeben hatte, tat ich die eine Sache, die mir helfen konnte. Genau deshalb saß ich in New Mexico auf halbem Weg zum Himmel auf einem Zen-Kissen. Genau deshalb hatte ich, zu meiner eigenen Verblüffung, zu George gesagt, dass das Sitzen hier womöglich das Beste war, was ich mit meiner Zeit anfangen konnte.

Diese neue Erfahrung war anders als die am Strand, und doch auch irgendwie gleich. Auch diesmal war sie wie aus dem Nichts gekommen und hatte das Gefühl vollkommener Auflösung gebracht. Dazu gehörte, dass es gar nie anders sein konnte, und wenn man es mal erkannt hatte, dann wusste man, dass es die ganze Zeit schon so gewesen war. Und doch konnte es niemals genau dasselbe sein.

Ich schrieb ein Gedicht für George, faltete das Blatt in der Mitte und pinnte es mit seinem Namen darauf an das Notizbrett, wo wir Nachrichten hinterlassen konnten.

> Der Fluss durchströmt mich.
> Eintagsblumen blühen in meiner Brust,
> aufgestiegen wie leuchtende Gedanken
> aus meinem Bauch.
> In meinem Herz wuchern Gräser.
> Ich bin ein Haus ohne Dach,
> ohne Tür, ohne Fenster, ohne Wände.

Wind rauscht in den Bäumen.
Ein kühles Kitzeln einer Fliege auf jemandes Arm.
Hier weiß ich nicht einmal mehr
was Freiheit bedeutet.
Ich bin nirgends.

Als ich ihn das nächste Mal sah, gab er es mir zurück und sagte: »Danke. Dann war es also die Mühe wert.«

Ich lächelte, und wir sprachen nicht mehr darüber, weder über das Gedicht noch über das, was passiert war.

Am letzten Abend des Retreats hingen wir nach dem Abendessen in dem inzwischen wieder mit Sofas und Bücherregalen möblierten Raum ab, in dem wir die Woche über gesessen hatten. Ich zog eine Ausgabe der buddhistischen Zeitschrift Tricycle aus dem Regal und las darin ein Interview mit dem Zen-Lehrer Peter Matthiessen. Er sprach von »Öffnungen« im Zen-Training, und dass es nicht immer von Vorteil war, eine »frühe Öffnung« zu erleben.

Ich fragte mich, ob das, was ich gerade erlebt hatte, so eine »Öffnung« war. Wenn ja, dann hatte ich zehn Jahre vorher am Strand schon mal eine erlebt, noch bevor ich irgendeine formale Praxis hatte. Vielleicht war ich der Typ für frühe Öffnungen.

Einmal kam ein wenig Sorge beim Gedanken an die Rückkehr in mein Alltagsleben auf, aber dann erinnerte ich mich daran: Wessen Sorge war das? Ich kannte jetzt die Antwort. Es gab niemanden. Dieses Zen-Ding, dachte ich mir: Ich hatte es raus.

Ein bisschen Zen kann gefährlich sein. Manche lernen schnell, aber öffnen sich langsam. Manche öffnen sich schnell, aber lernen langsam.

War Peter Matthiessen einer, der sich früh geöffnet hatte? Hatte er deshalb gesagt, dass das nicht unbedingt hilfreich war? Wusste er es also?

Am Ende des Retreats versuchte ich, mit George über meine Erfahrung zu reden, doch er unterbrach mich und sagte, er sei platt vom vielen Reden. Er wolle Holz hacken und ich könne ihm gerne dabei Gesellschaft leisten, aber er wolle nicht sprechen.

Während wir nebeneinander im warmen Sonnenlicht arbeiteten, er einen Hammer auf einen Keil niedergehen ließ, um Fichtenstämme zu spalten, ich mit meiner Axt die Hälften weiter spaltete, merkte ich, wie sich Niedergeschlagenheit in mir ausbreitete. Ich würde nicht das Gespräch bekommen, das ich brauchte. Gab es einen bestimmten nächsten Schritt? Das war alles, was ich wissen wollte. Und wenn ja, wie sah der aus? Aber als ich versuchte, George zu fragen, erwiderte er nur: »Bleib mit der Aufmerksamkeit bei dem, was du tust.«

Aber jetzt, wo ich durch das alte Ich hindurchgesehen hatte, konnte ich sowieso nicht mehr anders. Es war noch nicht mal eine Frage der Aufmerksamkeit. Mein altes Verstandes-Ich schien sich wie eine Wolke aufgelöst zu haben. Was übrig blieb, war essen, lauschen, schauen und so weiter. Es war das reinste Paradies, alles leuchtete und summte vor Lebendigkeit.

Wie also ging es weiter?

George wollte nichts sagen.

Vielleicht war es so ein Zen-Ding: den Kunden abblitzen zu lassen, weil der Kunde immer falsch lag.

Ich fand es schwer, nicht zu sprechen, und sagte ihm, dass ich ein bisschen Angst hätte, wieder in die Traurigkeit und Verunsicherung zurückzufallen. Er sagte: »Trau der Traurigkeit. Sie weiß, wie sie dich entpackt.«

Das war ein interessanter Vorschlag, aber bei dem für mich zentralen Punkt half er nicht. Etwas absolut Unvorhergesehenes war plötzlich aufgetaucht, und der Lehrer sagte bloß: »Kehr zurück zu deinem nächsten Atemzug, bleib bei dem, was jetzt gerade passiert.« Aber ich wollte doch wissen, was passiert war. Es hatte schließlich gewaltige Implikationen, wenn man auf einmal feststellte, dass das alte Selbst, mit dem man sich identifiziert hatte, nur eine Fata Morgana war.

Zu diesem Zeitpunkt schwamm ich dermaßen in Seligkeit, dass George mir auch hätte sagen können, ich solle mich unter einem Misthaufen begraben, und ich hätte es getan. Alles war gut, weil ich erfahren hatte, dass ich gar nicht wirklich existierte. Stattdessen war ein großartiger Prozess in Gang, bei dem die Dinge völlig frei in einem tiefen, aber gleichzeitig grundlosen Raum auftauchten, wie elektrische Impulse oder wie die farbigen Blasen vom Boden einer Lavalampe. Und weil das alles von selbst passierte, *ohne mich,* war alles gut.

Also hatte der Lehrer in gewisser Weise auch recht: Es war okay, einfach zum nächsten Atemzug zurückzukehren, zu was auch immer jetzt gerade passierte … und jetzt … und jetzt …

Aber in den darauffolgenden Wochen und Monaten fiel es mir immer schwerer, diesen Rat zu befolgen. Ich musste unbedingt mit jemandem sprechen. Meine Welt war auf den Kopf gestellt worden, mein Innerstes herausgerissen. Aber wenn nicht einmal ein Zen-Lehrer, noch dazu derjenige, unter dessen Augen das Ganze passiert war, mit mir darüber sprechen wollte, wer denn dann?

Das Ganze ist schon komisch. Im Zen ist man insgesamt geteilter Meinung darüber, wie mit »Erwachens-Erfahrungen« umzugehen sei. Im Zen heißen sie *Kenshō*: das Erkennen der Wahrheit oder unserer »wahren Natur«. Aber ein umfangreicher Teil des Zen, die Sōtō-Schule, zieht es vor, nicht über Kenshō zu sprechen. Anscheinend war es so, dass die Sōtō-Anhänger es früher einmal taten, aber im neunzehnten Jahrhundert aus historisch-institutionellen Gründen damit aufhörten. Beim anderen, kleineren Zweig des Zen, Rinzai, muss hingegen Kenshō unbedingt erkannt und benannt werden, weil man in der dort praktizierten Methode der Kōan-Praxis nicht fortschreiten kann, solange Kenshō nicht passiert ist. Kenshō ist »die torlose Schranke der Zen-Schule«, wie Mumon[7], der Zen-Meister aus dem dreizehnten Jahrhundert, es nannte.

Wieder zurück in meiner kleinen Mietwohnung in Santa Fe lief zunächst alles rund. Mein zweites Buch war erschienen, ein drittes unter Vertrag und auf dem Weg, und ich machte Fortschritte mit einem vierten. Das ständige Hin und Her mit den Zeitschriftenredakteuren brachte mir neue Aufträge ein. Dank Zen schien sich mein Verhältnis zu meiner Arbeit ein wenig zu entspannen. Die Aufträge setzten mich nicht mehr so unter Druck – ich lieferte pünktlich, empfand die Arbeit als erfüllend und wurde relativ gut dafür bezahlt. Die tägliche Meditation in meinem Zimmer war jetzt, wie wenn ich in ein sprudelndes Bad eintauchte, in dem sich all meine Sorgen auflösten.

Ich liebte Santa Fe. Es erinnerte mich an Oxford. Wie diese andere alte Stadt war es von höherem Land umgeben – den Sangre de Cristo Bergen im Osten, den Sandia und Jemez Bergen im Süden und Westen, deren Kammlinien ich von meinem neuesten Zuhause, einem Studio auf einem kleinen Hügel oberhalb des Stadtzentrums, im Blick hatte. Sie sahen wunderschön aus. Und Santa Fe selbst war ein altes, kulturelles Zentrum, genau wie Oxford, weitaus älter als die meisten amerikanischen Städte und mit einer lebendigen Kunst- und Literaturszene, die viel größer war, als man in einer Stadt dieser Größenordnung erwartet hätte. Und die Straßen waren von Bäumen beschattet.

7 Chinesisch: Wumen, 1183–1260

Auch andere Gegenden New Mexicos fühlten sich eigenartig vertraut an. Die mit Büschelgräsern bewachsenen Felder rund um Taos, gesäumt von Pappeln, die wie Ulmen aussahen, wirkten geradezu englisch, wobei jedoch irgendein erdrückendes Element der englischen Landschaft abwesend war. Zum ersten Mal seit vielen Jahren flammte meine alte Liebe für das Ländliche wieder auf.

Vielleicht würde meine Biographie einmal nichts weiter sein als eine Fußnote in einem größeren Projekt, sinnierte ich – ein Zuhause zu finden für diesen ernsten, fleißigen, neurasthenischen Juden. Generationen des Gebets und Textstudiums und des Debattierens über die Nuancen der Schriftauslegung hatten ihm seinen Feinschliff verpasst, er konnte einen unter den Tisch diskutieren, aber wo um alles in der Welt sollte man ihn hinstecken? Die verbannten Stämme, die New York, Hollywood, London, Paris, das Rheinland, Granada, Israel, die Elitehochschulen Neuenglands ausprobierten – sie versuchten sich auch in New Mexico, dieser weit entfernten Kolonie Neuspaniens. Kryptojuden lebten hier seit Generationen, Spanier, die keine Ahnung hatten, wieso sie jeden Dezember die Chanukka-Lichter anzündeten, und im Lauf des letzten Jahrhunderts waren Tausende jüdischer Künstler, Intellektuelle und sozial experimentierfreudige Suchende von der Ost- und Westküste dazugekommen. Wo sollte man bloß die Denker dieser Erde ansiedeln, die Prokrastinatoren und Grübler? (Und war es möglich, dass meine widerwilligen mystischen Neigungen nicht von meiner mütterlichen Ahnenlinie, wie ich immer gedacht hatte, sondern von den Vorfahren meines pragmatischen Vaters, den ekstatischen Chassidim, herrührten?)

Mit Andi zusammen erkundete ich die umliegenden Hügel, Wüsten, Berge. Wir hielten an wilden heißen Quellen, deckten uns in entlegenen Dorfläden mit Vorräten ein. New Mexico besaß noch Wildnis. Sobald man den Dunstkreis der wenigen größeren Städte hinter sich gelassen hatte, fühlte es sich abgeschieden an. Dann kehrten wir nach Santa Fe zurück, zu dem kleinen offenen Kivakamin in meiner Mietwohnung, harzig von Pinyonkiefer- und Zedernholzrauch.

Zen tat dem Schreiben gut. Es mochte das Konkrete. Es schätzte Details und Besonderheiten. Zen hatte eine eigene lange literarische Tradition, und ohne mir dessen bewusst zu sein, war ich in jungen Jahren davon inspiriert worden. Eines meiner Lieblingsbücher als Teenager war *Imagist Poetry*, ein Sammelband mit Texten einer Handvoll Londoner Dichter aus den 1910er Jahren, die ihrerseits von chinesischer Dichtung der Tang-Dynastie beeinflusst waren. Die Imagisten schätzten die Art und Weise, wie die alten Chinesen ihre Gedichte auf ganz konkreten Bildern aufbauten. Die Tang-Dynastie war das goldene Zeitalter des Zen gewesen, als sich Regierungsbeamte zum Meditieren in die Berge zurückzogen und sich mit Zen-Meistern in Klöstern oder in abgeschieden, auf Felsvorsprüngen gelegenen Einsiedeleien berieten. Es war eine erleuchtete Ära, wo die Aufnahmeprüfung für das Beamtentum beinhaltete, dass man eigene Gedichte verfasste. Wer Lyrik nicht drauf hatte, flog durch.

Gemeinsam mit meinen Lyrik-verliebten Freunden verschlang ich damals die Werke des jungen Ezra Pound, Richard Aldingtons, T. E. Hulmes, Hilda Doolittles – allesamt Imagisten, die ihrerseits die Werke von Li Po und Tu Fu geplündert hatten.

Erst jetzt zog ich die Verbindung zum Zen. Aufs Neue lehrte mich Zen das Schreiben: weniger Drumherum, mehr Konkretes.

Mehr noch, die Berge, Ebenen, Hügel, Cliffs und Tafelberge New Mexicos waren selbst Kunstwerke, die es nachzuahmen und zu erreichen galt. Sie wiesen den Weg. Auch dies entsprach den alten Zen-Dichtern, die danach getrachtet hatten, sich in der Landschaft zu verlieren, damit ihre Gedichte aus demselben schöpferischen Potenzial hervortraten, aus dem die Berge, Flüsse und Wolken – ja, alle Phänomene – hervortraten.

Zen-Mönche wurden *unsui* genannt, »Wolken-Wasser«. Sie schwebten zwischen den Bergen wie die Wolken, sie strömten wie Flüsse und Bäche dorthin, wo die Täler sie aufnahmen. So wollte ich auch sein: meditierend, wandernd, schreibend, und in gewisser Weise war ich das nun.

Ich fuhr mit Natalie zu einem »Achtsamkeitstag« in einem anderen Zen-Zentrum in den Hügeln am Rand der Stadt. Es war ein ruhiger, in einem abgeschiedenen Tal ganz für sich gelegener Platz mit einem Haus aus Adobeziegeln. Es gab kein regelmäßiges Programm, niemand lebte oder arbeitete hier, und Natalies kleine Gruppe mietete den Platz einmal im Monat für einen Tag.

Wir saßen in dem alten Lehm-Zendō auf einer Art Plattform, die *tan* genannt wurde, und praktizierten mit einer Mischung aus Sitzen, Schreiben und Gehen, letzteres draußen auf dem trockenen, warmen Erdboden zwischen Pinyons und Wacholder. Nach einem Mittagsimbiss hatten wir Zeit, jeder für sich in der Gegend umherzuwandern. Ich schlängelte mich zwischen Chamisa-Büschen hindurch in ein langes *arroyo,* ein sandiges, trockenes Flussbett unter hohen Kiefern. Kleine Canyons zweigten in die Hügel hinauf ab, mit Miniaturlandschaften aus Felsen und verkrümmten Wacholderbüschen. Hie und da brachen Zacken grobkörnigen roten Granits aus dem Untergrund hervor, an denen sich Bäume mit zähen Wurzeln festkrallten. Oben angelangt konnte ich das Zendō zwischen den Bäumen ausmachen, eine Halle aus erdfarbenem Adobe mit geschnitzten Balken, die vom Dach vorstanden. Es war ein magischer Ort, aber er wirkte verlassen, wie aufgegeben.

Dies war mein erster Blick auf das Mountain Cloud Zen Center.

Andi wurde als Sängerin und Keyboarderin für eine Studioproduktion in New York City gebucht. Santa Fe hatte uns zwar zusammengebracht, aber so lange die Miete moderat blieb, war es eigentlich egal, wo wir lebten. Das hier war Amerika, Mobilität in Sachen Arbeit war hier Normalzustand. Ich war ein reisender Schriftsteller, also ging ich mit.

Wir fanden eine kleine Mietwohnung an der East Thirteenth Street mit Blick die Straße hinunter, wo ich jeden Tag zum Klang von Kirchenglocken meditierte. Oft fühlte sich das Sitzen transparent an, so klar wie ein Bergsee. Ich begann mit dem Glockenschlag um Viertel nach der vollen Stunde, schlüpfte in den See und wurde mir erst wieder eine Viertelstunde später, zum nächsten Glockenschlag, meiner selbst bewusst, und dann wieder zum nächsten. Die Zeit verschwand, verschluckt von diesem See.

Tagsüber ging ich entweder zum Cooper Square Diner oder in die Public Library, um zu schreiben, nachts gesellte ich mich zu Andi ins Studio. Es war eine Zeit der Gnade: regelmäßige Einkünfte und eine Liebe, die der Persönlichkeit freie Entfaltung ließ. Auch das Verhältnis zu meinen Eltern war gut, wenn auch aus weiter Ferne. Arbeit und Liebe. Nach all den Mühen des Erwachsenwerdens hatte das Leben endlich einen langsameren Gang eingelegt.

> Und – hast du bekommen, was
> du haben wolltest von diesem Leben, trotz allem?

fragte Raymond Carver in »Spätes Fragment«.

> Ja, hab ich.
> Und was wolltest du?
> Sagen können, dass ich geliebt wurde, mich geliebt
> fühlen auf dieser Erde.

Ich traf einen alten Freund wieder, mit dem ich vor langer Zeit in Südamerika gewesen war und der jetzt als Architekt in Brooklyn arbeitete. Diese Freundschaft wiederaufleben zu lassen, an diesem neuen Ort, schien mir wie eine Bestätigung, dass ich den roten Faden meines Lebens wiederaufgenommen hatte.

Doch von der täglichen Meditation abgesehen, lagen die Eisen in der Schmiede des Lebens nach wie vor bereit. Was war denn nun mit Erleuchtung? Dabei ging es doch sicherlich nicht nur um blitzlichtartige Einsichten, oder darum, ein halbwegs geordnetes Leben auf die Reihe zu bekommen? Was also hatte es damit auf sich?

Kloster

Manchmal fuhr ich zu Andi hinauf, wenn sie in einem Aufnahmestudio in Woodstock in Upstate New York arbeitete. Wir mieteten ein Zimmer in einem mit Schindeln verkleideten Haus am Stadtrand. Es gehörte Disco Linda, einer warmherzigen Frau und Bäckerin am Ort, die nachts als DJ auflegte. Obwohl ich früh aufstand, war sie immer schon aus dem Haus und bei der Arbeit. Andi schlief im oberen Stockwerk aus, während ich mich mit einer Tasse Tee auf die Veranda setzte und auf die Straße schaute. Im frühen Morgenlicht, wenn sich die Wolken über den bewaldeten Hügeln oberhalb der Stadt stauten, glänzte der Asphalt wie ein silberner Fluss zwischen den Bäumen. Vielleicht sang ein Vogel, oder eine Windbö schüttelte eine Handvoll Tropfen von einem Ast. Ich trank meinen Tee in kleinen Schlucken und richtete mich zum Meditieren auf der Veranda ein.

Irgendwo in dem Frieden der Meditation regte sich ein Unwohlsein. Das Sitzen selbst war gut und tat wohl, aber es verlangte nach einem nächsten Schritt. Wie *lebte* man im Zen? Irgendwie ahnte ich, dass wir das schon taten. Aber irgendwie auch nicht.

Ein paar Meilen die Straße hinauf stieß ich auf ein Zen-Kloster. Es war ein großer, abweisender Gebäudekomplex, ehemals ein norwegisches Kirchenzentrum, das pleite gegangen und von einer Zen-Gemeinschaft übernommen worden war. Das Hauptgebäude war ein Koloss aus Stein und Holz mit einem riesigen, fast bis zum Boden reichenden Dach. Ringsum standen hohe Bäume, in denen den ganzen Tag der Wind rauschte.

Der Zen-Meister, in seinem früheren Leben Industriechemiker, hatte einen Anker auf den Arm tätowiert, ein Erbe aus seiner Zeit bei der Handelsmarine, und führte das Kloster wie ein Kriegsschiff. Die kahlköpfigen ranghohen Mönche schnauzten einen an, wenn man es auch nur wagte, sich im Zendō die Nase zu putzen. »Lass es laufen!«, knurrten sie den schniefenden Unglücksraben quer durch die Halle an.

Etwas in mir hatte nachgegeben. Wenn meine Beine schmerzten, saß ich einfach weiter, fest wie ein Fels. Rotzfäden hingen mir aus der Nase, irgendwann erreichten sie meine im Schoß gefalteten Hände, dann spürte ich ihre Kühle auf der Haut, und sie schwankten weniger hin und her. Tränen unbekannten Ursprungs liefen mir übers Gesicht, doch ich saß, gebannt, von nichts Bestimmtem außer der Tatsache des Sitzens inmitten einer Gruppe konzentrierter Meditierender. Ich zuckte mit keiner Wimper.

ICH NAHM AN EINEM EINFÜHRUNGSKURS im Kloster teil, um mich mit den Protokollen des Zen vertraut zu machen.

Der Zen-Meister war ein eigenwilliger und eindrucksvoller Charakter, eine Figur aus einer Welt der Ozeane und eingeweihten Meister, deren alles überragende Weisheit zu den wolkenverhüllten Bergen passte, in denen sie lebten. Er selbst bewohnte eine kleine, hinter Laubwerk verborgene Hütte und traf morgens noch vor Tagesanbruch in seinem Jeep vor dem Zendō ein. Man konnte ihn in seiner Robe aussteigen sehen, eine Zigarette zwischen den Lippen, er war Kettenraucher. In seinen komischen weißen Fußkleidern, weder Socken noch Schuhe, und seinen japanischen Gewändern hätte man meinen können, er wäre auf dem Weg zum Set für die Verfilmung von *The Mikado*, ging es mir bei diesem Anblick durch den Kopf.

Er ließ die Kippe zu Boden fallen, einen roten Stern, trat sie im Kies aus, ging mit einem senatorenhaften Schwung seines Gewands die steinernen Stufen hinauf und verschwand in der Eingangshalle. Ein Hauch von Tabak blieb in der morgendlichen Luft zurück. Es war vielleicht nicht Gilbert und Sullivan, aber unter meinem ätzenden, skeptischen Blick ging es zumindest als eindrucksvolles Theater durch.

Bevor ich zum ersten Mal zum *dokusan*, dem Einzelgespräch, ging, hatte der Mönch, der unsere kleine Gruppe von Anwärtern anleitete, gesagt: »Der Raum zwischen Schüler und Meister ist das Zentrum des Universums. Sei dir dessen bewusst, wenn du sprichst.«

Ich machte meine tiefen Verbeugungen, eine auf der Schwelle zu dem kleinen Gesprächsraum und eine direkt vor dem Lehrer. Nebenbei nahm ich in der schwachen Beleuchtung das Zimmer wahr: Tatami-Boden, Holzwände, alles auf einer Fläche so klein wie ein Besenschrank unter der Treppe. Dunkle Holzpaneelen hinter dem Meister. Eine Kerze auf einem niedrigen Altar, ein Rauchfaden, der von einem Räucherstäbchen aufstieg. Sein kahler Schädel glänzte wie Holz.

Als ich mich vor ihn hinsetzte, schien die Luft zwischen uns unter Hochspannung zu stehen. Ich wollte sagen, was am dringlichsten war, wo ich doch zum Zentrum des Universums sprach, aber ich wusste nicht genau, was es war.

Nach einer gespannten Stille rutschte es plötzlich völlig unerwartet aus mir heraus: »Danke«.

Es kam vom Grund meines Herzens.

Anstatt mir zu antworten, legt er die Hände aneinander und verneigte sich tief, so dass mir nur blieb, sein Glatze anzustarren, schimmernd wie poliertes Eichenholz.

Alles ging so schnell. Warum verbeugte er sich vor mir?

Als er sich wieder aufrichtete, blickten seine Augen sanft in meine, und er fragte mich, ob ich schon einmal einen Meister gehabt hätte.

Es hätte alles wie bei einem Uhrwerk ablaufen können. Der Suchende findet seinen Meister. Der Pfad ist klar. Der Meister stellt eine Frage, die den Schüler durchschneidet wie wenn ein heißes Messer durch Butter geht, und ihn öffnet. Doch in meinem Fall hatte die Butter zu lange im Kühlschrank gestanden. Sie hatte Unreinheiten. Das Messer blieb auf halbem Weg stecken. Die richtige Antwort kam nicht. Ob ich einen Meister gehabt hatte? Natürlich nicht. Aber ich verlor den Halt. Ich fing an zu denken.

»Also«, hob ich an. »Ich weiß nicht genau. Eine Freundin hat mich zum Zen gebracht. Ich habe ein Sesshin gemacht. Ein Zen-Meister hat es geleitet.«

Er wandte den Blick ab, sagte »Ah«, und klingelte mit seiner kleinen Handglocke, das Signal, dass das Gespräch beendet war. Ich verbeugte mich und zog mich zurück.

Ich kam wieder, diesmal für ein einwöchiges Sesshin im Kloster. Am ersten Morgen erwachte ich um vier Uhr in meinem Stockbett im Schlafsaal, als alle um mich herum aufstanden. Die erste Meditation begann um vier Uhr dreißig, aber man sollte bereits um vier Uhr fünfundzwanzig an seinem Platz sein. Ich hatte diese Regel auch schon in anderen Zendōs aufgeschnappt – stets fünf Minuten vorher da zu sein – und festgestellt, dass die meisten es damit nicht allzu genau nahmen.

Ich stellte mich im Badezimmer in die Schlange, um einen Platz am Waschbecken zu bekommen, wusch mir, als ich dran war, das Gesicht und putzte mir die Zähne, brachte meinen Waschbeutel in den Schlafsaal zurück, während im Flur ein paar der Männer Yogaübungen machten, kramte noch in meiner Tasche herum und begab mich dann nach unten.

Hinter dem Zendō gab es einen Flur, von dem aus zwei Eingänge hinein führten. Gerade als ich durch den einen die Halle betrat, bemerkte ich, dass drei Männer in Roben und weißen Socken durch den anderen hereinkamen. Genau als ich den ersten Schritt auf den alten Dielenboden der Halle setzten wollte, sprang ein Mönch auf, der drinnen direkt neben dem Eingang saß, fuhr zu mir herum und versperrte mir den Weg. Er war wie der Blitz auf den Füßen gewesen, verwies mich schweigend zurück nach draußen und bedeutete mir, mich auf ein Kissen auf dem Flur zu setzen.

Er war einer der Zendō-Aufseher, und ich tat wie mir geheißen. Dann schlüpfte er ins Zendō zurück, und ich blieb auf dem Flur sitzen.

Es hatte mich einiges an innerem Ringen gekostet, auf dieses Retreat zu gehen. Es war eine große Sache für mich. Ich war mitten in einem intensiven Schreibprozess, arbeitete wieder einmal an der alten Familiensaga und hatte eine Schicht Material an die Oberfläche befördert, der ich schon lang auf der Spur war. Nun lag es vor mir und glänzte wie echtes Gold in der Sonne. Ich hatte mir überlegt, ob das Gold wieder verschwinden würde, wenn ich nun das Schreiben durch das Retreat unterbrach. Andererseits wäre es auch möglich, dass das Retreat mir mehr Klarheit für den Schreibprozess bringen und ich vielleicht mit meinem Wunsch nach einem Zen-Lehrer irgendwie weiterkommen würde. Das Ganze hatte eine quälende Unentschlossenheit in mir ausgelöst. Schließlich hatte ich mich doch zur Teilnahme durchgerungen, und jetzt hatte man mich am allerersten Tag aus dem Zendō verwiesen und ich verpasste den Anfang.

Allerdings hatte die erste Meditationseinheit noch gar nicht begonnen. Die Glocke war noch nicht ertönt. Hatte dieser Mönch, der die Zendō-Aufsicht hatte, einen Fehler gemacht? Oder gab es eine Regel, wonach man nicht gleichzeitig mit der Truppe in weißen Socken die Halle betreten durfte? Vielleicht durfte ich ja jetzt hineingehen, nachdem die drin waren? Der mir zugewiesene Platz im Zendō war nicht weit von der Tür, und ich wusste, dass der Abt in Kürze ein morgendliches Ritual durchführen würde, bei dem er durch die Halle paradierte und dabei jeden Meditierenden grüßte. Wir sollten die Hände in Gebetshaltung heben, wenn er an uns vorbeiging. Ich wollte dabei sein.

Ich beschloss, mich in den Eingang zu stellen und zu schauen, was dann passierte. Der eifrige Mönch schien nichts dagegen zu haben. Nur ein oder zwei Schritte, und ich wäre an meinem Platz. Wie schlimm konnte es werden? Ich probierte es.

Aber erneut verwehrte mir der Mönch den Zutritt, kaum dass ich einen Fuß in den Saal gesetzt hatte: Sein Arm fuhr vor mir in die Höhe, im nächsten Moment war er selbst geräuschlos auf den Beinen und bedeutete mir, wieder draußen Platz zu nehmen.

Es schmerzte, als wäre ich wieder ein kleines Kind, das aus dem Klassenzimmer verbannt wird. Obwohl ich gemischte Gefühle hatte, was dieses Retreat mit Siebzehn-Stunden-Tagen Meditation anging, wollte ich, nun, da ich hier war, nicht ausgeschlossen werden. Und ich würde hier im Flur sowieso still sitzen müssen. Ich hörte das Klingeln, das die erste Meditationseinheit eröffnete, dann das sanfte Rascheln seiner Robe und das leise Ächzen der Dielen unter seinen Schritten, als er durch die Halle wanderte. Ich litt unter der Vorstellung, dass er dabei an einem leeren Platz vorbeikam, nämlich meinem.

Als die erste Einheit vorbei war, sprang ich auf, denn sicherlich würde man mir jetzt erlauben, hineinzugehen. Aber nein. Ich musste für den gesamten ersten Block draußen bleiben, geschlagene zwei Stunden lang.

Später erfuhr ich, was mein Vergehen gewesen war. Man musste sitzen, bevor die Jungs in den weißen Socken ihren Fuß ins Zendō setzten. Das war die Regel. Danach ging das Fallgitter runter und man durfte die Halle erst wieder zum nächsten Block, nach dem Frühstück, betreten.

Allerdings war die Behandlung hier verglichen mit traditionellen japanischen Klöstern noch nachsichtig. Dort nämlich durften die Novizen tagelang nicht einmal das Klostergelände betreten. Sie mussten ihre Entschlossenheit unter Beweis stellen, indem sie so lange nicht von ihrem Platz am Eingangstor wichen, wie es den älteren Mönchen gefiel. Durften sie dann endlich das Areal betreten, so folgten die üblichen körperlichen und verbalen Misshandlungen. Erst danach durften sie überhaupt in die Nähe des Zendō. Das alles sollte helfen, ihren Stolz und ihren Eigensinn zu brechen. Bei mir hatte schon dieses winzige, letztlich harmlose »Anschmecken« dieser Prozedur einen Sturm der Empörung, Kränkung, Scham und des Stolzes ausgelöst. Keine Frage, es gab zu tun.

Die Sitzeinheiten dauerten jeweils fünfunddreissig Minuten, dann folgten fünf Minuten Gehmeditation. Ein Block bestand üblicherweise aus drei Einheiten. Während der Gehmeditation kam man auch immer wieder an Einzelnen vorbei, die sitzen blieben und heroisch eine Runde nahtlos mit der nächsten verbanden.

Mir taten schon nach einer Sitzeinheit die Beine weh, manchmal tobten sie regelrecht oder waren ganz eingeschlafen. Ich konnte mir nicht vorstellen, wie irgendjemand solche Sitzmarathons bewältigte. Doch mit der Zeit und der Erfahrung mehrerer Retreats war auch ich irgendwann in der Lage, ab und zu solche langen Einheiten durchzusitzen.

Bei der morgendlichen Mitarbeit im Kloster bekam jeder eine Aufgabe zugeteilt. Das konnte die Mithilfe bei der Essenszubereitung in der Küche sein oder das Rechen draußen im Garten. Einmal war ich einer Gruppe zugeteilt, die Felsbrocken in einem Flussbett, das steil bergab durchs Klostergelände verlief, zu verteilen hatte. Dadurch sollte der Erosion des Betts Einhalt geboten werden. Ein andermal musste ich Dosentomaten für die mittägliche Pastasoße mit den Fingern zermusen, wie es der Koch ausdrückte.

Einmal lautete mein Auftrag, »Erde säubern«. Anschließend sollte ich sie auf den Mulden im Gras verteilen. Das Ziel war, den Boden einzuebnen, und die Mönche säten dann Gras auf diesen frischen Erdflecken, damit der Rasen wieder gleichmäßig und eben wurde.

Die Erde, die ich mir dabei vorzunehmen hatte, sah übel aus: grobe Klumpen voller Steine, Rindenstücke, Pflanzenstängel, Holzspäne. Der Mönch, der mich anwies, sagte, ich solle es »saubermachen«. Nachdem ich mir überlegt hatte, wie ich es angehen könne, ließ ich mir das Ganze schließlich immer wieder durch die Finger rieseln, sortierte dabei alles aus, was nicht Erde war und sammelte es in einem separaten Eimer. Die verbliebenen Klumpen zerbröselte ich zwischen den Fingern, bis alles fein, braun und gleichmäßig war. Am Ende sah es tatsächlich »sauber« aus. Ich fuhr die Erde schubkarrenweise zum Rasen und verbrachte weitere Arbeitsstunden damit, sie in die Senken und Mulden zu schaufeln und platt zu stampfen, damit es am Ende so eben wie möglich war. Es sah gut aus: Flecken gleichmäßiger brauner Erde ebneten die Rasenfläche ein. Es erinnerte mich an die Camouflage, die ich als Junge auf meine Modellbauflugzeuge Typ Zweiter Weltkrieg gemalt hatte.

Offenbar bemerkte der Meister meine gute Arbeit mit dem Dreck. Jedenfalls nahmen mich gleich zwei Mönche unabhängig voneinander beiseite und erklärten mir mit einem bedeutsamen Blick: »Deine gute

Arbeit am Rasen ist nicht unbemerkt geblieben.« Ich vermutete, dass dies die verschlüsselte Formulierung für ein Lob des Meisters höchstpersönlich sein müsse. Wer sonst verdiente solch bedeutungsschwere Blicke?

Eines Nachts passierte etwas Seltsames.

Ich hatte eine Phase, in der mir das Sitzen auf einmal übernatürlich leicht fiel. Mein Kopf war still, der Atem seidig und so fein, dass er kaum noch wahrnehmbar war. Hätte ich mich gefragt, wer da atmete, ich hätte es nicht beantworten können. *Warum aufhören?,* sagte ich mir. Ich war in vollkommenem Frieden, mein Kopf klar, mein Herz frei, ohne jede Spur von Schläfrigkeit. Und so blieb ich sitzen, als sich das Zendō um zehn Uhr abends leerte.

Eine Kerze brannte noch am Altar. Vielleicht saß noch ein anderer Mönch irgendwo vorne, weit weg von meinem Platz an der Rückwand.

Ich betrat wieder diesen Raum seidigen Wohlgefühls. Ich saß und saß. Meine Wahrnehmung der Umgebung verblasste, bis nichts mehr da zu sein schien als Stille. Die Zeit löste sich auf.

Ich hatte keine Ahnung, wie lange ich bereits da saß, als etwas Unheimliches passierte. Totenköpfe flogen auf einmal in einer langen Reihe durch das Zendō. Sie schienen nichts von mir zu wollen, aber es war trotzdem gespenstisch. Ich beobachtete und wartete ab, und sie verschwanden wieder. Das Sitzen wurde wieder warm, tief, geschmeidig. Dann, irgendwann mitten in der Nacht, kamen die Totenköpfe wieder.

Da ich mich ein wenig zittrig fühlte, beschloss ich, sie sich selbst zu überlassen, und ging nach oben in meine Koje. Ich schlief vielleicht eine Stunde bis zum Wecken. Diesmal war ich als einer der ersten vor dem Morgengrauen an meinem Platz.

Obwohl ich das Kloster regelmässig besuchte, konnte ich einen Schritt nicht tun, nämlich formell beizutreten und Novize zu werden.

Inzwischen hatte ich ein paar Mal Dokusan beim Meister gehabt. Es dauerte nie lange, normalerweise nur ein oder zwei Minuten. Er schaute dann mit seinen Rehaugen aus dem Dunst der Zen-Historie zu mir herüber, und sein brauner Schädel glänzte dunkel im Kerzenschein, während ich nach den passenden Worten angelte, um mich zu erklären.

Einmal während einer lockeren Unterhaltung draußen an einem Picknicktisch unter den großen Bäumen, rutschte mir eine Bemerkung über die »Erfahrung« heraus, die ich oben in den Bergen New Mexicos gemacht hatte. Ich erklärte nervös, dass ich damals erfahren hatte, dass ich nicht existierte, und nicht wisse, was ich nun damit anfangen solle.

»Erzähl mir mehr darüber«, sagte er.

Ich beschrieb es.

»Glückwunsch«, sagte er. »Du solltest dich freuen. Du hast eine wichtige Erkenntnis erlangt.«

Es erleichterte mich, dass er das bestätigte. Also war es echt, war es irgendwie wahr gewesen, was ich damals gefühlt hatte.

»Aber ich weiß nicht, was ich nun als nächstes tun soll«, sagte ich.

Er schaute mich an.

»Was soll ich als nächstes tun?«, fragte ich fast flehentlich.

»Vielleicht eine monastische Auszeit?«, sagte er.

Mit anderen Worten also, hier einzuziehen. Gäste wie ich schliefen im Schlafsaal des Hauptgebäudes. Bewohner teilten sich mehrere Hütten unter den Bäumen.

Die Praxis war gut. Der Abt war eloquent und inspirierend in seinen Vorträgen, er hatte einen sanften, tiefen Blick, der irgendwie nicht so ganz zu der eisernen Hand passte, mit der er das Kloster führte. Aber könnte ich hier wohnen und leben? Ich hatte eine Freundin, ich hatte Arbeit, ich hatte ein Leben. Und selbst wenn ich all das nicht gehabt hätte, würde ich hier leben wollen? Er leitete diesen Ort wie ein Internatsdirektor, als Junge hatte ich so eine Einrichtung einmal kurz miterlebt. Man spürte die Macht wie eine bleierne Decke über allen hängen. Die scharfen Aufseher, die das Recht hatten, knurrend Anordnungen zu erteilen, starrten einen aus eisigen, distanzierten Augen an, während sie einem vorhielten, was man falsch gemacht hatte. Es war keine Sekte – man konnte problemlos ein und aus gehen –, trotzdem regierte eine Unterwürfigkeit und Ohnmacht unter den fest hier lebenden Praktizierenden.

Aber vielleicht war das ja notwendig beim Zen, oder bei egal welchem spirituellen Training.

Ich hörte eine Anekdote, wie das Personal einmal an einem freien Abend diskutiert hatte, welchen Film man auf Video anschauen wollte. »*Absolute Power*?«, hatte einer sarkastisch eingeworfen, woraufhin die anderen in betretenem Schweigen den Blick abwandten.

Und alle rauchten. Huschten in der Pause so schnell wie möglich nach draußen, um sich eine anzustecken. Es störte mich nicht – hin und wieder rauchte ich auch eine Zigarette – aber ich konnte mir die Frage nicht verkneifen, ob sie rauchten, weil *er* rauchte.

ALS ANDI EINMAL AUF TOUR war, blieb ich länger als eine Woche und bekam für diese Zeit Bewohnerstatus. Das bedeutete ein Bett an einer harten Sperrholzwand in einer der Hütten im Wald. Auf der anderen Seite der Wand teilten sich zwei ältere Schüler ein Zimmer. Sie waren ein Paar und lange genug dabei, um das Privileg zu genießen, zusammen schlafen zu dürfen. Nachdem das Licht ausgeschaltet wurde, hörten wir, wie das Kopfende ihres Betts rhythmisch gegen die Holzwand schlug, dann ein leises Stöhnen, das an Tonhöhe zunahm, bis es einen Höhepunkt erreichte; schließlich erstarb das rhythmische Geräusch des Holzes, und mit einem letzten Knarren und einem Seufzer wurde es still in der Hütte.

Hey, das hier war Zen. Alles entspannt, oder?

Aber sich anhören zu müssen, wie die hierarchisch weiter oben stehenden Mönche eine Nummer schoben, fühlte sich uns Jüngeren gegenüber, die wir im Dunkeln auf unseren Holzkojen wach lagen, irgendwie ungehörig an. Und waren sie nicht Mönche? Aber im Zen müssen Mönche nicht zölibatär leben.

Ich wollte die Schulung, ich bewunderte den Abt, aber hier einzuziehen kam nicht in Frage. Und ganz abgesehen davon, wie ich darüber dachte, hatte ich nach wie vor mein Leben. Vielleicht hatte ich auch meinen Stolz, meine Selbstverliebtheit, meine Furcht, Bestürzung, Wut – eine Reihe von Sachen, die eines Tages abgearbeitet werden müssten. Aber, wie auch immer, hier einzuziehen war definitiv keine Option.

Inzwischen war ich mit Arbeit überbucht, und Andi ging es genauso. Nachdem wir jahrelang um Aufträge hatten kämpfen müssen, schien dies zunächst kein Problem zu sein. Doch meine Verpflichtungen beinhalteten allesamt, dass ich herumreiste, und allmählich war ich so viel unterwegs, dass ich mich unserer kleinen Wohnung in New York kaum noch verbunden fühlte. Auch Andi war oft für Studioaufnahmen weg oder für Auftritte in Clubs unterwegs. Wir lebten uns schleichend auseinander.

Das traf mich. Wir waren immer so eng gewesen und stets fähig, frei miteinander zu kommunizieren.

Und das mit dem Zen war auch nach wie vor ein Problem. Was sollte ich als nächstes tun? Wenn das, was ich in New Mexico erlebt hatte, die Wahrheit war – dass in meiner Mitte ein Loch klaffte, dass es gar kein Ich gab – ja, wie um alles in der Welt machte man denn dann weiter?

Vielleicht waren Ehrgeiz und harte Arbeit eine Möglichkeit, diese bizarre Erkenntnis wieder zu verdrängen. Wenn ich nur beschäftigt genug war, weltlich genug, vielleicht könnte ich dann all das wieder vergessen.

Obwohl ich mit dem Sitzen fortfuhr, verlegte ich mich parallel dazu auf den Versuch eines Gegenmittels zum Zen. Ich vertiefte mich immer mehr in die Arbeit. Ich verschlang meine Arbeit samt allem, was sie mir an Annehmlichkeiten eintrug. Dieses gähnende Loch – wenn man es von der verkehrten Seite aus betrachtete, war es ein Rachen, der danach lechzte, mit Ablenkung vollgestopft zu werden.

TIEF IN MIR HEGTE ICH immer noch die Vorstellung, dass der Zweck allen Handelns darin bestand, etwas so lange zu tun, bis man es nicht mehr brauchte. Vielleicht war es die frühe Prägung durch die Scheidung meiner Eltern, oder die fehlgeleitete Sehnsucht, meinen Vater und meine Stiefmutter auseinanderzubringen, um unsere Familie wieder herzustellen. Ein Teil von mir verstand eine Beziehung immer noch als ein Training mit dem Ziel, diese Beziehung irgendwann nicht mehr zu brauchen. Irgendwo in dem Strudel aus Arbeit und Reisen trennten Andi und ich uns.

In der Folgezeit wachte ich oft mitten in der Nacht auf. Dann rauchte ich eine Zigarette nach der anderen, am Fenster irgendeines Hotels, in dem ich gerade abgestiegen war, in irgendeiner Stadt oder einem Kaff im Hinterland, das ich gerade für einen Artikel im Rahmen meines Kästchenhüpfens durch Lateinamerika bereiste. In meiner Brieftasche sammelten sich die Flug-Coupons, und mein Bankkonto war üppiger gefüllt denn je, während ich Absätze, Abendessen und Ausschweifungen verschlang wie ein gefräßiger Seelöwe, der verzweifelt und sehnsüchtig nach dem einen Leckerbissen sucht. Ich hatte eine immer wieder auf-flackernde Liebesaffäre mit Alkohol und konnte mitten in der Nacht betrunken sein. Es gab einen Hauch von Hypomanie in mir, vor allem, wenn ich gerade mitten in einem Schreibprojekt steckte, was praktisch ständig der Fall war.

Aber dasselbe machte ich mit Zen. Ich dachte, es ginge darum, sich davon gar kochen zu lassen, damit man es nicht mehr brauchte. Der Plan war, es zu »machen«, es zu »kriegen« und dann abzulegen. Das Wartungsmodell hingegen wollte mir einfach nicht in den Kopf: dass man Dinge um ihrer selbst willen tat. Vielleicht rührte dieser blinde Fleck vom Bücherschreiben her, wo man sich in ein Projekt stürzte, bis man es glücklich zu Ende gebracht hatte, nur um dann mit dem nächsten anzufangen. Oder von der Neurodermitis, dem Juckreiz und den offenen Wunden – es irgendwie hinter sich zu lassen, damit abgeschlossen zu haben.

Ich wollte das Ergebnis, nicht den Prozess. Lag das nur an mir, oder tendierte der spirituelle Weg des Westens mit seiner Betonung auf Erlösung dazu, Ergebnisse zu favorisieren? Das Jüngste Gericht, das Ende aller Tage: Eines Tages wird alles aufgerechnet werden, jede noch so kleine Tat, jeder winzige Akt. Aber was, wenn der Tag, an dem die Dinge aufgerechnet werden, nicht mehr weit weg war, sondern jetzt, hier, und das Einzige, was wir dann als Ergebnis vorweisen konnten, war das, was wir jetzt gerade vor uns sahen? Das war das Ergebnis. Vielleicht gab es in gewisser Weise gar keine Ergebnisse, vielleicht tat dieses ganze Universum einfach nur das, was es eben tat. Es hatte kein Interesse an Ergebnissen, sondern nur am Prozess.

Die Liebe lag in Trümmern. Ich erinnere mich, wie ich an einem Strand auf der kleinen, kaum besuchten Insel Providencia vor der Küste Kolumbiens saß. Ich schrieb gerade eine Geschichte über Meeresschnecken-Taucher. Ein Fischer hatte mir für ein paar Dollar eine Tüte Kokain verkauft, die, wie er sagte, am Strand angeschwemmt worden sei. Ich wusste nicht, wie viel es war, vielleicht fünf oder zehn Gramm, aber es sei rein, sagte er, *perfectamente pura*. Eine Frau aus New York war bei mir, Autorin, Fernsehproduzentin, Gelegenheitsschauspielerin, eine kultivierte Frau.

Warum war sie bereit, mit mir hier ihre Zeit zu verbringen? Weil ich Geld hatte, im Impressum eines Hochglanzmagazins stand, Single war. Weil die Insel exotisch war und eine Kurzreise dorthin nach Abenteuer klang. Warum hatte ich sie gefragt? Weil wir einander attraktiv gefunden hatten und ich nicht mehr mit der Frau zusammen war, die ich liebte. Und weil Sex eine der Aktivitäten war, die temporär das gähnende Loch in der Mitte besänftigen konnte.

Wir zogen uns abwechselnd das Pulver von der Rückseite einer CD rein, tranken eisgekühltes kolumbianisches Bier, auf dem Tautropfen standen, während die Sonne ihre glitzernde Spur auf das Meer warf. Es hätte ein weiterer magischer Moment an einem Strand sein können. Aber ich war für nichts Magisches erreichbar. Ich hatte es versucht, dachte ich, mit Liebe, mit Therapie, mit Schreiben, mit Zen, und worauf war alles hinausgelaufen? Hier saß ich im sprichwörtlichen Paradies und war verloren.

ALS ICH WIEDER IN DER Stadt war, fing ich an, die Freitagabend-Workshops von Albert Ellis zu besuchen, einem bekannten Psychologen. Er zerriss die Freudsche Analyse und vertrat einen eigenen Ansatz, die Rational-Emotive Verhaltenstherapie, in die auch die Philosophie der Stoiker Eingang gefunden hatte. Mit der Zeit entwickelte sich daraus die Kognitive Verhaltenstherapie.

An diesen Freitagabenden in seinem Institut bat er ahnungslose Freiwillige auf eine kleine Bühne und fing an, ihre impliziten Glaubenssysteme bloßzulegen und lächerlich zu machen. Am Ende fühlten sich seine Opfer keineswegs gedemütigt, sondern verließen die Bühne in dem Gefühl, unterstützt und von der Tyrannei ihres selbstgemachten Elends befreit worden zu sein.

Er war auch ein Pionier bezahlbarer Therapieangebote und bot günstige halbstündige Sitzungen an, in denen er seine genialen, von Epiktet und Mark Aurel abgekupferten Methoden durchpowerte, die dazu angetan waren, die verborgenen Glaubenssätze an der Wurzel emotionaler Störungen aufzuspüren. Ich entdeckte, dass er einige der Begriffe geprägt hatte, die Harvey mir beigebracht hatte, etwa »katastrophieren« und »*must-urbating*«. Ganz offensichtlich kämpfte ich nach wie vor mit diesen geistigen Dämonen, und so absolvierte ich dazu einige Sitzungen mit ihm. Wie sich herausstellte, war es genau das Richtige, es setzte die i-Tüpfelchen auf die Arbeit, die ich mit Harvey begonnen hatte, und gab mir Werkzeuge an die Hand, die mir in den folgenden Jahrzehnten halfen, mit meiner fehlgeleiteten Psyche umzugehen.

All dies liess einen Sonnenstrahl von Heilsein zu mir durchdringen. Was das Zen anging, erkannte ich, dass die Heilung homöopathisch sein musste. Gleiches musste Gleiches kurieren. Ich brauchte mehr Zen, nicht weniger. Und ich brauchte einen Lehrer.

Lehrer, Lehrer

Ein Freund nahm mich zum Vortrag eines tibetischen Lamas mit. Der saß auf einem mit Kissen gepolsterten Thron und arbeitete sich vorsichtig durch einen kryptischen Text, indem er mit dem Unterarm, der nackt aus seinen weinroten Roben hervorschaute, Abschnitt für Abschnitt des Pergaments glattstrich. Eine langbeinige Blondine neben ihm übersetzte seine Auslegungen der alten Schrift. Hin und wieder unterbrach er, und die beiden tauschten sich leise aus und lächelten sich flüchtig zu, wobei sie ihr hübsches Gesicht in seine Richtung neigte.

Im Verlauf seiner Exegese hielt er einmal inne, um uns klarzumachen, was für eine seltene und besondere Lehre uns gerade zuteil wurde, von der Art nämlich, dass, sollten wir sie in Frage stellen und skeptisch betrachten, uns dies nicht gut bekommen werde. Ich fragte mich gerade, was er damit wohl meinte, als er das Geheimnis auch schon lüftete: So tief sei diese Lehre, dass jeder Nicht-Buddhist, der sie hörte und nicht auf der Stelle »Zuflucht nahm« und selbst Buddhist wurde, eine »schlechte Wiedergeburt« riskiere.

Anders gesagt: Dadurch, dass wir an diesem Nachmittag in diesem Raum gelandet waren, hatten wir uns unversehens in eine höchst prekäre

Lage gebracht. Entweder wir glaubten die Lehre und wurden sofort Schüler des Meisters, oder wir liefen Gefahr, als Regenwurm wiedergeboren zu werden; womit wir auf einen Schlag den Rest unseres Lebens komplett entwerten und uns zu einer unkalkulierbaren Anzahl weiterer Wiedergeburten verurteilen würden, nur um am Ende das Level wiederzuerlangen, das wir jetzt gerade schon besaßen und das es uns glücklicherweise erlaubte, genau diese Lehre zu hören.

Ein brillanter Ringschluss. Tatsächlich erinnerte er mich sehr an die Kleriker meiner Jugendzeit, die uns gesagt hatten, wir müssten ihnen glauben, sonst würden wir auf ewig in der Hölle schmoren. Im Vergleich dazu erschien mir Zen als eine Wiese der Vernunft.

Ich versuchte es mit einem Sesshin bei der Zen Studies Society, einem altehrwürdigen Zentrum in New York, an dem D. T. Suzuki unterrichtet und J. D. Salinger und andere New Yorker Geistesgrößen dazu inspiriert hatte, diese Praxis auszuprobieren. (Salinger hatte seinen *Neun Erzählungen* ein Zen-Kōan als Motto vorangestellt.)

Im New Yorker Zentrum waren die geschäftigen *Manhattanites* in einem langen, mit Wandschränken ausgestatten Flur damit zugange, sich aus ihren Business-Outfits zu schälen und in japanische Mönchsroben zu schlüpfen, dann watschelten sie in Strohsandalen zum Eingang des Zendōs, nur um diese dort wieder abzustreifen.

Es war alles ein wenig seltsam. Beim Chanten im Zendō wiegten sich zum Beispiel alle im Einklang hin und her, die Rezitation nahm ein immer aberwitzigeres Tempo auf, bis sich am Ende alle die Lunge herausschrien. Dann bimmelte eine Glocke, alle verstummten und eine sprudelnde Stille erfüllte den Raum.

Sie waren richtig gut darin. Sie hatten viel zusammen praktiziert. Man spürte ein zufriedenes Glimmen im Raum.

Die Dauer der Sitzperioden war unvorhersehbar. Der Lehrer mochte es nicht, auf eine bestimmte Zeiteinheit festgelegt zu sein. Wenn er das Gefühl hatte, dass die Meditation sich vertiefte, ließ er eine Sitzeinheit einfach endlos fortdauern. Was ja ganz prima für all jene war, die auch fanden, dass es gerade echt tief war; aber wer gerade eine eher flache, schwierige Phase erlebte, war arm dran. Die gängige Rettungsleine nach dem Motto *Es dauert nur eine halbe Stunde, so schlimm kann es schon nicht werden* war damit außer Reichweite. Man hatte keine Ahnung, wie lange man hier festsaß.

Als das erste Mal Dokusan angekündigt wurde, packten alle ihre Kissen, sprangen auf die Füße und rasten um die Wette den Gang hinunter wie Kinder, die eine Süßigkeit ergattern wollten.

Ich saß in einem an das Zendō angrenzenden Raum. Als das zweite Mal Dokusan angekündigt wurde, dachte ich mir, na, wieso nicht? Ich nahm mein Kissen und schlüpfte zur Tür hinaus auf den Flur in der Erwartung, dort bereits eine Schar begieriger Schüler auf dem Weg zur Warteschlange für die Einzelgespräche zu sehen, stellte jedoch überrascht fest, dass niemand im Flur war. Rasch ging ich den Gang hinunter und traf an dessen Ende gerade noch rechtzeitig auf den Ansturm aus dem Zendō, um einen Platz relativ weit vorn zu bekommen.

Als ich dem Meister, einem kleinen, stämmigen Japaner namens Eido Shimano Rōshi, gegenübertrat, forderte er mich auf, einfach noch ein wenig zu sitzen, bis wir »anfangen« konnten. Ich wusste nicht, was er meinte, ging aber brav zum Zendō zurück, um zu tun wie er mir geheißen hatte.

In der nächsten Pause nahm mich ein großgewachsener, hagerer, krähenartiger Typ in wallender Robe beiseite und tadelte mich dafür, dass ich mich vorgedrängt hatte. Ich hätte nicht den Flur draußen benutzen dürfen, sondern durch das Zendō gehen sollen. Dadurch hätte ich mir nicht diesen Vorteil in der Dokusan-Schlange verschafft. Ganz offensichtlich war dies mit ein Grund, weshalb Neuankömmlinge wie ich ganz hinten im Annex platziert wurden. Der Flur war für alle anderen Zwecke, aber nicht für Dokusan zu benutzen.

Oje.

Beim informellen Mittagessen am Ende des Retreats saß der alte Patriarch in Robe mit gekreuzten Beinen am Ende einer niedrigen Tafel, umgeben von seinen Günstlingen, während zwei attraktive junge Frauen, die aussahen wie Models oder Schauspielerinnen, um ihn herumscharwenzelten und ihm jeden Wunsch von den Augen ablasen.

Er war ein molliger, alter Mann mit einem harten Glitzern in den Augen. Die beiden jungen Frauen waren Schülerinnen von ihm, sie hatten an dem Retreat teilgenommen und jetzt beugten sie sich ständig zu ihm hinüber, um ihn mit Tellern und Schüsseln zu bedienen. Niemand schien das befremdlich zu finden, aber ich meinte eine unbehagliche Atmosphäre im Raum zu spüren.

Währenddessen eilte seine japanische Frau durch die Gegend und kommandierte Leute herum, mich eingeschlossen, erteilte uns Aufträge oder schimpfte, weil wir etwas nicht gut genug gemacht hatten.

Die Leute hier wirkten eingeschüchtert, als hätten sie ein Geheimnis zu verbergen oder würden hinter einem Ideal zurückbleiben, das sie eigentlich erreichen sollten. Es war schwer, den Finger darauf zu legen, aber irgendetwas Bedrückendes lag in der Luft.

Als ich versuchte, mit einer der beiden hübschen jungen Frauen ein Gespräch anzufangen, blickte sie kurz zu ihrem Meister hinüber und wandte dann den Blick ab. Offenbar zögerte sie, mit mir zu reden, was mich wunderte, denn während des Retreats hatte sie mir, wenn wir uns auf dem Flur begegneten, oder bei den Essenszeiten quer durch den Raum, unmissverständliche, ermutigende Blicke zugeworfen. Ich hatte schon angefangen, mir Sachen auszumalen. Wie cool wäre das, eine Freundin zu haben, die Zen machte. Wir könnten uns gegenseitig in unserer Praxis bestärken und gemeinsam Retreats besuchen. Und meine Fantasie schien ja nicht ganz unbegründet zu sein. Einmal, als wir auf dem Flur aneinander vorbeigingen, hatte sie mir ein kleines, aber eindeutiges Lächeln geschenkt.

Aber jetzt, während des Abschlussessens, wandte sie sich rasch ab, ignorierte mich und kehrte zu ihren Geisha-Pflichten zurück. Genau in dem Moment sah ich, wie der alte Meister uns von seinem Platz am Tisch aus beobachtete.

Nach dieser Niederlage setzte ich mich mit meinem vollen Essteller auf ein Sofa und versuchte, mit dem älteren Mann neben mir eine harmlose Unterhaltung zu beginnen. Er trug ein komisches kleines Beret mit vier Ecken.

Ich fragte ihn, ob er schon viele Sesshins mitgemacht habe, oder ob das sein erster war. Seine Antwort bestand darin, mich empört zu mustern, aufzustehen und wegzugehen.

Als das Mittagessen zu Ende ging, sah ich, dass der alte Meister sich genauso einen Hut aufzog. War das eine Art Insignie eines Amtes? War der Mann neben mir ein Co-Lehrer gewesen, Veteran tausender Retreats, und viel zu erleuchtet, um mit einem Neuling wie mir zu sprechen, einem, der auch noch zu benebelt war, um seinen Erleuchtungsstatus zu erkennen? Ich habe es nie erfahren.

Aber über den Meister las ich dann später doch noch in der *New York Times*. In einem Enthüllungsartikel wurde über seine lange Geschichte angeblichen sexuellen Missbrauchs von weiblichen Schülerinnen berichtet. Manche meinten, er gehöre ins Gefängnis. Er pflegte bestimmten, verdienten Schülerinnen »besondere Unterweisungen« anzubieten, lud sie dazu in seine privaten Gemächer und zwang sich ihnen dort auf.

Sex hatte schon meine Herkunftsfamilie zerstört. Dad sagte immer: »Du musste dein Sexleben *organisieren*, Boychick.« Aber er hatte seins in einer Art und Weise organisiert, die in der weiteren Verwandtschaft zu Unordnung und in der engeren Familie zu Leid geführt hatte.

In der Zen-Welt hieß es von mancher Seite, dieser Skandal in New York sei kompliziert. Die Lehren des Meisters seien bemerkenswert, und mit den weniger wünschenswerten Aspekten müsse man sich eben abfinden. Aber wenn man dem Buch *The Zen Predator of the Upper East Side* glaubte, dann war der Meister schlicht ein sexbesessener Serientäter.

Zen konnte ganz schön hart sein. Manche alten Meister ließen ihre Mönche im Sommer die ganze Nacht hindurch nackt auf einem Stein sitzen, wo sie sich ohne zu zucken den Stechmücken aussetzen mussten. »*Mind over matter*« lautete das Motto, wie in der Fernsehserie *Kung Fu*. Trotzdem fand ich es nicht richtig, dass man sich durch Barrikaden von Fehlverhalten kämpfen musste, um auf authentische Lehren zu stoßen.

ALS MICH MEINE ARBEIT NACH Europa führte, nahm ich mir ein paar Tage frei, um die friedvollen, sanften Lehren des hochverehrten vietnamesischen Zen-Meisters Thich Nhat Hanh vor Ort kennenzulernen. Seine Operationsbasis war Plum Village in der Weingegend des Bordeaux in Frankreich.

Hier erklang auf dem gesamten Gelände alle Viertelstunde ein elektronischer Glockenschlag, und dann erstarrten alle für einige Augenblicke. Man sollte dann das Gesicht in einem feinen Lächeln einfrieren und sanft atmen, solange die Glocken ertönten. Es half angeblich, um achtsam zu bleiben, sich bewusst zu machen, was man gerade tat.

Mir fiel unweigerlich eine Episode aus *Doctor Who* ein, die ich als Kind gesehen hatte, und in der die Mitglieder einer Sekte genau dasselbe taten. Sie waren konditioniert wie Pavlovs Hund und blieben beim Klang einer

Glocke still stehen, um die Befehle ihres großen Führers zu erwarten.

Den Ort hingegen mochte ich. Es war ein weitläufiges, Dutzende von Hektar umfassendes Gelände. Es gab ein Dorf für die Männer, eines für die Frauen und ein Familiendorf. Thay (»Lehrer«), wie alle ihn nannten, war manchmal vor Ort und wohnte dann in einer bescheidenen Holzhütte in einem kleinen Tal inmitten von Obstbäumen.

Ich erwischte eine stille Jahreszeit dort, in der keine größeren Retreats stattfanden. An einem Nachmittag lud Thay alle Westler unter den Schülern zu einem Nachmittagstee vor seiner Einsiedlerklause ein. Ungefähr zu fünfzehnt saßen wir in einem Kreis auf dem Boden, um über unsere Gefühle und unsere Praxis zu sprechen. Er sagte ein paar Worte, dann, während wir alle an unseren Teetassen nippten, lud er uns ein, ringsum nacheinander unsere Gedanken einzubringen. Wenn jemand fertig war, kommentierte er es vielleicht, oder auch nicht. Dann nannte er den Namen der nächsten Person und lud sie ein, sich mitzuteilen.

Es war eine gute Art, ins Gespräch zu kommen. Anfangs hoffte ich, während ich zuhörte, dass er eine Art Erklärung geben würde, die zu einem Schluss führte. Stattdessen schien es aber mehr darum zu gehen, dass jeder einen Raum bekam, in dem er sich mitteilen konnte. Das Prinzip schien eher darin zu bestehen, Luft in ein Thema zu bringen und darauf zu vertrauen, dass es allein dadurch seinen Weg im Leben der Menschen finden würde.

Ich wusste, dass Thay eine richtiggehende Marke war. Er hatte eine Reihe von Büchern verfasst, die in zahlreiche Sprachen übersetzt waren und sich so gut verkauften, dass die Organisation einen Eigenverlag gegründet hatte. Er reiste durch die Welt und hielt Vorträge vor riesigen Menschenmengen und leitete großangelegte Retreats. Und doch schien er sich hier in dieser kleinen Hütte, die nur aus einem einzigen Raum bestand, vollkommen wohl zu fühlen. Offenbar nutzte er sie mehr für

Besprechungen im kleinen Kreis denn als Wohnraum. Dennoch stand in einer Nische ein kleiner Kleiderständer mit sechs Kleiderbügeln, auf fünf davon hingen schlichte Roben und Jacken, der sechste war leer und vermutlich für die Kleider gedacht, die er gerade am Leib trug. Die gesamte Hütte strahlte eine Demut und Schlichtheit aus, die zu ihm passten.

Plum Village war ein Zuhause für viele Asiaten und Asiatinnen. Tatsächlich schien das Projekt mindestens genauso dafür gedacht, vietnamesischen Mönchen und Nonnen ein Zuhause im Westen zu bieten, wie den Zen im Westen zu verbreiten. Kohorten umtriebiger Nonnen aus seinem Heimatland bewirtschafteten den Ort, bereiteten köstliches exotisches Essen zu und leiteten uns an, die verschiedenen Gebäude des Zentrums mit fremdländischen Besen und Mops zu reinigen. Es war wie ein Aufenthalt in einem Sommerlager und schien sowohl eine demographische und soziologische als auch eine spirituelle Funktion zu erfüllen. Es war für große Besucherzahlen ausgelegt.

Die Westler, die längere Zeit fest hier lebten, sprachen im Ton der Ehrfurcht und Anbetung von ihrem Meister. Darin schwang die unterschwellige Annahme, dass ein bloßer Besucher natürlicher Weise dieselben Gefühle für den großen Mann hegen müsse wie sie, gleichzeitig jedoch nicht wie ihresgleichen das Privileg besaß, zu erkennen, wie sehr er doch alle anderen Menschen überragte, obgleich andererseits auch wieder jeder Kurzzeitbesucher seinen erhabenen Status spüren müsse.

Mich machte das ein wenig schwindlig. Offenbar war ich immer noch zu selbstverliebt, um mich der Art von Unterstützung, die dieser Ort zu bieten hatte, überlassen zu können.

Aber ich freundete mich mit einem interessanten Mann aus Korea an, einem ehemaligen Motorradrennfahrer und Champion, der zwei katastrophale Stürze auf der Rennbahn hinter sich hatte. Nach dem ersten hatte er sechs Monate im Krankenhaus verbracht und war danach erneut Rennen gefahren. Nach dem zweiten hatte er achtzehn Monate im Krankenhaus gelegen und das Rennfahren dann endgültig an den Nagel gehängt.

»Ich wusste einfach nicht, was ich sonst anfangen sollte«, erzählte er mir in seinem exzellenten Englisch. »Mir fehlte das Rennfahren so sehr. Und dann ging mir auf, dass es nur eine andere Sache gab. Mir blieb keine andere Wahl. Ich musste Zen-Mönch werden.«

Er sagte, er hätte sich nie vorstellen können, dass man ohne Rennfahren so glücklich sein konnte.

Auch wenn ich über diese Zentren murrte, spürte ich doch jedes Mal, wenn ich mich in einem aufhielt, eine Art Milde, eine erlaubte Langsamkeit, hatte das Gefühl, dem Leben näher zu kommen, und zugleich einem authentischen Selbst. Das waren keine heiligen Orte, die sich auf ihren heiligen Lorbeeren ausruhten. Sie vermittelten eine Praxis, die ganz gewöhnlichen Menschen helfen konnte und die selbst ganz gewöhnlich war. Diese Praxis vertraute nicht auf Magie oder übernatürliche Kräfte. Sie forderte die Menschen einfach auf, ihre übliche Geschäftigkeit beiseite zu stellen, tiefer in ihre eigenen Erfahrungen und in ihr Bewusstsein zu schauen, und sie stellte die Mittel für diese Arbeit zu Verfügung.

In der Stille der Retreats tauchten neue Ideen auf, neue Gedichte, Geschichten, Pläne für Bücher. Im Anschluss daran schrieb ich tiefsinniger, natürlicher. Sie brachten mich dem Material näher, mit dem ich arbeiten wollte: Geschichten über Menschen und Familien in den Nöten des Lebens, Gedichte voller Wertschätzung über die Dinge der Welt. Die Meditationspraxis erweckte meine Liebe zur Landschaft wieder zum Leben, zu Feldern und Wäldern, dem Anblick von Hügeln im Regen, von tosenden Bäumen im Wind. Ich schrieb Gedichte darüber und erinnerte mich wieder daran, wie sehr ich als Jugendlicher die Landschaft meiner Heimat geliebt hatte, die Hecken und Wäldchen und Flüsse.

Nach jedem Retreat fühlte ich mich gereinigt, wie nach einer Absolution fast, und kehrte mit frischem Blick in die Welt zurück.

Aber es war Vorsicht geboten. Einmal sah ich in London in der Nähe meines Hotels ein Schild an einem Hauseingang: WEST LONDON BUDDHIST CENTER. *So ein Glück*, dachte ich mir, und ging hinein, um mehr zu erfahren.

Ein paar Leute waren im Erdgeschoss zugange. Zwei von ihnen verschwanden hinter einer Tür, als ich eintrat, ein weiterer eine Kellertreppe hinunter, und ein vierter, ein Typ mit einer tief ins Gesicht gezogenen Wollmütze, ging an mir vorbei, die Hände in den Hosentaschen vergraben. Niemand sagte hallo, und so stand ich plötzlich allein im Flur.

Da die Türen geschlossen waren, war es dunkel. *Was jetzt?* Es schien keinen Empfang zu geben. Irgendwie hatte ich das Gefühl, bei meinem Eintreten das Ende eines Streits mitbekommen zu haben.

Der Typ mit der Mütze tauchte wieder auf. Prima, dachte ich.

Doch dann ging er einfach an mir vorbei und verschwand durch die Tür am Ende des Flurs.

Einen Augenblick später war er wieder da, schaute durch das Halbdunkel zu mir her und fragte: »Kann ich Ihnen helfen?«

»Ich wollte eigentlich nur …«, hob ich an. »Weil ich im Vorbeiweg das Schild draußen gesehen habe, da wollte ich fragen, ob Sie feste Meditationszeiten haben.«

»Wie bitte?«, fragte er. »Meditation?«

»Ja.«

»So was machen wir kaum. Das kommt später«, sagte er.

»Oh«, erwiderte ich. Allmählich war mir unbehaglich zumute. Was auch immer das hier sein mochte, mit den Buddhistischen Zentren, die ich bisher besucht hatte, hatte es nichts gemein.

»Ich kann Ihnen was zum Lesen geben, wenn Sie sich für Buddhismus interessieren.« Er öffnete eine Seitentür zu einem schmalen, hell erleuchteten Raum mit hohen Fenstern an einer Wand und Bücherregalen an der anderen.

Es war entweder ein Buchladen oder eine Bücherei. Aber als ich anfing, die Regale durchzusehen, entdeckte ich nicht ein einziges Buch zum Buddhismus, das ich kannte. Stattdessen fiel mir auf, dass auf jedem einzelnen Buchrücken derselbe Name stand. Die Bücher waren samt und sonders alle vom selben Autor: Sangharakshita.

»Wer ist Sangharakshita?«, fragte ich.

Er schnaubte verächtlich. »Ist das Ihr Ernst? Er ist zufällig der einzige wirklich erleuchtete Meister im Westen.«

Ich war perplex. Vielleicht meinte er es nicht so, aber er schien damit zu sagen, dass alle anderen gegenwärtig tätigen Lehrer, von denen ich manche, auch sehr renommierte, kennengelernt hatte, unqualifiziert waren, obwohl sie über eine Anhängerschaft verfügten, die das ganz klar anders sah. In einer einzigen beiläufigen, sarkastischen Bemerkung hatte er sie alle abgetan – zugunsten des geheimnisvollen Sangharakshita.

Ich ging.

Später entdeckte ich, dass ich über eine Filiale des gewaltigen Imperiums eines Engländers gestolpert war, der in den späten Vierzigern als Armeerekrut nach Indien gegangen und als »erleuchteter Meister« zurückgekehrt war. Rasch hatte er in London zwölf Schüler um sich versammelt und eine mächtige Organisation gegründet: Sie besaß ein ehrfurchtsgebietendes Portfolio von Immobilien und Zentren landauf landab, die sich als orthodoxe buddhistische Zentren ausgaben, obwohl dort ein Mix aus Theosophie, Rosenkreuzertum und Buddhismus gelehrt wurde. Manche hielten es für eine gefährliche Sekte, und nicht lange nach meinem Zufallsbesuch dort erschien im *Guardian* eine Titelgeschichte mit einem

Foto des Gründers unter der Überschrift »Ist dieser Mann böse?« Angesichts einer Flut von negativen Schlagzeilen änderten sie ihren Namen zu »Triratna Buddhist Order« und führten ihre Geschäfte nach einer Phase institutioneller Seelenschau einfach weiter.

Ich war also zu dem Schluss gekommen, dass ich einen Lehrer brauchte, hatte aber offenbar unterschätzt, wie schwierig sich die Suche nach einem solchen gestaltete. Ich war nur mir selbst verpflichtet, frei von äußeren Autoritäten. Eigentlich mochte ich keine Lehrer. Sie machten mir Angst. Sie kamen mir vor wie mein Vater während meiner Teenager-Zeit: Sie fanden, dass ich ihren Ansprüchen nicht genüge, sie fanden mich geschmacklos, sie beschämten mich. Meine Antwort damals war gewesen, ohne sie auszukommen. Ich war schließlich nicht zufällig in einem Freiberuflerdasein gelandet, wo ich mich vor niemandem rechtfertigen musste.

Eine Ausnahme war mein früherer Posaunen-Lehrer gewesen, Jack Pinches, ein bemerkenswerter Mann aus dem Norden Englands. Sein Vater, Arbeiter im Kohlebergbau, hatte ihn als Sechsjährigen mit einer Posaune in seinem Zimmer eingesperrt und ihn auf diese Weise gezwungen, das Instrument zu lernen. Mit vierzehn hatte Jack einen Platz in der legendären Black Dyke Mills Band bekommen und mit sechzehn war er deren erster Posaunist. Die Band gastierte in der Londoner Royal Albert Hall, er spielte ein Solo unter dem Dirigentenstab von Sir Thomas Beecham, das live auf BBC Radio übertragen wurde. Am darauffolgenden Morgen erreichte ihn ein Telegramm mit der Einladung, Posaunist beim BBC Symphony Orchestra zu werden. Er zog nach London und blickte nie wieder zurück.

Jack war ein guter Lehrer und brachte mir bei, ein Schüler zu sein. Ich wusste, was er von mir erwartete, und mochte es nicht, wenn ich ihn enttäuschte. Unter seiner Anleitung machte ich große Fortschritte. Er freute sich darüber, und mir gefiel, wenn er sich freute. Als ich sechzehn war, buchte er mich für Konzerte im Profizirkus und bestand darauf, dass ich genau wie die anderen Musiker bezahlt wurde. Ich kam dann mit Schecks über dreißig oder vierzig Pfund nach Hause, Summen, die für mich damals unfassbar waren.

Aber abgesehen von Jack mochte ich es nicht, wenn mir Männer sagten, was ich zu tun hatte. Ich fand, unsere Aufgabe als junge Generation bestand darin, den Status Quo über den Haufen zu werfen. Meine Idole waren Che Guevara, ein paar Rockstars, einige Dichter, und Gustavo, der kolumbianische Priester, der in Oxford zu Besuch gewesen war.

Ich probierte ein anderes Zen-Zentrum aus, eine Zugreise entfernt in Northumberland. Es war ein passender Ort für ein Kloster: ein Steingebäude mit einem kapellenartigen Zendō hoch oben in der grauen Moorlandschaft, ein Ort, der einem keltischen Heiligen alle Ehre gemacht hätte, wo der Wind das Regiment führte und der Regen so heftig peitschte, dass man bei einem Schauer in wenigen Augenblicken pitschnass war. Im Winter bedeckte eine feine Schneeschicht den Boden, und gelbes Licht schimmerte über den dunklen Hügeln.

Ich fuhr mehrere Male dorthin. Die Mönche hatten den Titel »Reverend«, gefolgt von einem alten sächsischen, keltischen oder biblischen Namen: Reverend Ethelred, Reverend Ishmael, Reverend Frideswide. Es gab »*very reverends*« und »*right reverends*«, wie in der Church of England. Sie trugen Roben ähnlich denen christlicher Mönche und schienen diese altmodischen Gewänder zu genießen, während sie mit mittelalterlich anmutenden hängenden Schultern einherschritten. Dem Ganzen haftete eine fast verschwörerische Note an. Die buddhistischen Sutren, die normalerweise in einem tiefen, monotonen Sprechgesang rezitiert werden, waren hier zu anglikanischen Choralgesängen umarrangiert und wurden von psalm-artigen Akkorden auf einer elektrischen Orgel begleitet. Ich fand das alles ein bisschen bizarr, doch es war sehr warmherzig.

Der Ort war von einer beeindruckenden Engländerin gegründet worden, der Reverend Master Jiyu-Kennett Rōshi, die in den 1950er Jahren als Klavierlehrerin nach Japan gegangen war, eine Reihe unerwarteter Wendungen erlebt hatte und als »erleuchtete Meisterin« zurückgekehrt war. Sie hatte zwei Bücher über ihr Leben geschrieben. Ich hatte nie vorher Autobiographien gelesen, aber diese Bücher waren voller wundersamer Ereignisse, die ihr auf ihrem Weg zugestoßen waren, so ganz anders als die Schulbuch-Versionen von Zen, die ich in den USA kennengelernt hatte. Es gab großartige Momente in den Büchern, Schilderung, etwa wie man im Morgengrauen in dem alten Holz-Zendō saß, Beschreibungen von alten weisen Mönchen, die ihr halfen, aber auch von böswilligen, die versuchten, die Fortschritte der Frau aus dem Westen zu behindern, bis zur rechten Zeit der Abt eingriff und ihr half, ihr Training bis zu einem frühen Abschluss durchzuführen. Aber es las sich ein wenig wie eine selbst verfasste Heiligenlegende.

Es wurde auch nicht klar, was genau ihr denn in diesem Kloster in Japan widerfahren war. Etwas jedenfalls war passiert, und was es auch war, für den Abt war es das Zeichen gewesen, dass sie »seine Dharmalinie fortführen« und Zen unterrichten müsse. Sie ging nach Nordkalifornien und gründete dort ihren eigenen Orden und ein prosperierendes Kloster, dessen Ableger dieser Ort hier in Northumberland war.

In der Abtei hingen Porträts von ihr, ikonenhafte Bilder, auf denen Lichtstrahlen von ihrer üppigen Statur ausgingen.

Die Reverends in Throssel Hole waren sanftmütige Leute. Sie standen in der Sōtō-Linie des Zen und ihre Praxis war »nur sitzen«: Sie betrachteten weder den Atem noch ein Kōan. Neue Besucher erhielten Anweisungen für die Sitzposition, die dem entsprach, was ich gewohnt war, aber als es dann darum ging, was man in der Meditation tun sollte, sagte der hell blickende, dunkel-berobte Mönch, der uns einwies, schlicht: »Das war's schon. Einfach sitzen.«

Ich war fassungslos. »Was sollen wir *tun*?«, fragte ich. »Keine Atemzüge zählen, keinen Atem beobachten?«

»Manchmal taucht so ein helles Gefühl auf.« Mehr sagte er nicht.

Es ging freundlich zu. Man saß viel herum und trank milchigen englischen Tee. Es gab täglich feste Andachtszeiten – Vigil, Laudes und Vesper, die Gebetszeiten eines alten englischen Klosters, jedoch in einen Zen-Kontext verpflanzt. Der Buddha wurde »Lord Buddha« genannt (als Gegenpart zu »Lord Jesus«), und es gab buddhistische Feste, bei denen man in einer Prozession durchs Zendō ging und Konfetti in die Luft warf. Die Zimmerdecken waren mit Drachen und Wolken bemalt, und man folgte einem traditionellen Kalender mit Vier- und Neun-Tages-Einheiten, der dem westlichen Kalender mit Wochen und Monaten zuwider lief.

Ich trug mich für eine »geistliche Beratung« ein und landete bei einem liebenswürdigen Mönch, einem Schweizer, der Koch des Klosters war. Er hatte keinen besonderen Rat für mich in Bezug auf meine allmählich müde wirkenden »Erkenntnisse« und »Erfahrungen«, doch er erzählte mir seine Geschichte: wie er sein Leben als Bankangestellter in Zürich aufgegeben hatte, um Zen-Mönch zu werden.

Er hatte eine gute Stelle und eine tolle Wohnung gehabt und war an den Wochenenden auf seiner BMW durch die Landschaft gerast.

»Wenn mir die Arbeit zu viel wurde, bin ich in die Berge abgehauen. *Halte durch bis zum Wochenende*, hab ich mir immer gesagt«, erzählte er. »Dann hat es auf einmal nicht mehr funktioniert. An einem Wochenende hab ich den Tank dreimal leergefahren, und in mir drinnen hat's immer noch gebrannt. Ich hab das Bike in einem Wald abgestellt und bin zu Fuß tiefer hineingegangen, ohne drauf zu achten, wo ich eigentlich hinging.

Ich wusste nicht, was ich suchte, aber etwas wollte in mir hochkommen, und auf einmal wusste ich, dass mein Leben falsch war. Ich hatte von diesem Kloster in England gehört und wusste, dass ich herkommen musste. Ich hab alles verkauft und in der Arbeit meine Kündigung eingereicht.«

War das, was ich auch tun musste? Eigentlich wollte ich nur einen Arzt, der meine zerbrochenen Glieder wieder einrichtete, aber jetzt begegnete mir das schon wieder: der monastische Weg. Ich sollte ins Krankenhaus einziehen.

EINMAL, WÄHREND ICH AUF RETREAT dort war, gab es ein Fest, bei dem die Mönche eine Prozession abhielten, dabei ein psalm-artiges Sutra rezitierten, bis schließlich der Abt auf einem Thron unter einem Baldachin Platz genommen hatte. Dann durfte jeder vor ihn hintreten und öffentlich eine Frage stellen.

Ein junger Mönch, etwa in meinem Alter, trat vor den Thron und sagte leise: »Ich weiß nicht, wieso ich hier bin. Ich bin mir nicht sicher, ob es das Richtige ist.«

Er sprach mit niedergeschlagenen Augen und ganz offensichtlich aus einer inneren Qual heraus.

Mit angehaltenem Atem wartete ich auf die Antwort des Abtes. Nach einer langen Pause sagte er: »Es spielt keine Rolle.«

Und das war's.

Der Mönch verbeugte und bedankte sich, wie es das Protokoll vorsah.

Ich war schockiert. Mir wurde schlagartig bewusst, was dieser Mönch getan hatte: Er hatte sein Leben aufgegeben – Pubs, Freunde, vielleicht eine Freundin, Job, Karriere, Zuhause, Auto, Mum und Dad, Geschwister, alles. Es gab Menschen, die so etwas taten. Und jetzt bereute er es. Die Hoffnungsspur, die ihn hergebracht hatte, war erloschen. Und das einzige, was der Abt dazu zu sagen hatte, war, dass es keine Rolle spielte.

Später, während die Entgegnung des Abts noch an mir nagte, kam mir der Gedanke: Was, wenn nun in seiner Antwort doch Weisheit steckte? Ich wusste durch meine eigene Praxis nur zu gut, wie übermächtig Gedanken sein konnten, und wenn man erkannte, dass es nur Gedanken waren, dann verloren sie womöglich ihre Macht und man landete wieder im Hier und Jetzt, wo alles leichter war, wo man die Dinge ohne Bewertungen erfahren konnte und ohne darauf reagieren zu müssen. Trotzdem war ich froh, nicht an der Stelle dieses jungen Mönchs zu sein.

Ich wünschte mir eine Dharma-Praxis, die mit dem westlichen Lebensstil vereinbar war: keine Strohsandalen, keine Roben, kahlgeschorenen Schädel oder Stäbchen als Essbesteck, keine Machtstrukturen hinter verschlossenen Türen. Meine Erkenntnisse waren mir willkürlich zugefallen, und obwohl es beim Zen sicherlich um mehr als nur zufällige Offenbarungen ging, war die Welt, von der Zen sprach, dieselbe, die ich in meinen Einsichten erfahren hatte. Es erschloss sich mir nicht, weshalb man Zen nicht auch mit westlichen Verhaltensweisen und Gewohnheiten praktizieren konnte, ohne sich irgendein Kostüm überzuziehen, ohne in ein autoritäres Kraftfeld einzutreten.

Genauso wenig wollte ich glauben, dass an der äußeren Aufmachung der westlichen Kultur etwas grundsätzlich falsch sei. Oder zumindest war die der östlichen Kultur nicht automatisch besser. Eine Kultur anzunehmen, in der man nicht aufgewachsen war, hatte etwas Affektiertes oder Künstliches. Zumindest hätte es sich für mich so angefühlt. Englische Lyrik zum Beispiel – das Beste davon konnte es mit allem auf der Welt aufnehmen. Ich wollte keine fremde Kultur. Ich wollte einfach bloß Einblick in die Existenz – den einen Ort, an den sich die westliche Kultur nicht zu gehen traute.

Trotzdem besuchte ich das Kloster mehrmals und lernte dort, im Hochmoor, wie man sich in einem Zen-Kloster so durchschlug. Im Zendō bekam man ein Schließfach für seine Tasche, sowie Bettzeug und Matratze zugeteilt, letztere wurde jede Nacht zum Schlafen auf dem Boden ausgerollt. Ich lernte, wie man in einer Duschkabine mit Zahnbürste und Bleichmittel die Fugen zwischen den Fliesen säuberte. Ich gewöhnte mich an den subtil irritierenden Geruch einer Klostertoilette. Es trug dazu bei, meine Wohlstandszimperlichkeiten ein wenig abzuschleifen.

Aber wenn ich eine so tiefgreifende Entscheidung wie dieser junge Mönch treffen und mein Leben komplett verändern müsste, wo würde ich das tun? Und was würde dann aus meiner Arbeit? Dem Wunsch nach einer festen Beziehung? Aus meinem Freundeskreis? Was für eine schreckliche Wahl! Ich war kein Jugendlicher mehr. Ich hatte mich beruflich etabliert und dafür Jahre gebraucht, und es bedurfte ständiger Anstrengung, um diesen Status zu halten. Wäre ich zu solch einer Entscheidung fähig?

Eine weitere Werbekampagne für ein Buch nahm mich in Beschlag, erneut stürzte ich mich mit unwürdiger Begeisterung hinein und tourte dafür eitel durchs Land.

Inzwischen hatte ich in der Nähe von Bristol eine kleine Zen-Gruppe gefunden, nicht allzu weit weg von dem Häuschen in der Kleinstadt Stroud, in dem ich mich vorübergehend eingemietet hatte. Man traf sich einmal wöchentlich, und ich fuhr regelmäßig hin, wenn ich Zeit hatte. Sie hatten keinen Lehrer, hielten sich aber strikt an die Form. Man musste sich am Eingang eine Robe von einem Kleiderständer nehmen und sie überziehen, bevor man den Raum betrat, und hatte in einer exakten Haltung zu sitzen, und bei der Gehmeditation mussten die Unterarme genau so und nicht anders gehalten werden, und der Atem musste mit den Schritten synchronisiert sein. Sie korrigierten einen, wenn sie mit deinem Stil nicht zufrieden waren.

Es fühlte sich nicht gerade wie Nach-Hause-Kommen an, aber es war mir egal. Hauptsache Zen. Die Gruppe gehörte zur International Zen Association, einer Bewegung, die der Mönch Taisen Deshimaru in Frankreich gegründet hatte. Es gab einen berüchtigten hagiografischen Moment während des Zweiten Weltkriegs, als er auf einem Schiff unterwegs war, das Dynamit transportierte und in schlechtes Wetter geriet. Unter der Mannschaft brach Panik aus, weil man befürchtete, der Sprengstoff könne sich durch den rauen Seegang entzünden, doch Deshimaru setzte sich ganz ruhig auf die empfindliche Ladung und meditierte, um sie während des Sturms zu beruhigen. So jedenfalls erzählten es sich seine Anhänger.

Er landete in Frankreich, wo sich sein Zen wie ein Lauffeuer verbreitete. Zen wurde dort, hauptsächlich dank ihm, derart populär, dass das Wort als Synonym für *calme, tranquille, cool* in den Sprachschatz des Französischen aufgenommen wurde.

Das Zentrum in Bristol, nicht weit vom »VIP Massage Salon« gelegen, war ein Ableger dieses Imperiums. Gelegentlich bekam es Besuch von einem belgischen Mönch, dämmerte jedoch ansonsten momentan lehrerlos vor sich hin, wie das manchmal bei Zen-Gruppen so ist.

Es gibt verschiedene Richtungen im Zen, aber man konnte in jeder dieselbe Warmherzigkeit entdecken. Darum ging es, sagte ich mir: Zen sah von außen zwar recht förmlich aus, aber darin schlug ein warmes Herz. Doch das war ein Geheimnis – man musste diese Herzenswärme selbst entdecken. Niemand konnte einen da hinführen.

Es war immer ein schönes Gefühl für mich, zu einem Zen-Zentrum zu reisen, egal wie der Reiseweg aussah: in einem Greyhound-Bus über die Autobahn zu rollen, einen Zug nach Norden zu besteigen und durch den Regen zu fahren oder auf der M5 im Verkehr zu stecken. Reisen zum Dharma – den Lehren des Zen – hatten die Eigenart, alle anderen Belange zu übertrumpfen.

Yakusan[8], ein Meister aus dem achten Jahrhundert, beschreibt, dass er sich während seiner Zen-Schulung gefühlt habe wie eine Mücke, die um einen eisernen Ochsen herumschwirrt und irgendwie versucht, in ihn einzudringen. Dann begegnete er seinem Meister, Sekito Kisen[9], erwachte und »erhielt Einlass«.

Ich konnte nachvollziehen, was Yakusan da beschrieb. Manchmal kam auch ich mir vor wie eine umherschwirrende Mücke, probierte ein Zentrum nach dem anderen aus, einen Lehrer nach dem anderen, ohne Einlass zu finden, und obendrein wusste ich noch nicht einmal, in was ich eigentlich eingelassen werden wollte.

Ich hatte mich nach wie vor nirgendwo dauerhaft niedergelassen. Ich wohnte zur Untermiete und in Mietwohnungen und verlängerte die Mietverträge von Monat zu Monat. Ich schrieb Bücher und Reportagen; Romane und Kurzgeschichten nahmen Gestalt an und hin und wieder auch eine Handvoll Gedichte. Ich lebte dort, wo die Aufträge mich gerade hin verschlugen. Eigentlich hatte ich nie irgendwelche Verpflichtungen außer dem Schreiben. Immer war ich auf dem Sprung. Immer gab es den nächsten Auftrag. Und ich konnte meine Ruhelosigkeit rechtfertigen, denn umherzuziehen war ja meine Arbeit. Unterwegs flocht ich das Zen ein, so gut es ging. Ich saß jeden Tag gewissenhaft auf dem Kissen. Ich machte Retreats, wenn es in der Nähe ein Zentrum gab, oder wenn mich Gewissensbisse plagten oder eine Ahnung von Verheißung überfiel. Ich versuchte es immer wieder mit neuen Orten. Aber die Suche nach einem Lehrer gab ich auf.

---

8 Chinesisch: Yueshan, 745–828
9 Chinesisch: Shitou Xiqian, 700–790

Ich hielt Verbindung zu Schriftsteller-Kollegen in New Mexico, und als dort eine Assistenzlehrerstelle an einer Universität ausgeschrieben wurde, bewarb ich mich und ging hin, zunächst für ein Semester, dann länger. Ich wohnte in einem ruhigen Haus am Stadtrand von Las Cruces in der Wüste unter schattenspendenden Pappeln. Jeden Morgen vor Sonnenaufgang trank ich tassenweise dünnen amerikanischen Kaffee und las Gedichte, verschlang Werke, die ich jahrelang übersehen hatte, und ging dann ins Klassenzimmer, um Aufsatzschreiben zu unterrichten.

Inzwischen hatte ich wieder Kontakt mit einem Lyrik-Freund aus meiner Jugend aufgenommen, Sam Willetts, und in einem unvorhergesehenen Rücksturz in unsere Teens fingen wir an, wieder Gedichte auszutauschen, die wir uns zu diesem Zweck hin und her faxten.

Die Meditation unterstützte das Gedichteschreiben, welches seinerseits wiederum half, einen meditativen Lebensstil zu pflegen. Für das Gedichteschreiben war eine mußevolle Haltung unerlässlich, und diese war auch dem Zen verwandt. Und schreiben zu unterrichten war etwas, das an ein Leben jenseits von Marketing und Verkaufszahlen erinnerte, und an das sich ein Schriftsteller anbinden konnte. Es war, als ob ich mir eine Sturmmütze aus Angst abgezogen hätte und nun ein wenig Sonne auf der Haut spürte. Manche Dinge brauchten eben Zeit, aber das machte sie nicht weniger wertvoll. Unterrichten, Gedichteschreiben und Zen gehörten dazu.

Ich fing an, von anderen Schriftstellern am College zu lernen. Mir war vollkommen entgangen, dass es Leute gab, die einem bereitwillig halfen, so sehr war ich damit beschäftigt gewesen, mein eigener Herr zu sein. Vielleicht machte sich ja die Weisheit des Zen bereits in mir bemerkbar, berührte die Art, wie ich mein Leben führte – nicht mehr ständig in Hab-Acht-Haltung, sondern bereit, Hilfe zu schenken und anzunehmen. Wohlwollen konnte man praktisch für jeden empfinden, wenn man es wirklich wollte.

In Las Cruces gab es kein Zen-Zentrum, doch in einem steinigen Trockental in der Wüste zwei Autostunden entfernt befand sich ein Vipassana-Zentrum. An manchen Wochenenden tuckerte ich in meinem verbeulten Auto zu den Praxistagen dorthin.

Vipassana war wieder eine andere Form buddhistischer Praxis. Ein freundlicher, attraktiver Mann leitete das Zentrum. Wir waren eine kleine Gruppe Meditierender und saßen entlang der Wände der Meditationshalle, jeder in der Position, die ihm zusagte, und mit allerlei Kissen und Decken ausstaffiert, um uns während der qualvoll langen Sitzperioden so gut wie möglich zu polstern. Allerdings dauerten die Einheiten so lange, dass am Ende auch die Polsterung nicht mehr half. Dann folgten nicht minder lange Einheiten mit Gehmeditation, die man für sich allein draußen im Hof machte. Einmal half ich am Wochenende mit, ein paar neue Wände hochzuziehen. Wir stärkten uns mit Kaffee und selbstgebackenem Brot, üppig bestrichen mit Erdnussbutter, Tahini und Honig.

Es hatte eine andere Atmosphäre als Zen, auch wenn sich die Praxis ähnelte: den Atem beobachten, Körperempfindungen beobachten, Gedanken beobachten, und so weiter. Es hatte nicht diese Frische und Klarheit, war irgendwie nicht so fokussiert auf die grundlegende nackte Daseinserfahrung. Obgleich es landesweit bereits groß im Kommen war, sprach es mich weniger an. Nach meiner Zen-Erfahrung kam es mir eher diffus vor. Aber es war eine gute Überbrückung, und die Leute waren nett.

Ich fuhr auch nach Santa Fe hinauf und von dort weitere vier Stunden zu einem Besuch im Upaya Zen Center, das die charismatische studierte Anthropologin Joan Halifax leitete. Das wunderschöne Zentrum war rund um den Meditationsraum entstanden, in dem ich zum ersten Mal in Zazen eingewiesen worden war. Joan war eine kraftvolle Intellektuelle, bewandert in Psychologie und Soziologie, und eine mitreißende Lehrerin. Sie hatte sich mit rückhaltlosem Engagement um bedürftige

Menschen im Himalaya gekümmert und war berühmt. Ich hatte zum ersten Mal in London von ihr gehört, als ich für meine Doktorarbeit recherchierte und mir ein Lehrer für griechische Religion, ein labiler, brillanter Mann ein Buch von ihr über Schamanismus im Amazonasgebiet gegeben hatte. Es war aufregend, ihr nun zu begegnen: kahlköpfig und schwarz gekleidet, mit leuchtenden blauen Augen, die, so spürte man, alles Künstliche auf Anhieb durchschauen konnten.

Ich fuhr öfter hin, immer so lange, wie ich es gerade einrichten konnte, und meine Praxis unter Joan Rōshi nahm allmählich festere Formen an. In meinen Ferien blieb ich in Santa Fe, ging jeden Morgen noch vor Tagesanbruch zu Fuß ins Zentrum hinüber, um zu sitzen, gefolgt von einer kleinen formellen »Andacht« und hin und wieder einer Schale heißem Frühstücksbrei.

Mein Leben legte an Tempo zu. Eine Fotojournalistin aus England besuchte mich in der Wüste. Sie war auch Grafikerin, eine schöne und sanfte Frau mit einem klaren Blick für die Dinge. Wir verliebten uns. Sie war etwas jünger als ich, aber weiser, stand mit beiden Beinen fest auf dem Boden.

Ich fragte mich manchmal, ob es das wiedergefundene Interesse an Gedichten war, meiner ersten kreativen Liebe, oder die Unterstützung der kleinen Gruppe hingebungsvoller Schriftsteller, die ich hier gefunden hatte, oder dass ich zuletzt Krieg und Frieden gelesen und in der Erzählung einen Spiegel meiner eigenen wandernden Suche gesehen und unter Tolstois forschendem Blick erkannt hatte, dass all das vielleicht nur eine Vorbereitung gewesen war, Vorspiel für etwas Größeres, Wichtigeres. Oder vielleicht lag es daran, dass ich dreiunddreißig wurde. Oder vielleicht trug die Meditationspraxis Früchte. Jedenfalls war es mir plötzlich ernst mit der Beziehung.

Irgendwie hatte ich es tatsächlich schon im ersten Augenblick gewusst. Als Clare und ich uns am Tag unseres Kennenlernens zusammen hinsetzten und ein Gespräch anfingen, überkam mich das eigenartige Gefühl, einen neuen Boden unter mir zu spüren, der sich ich weiß nicht wie weit ausdehnte und dem ich trauen konnte, wo ich hingehörte, und vielleicht sie auch. Die Tatsache, dass sie schön und belesen war und auf einem Bauernhof in einem Dorf unweit des Tals aufgewachsen war, in dem ich selbst mich als Kind herumgetrieben hatte, all das half, aber es war nicht das Entscheidende. Entscheidend war dieser Boden.

Sie stammte aus South Warwickshire, hatte Mittelalterliche Geschichte studiert und dann einige Jahre in einer Bibliothek für Medizingeschichte in der Euston Road in London gearbeitet. Sie war alles, was ich nicht war: nicht nur kultiviert, sondern anmutig, geistreich und geerdet, sie hatte nie allzu weit von dem Flecken Erde entfernt gelebt, der sie hervorgebracht hatte. Ich verliebte mich Hals über Kopf, doch sie achtete darauf, dass wir es langsam angingen. Wenn etwas Dauerhaftes daraus werden sollte, dann war es besser, man ließ es Wurzeln schlagen, und nicht wie ein junger Bambus in die Höhe schießen.

Nach einiger Zeit zog sie zu mir nach Las Cruces. Die Uni hatte meinen Lehrvertrag verlängert, und Clare schrieb sich für Kunst ein. Wir beschlossen, dass wir uns gefunden hatten, schworen uns in Juarez, gleich hinter der mexikanischen Grenze, in einer berühmten Bar namens Kentucky Club die Treue und besiegelten es mit dem salzig-sauren Geschmack von Margaritas.

Sie war Teil eines neuen Wohlgefühls, das ich erlebte, und das waren auch meine Kollegen am College, und die Gedichte, und auch die regelmäßigen bescheidenen Gehaltseingänge, die eine Abkehr von meinem einzelgängerischen Freiberuflerdasein markierten. Als ich von der Oxford Brookes University in England ein Fellowship für Lyrik angeboten bekam, war sie bereits schwanger und sehnte sich zurück nach Hause, und so zogen wir wieder um, zurück nach Oxford.

Die Erwartung des Babys und Clares erdender Einfluss auf mich verhalfen mir zu der nötigen Selbstdisziplin, um mehr von den Gedichten und Kurzgeschichten, die ich über die Jahre zwanghaft immer wieder überarbeitet hatte, herumzuschicken. Ein paar Sachen davon erzielten Preise, eine Gedichtsammlung folgte, und zögernd gab ich auch die Erstfassung eines ersten Romans aus der Hand, und dann eines weiteren, und so begann allmählich eine andere Art von literarischem Leben, gegen dessen Tür ich jahrelang vergeblich gehämmert hatte. Ich fand Eingang in die Zirkel der englischen Literaturszene. Währenddessen erblickte unser erster Sohn das Licht der Welt, und dann unser zweiter. Alles ging so schnell. Ehemann, Dichter, Romanautor, Vater.

Eines Nachts hatte ich einen Traum. Tardis, die Raum-Zeit-Maschine aus Doctor Who, war in unserem Garten gelandet. Das waren gute Nachrichten. Ich musste bloß noch einsteigen. Aber ich wusste nicht, wie man die Tür öffnete.

Ohne eine bestimmte Erwartung besuchte ich das kleine, örtliche Zen-Zentrum in Oxford. Die Leitung hatte eine stattliche, forsche kanadische Nonne. Sie hatte ihre Schulung in Japan absolviert, und bei ihren Dharma-Vorträgen erlebte ich erneut dieses Gefühl von Vertrautheit mit der Welt, die sie beschrieb: in jeglicher Hinsicht anders als unsere, und doch genau dieselbe.

Meine kurzen Einblicke in die Zen-Welt waren zu Albatrossen mutiert, die mir schwer um den Hals hingen. Ich hatte die Hoffnung aufgegeben, sie entweder loszuwerden, oder zu erfahren, was ich mit ihnen anfangen sollte. Ich wusste, was ich gesehen hatte. Und ich wusste, dass Zen genau davon handelte. Und doch konnte ich die beiden Welten irgendwie noch immer nicht miteinander verbinden.

In einem Gespräch mit der Lehrerin versuchte ich zu erklären, dass ich trotz aller Bemühungen irgendwie mein Leben und meine Praxis nicht richtig zusammenbekam, und jetzt hatte ich auch noch eine Familie, und Vater zu sein machte es nicht gerade einfacher zu praktizieren. Sie sagte mir, wenn mein Leben meine Praxis nicht unterstütze, dann solle ich es besser bleiben lassen.

Vielleicht ist das alles so gedacht. Die Zen-Anwärter saßen ja auch tagelang vor den Klostermauern und warteten. Vielleicht war das Dharma alles andere als angetan von meiner bisherigen geistigen Haltung – zu anfällig für Schwankungen, zu verklebt mit meinen kostbaren Identitäten als Schriftsteller, Partner, Vater. Die Mönche ließen mich weiter vor dem Eingangstor sitzen, und als sie wiederkamen und das Tor öffneten, war ich inzwischen weggegangen, hatte geheiratet und mich in meinen Veröffentlichungen verloren.

Und doch ist das Dharma auch unendlich geduldig. Und es lässt sich nicht antreiben.

ICH GING TROTZDEM EINMAL PRO Woche in das Oxforder Zentrum. Ich setzte mich auf meinen Platz und schmorte still vor mich hin, bis die in meiner Psyche wirkenden Kräfte sich irgendwann selbst erschöpften.

Auch dies gehört zum Zen-Weg. Da gibt es die plötzliche Seite – die ungebetenen Offenbarungen der Natur des Selbst und der Welt –, und dann die allmähliche Seite: der Boden, der durch andauerndes Kultivieren bereitet wird.

Eines Abends sprach die Lehrerin über den Meister Kyogen[10]. Kyogen war ein cleverer junger Mann gewesen, so erzählte sie. Mit einem enormen Wissen über die Schriften im Gepäck suchte er den Meister Isan[11] auf, eine herausragende Gestalt im klassischen chinesischen Zen. Isan, der einem großen Kloster vorstand, stellte dem brillanten jungen Kyogen eine Frage: »Was ist dein ursprüngliches Gesicht, bevor deine Eltern geboren wurden?«

Dies sei ein berühmtes Kōan im Zen, erklärte die Lehrerin: eine Frage, die man einem Novizen stellt und die ihm zu einem schlagartigen Durchbruch verhelfen kann. Kyogen konsultierte seine Schriften und Kommentare und suchte nach einem Zitat, das er als Antwort zum Meister Isan zurückbringen konnte. Die ganze Nacht hindurch suchte er in seinen Texten, forschte in seinen Dokumenten, fand aber nichts. Geknickt ging er am Morgen zum Meister und gestand sein Scheitern.

Isan sagte: »Ich könnte dir die Frage beantworten, aber du würdest es mir später nicht danken.«

Kyogen war verzweifelt. Er war ein begabter junger Mann, aber jetzt stand er in einer Sackgasse. Er tat, was viele von uns auch getan hätten – er packte seine Sachen und ging.

In der Überzeugung, des Mönchtums nicht würdig zu sein, zog er als Wanderarbeiter durchs Land. Jahre vergingen, und irgendwann arbeitete er als Hüter eines schlichten, ländlichen Schreins. Eines Morgens, als er den Hof fegte, verfing sich ein abgebrochenes Stück einer Kachel in seinem Besen, flog gegen einen Bambusstiel und erzeugte ein hohles Geräusch.

Tock. Die Lehrerin klopfte auf ihr Lesepult, um es zu illustrieren.

---

10 Chinesisch: Xiangyan, gestorben 898.
11 Chinesisch: Guishan, 771–853.

Als Kyogen diesen Laut hörte, passierte etwas Unerwartetes. Er und der Laut wurden eins. Die ganze Welt wurde von diesem Laut verschluckt. Kyogen war bereit. Der Boden war bestellt.

Anschließend schrieb er einen Vers:

»Ein Tock, und ich habe alles vergessen, was ich je wusste.«

Sie wiederholte den Satz. »Er sagt, alles war vergessen. Wirklich alles.«

Ich konnte mich nicht erinnern, die Geschichte schon einmal gehört zu haben, und doch ging etwas in mir in Resonanz.

Danach soll Kyogen gebadet und seine Kleider gewechselt, Weihrauch entzündet und sich in Richtung von Isans Kloster verbeugt haben, mit den Worten: »Danke, Meister, dass du mir die Antwort nicht verraten hast. Dein Wohlwollen war größer als das meiner eigenen Eltern.«

Ein Jahr später. Ein sonniger Apriltag in Oxford. Ein Wohlgefühl in mir, Festigkeit. Demnächst würde ein weiterer Roman von mir erscheinen. Mein Fellowship wurde verlängert. Was sollte ich mir noch wünschen? Ich konnte es nicht sagen. Außer – etwas.

Mit derselben Art Motivation, mit der manche zum Yoga gehen, in der Hoffnung nämlich, sich selbst ein wenig zu verbessern, schleppte ich mich immer noch hin und wieder zum Zen-Zentrum. In diesen Tagen hatte es einen neuen Lehrer bekommen, einen Engländer, Anwalt im Vor-Ruhestand. Wie das Glück so spielt, und fast wie im Märchen, sollte ich meinen ersten richtigen Lehrer ausgerechnet in meiner alten Heimatstadt finden.

Süßer Gehorsam

Von außen wäre man nie auf den Gedanken gekommen, dass das bescheidene Haus in einem Vorort von Oxford das hiesige Zen-Zentrum war. Im Erdgeschoss war die Wand zwischen zwei Räumen herausgebrochen worden, so dass das Zendō von der Hausfassade bis zur Rückwand reichte. Eine Holzwand schirmte den offenen Kamin ab, der mit dem des angrenzenden Hauses verbunden war. Wenn man an einer bestimmten Stelle saß, konnte man abends leise, aber deutlich die Fernsehnachrichten aus dem Nachbarhaus hören.

Ich mochte den Ort. Ich schlüpfte bei der Hintertür hinein und ließ mich auf dem nächstbesten Kissen nieder, bevor irgendjemand Fragen stellen konnte. Die typischen schwarzen Sitzmatten waren hier mit Schaumstoff gefüllt anstatt wie üblich mit Kapok, was weicher für die Knie war, und die kleinen, festen Sitzkissen gaben guten Halt. Das Zimmer wurde dämmrig gehalten: langgezogene Schatten, so lange es draußen noch hell war, und eine gedimmte Lampe, wenn es dunkel wurde. Manchmal ließ mich dieses Dämmerlicht an das Tote Meer denken und ich stellte mir vor, wie es uns, auf unseren Kissen sitzend, unterstützte und trug.

Ich spürte etwas Neues hier. Auch wenn ich die Wirklichkeit des Zen schon mehrmals geschmeckt hatte – dieser Lehrer sah sie *jetzt*, in diesem Augenblick. Das war etwas anderes. In mir erwachte ein Bewusstsein, dass es etwas zu lernen gab. Vielleicht war ich nach der Bergeinsamkeit New Mexicos, nach Jahren im Turbogang des Karriere-Modus, nach der Aufregung und Geschäftigkeit der Familiengründung, nun bereit, dem Pfad weiter in die Tiefe zu folgen.

Die Gruppe saß seit zwanzig Jahren gemeinsam jeden Donnerstagabend, und obwohl Leute kamen und gingen, gab es einen harten Kern von erfahrenen Meditierenden. Ich merkte jetzt, was das ausmachte. Und nicht nur saßen sie gemeinsam, sondern sie leiteten auch den Prison Phoenix Trust, eine Organisation, die Yoga und Meditation in Gefängnisse im ganzen Land brachte. Einer aus der Gruppe war federführend im nationalen Restorative-Justice-Programm, das Wiedergutmachung und Konflikttransformation außerhalb des Justizwesens vorantrieb. Sie leisteten ihren Beitrag, um die Gesellschaft fairer zu gestalten.

Ich saß die Abende mit, hörte die Vorträge des Lehrers an und huschte immer am Ende zur Tür hinaus. Manchmal überfiel mich ein richtiggehender Drang abzuhauen, vor lauter Angst, irgendetwas könnte mir in die Quere kommen und die Praxis hier wieder verleiden.

Doch einmal war ich früher da, und als ich mir ein Glas Wasser holte, traf ich im Flur auf den Lehrer. Er lud mich ein, eine Tasse Tee mit ihm zu trinken. Wir setzten uns in der Küche im oberen Stock an einen Tisch am Fenster und pusteten auf unsere heißen Tassen. Draußen schien die Sonne, und der Dampf unseres Tees leuchtete in dem Licht.

Wir unterhielten uns darüber, wie lange es die Gruppe schon gab, wann sie das Haus gekauft hatten und über die Arbeit, die sie in den Gefängnissen machten.

Rasch stellte ich fest, dass John Gaynor ein angenehmer Mensch war. Wie auch immer ich mir einen Zen-Lehrer vorgestellt haben mochte, so jedenfalls nicht. Er trug eine Brille, hatte ein sympathisches, freundliches Gesicht, einen Wust mausgrauer britischer Haare. Den Großteil seines Berufslebens hatte er als Anwalt gearbeitet, jetzt leitete er zwei gemeinnützige Behinderteneinrichtungen, und dabei sah er aus wie ein ganz gewöhnlicher Engländer.

Er fragte mich, weshalb ich herkam, was mein Interesse an Zen war. Noch nie vorher hatte mich ein Lehrer das so direkt gefragt.

Ich versuchte, ihm von dem Retreat damals in New Mexico zu erzählen, verhedderte mich aber irgendwie. Ich erwähnte ein paar der Zentren, ich denen ich praktiziert hatte, aber auch das kam nicht richtig herüber. Auf einmal fragte ich mich, ob ich eigentlich selbst irgendeine Ahnung hatte, weshalb ich mich dem Zen zugewandt hatte. Dann fiel mir der Strand wieder ein.

»Es geht wohl auf etwas zurück, was mir vor vielen Jahren mal passiert ist«, sagte ich.

In diesem Augenblick fing der Kühlschrank an zu brummen.

»Der Kühlschrank scheint zuzustimmen«, bemerkte John sogleich, und erst da fiel auch mir das Geräusch auf.

»Und was ist damals passiert?«, fragte er.

John und ich setzten uns im Dokusan-Zimmer auf Kissen einander gegenüber. Von einem Räucherstäbchen auf einem schlichten Altar stieg ein senkrechter Rauchfaden auf. Während sich der Abend über Oxford senkte, verdichtete sich das Licht im Raum und draußen über den Gärten der Nachbarschaft.

Ich fühlte mich wohl. Es war April, Frühling lag in der Luft, und während John und ich sprachen, hatte ich auf einmal das Gefühl, dass alles möglich war. John wollte wissen, was damals an diesem Strand passiert war, und auf dem Berg in New Mexico. Während ich sprach, wurden die Momente wieder lebendig, so als ob auch John sie fühlte. Ich hatte noch nie etwas Derartiges erlebt.

Wie sich herausstellte, hatte auch er eine »frühe Öffnung« im Leben erfahren. Er bestätigte auch, was ich die ganze Zeit über gespürt hatte, nämlich, dass Zen nicht nur über diese Art von Erfahrungen etwas wusste, sondern dass sie in gewisser Hinsicht zentral für die Zen-Unterweisung waren oder sein konnten.

John hatte diese »Öffnungen« studiert, integriert, sie hinter sich gelassen, wieder vergessen, und jetzt war er da, um zu helfen. Er wusste, was als nächstes zu tun war. »Es ist höchste Zeit, mit den Kōans anzufangen«, sagte er.

Es gab also tatsächlich einen nächsten Schritt. Und hier vor mir saß John, ein traditioneller Kōan-Lehrer.

Warum es so lange gedauert hatte, bis ich einen Lehrer fand, der in der Lage war, zu sehen, wo ich herkam, der bereit war, mich unter seine Fittiche zu nehmen und auf den Pfad der Kōan-Schulung zu führen, wo doch Zen selbst so klar ist in Bezug auf diesen Weg, ist mir noch heute ein Rätsel. Aber so war es eben. Ganz offensichtlich war der Schüler noch nicht bereit gewesen, sonst wäre der Lehrer erschienen.

Als ich mich in der folgenden Woche mit John traf, erklärte er mir, dass von den zwei Hauptformen des Zen, die überlebt hatten, Sōtō und Rinzai, die Letztere das Kōan-Studium als Mittel favorisierte, um mit »Erfahrungen« zu arbeiten. Kōans konnten uns helfen, unsere Wahrnehmung der momenthaft geschauten Wirklichkeit zu vertiefen und sie in unserem Leben zu verkörpern.

Genau das, was ich seit langem suchte.

Er erzählte mir auch, dass seine Lehrerin, die kanadische Nonne, die ich zuvor kennengelernt hatte, in Japan bei Yamada Kōun[12] Rōshi, dem Abt einer Zen-Linie, studiert hatte. Yamada erklärte den Prozess des Trainings mit einer Metapher:

Stell dir eine Milchglasscheibe vor. Dann wird ein Loch hineingebohrt, und plötzlich erkennen wir, dass es eine Welt auf der anderen Seite der Scheibe gibt: Das ist *Kenshō*. Das Kōan-Studium hat zum Ziel, dieses Loch zu vergrößern und weitere Löcher zu bohren, bis mit der Zeit die gesamte Scheibe so voller kleiner und großer Löcher ist, dass ihre integrale Struktur zerstört ist und sie zusammenbricht. Danach ist die Trennung zwischen dieser Welt und jener verschwunden.

John gab mir an Ort und Stelle das erste Kōan, das originale Ur-Kōan, das der Zen-Meister Mumon im dreizehnten Jahrhundert als »die torlose Schranke der Zen-Schule« beschrieben hatte:

> Ein Mönch fragte Joshu[13] in allem Ernst:
> »Hat ein Hund Budhhanatur oder nicht?«
>
> Joshu sagte: »MU!«

Ich hatte in Vorträgen verschiedener Lehrer von diesem Kōan gehört. Die wörtliche Bedeutung von *mu* ist »nicht«. Doch die tatsächliche Bedeutung des Kōans ist etwas anderes, etwas Unbenennbares.

Im Rinzai gibt der Lehrer dem Schüler ein Kōan auf und schaut, was passiert. Die Kōans sind verbale Formulierungen, die der Schüler während der Meditation betrachtet und die mit dem Verstand nicht zu lösen sind. »Dunkel für den Verstand, leuchtend für das Herz«, heißt es. Die

12 Gesprochen Ko-un, in zwei Silben.
13 Chinesisch: Zhaozhou, 778–897.

einzige Hoffnung besteht darin, dass man den Versuch, das Kōan verstehen zu wollen, irgendwann aufgibt, so dass das Kōan sich uns selbst enthüllt. Was auch immer das heißen mag.

Mu ist traditionell das erste Kōan. Der Schüler verwendet *mu* wie eine Art Mantra. Mit jedem Ausatmen während der Meditation spricht man stumm im Inneren den Laut *mu*. Der Schüler wird ermutigt, sich keine Gedanken über die Bedeutung zu machen, denn das Kōan muss arbeiten. Diese Arbeit kann vom Verstandesbewusstsein nicht geleistet werden. Nur *mu* selbst kann diese Arbeit an dem Praktizierenden vollbringen, indem es ihn aus einer Art Gefängnis befreit, dessen er sich nicht einmal bewusst war. Während das Verstandesbewusstsein sich mit dem Klang von *mu* beschäftigt, kann sich das wirkliche *mu* unbemerkt durch die Hintertür hineinschleichen.

Während wir eine eigene Wohnung suchen, sind wir bei meiner Mutter in Oxford einquartiert. Die Jungs schlafen auf Luftmatratzen, Clare und ich auf zwei nebeneinandergestellten Etagenbetten. Wir kommen alle gut miteinander aus, die Oma findet Frieden in der jungen Familie, die junge Mutter Erfüllung in der Gesellschaft der älteren Frau. Jeden Morgen und Abend meditiere ich draußen auf der Feuerleiter. Die Jungs, zwei richtige Kobolde, haben einen Heidenspaß.

Clare und meine Mutter verstehen sich gut, und ihre aufblühende Freundschaft macht es auch mir und meiner Mutter leichter, miteinander auszukommen. Irgendwie kann ich mit Clare an meiner Seite meine Mutter mehr schätzen. Eine jugendliche Blindheit hatte lang Zeit dafür gesorgt, dass ich nicht sehen konnte, was für eine bemerkenswerte Frau sie ist. Nach ihrer akademischen Laufbahn, in der sie sich der Entdeckung, Übersetzung und Verbreitung sowjetischer Literaturtheoretiker gewidmet hatte, war sie eine der ersten Frauen, die in der Church of England zu Priesterinnen geweiht wurden. Wir dachten alle immer, dass sie an der Uni bloß Russisch unterrichtete, aber nebenbei machte sie auch noch einen Abschluss in Theologie, der ihr zunächst den Titel einer Diakonisse, dann Diakonin eintrug, und schließlich wurde sie, im Rahmen der Bewegung für die Ordination von Frauen in der Anglikanischen Kirche, als eine der ersten Frauen in England anglikanische Pfarrerin.

Als Frau in einer leidenschaftlich sexistischen Organisation gab es zunächst einigen Stress, doch dann wurde ihr die Leitung eines kleinen russisch-orthodoxen Instituts für Gastdozenten angeboten, was ihr besser lag. Von ihrem Temperament her fühlte sie sich der Ostkirche wegen deren Mystizismus und ihrem breiteren moralischen Blickwinkel auf die Menschheit näher. Sie war eine lebenslang Suchende und war sich nicht zu schade dafür, weiter zu lernen und ihre eigene religiöse Erfahrung zu vertiefen. Inzwischen ist es so offensichtlich, dass ich ihr mehr verdanke, als ich mir all die Jahre eingestehen wollte. Ich war so besessen von meinen eigenen inneren Nöten, dass ich gar nicht sehen konnte, welches Geschenk sie mir mit ihrem Impuls, das Leben in seiner Tiefe zu erforschen, vererbt hatte.

Wenn sie von der Arbeit nach Hause kommt, legt sie alle institutionellen Belange beiseite und kümmert sich um Spielzeug und Essen und alles, was den Jungs Freude macht. Es ist rührend mit anzusehen, wieviel Liebe füreinander auf beiden Seiten entsteht. Manchmal unterhalte ich mich mit ihr über christlichen Mystizismus und die Parallelen zum Zen, und unsere Freundschaft wird tiefer als je zuvor.

Dann finden wir ein Haus am Kanal mit Blick auf eine Bootswerft, wo Hausboote repariert werden. Den ganzen Tag lang kann man Hämmern und Schleifen, das Klirren von Metall und allerlei Geplapper hören. Irgendwo zwischen Buchveröffentlichungen und Kindergeburtstagen fällt mir ein weiterer Lehrauftrag für Lyrik zu, und so habe ich jetzt zwei Stellen gleichzeitig, eine in Oxford, die andere beim Wordsworth Trust im Lake District. Jede zweite Woche fahre ich mit dem Zug nach Grasmere hinauf, wo Wordsworth lebte.

Ich bin verheiratet und habe mich niedergelassen. Meine Arbeit trägt bescheidene Früchte und ich gehe endlich ernsthaft den Zen-Weg. Der müde Pilger hat das Heiligtum, die »Zuflucht«, wie die Buddhisten es nennen, erreicht, den sicheren Hafen einer Praxis unter einem Lehrer. Von jetzt an geht es nicht mehr so sehr um eine äußere Suche, sondern um eine innere, und da diese einen unvermeidlichen Ausgang haben wird, beginnt die Geschichte ihrem Schluss entgegen zu gehen. Der Suchende ist am rechten Ufer angekommen. Jetzt geht es um einen langen Pfad den Berg hinauf, dann einen langen Pfad wieder hinunter. Aber er hat den Berg gefunden.

Jetzt, wo ich wieder in Oxford lebte, kamen immer wieder Kindheitserinnerungen zurück. Wie ich mich mit der Frage beschäftigt hatte, ob ich wirklich wach war oder nicht. Wenn ich auf meinem Schulweg die Straße entlang ging, mit dem Fuß einen Stein vor mir her kickte, während der Riemen meines Schulranzens mir in die Schulter schnitt, dann wusste ich plötzlich nicht mehr, wie ich von einem Laternenpfosten zum nächsten gekommen war.

War ich eigentlich ganz wach? Und wie konnte ich das wissen? Wer könnte in meinen Kopf schauen und es mir sagen? Aber ich wollte es wissen.

Ich erinnerte mich daran, wie wir einmal im Auto zum Lindisfarne Reunion Concert nach Newcastle gefahren waren, mein Bruder am Steuer. An einer Tankstelle hatten wir einen Tramper mitgenommen. Er hatte einen struppigen Bart, John-Lennon-Brille und einen dünnen Pferdeschwanz. Er sah selbst aus wie einer der Kerle von der Rock Band, die wir in Lindisfarne hören wollten. Er klettert in seiner regennassen Jacke auf den Vordersitz, wand sich aus ihr heraus, und ich legte sie neben mir auf den Rücksitz, während wir im strömenden Regen über die Autobahn brausten.

Irgendwie kamen wir auf das Thema Meditation zu sprechen. Er erzählte, dass er meditiere, brachte mir die Tibetische Gebetsformel *Om mani padme hum* bei und zeigte mir, wie man mit überkreuzten Beinen saß. Ich war dreizehn und lauschte hingerissen. Wir probierten es zehn Minuten lang aus, während mein Bruder fuhr, lauschten dem Verkehrslärm und dem Geräusch der Scheibenwischer.

Mir gefiel, wie sich das anfühlte: still innen drin, aber die Geräusche der Welt waren irgendwie näher.

Er erzählte, dass er einmal nachts von einem Haufen Kerle, die auf Krawall aus waren, zusammengeschlagen worden war. Sie hatten ihn halbtot im Treppenhaus liegen lassen. Ein Nachbar fand ihn, rief den Krankenwagen, und er verbachte drei Wochen im Krankenhaus. Er hatte Glück gehabt, dass er es überlebte.

»Das Komische dabei war«, sagte er, »dass es mir nichts ausmachte. Ich war da, aber irgendwie auch nicht. Als ob ich das alles im Fernsehen sehen würde.«

Es machte ihm nichts aus? Es waren die Siebziger, das Jahrzehnt gewalttätiger Skinheads, das Jahrzehnt von *Clockwork Orange*, und ich lebte in Todesangst vor anderen Jungs. Bebend fragte ich: »Meinst du, die Meditation war schuld daran, dass es dir nichts ausgemacht hat?«

»Na klar«, sagte er.

Das erfüllte mich mit einer Mischung aus Furcht und Hoffnung. Es gab also etwas, das einem in verzweifelten Situationen helfen konnte: Meditation. Aber ob es auch bei mir funktionieren würde?

Jetzt, viele Jahre später, fragte ich mich, ob ich Zen oder etwas Ähnliches womöglich schon viel länger suchte, als mir bewusst war. Vielleicht war es gar nicht so verwunderlich, dass ich Jahre in inneren Nöten verbracht hatte. Mein ganzes Leben lang hatte ich nach etwas gesucht, ohne zu wissen, was es war.

Als Junge war ich rebellisch. Ich widersetzte mich geistloser Autorität, hasste es, wenn ich etwas tun sollte, dessen Sinn sich mir nicht erschloss, und war auch bereit, mir dafür Ärger einzuhandeln. Das war ein Prinzip. Autorität an sich war bereits eine Verletzung. Und so trug ich die Folgen. Ich rauchte, ich trank, ich verkaufte heimlich Hasch, und so dauerte es auch nicht lange, bis ich von einer Schule verwiesen wurde.

Meine Freunde und ich waren Rebellen. Unsere Ikonen waren Bilderstürmer, und unser Auftrag war, das Establishment zu stürzen. Die Kirche war schon allein dadurch disqualifiziert, dass sie ein Werkzeug der Mächtigen war.

Es war die Zeit der Rucksackreisen und Lonely-Planet-Reiseführer. Wir konnten es gar nicht erwarten wegzukommen. Wir übten in den Tälern nördlich von Oxford mit unseren Segeltuchrucksäcken, und schließlich war es für einige von uns soweit, dass wir tatsächlich fortgingen. Während ich als junger Mann in Südamerika arbeitete, ging mir immer wieder ein altes französisches Gedicht durch den Kopf:

> Glücklich, wer wie Odysseus eine schöne Reise getan
> oder das Vlies sich erwarb wie der Held jener Sage
> und zurückkehrt zu leben für den Rest seiner Tage erprobt
> und voll Weisheit, bei den Seinen fortan.

Ich hatte genau das getan: Ich war auf eine Reise gegangen und hatte das Goldene Vlies gefunden. Ich hatte es nur nicht geschafft, es mit nach Hause zu bringen.

Als ich in New Mexico auf Zen stieß, war ich bereits ein Wanderer, ein schwarzes Schaf, das halbherzig versucht hatte, den familiär vorgezeichneten Weg ins Akademikerdasein zu gehen, dann aber abgebogen war, um ein unstetes Schriftstellerleben zu führen. Im Gegensatz zu meinen Geschwistern, die solide und bewundernswerte Karrieren machten, hatte ich nicht das Sitzfleisch, um einsam in einer Studierstube mit den Seiten zu kämpfen. Ich konnte mich nicht niederlassen, nirgends, zumindest nicht, bis ich meine Frau gefunden hatte. Ich war mein eigener Chef gewesen, ungebunden, niemandem zu Diensten.

Dabei war mir entgangen, dass dies ein Leben ohne Vertrauen war. All meine frühen Versuche, einen Zen-Lehrer zu finden, entsprangen der unbewussten Bestrebung, eine mich abtrennende Membran des Misstrauens zu durchstoßen.

Es ist schon ein interessanter Mechanismus: In der Lehrer-Schüler-Beziehung im Zen geht es um eine einzige Sache, nämlich unsere Existenz. Wenn sich dann die Beziehung vertieft, der Lehrer unseren Berichten lauscht, unsere blinden Flecken ans Licht kommen und wir immer klarer die bedingungslose Unterstützung des Lehrers erfahren, bemerken wir schließlich, dass es dabei gar keine Agenda gibt.

Genau das begann ich mit John zu erfahren. Manchmal fuhr ich zu einem Gespräch mit ihm nach London. Wir trafen uns an einer U-Bahn-Station, gingen in ein Café und unterhielten uns über einen Aspekt der Praxis und welche Implikationen er hatte, oder über eine neue Einsicht, die seit kurzem vorsichtig in mir zu dämmern begann.

Wie hilfreich das war, lässt sich kaum in Worte fassen. Ich erkannte, dass Meditation nicht einfach nur Meditation war. Es war ein Werkzeug, ein Gefäß, ein Gefährt. Durch das tägliche Sitzen und die Teilnahem an den Sesshins in Cold Ash, einem Retreatzentrum in den Berkshire Downs, wo ungefähr drei Dutzend Leute aus unserer Gruppe unter Johns Leitung jeweils für eine Woche gemeinsam saßen, konnte weit mehr erreicht werden als eine bloße Beruhigung des Nervensystems. In der Meditation konnten wir dem fundamentalen Forschungsanliegen des Lebens nachgehen, der Suche nach unserer Identität.

Doch ein paar Dinge waren dafür nötig: eine stetige tägliche Praxis, ein Leben in ausreichend geordneten Verhältnissen, damit man nicht ständig unter nervlicher Anspannung stand, eine einigermaßen stabile Psyche (wobei die Praxis ihrerseits dazu beitrug) und zwei abschließende Dinge: eine Gemeinschaft von Übenden und ein Lehrer.

Ich hatte immer gedacht, ich bräuchte keinen Lehrer. Ich wäre fähig, die Dinge selbst in den Griff zu bekommen. War das nicht der Maßstab für einen kompetenten, verantwortungsvollen Erwachsenen? Da, wo man das Leben nicht in den Griff bekam, beutelte es einen eben so lange, bis man es schaffte. Es brachte einem die Lektionen bei, die man zu lernen hatte. Aber das war etwas zwischen einem selbst und dem Leben. Es dauerte sehr lange, bis mir aufging, dass eine der Lektionen, die mir das Leben erteilen wollte, darin bestand, dass man manchmal einen Lehrer braucht.

Sinn und Zweck des Lehrers wie auch der Gemeinschaft war schlicht und einfach, dass man lernte zu vertrauen. Anderen Menschen zu vertrauen. Ohne Vertrauen konnte Zen nicht richtig in Gang kommen. Irgendwie mussten wir zuerst unser Festhalten an unserem Ich lockern. Mir war nicht bewusst, dass ich das getan hatte. So lange ich denken konnte, hatte ich mich an diesem Ich festgeklammert wie an einem Stück Treibholz in rauer See. Und das ungeachtet der Tatsache, dass ich dieses Ich ja bereits durchschaut hatte. Der Zen-Lehrer hilft uns, diesen

Klammergriff zu lockern, er ermutigt uns, langsam einen Finger nach dem anderen zu lösen.

Am Ende entdecken wir womöglich, dass da gar nichts war, wo wir glaubten, uns festzuhalten. Wir dachten das nur. Wenn wir aufhören zu halten, ist alles gut. Und dann zeigt uns die Gemeinschaft, wo es weiter geht, nämlich uns anderen zuzuwenden. Aber all das setzt Vertrauen voraus. Und im begrenzten Reich des Zen dem Lehrer zu vertrauen ist ein erster Schritt.

Proust nannte die Literatur eine Ersatzspiritualität. Sie kann der direkten spirituellen Erfahrung nicht nahekommen.

Zen arbeitet auch mit Literatur, aber anders.

Zen ist eine Übertragung von Geist zu Geist, sagte der Urahne Bodhidharma. »Es ist unabhängig von Wort und Schriftzeichen.« Es kann nicht über Wörter vermittelt werden, sehr wohl aber von Mensch zu Mensch. Deshalb existiert es nach wie vor.

Andererseits arbeitet Zen auch auf eine bestimmte Art und Weise mit Narrativen. Wenn eine Geschichte, wie manche Gelehrte es sehen, darin besteht, dass eine Figur einer Gelegenheit zum Wachstum begegnet, dann ist ein Zen-Kōan eine Geschichte. Nur eben zufällig die kürzest mögliche, und der Protagonist sind immer wir selbst. Wie kann man einen radikalen Shift in der Weltsicht eines Menschen in wenigen Worten komprimieren? Kōans sind Meister in dieser Kunst.

Sie verlangen das Unmögliche. Ein Mönch fragt Joshu: »Hat ein Hund Buddhanatur?« Joshu antwortet: »Mu.« Ende der Geschichte.

Und was für eine Geschichte.

Der Lehrer sagt: »Sitz mit *mu*. Nur diese Silbe. Ohne Bedeutung. Atme sie aus mit jedem Atemzug, überlass dich ihr.«

»Wie denn? Wie geht das?«, fragt man empört.

»Nur du selbst kannst das für dich herausfinden«, sagt der Lehrer.

John erläuterte es einmal so: Mit einem Kōan zu sitzen, ist wie eine Szene aus dem berühmten Buch *Zen in der Kunst des Bogenschießens*, in der der Meister mit verbundenen Augen in einen verdunkelten Schuppen geführt und angewiesen wird, blind auf ein Ziel an der gegenüberliegenden Wand zu schießen.

Die Schüler warten im Dunkeln. Man hört zweimal, wie ein Pfeil das Ziel trifft. Das zweite Mal ist das Geräusch anders als beim ersten Mal. Die Lichter werden angeknipst. Der erste Pfeil steckt genau im Zentrum der Scheibe, der zweite hat den Schaft des ersten gespalten.

Kōans sind so ähnlich, aber gehen noch weiter. Nicht nur »Wo ist das Ziel?«, sondern auch »Was ist das Ziel?«. Wie sollen wir auch auf etwas zielen, das wir nicht einmal identifizieren können, geschweige denn lokalisieren?

Sie erlauben nur einen Weg: Sei still und ergib dich.

Ein Sprichwort der indianischen Ureinwohner Amerikas lautet: Wenn du dich im Wald verirrst, weiß der Wald, wo du bist; sei still und warte, bis der Wald es dir zeigt. Das Kōan will sich uns zeigen. Aber das Ganze muss so herum laufen. Nicht wir können zu ihm gehen, sondern es muss zu uns kommen.

Kōans erfordern Geduld, ja, mehr noch, eine Art Kapitulation. Für einen ruhelosen Wanderer scheint ein Kōan-Studium zunächst nicht naheliegend. Yamada Kōun schrieb, dass wir wie Billardbälle seien: Es spielt keine Rolle, welche Farbe ein Ball hat – wenn er auf eine bestimmte Art und Weise getroffen wird, rollt er in eine bestimmte Richtung. Wie im Zen. Ob wir reich oder arm sind, jung oder alt, einen messerscharfen oder einen dumpfen Verstand haben, einen gesunden Geist oder eine kranke Seele – wenn man uns in eine bestimmte Situation bringt, nämlich auf ein Zen-Kissen setzt und mit einem Kōan konfrontiert, dann wird etwas passieren.

Einmal während eines Retreats mit John ging mir beim Betreten des Zendōs durch den Sinn, dass sich meine Prioritäten verändern könnten. Ich könnte dem Zen eine höhere Priorität einräumen. Der Gedanke gefiel mir. Immer hatte ich einen winzigen, unterschwelligen Widerstand gegen meine Zen-Praxis verspürt. Jetzt konnte ich ihn loslassen.

Auch Clare war dafür. Wenn ich auf Retreat ging, was drei oder vier Mal im Jahr der Fall war, brachte sie die Jungs zu ihren Eltern. Es gab also offenbar keinen Konflikt mit Familie und Arbeit. Endlich hatte ich die Praxis gefunden, die ich gesucht hatte. Was Zen forderte, war machbar: täglich zu sitzen, gelegentlich ein Retreat, und Offenheit für das, was das Leben einem von Moment zu Moment brachte. Und es wirkte sich auch positiv auf mein Umfeld aus: Ich war aufmerksamer, weniger empfindlich. Es öffnete mich mehr für die Liebe. Und nach dem Retreat kehrte ich stets sehnsüchtig und voller Wiedersehensfreude zu meiner Familie zurück.

Für die Nonnen des katholischen Retreat-Zentrums, in dem John seine Sesshins hielt, gab es einen Friedhof auf einer Lichtung mit Haselnussbäumen. Dort stand ein Kreis kleiner Grabsteine, wie sie eher für geliebte Haustiere üblich sind, und die man im hohen Gras leicht übersehen konnte.

Ich erinnere mich an eines meiner ersten Retreats dort. Es war Ende Februar, die Bäume waren kahl, doch neue Knospen bildeten sich bereits an den Zweigen. Bei einem Spaziergang durch das Wäldchen ging es mir durch den Kopf: *In sechs Wochen werden sich die Knospen geöffnet haben und junge Blätter werden zum Vorschein kommen. In sechs Monaten werden genau dieselben Blätter gelb sein und welken und fallen.* Wie die Generationen von Nonnen, die hier beerdigt waren, die gelebt hatten, dienten, und starben. Wie töricht, wenn nun ein Blatt anfinge, sich selbst zu bewundern, sich für besonders zu halten, zu denken, dass sein Schicksal anders als das der anderen sei, dass es »auserwählt« sei für eine Sonderbehandlung. Egal was es dachte, der Frost würde kommen und es würde den Weg aller Blätter gehen.

Wie schwer es mir fiel anzuerkennen, dass dasselbe auch für mich galt. Irgendwie schlummerte immer noch so eine Überzeugung in mir, dass ich ein bisschen etwas Besonderes sei. Aber natürlich würden auch für mich die Jahreszeiten und die Jahre ins Land ziehen, und ich würde enden wie diese bescheidenen Nonnen, von denen außerhalb des Ordens noch nie jemand gehört hatte. Sie hatten gewusst, dass sie Blätter an einem Baum waren und dass nicht ein eingebildetes »Anderssein« sie zu etwas Kostbarem machte, sondern die Tatsache, dass sie ein essenzieller Bestandteil des gesamten Lebens des Baumes waren.

Etwas Größeres in mir geriet in Bewegung. Irgendein tiefer Gletscher von Isolation und Selbstbezogenheit fing an zu schmelzen und vom Berg hinunter ins Tal zu rutschen, dem Meer entgegen.

Es ist Abend geworden. In der Bootswerft hinter unserem Haus schweigen die Werkzeuge, die Arbeiter sind nach Hause gegangen für ihren Feierabend. Kanalboote stehen in schiefen Winkeln aufgebockt auf Betonblöcken, die schimmernden Bootsrümpfe glattpoliert. Ölkanister, Schläuche, Werkzeugkästen sind über den Hof verstreut, sowie Mülleimer. Manche Boote haben Blumenkästen auf dem Dach, wie Wohnwägen, die samt allen persönlichen Besitztümern zur Wartung in der Werkstatt sind. Eins hat ein Fahrrad auf dem Dach.

Ich sehe das alles, weil ich gerade aus dem Fenster schaue. Hinter der Werkstatt ergießt sich das Licht der Abendsonne als rauchiger Fluss durch eine Baumgruppe aus Ulmen. Es ist Spätsommer.

Ich habe für meine Frau und mich Abendessen gemacht. Die Jungs haben schon früher gegessen. Ich trage zwei Teller nach oben. In dem kleinen Kinderzimmer liegt Clare mit den Jungs auf dem Bett, sie schauen *Falsches Spiel mit Roger Rabbit* im Fernsehen.

Das Zimmer ist vom Licht des Spätnachmittags durchflutet. Ich beuge mich zu ihr hinunter, um ihr den Teller mit der auf dem Rand balancierenden Gabel zu reichen.

»Danke«, sagt sie.

Ich richte mich auf und stehe einen Augenblick einfach mit meinem eigenen Teller in der Hand da. Als ich mich gerade hinsetzen will, packt mich eine Szene aus dem Film, in der Roger Rabbit sich am Herdfeuer den Schwanz verbrennt und daraufhin in immer rasenderem Tempo in der Küche im Kreis herum rennt, um seinem in Flammen stehenden Schwanz zu entrinnen, während die Küchenschränke zur Zentrifuge werden wie beim Steilwand-Motorradfahren.

Mir fällt wieder ein, wie toll ich diese Szene fand, als der Film vor Jahren herauskam. Ich fange an zu lachen. Etwas passiert gerade. Ein Kribbeln, ein Wirbeln in meinem Inneren. Ich merke, wie verformbar die vermeintlich festen Oberflächen in dem Komik sind. Das Kribbeln wird zu einem Schwungrad in meinem Bauch und dreht sich immer schneller, bis es fast unerträglich ist, eine süße Qual. Jetzt ist es in meiner Brust, und auf einmal ist mein Herz kurz vor dem Bersten und die Empfindung peitscht sich zu einem Zyklon auf, einem Sandsturm, einem Wirbelwind und schraubt sich durch meinen Hals nach oben in den Kopf.

Mein Kopf explodiert. Ein Donnerschlag im Raum. Ich bin bewusstlos – nur eben nicht. Ich stehe immer noch. Alles andere ist weg. All die Schaltkreise, die die Welt am Laufen halten, sind aus. Eine Sicherung ist durchgebrannt. Ich stelle fest, dass ich auf nichts stehe. Unter mir ist ein gähnender Abgrund, über mir Leere. Um mich herum, in alle Richtungen, nichts. Dunkles, leuchtendes Nichts.

Mir entfährt ein Juchzer und ich fange an zu lachen.

Clare schaut vom Bett auf. »Oh, Gott«, stöhnt sie, »nicht schon wieder dieses Zen.«

Stevie, mein Fünfjähriger, schaut mich mit seinen großen braunen Augen an. Sie leuchten so klar wie Murmeln, als er mich fragt: »Dad, was ist ›alt werden‹?«

Ich habe keine Ahnung, woher diese Frage kommt, vielleicht hat er die Formulierung gerade in dem Film gehört. Ich schaue in seine Augen, die ich noch nie so lebendig erlebt habe, vielleicht war es mir noch nie aufgefallen. Ohne nachzudenken, beuge ich mich zu ihm hinunter und antworte: »Es gibt kein Altwerden. Es gibt bloß Lebendigsein.«

Wir schauen einander an und sein Gesicht strahlt, als er mit einem breiten Grinsen sagt: »*Ich* bin lebendig.«

»Und wie«, stimme ich ihm zu, und wir lachen beide.

Seit jenem ersten Dokusan mit John vor ein paar Monaten arbeite ich mit dem Kōan Mu. Kürzlich sagte er mir bei einem Gespräch: »Geh von jetzt an mit der Frage ›Was ist *mu*?‹«

Ich folge der Anweisung beharrlich, während ich zu meinem Büro an der Brooks University hinaufradle oder durch die Stadt gehe. Die Frage »Was ist *mu*?« fühlt sich zunehmend wie eine viel größere Frage an, sie fragt gleichzeitig: *Was ist diese Straße? Dieses Haus? Dieses Fahrrad? Dieser Regen?*

Vor ein paar Wochen ging mir, während ich im Nieselregen nach Hause radelte, plötzlich der Gedanke durch den Kopf: *Durch den Regen radeln, nass werden, das mag ich nicht. Aber wenn es nun okay wäre, ganz in Ordnung, so wie es einfach gerade ist? Wer ist das, der sagt, dass es nicht gut sei?* Einen Moment lang spürte ich, dass alles vollkommen war, genau so wie es war.

Und vor ein paar Tagen fragte ich mich auf einmal: *Was, wenn es einen Geist gibt, der die Erfahrung, lebendig zu sein, erschafft, und der sogar meinen eigenen Geist erschafft, jenen, mit dem ich die Dinge erfasse, die Straße, die Autos, die Bäume? Wenn das alles ein einziger Geist ist?*

Irgendwie hat das, was gerade passiert – Roger Rabbit und seine Zentrifuge und der gähnende Abgrund – mit dieser Frage zu tun.

Aber dieser Donnerschlag liegt außerhalb jeglicher Erwartung. Da ist nur leerer Himmel in allen Richtungen. »Weit und breit nichts, was den Blick trübt«, wie es in einem alten Zen-Spruch heißt. Nicht ein einziger Gedanke im ganzen Universum. Nichts existiert! Dieses ganze tiefernste Geistestraining, das wir im Zen machen oder glauben zu machen – und dann gibt es gar keinen Geist!

Der Raum ist immer noch in sattes Licht getaucht, eine dunkle, schimmernde, lichte Klarheit durchdringt das Bett, das Fenster, den Fernseher, die drei anderen Menschen auf dem Bett.

Aufgeregt und leicht schwindlig taste ich mich mit meinem unberührten Essen auf dem Teller wieder die Treppe hinunter, taumelnd vor Freude und in dem Gefühl, jeden Augenblick in diesen Abgrund fallen zu können, ohne dass es mir etwas ausmachen würde. Wie ist es bloß möglich, überhaupt einen Schritt zu tun, sich auf dieser imaginären Oberfläche zu halten, die wir Boden nennen? Alles ist ein bloßer Traum, eine schwebende Illusion, eine Fata-Morgana-hafte Spiegelung, ein Gespenst im Nichts.

Das Essen auf meinem Teller sieht großartig aus, wie ein Stillleben von einem Meister des siebzehnten Jahrhunderts. Ich kann mir nicht vorstellen, irgendetwas anderes damit zu tun als es zu bestaunen. Überhaupt fällt mir nichts mehr ein, was zu tun wäre. Alles ist ein einziger grandioser Abgrund von Frieden, der vor Energie sprudelt.

Ich hole mir ein Kissen vom Sofa, falte es in der Mitte und setze mich zum Zazen. Ich weiß nicht, was ich sonst tun soll. Nach zwanzig Minuten sind Teppich, Sofa, Kissen und alles andere immer noch voller lebendiger Energie.

Einen Moment lang flackert Unruhe auf: *Werde ich wahnsinnig? Hört das nie auf?*

Ich gönne mir einen Spaziergang durch das dämmrige Viertel. Schwaden rauchiger Energie überall. Die Häuser hängen still und ruhig in dem graublauen Dunst. Auch sie sind rauchig und lebendig, wabern zwischen da sein und nicht sein. Der Geist ist eine feine Rauchfahne, das Überbleibsel einer ausgeblasenen Kerze. Nicht nur für die Häuser, sondern auch für das Sehen der Häuser gilt: da und nicht da. Ich könnte hingehen und an die Haustüren oder ans Fenster klopfen, aber dieses »da sein« ist nicht, was es scheint. Die Welt »da draußen« ist eine vibrierende Spiegelung im Nichts, selbst wenn man an eine Tür klopft.

Und wieder ist alles beantwortet und erfüllt.

Ich kann noch immer nicht in Worte fassen, was das genau war – und dabei sind doch Worte ein zentrales Mittel, um diese Wirklichkeit abzubilden –, aber wenn man diese Wirklichkeit sah, wenn sie zum Vorschein kam, dann faltete sie die Alltagsrealität wie ein Stück Papier zusammen und verbrannte sie in einem glühenden Ofen. *Diese* Wirklichkeit überstieg unser Fassungsvermögen und sie liebte uns, liebte alles Existierende so brennend – es war, als entdecke man, dass die ganze Welt ein einziges Herz war. Und gleichzeitig war sie überhaupt nichts.

Später hörte ich John einen alten Meister, Dahui[14], aus dem China des zwölften Jahrhunderts zitieren mit den Worten, die Realität von Zen sei ein heißer Ofen, und alle Phänomene Schneeflocken, die schmolzen, sobald sie ihm nahe kamen.

Stimmte das? War die Wirklichkeit so? Oder war das irgendeine Art von Wahn? Ließ ich mich von John und vom Zen in die Irre führen? Aber warum fühlte ich mich dann so erlöst, so gut?

Ich hatte keine Antworten. Nur das, was ich spürte. Nämlich, dass mir gerade durch eine unerfindliche Macht ein Blick in die Wirklichkeit gewährt worden war, in die tatsächliche Beschaffenheit des Universums, in seine DNA sozusagen. Und was ich dort gesehen hatte, schloss auch mich ein, und somit war klar, dass auch ich wie alles andere ein Kind dieses Universums war. Ich war nicht getrennt davon.

Und all das ohne Gott. So gut war dieses Universum, aus sich selbst heraus und zu sich selbst, dass es keinen Gott brauchte. Es brauchte überhaupt nichts extra.

Ich konnte es kaum erwarten, John zu sehen, und fuhr zu ihm, sobald er Zeit für mich hatte.

Ich erzählte ihm, was geschehen war. Er diagnostizierte es als eine »klare, aber nicht tiefe« Erfahrung. Ich war hoch entzückt. Er schien jedes noch so winzige Detail, das ich beschrieb, zu verstehen, und in einer Welle von Dankbarkeit, wie ich sie noch nie gespürt hatte, verbeugte ich mich spontan vor ihm, bis meine Stirn fast den Boden berührte. Ich wollte gar nicht wieder aufstehen. Er wusste Bescheid. Er erkannte es. Er verstand es. Mehr brauchte ich nicht.

---

14 Japanisch: Daie Sōkō, 1089–1163

Dann fing er an, mich mit seltsamen Fragen zum Kōan Mu zu traktieren. Sie erschienen mir wie Unfug, und doch meldeten sich Antworten aus meinem Inneren, und als ich sie aussprach, lächelte John, weil ich mich so genierte, und er bestätigte mich und erklärte, dass ich gerade eine der traditionellen Antworten gegeben hatte. Ich hatte noch nie etwas Ähnliches erlebt, nicht im Zen und nicht anderswo. Die Erfahrung war also nicht willkürlich gewesen. Sie hatte ganz direkt etwas mit *mu* zu tun. Und dafür war ein Kōan da: einen radikalen Shift in der Erfahrung hervorzurufen. Das Kōan konnte einen Zugang zu einer unglaublichen neuen Erfahrung der Welt eröffnen, welcher frei von jeglicher Vorstellung, von jeglichem Verstehen war. Mehr noch, ich entdeckte, dass das Kōan einem eine *Begegnung* bescheren konnte: Der Schüler konnte mit seiner »Erfahrung« zum Lehrer kommen und sie bestätigen lassen. Und beide zusammen konnten sich darin begegnen, mitten in der Erfahrung, zu der sie erwacht waren.

Nach mehreren Einzelgesprächen dieser Art in den folgenden Wochen gab mir John ein neues Kōan, das berühmte: »Du kennst den Klang zweier klatschender Hände. Was ist der Klang der einen Hand?« Es war genial, eine Methode, bei der man nicht einfach bloß in der eigenen Erfahrung bestätigt wurde und lernte, ihr zu vertrauen, sondern sie auch noch teilen konnte. Es war genau das, wonach ich mich Jahrzehnte lang so verzweifelt gesehnt hatte: jemandem in dieser Wirklichkeit zu begegnen. Darin lag der Zauber der Kōans. Nicht nur, dass sie uns öffneten, sondern dass sie gleichzeitig eine höchst intime Begegnung ermöglichten.

Aber es ging noch weiter. Ein authentischer Kōan-Lehrer konnte einen noch tiefer führen. Durch die Begegnung, das Teilen der Erfahrung, die Führung, bestand Hoffnung, diese Erfahrungen zu integrieren und in einem gewöhnlichen Leben tatsächlich zu leben, als Freundlichkeit, als Sorge nicht um sich selbst, sondern um andere.

Auf einem Cartoon aus dem *New Yorker* ist die Erde als schmutziger, Rauchschwaden und Dämpfe absondernder, köchelnder, kranker Planet zu sehen, über ihn gebeugt der liebe Gott und ein Erzengel, die sich am Kopf kratzen.

Der Erzengel fragt Gott: »Hast du's schon mal mit abschalten und wieder einschalten probiert?«

So war meine Erfahrung. Die ganze Welt war ausgeknipst, verschwunden wie durch einen Zaubertrick. Ein Faltenschlag des Zen-Gewands, und alles war weg. Stattdessen: eine funkelnde Dunkelheit, eine leuchtende Schwärze, riesig, grenzenlos, vollkommen leer.[15]

Aber warum sollte die Erfahrung, dass alles verschwindet, derart beglückend sein?

Vielleicht weil diese »Leere« zuinnerst erstaunlich und wunderbar ist. Sie hat nicht nur erstaunliche Macht, sondern alle Macht. Alles ist aus ihr gemacht. Oder vielleicht, weil diese Realität einfach so ist, und ihr irgendwie näher zu sein, macht uns glücklich.

Aber warum sollte irgendjemand zuhören, wenn ich so eine Behauptung aufstelle? – Das sollte niemand. Entweder schleudern Sie dieses Buch einfach quer durch den Raum, oder Sie ziehen eines Tages los und suchen sich einen Zen-Lehrer, lernen zu meditieren, fangen mit einem Kōan an und schauen, was passiert. So lautet die traditionelle Empfehlung. Es geht hier um eine Erfahrung. Und zwar unsere eigene, nicht die von jemand anderem.

---

15 Über die Jahre habe ich immer wieder das Herz-Sutra rezitiert. Der Bodhisattva des Mitgefühls, Kanzeon, sieht, dass jegliche Existenz leer ist. Im Sutra heißt es: »Form ist nichts anderes als Leere, Leere nichts anderes als Form.« Das Wort »Leere« wird von Kommentatoren unterschiedlich ausgelegt. Die Dinge sind »in sich ohne Substanz«, alles ist grenzenlos, es gibt keine Trennung zwischen den Dingen und so weiter. Die fundamentale Wirklichkeit der »Leerheit« ist nichts, gar nichts. Aber dieses Nichts ist unendlich fruchtbar und auf wunderbare Weise heilsam für das menschliche Herz.

Heutzutage ist es relativ einfach, das Ganze selbst mit einem oberflächlichen Laienwissen in Physik zu Ende zu denken. Wir bestehen wie alles andere auch aus Atomen und ihren Bestandteilen und Energien. Es ist zwar ein kühner Anspruch, zu behaupten, dass wir diese Ebene der Dinge tatsächlich erfahren können; dennoch gibt es, wie von vielen Kommentatoren dargelegt, erstaunliche Entsprechungen zwischen Bereichen der modernen Physik und dem, was der Buddhismus seit Jahrtausenden beschreibt: dass die Dinge »leer« sind, eben nicht diese Festigkeit besitzen, die uns so überaus einleuchtend erscheint. Wenn man Substanz wirklich bis zum Ende zerlegt, bleiben nur Energie und Raum übrig – sagen die Physiker.

Und sogar der Raum-Begriff wird inzwischen debattiert. Es kursieren Theorien, wonach unser gesamtes Universum eine Membran sei, ein zwei-dimensionaler Schirm, auf den neundimensionaler Raum und Materie als eine Form von Illusion projiziert sind.

In den folgenden Wochen hatte für mich alles die sublime Klarheit eines taufrischen Morgens.

Wie schon bei anderen Offenbarungsmomenten machte ich auch diesmal schon bald den Fehler, zu glauben, ich hätte etwas Quantifizierbares gesehen, ein Wissen, das man als eine Eigenschaft dieses Universums in die Datenspeicher aufnehmen könne.

Doch ich war jetzt in guten Händen. Mein Lehrer ließ nicht zu, dass ich mich an einer Erkenntnis festhielt und, wie es ein Zen-Meister einmal formulierte, in der »Falle der Leerheit« lebte oder, wie ein anderer es ausdrückte »in der Höhle der Dämonen im schwarzen Berg«.

Zen hört nie auf. »Jemand hat vielleicht das Buddhadharma entdeckt«, sagte Chosa[16], ein Meister aus der frühen Tang-Dynastie, »aber es ist noch nicht wirklich. Man muss von der Spitze einer hundert Fuß hohen Stange vorwärtsgehen und seinen ganzen Körper in den zehn Richtungen des Weltalls manifestieren.«

Vielleicht stellt man fest, dass man in einem universalen Abgrund hängt, aber wie eine Figur in einem Comic muss man trotzdem einen Schritt weitergehen. Es gibt nur eine Richtung, in die man gehen kann: vorwärts, ins Leben, ins Dienen.

Es gab mehrere »erste Kōans«, die durchgearbeitet werden mussten. Eines davon handelte von einer »fernen Tempelglocke«. Ich will nicht zu viel davon verraten – Kōan-Schulung ist eine intime Sache, die man nicht ausplaudert und herumerzählt, aber ein klein wenig kann ich dazu sagen.

Das Kōan über die ferne Tempelglocke markiert einen Wendepunkt, weil es das erste der großen »Präsentations«-Kōans ist, das heißt eines, bei dem keinerlei Erklärung mehr hilft. Der Schüler muss eine wortlose »Darstellung« des Kōans liefern, er muss es »zeigen«, verkörpern, er muss es sein. Darüber zu sprechen ist zwecklos. Die ganze Stoßrichtung des Kōan-Studiums führt weg von der Sprache, in die Befreiung von Sprache. Die große Stille allen Seins öffnet sich, wenn Worte nur noch Treibgut sind.

Mit dem Kōan über die ferne Tempelglocke saß ich mehrere Wochen. Die jüngste Erfahrung verwandelte sich in meinem Geist bereits zu einem metaphysischen Verständnis, und das hielt mich mit dem neuen Kōan zunächst auf. Wäre John nicht da gewesen, hätte er nicht instinktiv gewusst, wie er mit mir arbeiten musste, so wäre wohl auch diese Erfah-

16 Chinesisch: Changsha, gest. 868.

rung denselben Weg wie die vorherigen gegangen, nämlich zu einer irritierenden Erinnerung zu werden. Doch er war da und hatte mir das seltsame Kōan über die ferne Tempelglocke gegeben.

»Stoppe den Klang der fernen Tempelglocke«, lautet es. Wie um alles in der Welt geht das? »Es gibt nichts zu diskutieren«, sagte John mir immer wieder. »Wir müssen es tun. Trau der Erfahrung, die du bereits gemacht hast. Lass das Kōan dir zeigen, wie es geht.«

Nach mehreren Dokusan mit John, in denen er mich ermuntert und angestachelt hatte und ich den Eindruck gewann, jede nur erdenkliche Herangehensweise probiert zu haben, folgte ich eines Abends im Dokusan-Zimmer einem Impuls und überlies mich aufs Geratewohl dem Kōan. Im nächsten Augenblick geriet ich in die Spur einer jahrhundertealten, von anderen fein geschliffenen Praxis. Es kümmerte mich nicht mehr, ob ich die »richtige« Darstellung fand. Das Kōan verschwand, und an seine Stelle trat eine gewaltige Ausdehnung, während ich tat, was ich tat.

Ich konnte John leise lächeln sehen. Dazu waren Kōans da: um zwei Menschen zu ermöglichen, gemeinsam zur selben Wirklichkeit zu erwachen. Wobei John vermutlich bereits hellwach in dieser Wirklichkeit war. Aber jetzt konnte ich mich dort für einen Moment zu ihm gesellen.

Im Zen ging es nicht um individuelle Erkenntnis, und war es nie gegangen. Letztere war zwar in Ordnung, aber das Herz des Zen war das Teilen.

Beständig mit den Kōans zu arbeiten und mich durch die erste Sammlung zu tasten, die in Johns Linie unterrichtet wurde, war eine erstaunliche Erfahrung, fast so erstaunlich wie eine unmittelbare Erfahrung der »Zen-Wirklichkeit« selbst. Das Wissen über die unaussprechliche, alles durchringende Tatsache, die manchmal als »Dharmaleib« oder »Buddhadharma« bezeichnet wird, war in den Kōans sozusagen entdeckt, verewigt und weitergereicht worden. Es war geheim, konnte jedoch aufbewahrt werden. Durch alle Zeiten hindurch hatten die Menschen davon erfahren und einen Weg gefunden, es miteinander zu teilen. Es war weder ein Wahn, noch war man damit allein.

Aber das Teilen vollzog sich ohne Worte. Deshalb mussten die Kōans, obgleich sie in Worte gekleidet waren, »gezeigt« werden, ohne Worte. Kōans erfüllten perfekt jene frühe Beschreibung des Zen durch den Urahn Bodhidharma: »eine besondere Überlieferung außerhalb der Schriften, unabhängig von Wort und Schriftzeichen«. Es stimmte. Worte konnten das Ganze nur verdunkeln und verwirren. Aber wenn man ein Kōan »zeigte« und dabei die Wirklichkeit, die in ihm lebte, direkt erfuhr, dann wurde es im Zeigen und in der Gegenwart des Lehrers wieder lebendig.

Darüber hinaus war es eine Übung, sich einer über Generationen hinweg vererbten Weisheit zu überantworten. Es gab einen Prozess, in den man eintreten konnte. Vielleicht blieben dabei die magischen Türen nicht ständig weit offen, dennoch veränderte er einen auf eine gute Art und Weise und in Übereinstimmung mit der Wirklichkeit jenseits dieser Türen. Man konnte in eine Linie von Praktizierenden eintreten, die in dieser Wirklichkeit angebunden waren. Jedenfalls gab es diese Chance, mit ein bisschen Glück und einer Menge Übungspraxis.

Die Übertragungslinie ist ziemlich wichtig im Zen. Seine Autorität als Lehrer schreibt man sich nicht einfach selbst zu, sondern sie wird einem vom eigenen Lehrer erteilt, der sie wiederum von seinem Lehrer erhalten hat und so fort. Darin liegt mehr als eine Art Lehrbefugnis. In so eine Linie einzutreten, ist ein Stück weit ein Einlass in eine Art Zufluchtsort. Das traditionelle Suffix im Namen eines männlichen Lehrers ist *–ken*, was »Dachvorsprung« bedeutet, also einen Schutz. Entsprechend bekommen weibliche Lehrerinnen das Suffix *–an*, das »Einsiedelei« bedeutet, also wiederum ein geschützter Ort.

Von außen betrachtet habe ich diese Linien in den verschiedenen Zentren, die ich besuchte, immer als etwas diffus Bedrohliches wahrgenommen, als eine Form von Zwang oder sektiererischem Eifer. Aber jetzt, wo ich selbst einen Lehrer gefunden hatte, wo ich dabei war, meiner Praxis einen höheren Stellenwert in meinem Leben einzuräumen, sie nicht mehr nur als einen Energieschub für mein Dasein zu verstehen, als ein bloßes Hilfsmittel für mehr Ruhe und Gelassenheit, für eine bessere Schreibpraxis und so weiter, sondern als Tor zu einer anderen Art zu leben; jetzt, wo die Praxis mich nicht mehr mit dem Schuldgefühl fehlender Hingabe konfrontierte, sondern voller Verheißung leuchtete, fühlte ich mich John und seinen Lehrern und Lehrerinnen gegenüber, die die Lehren aufs Sorgfältigste bewahrt hatten, zutiefst dankbar.

Indem ich anfing, dem Zen-Weg ernsthaft zu folgen, schien ich auf einmal die Spuren eines realen Pfads ausmachen zu können. Inmitten all der Irrungen und Wirrungen meiner Tage gab es tatsächlich einen authentischen Weg, dem man folgen konnte. Es erinnerte mich an jene alten Pfade, von denen Speedy, der Tramp, gesprochen hatte, Überbleibsel eines tieferen Lebens, das seine Spuren in der Landschaft hinterlassen hatte. Doch sie waren verborgen, versteckt in den Dingen, und warteten, gleich unter der Oberfläche, bis wir bereit waren, sie zu entdecken.

Schwarzes Loch

Dad war inzwischen im Ruhestand. Er hielt sich weiterhin mit Übersetzungen und Lektoratsarbeiten beschäftigt sowie mit verschiedenen Geschichtsprojekten, die ihm am Herzen lagen, doch es blieb viel Zeit für Gespräche. Sich zu unterhalten war ja schon immer seine Lieblingsbeschäftigung gewesen.

Ab und zu besuchten wir ihn, Clare, ich und die Kinder. Clare und meine Stiefmutter verstanden sich gut, sie teilten ihr Interesse für Kunst und Künstler, und Dad genoss es, die Jungs auf den Schaukeln zu beaufsichtigen, die er hinten im Garten aufgestellt hatte. Während er sie anschubste und ihre Fragen parierte, erzählte er mir historische Schnipsel, auf die er bei seiner Forschung gestoßen war. Meine Stiefmutter entpuppte sich als hinreißende Großmutter, die den Jungs alle Wünsche von den Augen ablas, lange bevor der eigene Papa überhaupt etwas bemerkte. Und sie interessierte sich sehr für mein Schreiben, verfolgte die Lesungen, die ich gab, las die Artikel, die ich veröffentlichte. Es berührte mich und erfüllte mich mit Dankbarkeit.

Die Jungs liebten ihre Großeltern. Meine Mutter fragte ihnen Löcher in den Bauch, während sie ihnen Eisbecher machte, und mein Dad war nicht nur ein äußerst heller Kopf, sondern auch ein warmherziger und manchmal sogar seine Faulheit genießender Mann. Er war ein häuslicher Mensch, war gern zu Hause, war bodenständig. Er hatte klare Prioritäten. Er liebte Menschen, sie waren seine Passion. Wie schnell er sich mit Wildfremden anfreundete, verblüffte mich derart, dass ich mich manchmal fragte, ob er sie nicht vielleicht doch schon vorher gekannt hatte, und überlegte, wie das sein konnte. Er trug sein Zuhause mit sich herum wie eine Schildkröte ihren Panzer. Die Menschen spürten das, er bat sie herein und sie fühlten sich wohl. Die Jungs turnten auf dem Sofa auf ihm herum, und er lockte sie in den sanfteren Zeitvertreib einer Unterhaltung; kurz darauf waren sie gefesselt davon. Es war schön, das zu beobachten.

Dad und ich hatten unsere Höhen und Tiefen miteinander. Doch irgendwie, dank Therapie und Zen, dank einer Frau mit klarem Blick an meiner Seite, hatte sich einiges bei mir verändert. Vielleicht hatte ich inzwischen genug von dem getan, was mir Harvey geraten hatte: »Gib dir selbst die elterliche Geborgenheit, die du als Kind nicht hattest.« Hin und wieder kochte immer noch die alte Wut in mir hoch oder packte mich ein Anfall von Scham, doch ich hatte gelernt, meinen Vater so zu nehmen, wie er war, und auf dieser Basis konnten wir unser Zusammensein genießen. Schließlich waren wir immer noch zwei literaturinteressierte Juden, denen nichts über eine ordentliche Debatte mit guten Argumenten ging.

Während der Meditationsabende im Zendō, in dem sanften Dämmerlicht, das durch die Fenster hereindrang, und dem Schein einer Lampe neben dem Altar hielt John seine Vorträge über Kōans.

Die Art und Weise dieser Vorträge fühlte sich gut an. Wobei sich alles am Zendō gut anfühlte. Vielleicht bestand die Gefahr, dass die Lehren erstarrten, je weiter sie sich von Japan entfernten. In anderen Zendōs hatte ich manchmal eine unterschwellige eisige Angst im Raum ausgemacht. Doch in diesem schlichten Haus in Oxford, in dem das Sitzen sich so tief und still anfühlte, wie ich es noch nirgendwo sonst erlebte hatte, spürte ich eine warme Schwingung. Der Lehrer vermittelte die Lehren auf eine so lebensnahe Weise – nicht als eine kühle Formalität, die durchzusetzen war, sondern als eine Lebensweise, die man teilte. Dennoch war ich Japan selbst noch nie nähergekommen als das hier. Dank einer unheimlichen Intuition war ich in ein Zendō gestolpert, in dem der Meister kein Bedürfnis verspürte, den Japaner zu spielen. John setzte seine eigene Schulung unter dem japanischen Lehrer fort, der der gesamten Linie vorstand, hatte aber keinerlei Impuls, einen fremden Stil nachzuahmen, der ihm nicht entsprach. Er blieb er selbst. Natürlich. Freundlich. Einsichtsvoll. Englisch. Und mit alledem einverstanden.

Vielleicht empfand man ja die Lehren umso natürlicher und schlichter, je näher einem die Quelle war, je herzlicher und freundlicher sie war? Das entsprach allerdings nicht den Stereotypen, die ich über andere Zendōs gehört hatte, von furchteinflößenden Meistern jenseits des Pazifiks, die ihre geduckten Schüler mit einem Stock traktierten. Aber vielleicht waren diese Geschichten auch Teil einer älteren Mythologie.

Der Abend begann immer mit einer Sitzeinheit. Hier dauerte sie nur fünfundzwanzig Minuten, was angenehmer für die Beine war. Im Raum saßen an die zwei Dutzend Leute, der spärlich beleuchteten Wand zugewandt. Am Ende der Einheit wurde sanft die Glocke angeschlagen, dann folgten fünf Minuten langsames Gehen, und dann warteten wir alle im Stehen, bis John in Strümpfen hereinkam. Er legte ein paar Blätter Papier auf seinem Kissen ab, zündete am Altar ein Räucherstäbchen an, dann ertönte ein kleines Handglöckchen und wir verbeugten uns alle dreimal tief.

Ich kannte diese Rituale aus anderen Zen-Zentren. Anderswo hatten sie bei mir eine subtile Bangigkeit ausgelöst, vor allem, wenn die meisten der Anwesenden in schwarze Roben gehüllt waren und einen priesterlichen Habitus an den Tag legten. Hier jedoch saßen wir alle in unseren Alltagskleidern, und es fühlte sich nicht fremd, sondern ganz natürlich an. Die japanische Übertragungslinie war aktiv, deshalb musste ihr »Japanischsein« nicht ständig unter Beweis gestellt werden. Das Sitzen strahlte eher Form als Förmlichkeit aus, und im Rahmen der vorgegebenen Grundstruktur war der Ton entspannt und angenehm. Wir setzten uns alle hin und harrten in erwartungsvoller Stille dem Beginn des Vortrags.

John hielt großartige Vorträge. Man spürte seine Liebe für die Praxis, für die alten Meister, von denen er erzählte, vor allem aus der Tang-Periode in China, und für uns alle. Er liebte es, die Zen-Welt zu öffnen, und dass Zen uns allen erlaubte und ermöglichte, diese Welt zu lieben. Man konnte förmlich spüren, dass er liebte, was gerade geschah, und diese Liebe vermittelte er auch uns.

Ganz allmählich begann ich zu verstehen, dass es beim Zen nicht nur um meditative Versenkung und Erkenntnisse ging, noch, dass man es allein für sich machte. Es ging um Aktivität, darum, wie man lebte und interagierte, wie man andere Menschen behandelte. Es genügte nicht, »erleuchtet« zu sein, was auch immer das bedeuten mochte, sondern es ging darum, dies zu leben. Die Interaktion mit dem Lehrer beim Dokusan war eine Art Paradigma dafür, wie man mit den Menschen draußen in der Welt umging. Es war eine Übung darin, sich auf intimere und hilfreichere Weise zu verbinden.

Andererseits war nicht alles perfekt. Als ich John das nächste Mal wiedersah, gab ich ihm ein Exemplar meines Gedichtbands. Er bedankte sich und sagte, er werde es gleich an seine Frau weiterreichen, die gerne las.

Das saß! Ich wollte, dass *er* es las! Es stand für das, was ich war – ein Schriftsteller, ein Dichter. Meine Bücher waren das Beste von mir. Sie waren das Einzige. Wie konnte er nur kein Interesse daran haben? Aber er hatte keins, rein gar keins.

Das war Lektion eins.

Ich war schon kurz davor, etwas zu sagen, doch im letzten Augenblick besann ich mich eines Besseren, bedankte mich einfach und schwieg.

John war ein geduldiger, liebevoller Lehrer. Noch nie zuvor hatte ich so eine Beziehung erlebt. Noch nie zuvor hatte ich jemanden wie ihn gekannt. Keinerlei Anspruch, irgendwie besonderes oder bemerkenswert zu sein. Nur ein ehemaliger Anwalt mit einer tiefen Hingabe an das Dharma und einer klaren Überzeugung, dass Zen, obgleich es nichts Besonderes war, obgleich es stets da war, die intrinsische Natur des Lebens selbst, – dass dieses Zen kostbar war.

Er half mir, indem er mich daran erinnerte, dass die Reise stets weiter ging. Ich glaubte das eigentlich nicht, aber ich vertraute ihm. Mit der Zeit fragte ich mich sogar, ob er nicht der erste Mensch in meinem Leben war, dem ich je vollkommen vertraut hatte. In dem Maße, wie dieses Vertrauen wuchs, konnte ich allmählich auch anderen ein wenig mehr vertrauen. Ich fand ein Zuhause. Nicht nur in der »Sangha« der Mit-Sitzenden, nicht nur in Johns Führung, sondern auch in meinem gewöhnlichen Alltagsdasein mit Familie und Arbeit, das sich ganz sanft in etwas noch Wundersameres verwandelte.

John hatte jahrelang als Finanzanwalt gearbeitet, sich dann in den vorzeitigen Ruhestand zurückgezogen, um zwei Wohltätigkeitsorganisationen zu gründen – eine für schwerstbehinderte Menschen, eine weitere, die pflegenden Angehörigen Unterstützung bot. In mir entstand der Eindruck, dass er der selbstloseste Mensch war, den ich kannte. Er hatte keinerlei Ehrgeiz für sich selbst. Seine Karriere war ohne jede Frage erfolgreich gewesen, doch er schien sie ohne Reue hinter sich gelassen zu haben. Es war klar, dass auch ihn die Kōans tief verändert hatten. Wenn er also einen Vortrag dazu hielt, so war das keine Theorie, sondern handelte auch von einem persönlichen Entwicklungsschritt. Gleichzeitig hatte er jedoch an seiner eigenen Geschichte jegliches Interesse verloren. Ihm lag nur daran, jeden von uns auf dem Weg zu der selbstlosen Liebe zu unterstützen, den Zen weisen konnte.

Im Dokusan ermutigte er mich behutsam, Glaubenssätze loszulassen, die nach wie vor, ohne dass ich es merkte, in mir wirkten. Ich brachte ein Kōan nach dem anderen zum Dokusan mit, und er beobachtete mich von seinem Platz mir gegenüber aus und stellte Fragen, bis etwas in mir zu schmelzen begann. Immer wieder geriet mir dabei meine Sicht auf die Dinge zu einem Patt, so dass mir nichts anderes mehr übrig blieb, als aufzugeben, und dann floss eine funkelnde Lebendigkeit ohne Namen und Form in mich ein, getragen von einer Welle der Liebe.

Ich traf mich alle zwei Wochen mit ihm. Es war wie eine Stromleitung entlang der Straße: Die Drähte hoben sich bei jedem Pfosten und hingen dazwischen ein wenig durch. Ein Teil von mir geriet in Hochstimmung, wenn ich ihn sah, und verlor sich allmählich wieder irgendwo in den vierzehn Tagen dazwischen. Es war, als würde ich genährt, gegossen und losgesprochen, als lernte ich, in einer neuen Welt aufrecht zu stehen, immer wieder aufs Neue. Er unterrichtete auch in London, und wenn ich es einrichten konnte, traf ich ihn auch dort, um die Zeit zwischen den beiden Energiespritzen zu verkürzen.

Das Kōanstudium ist ein langwieriger Prozess. Nach einem anfänglichen Durchbruch hat ein Schüler fünf Sammlungen durchzuarbeiten, von denen jede zahlreiche Kōans enthält. Oft kommt es vor, dass der Meister nicht zufrieden ist und den Schüler im Dokusan wieder wegschickt, um noch länger mit demselben Kōan zu sitzen. Es braucht Geduld und Beständigkeit, wobei beides in diesem Prozess auch unweigerlich entwickelt wird. Der Verstand hingegen, der stets weiter und weiter will, wird frustriert. Dabei kehren wir immer wieder zum Hier und Jetzt zurück, zu diesem Augenblick in all seiner Fülle und Zärtlichkeit.

Als Londoner Zendō diente behelfsmäßig ein achteckiger Raum hoch oben im Turm der St. James Kirche in Piccadilly. Die Kirche erlaubte der Zen-Gruppe, ihre Kissen dort zu lassen, und so zogen wir sie jeden Dienstagabend hervor und saßen vor den alten Steinwänden. Zum Dokusan kletterten wir eine Leiter auf einen Dachboden hinauf.

So eine Schulung läuft nicht ab wie in einem Kloster. Das normale Leben geht ja weiter. Man muss auch weiterhin in den Mühlen des Alltags seinen Sinn finden. Doch das Training sickert in diesen Alltag ein, und so erleben wir hin und wieder zufällige Momente von Freude oder kleinen Einsichten, während wir das Kleinkind auf der Schaukel anschieben oder von der kalten Straße in ein warmes Geschäft treten oder uns ins Auto setzen und dem anspringenden Motor lauschen. Alltägliche Anblicke und Geräusche berühren uns auf einmal ganz unmittelbar, und wir erwidern es mit Wertschätzung.

Mir wurde nun auch klar, weshalb Zen schon immer diese Affinität zur Lyrik hatte. Es betonte die Sinne, es eröffnete in uns die Fähigkeit, die Dinge der Welt wirklich zu schätzen, einen sich im Wind bauschenden Vorhang, eine ungeschälte Kartoffel auf der Anrichte, ein Stück Seife im Sonnenlicht. Zen erweckte den Teil in uns wieder zum Leben, der die Dinge liebt.

Und es half uns auch mit unseren Unzulänglichkeiten. Oder meinen jedenfalls. Da Zen alles so akzeptierte, wie es war, akzeptierte es auch uns so, wie wir waren. Aufschieberitis, Stapel unbezahlter Rechnungen, zu viel Kaffee zu trinken, egoistisches, starrköpfiges Verhalten – egal, wo wir unsere Schwächen hatten, Zen liebte uns trotzdem und befähigte uns, es uns nicht allzu sehr übel zu nehmen, und eben deshalb fiel es uns auch leichter, die Ärmel hochzukrempeln und an dem zu arbeiten, was unserer Arbeit bedurfte.

Auf die Frage, was Zen wirklich sei, antwortete ein alter Meister einmal, nachdem er eine Weile überlegt hatte: »Zen tut, was zu tun ist.«

EIN PAAR JAHRE SIND VERSTRICHEN. Es ist ein Wochenende im Spätsommer. Ich war für Recherchen zu einem Artikel auf den Hebriden und bin inzwischen per Mietwagen auf dem Heimweg in Richtung Glasgow. Es ist Nacht, alle Hotels sind ausgebucht. Ich halte an jedem Pub oder Bed-and-Breakfast entlang der Strecke, in der Hoffnung auf ein freies Zimmer, aber vergeblich. Alles ist voll. Schließlich fahre ich ein schickes Golfhotel am Ufer des Loch Lommond an, in dem noch ein Zimmer frei ist. Der Preis ist grotesk. Aber da ich auf Spesen unterwegs bin, nehme ich es, esse an der Bar zu Abend und trinke zwei Gläser Bier.

Am nächsten Morgen bin ich ein wenig verkatert und benommen, rauche eine Zigarette und fahre dann weiter Richtung Süden. Beim Überqueren der Erskine Bridge – der Fluss Clyde liegt als glitzerndes Band tief unter mir – hebt im Radio ein A-capella-Gesang an, ein Lied aus Nordspanien, das von der See handelt. Es ist ein Geflecht von sich überlagernden Stimmen, Alt und Sopran, nur Frauen. Sie singen leidenschaftlich vom Meer, das sie ernährt, ihnen jedoch auch ihre Liebsten entreißt.

Es packt mich, wird lebendig, und auf einmal …

Wie führt man eine Epiphanie ein? So sachlich wie möglich – so jedenfalls machen es große Schriftsteller wie Tschechow und Tolstoi. Beschreib einfach, was ist …

Im Sonnenlicht auf der Brücke hoch über dem Clyde lausche ich dem Lied aus dem Radio. Die Stimmen des kantabrischen Gesangs bilden greifbare Melodiestränge, verweben sich ineinander wie Bänder. Ob es die Linien der Melodie sind oder das Geflecht aus Gefühlen in dem Lied, jedenfalls löst es eine Welle von Emotion in mir aus.

Zufällig bin ich gerade an einem vertrackten Punkt in meinem Leben: in meinen frühen Vierzigern und in einer Bilderbuch-Midlife-Crisis. Die beruflichen Entwicklungen der vergangenen Jahre haben Unruhe gestiftet. Ich kann noch nicht einmal für mich beanspruchen, ein unbekannter Dichter zu sein, doch die bescheidene Anerkennung, die Auszeichnungen, Fellowships, Lesungen und Romanvorschüsse sind mir zu Kopf gestiegen, und ich habe meine Ehe in eine quälende Situation manövriert. Es ist ganz allein meine Schuld, aber irgendwie schaffe ich es nicht, die nötigen Schritte hin zu einer Lösung zu tun.

In der Ratgeberliteratur würde es jetzt heißen: *Mach dein Ding, lass dich nicht aufhalten, es ist dein Leben.* Aber Zen sagte: *Warte mal!* Schau dir genau an, wer hier Regie führt. Wer ist dieser Tyrann, der dir erklärt, wie alles zu gehen hat und was du zu tun und zu lassen hast? Schau auf die Gesamtsituation. Wer ist betroffen, für wen steht am meisten auf dem Spiel, und wird diese Situation am Ende zu noch mehr Leid führen, oder zu weniger? Wenn das Handeln aus dem Mitgefühl kommt, aus der Sorge für das Wohlergehen anderer, dann, vielleicht …

Aber das war nicht, was ich hören wollte. Der Dibbuk der Lust und des Risikos spitzte die Ohren.

»Wohlergehen?« »Andere?« Zum Teufel damit. Komm mir nicht mit so moralischem Getue. Das ist die Chance deines Lebens. Na los! Schau doch, was ich dir da herbeigezaubert habe. Du lebst nur einmal. Was würde Picasso tun? Oder Liszt, wenn dir der lieber ist? Oder D. H.? Jetzt streck die Hand aus und greif zu, Mann.«

Und wieder sagte Zen: *Warte, atme einmal durch und setz dich hin. Angenommen diese Stimme hat nicht mehr Substanz als das Zucken eines Blitzes, und angenommen, die Dinge, die sie dir vorgaukelt, haben auch nicht mehr Substanz? Und trotzdem dieses ganze Drama, Generationen über Generationen! Können wir wirklich aus diesem Drama aussteigen, und zwar nicht erst wenn wir sterben?* Wie geht das? Und was machen wir dann?

Ich weiß nicht, was zu tun ist.

Aber gerade eben, in dem Mietwagen auf der Brücke, verschlingen sich die Melodien des Gesangs mit den Gefühlen in meiner Brust und gleiten ineinander wie Aale in einem Eimer. Ich lausche, ich spüre das alles, und auf einmal taucht mitten in dem Getöse ein unendlicher Frieden auf, als ob der ganze Aufruhr und die Emotion gleichzeitig eine Stille in sich bergen.

Auf dem Festland angelangt fahre ich unter Bäumen weiter und erreiche schon bald den Glasgower Flughafen. Vor mir leuchtet die Straße, und das Lenkrad glänzt sehr schwarz in meinen Händen, eigenartig hyper-präsent. Und dann passiert etwas absolut Seltsames: In der Mitte meines Rumpfs öffnet sich ein schwarzes Loch, und aus diesem Loch heraus springt wie ein Blitzstrahl das Lenkrad. Und genauso die Hände, die es halten. Und die Bäume, die Autos, die Seitenflossen der Flugzeuge, die auf der Rollbahn des Flugplatzes stehen, und die Terminals, und die Wolken, und der Himmel – alles ergießt sich aus mir heraus wie ein Blitzstrom, aus diesem unendlichen schwarzen Loch in meiner Mitte. Auch ich selbst, mein Körper und Geist, fließen aus diesem unendlichen

Nichts heraus. Alle Erscheinungen strömen ins Sein. Die Welt ist nichts als ein Blitzstrahl, leer wie das Loch, aus dem sie entspringt.

»So sollt ihr über diese flüchtige Welt denken«, lautet eine Zeile aus dem *Diamant-Sutra*: »als das Aufflackern eines Blitzes in einer Sommerwolke.«

Ich kannte dieses Zitat, hatte es aber immer als Erinnerung an die Flüchtigkeit unseres Daseins verstanden: alles vergeht. Jetzt sah ich, dass es wortwörtlich gemeint war. Diese ganze Welt war *buchstäblich* das Aufflackern eines Blitzes.

Ich fahre rechts ran, vollkommen aufgelöst, schwitzend, zitternd, stelle den Motor ab und lege den Kopf in die Hände. Mein Gesicht ist tränennass. Alles ist blendend hell und gleichzeitig dunkel. Diese ganze Welt erscheint als ein bloßes Konstrukt, eine Erfindung, eine quecksilbrige Fata-Morgana. Das einzig Wirkliche ist dieses schwarze Loch, aus dem alles entspringt. Aber dieses Loch ist selbst nichts. Alles ergießt sich daraus, wie im Kino die Lichtstrahlen in die Dunkelheit, und ist dabei dasselbe Nichts. Aber die Tatsache, dass es sich ergießt, ist das größte Wunder von allen – alle Dinge sind unendlich gesegnet, wie der alte Meister Mumon im dreizehnten Jahrhundert sagte. Genau genommen sind sie alle ein einziger Segen, weil sie entstehen.

Nach ein paar Umwegen in dem Straßengewirr des Flughafens erreiche ich schließlich den Abstellplatz für den Mietwagen. Ich checke ein, gehe im Flughafengebäude zu meinem Abflug-Gate, und die ganze Zeit ist da nur ein Wesen aus Nichts, das durch eine Welt aus Nichts geht. Ich kaufe mir ein Sandwich, setze mich an einen Tisch, gespannt, ob ein Happen zu Essen den Aufruhr in mir etwas beruhigen wird. Stattdessen erfahre ich das Hinterschlucken des Essens als Leerheit, die Leerheit verschlingt. Es ist ein System, das aus Nichts besteht, ein Phantom, ein Traum.

Wer bin ich? Was ist die Welt? Meister Unmon[17] formulierte in einem Kōan: »Jeder hat sein eigenes helles Licht. Aber wenn du versuchst, es zu sehen, gelingt es dir nicht – da ist nur Dunkelheit.« Eine einzige Leere. Und doch funktioniert sie: Sie *tut* alles. Yamada Kōun, Meister des zwanzigsten Jahrhunderts, bezeichnete die ganze Erde als eine »Akrobatik der Leere.«

Ich schrieb John ein Mail.

> Es ist wie der Eurotunnel: als ob von zwei Seiten aus gebohrt wird, von innen nach außen und von außen nach innen. Jetzt haben sich die beiden Tunnel von der britischen und der französischen Seite getroffen.
>
> Als würde noch der allerletzte Schnipsel Materie aus diesem umgestülpten Loch fließen. Dem Geburtsort von allem.

Er schrieb zurück, dass das nach »guten Neuigkeiten« klinge.

Ich wartete auf meinen Flieger, flog nach Hause, nahm den Bus nach Oxford, kehrte zurück in meinen Alltag. Und gleichzeitig war niemand jemals irgendwohin gereist. Trotz allem, was an der Oberfläche geschah, bewegte ich mich in den folgenden paar Wochen durch eine verstörende Erfahrung von Frieden.

Der misstrauische, gemeine Typ, der ich auch sein konnte, blindlings besessen von seiner Karriere, arrogant bis dorthinaus, war verschwunden. Er hatte geglaubt, das Zeug zu einem guten Schriftsteller zu haben, und in seinem verzerrten Denken bedeutete das, dass er es bereits war. Die Tatsache, dass der kleine Vorgeschmack auf Erfolg, den er gekostet hatte, sich erst einstellte, als er bereits weniger selbstverliebt war, bereits großzügiger gegenüber anderen, war ihm entgangen. Vielleicht ertrug

17 Chinesisch: Yunmen, 864–949.

man als Schriftsteller nur ein bestimmtes Maß an Entmutigung, bevor sich der Weg gabelte: die einen gingen in die Verzweiflung, die anderen in die Arroganz. Aber nun hatte sich ein dritter Weg aufgetan: frei zu sein von dem unerbittlich fordernden inneren Tyrannen, der die ganze Zeit das Heft in der Hand gehalten hatte.

Doch ich bin Rationalist, nicht Mystiker. Ich bin Schriftsteller, Dichter, Ex-Geisteswissenschaftler. Ich halte mich an das, was geschrieben steht. Mystische Erfahrungen? Überlasse ich den Spinnern, den Mönchen, den religiösen Profis … Oh, nein … ich habe wirklich nicht vor, einer von denen zu werden.

John ist kein solcher. Er ist ehemaliger Anwalt und inzwischen Geschäftsführer zweier gemeinnütziger Einrichtungen. Er sieht normal aus. Er ist normal. Wie auch alle anderen im Zendō. Sie sind ganz gewöhnliche Professorinnen, Therapeuten, Installateure, Schullehrerinnen, Ärzte, Krankenschwestern, Bauarbeiter, Wirtschaftsberaterinnen, Manager. Nur dass sie auch noch diese *andere* Sache da am Laufen haben, nämlich, sie sind auf das Dharma gestoßen, jene *andere* Seite der Existenz, die nichts weiter ist als genau *diese* Existenz selbst. Aber wenn man es nicht gesehen hat, dann hat man es eben nicht gesehen, und wenn man es gesehen hat, empfiehlt es sich, bei jemandem in die Schule zu gehen, der es in sein Leben integriert hat und wieder normal geworden ist. Außer dass »normal« dann vielleicht ein klein wenig anders ist als vorher.

An dem Weihnachten, bevor meine Eltern sich trennten, ich war damals sechs, fuhr meine Mutter mit uns Kindern für drei Wochen weg. Von meinem Vater gab es währenddessen keine Spur. Ich wunderte mich, traute mich aber nicht zu fragen. Als wir wieder nach Hause kamen, war er wieder da.

Ein paar Tage später stand meine Mutter abends auf dem Treppenabsatz: schreiend, tanzend, weinend, mit den Füßen stampfend, mit den Armen fuchtelnd, mit fliegenden Haaren. Am nächsten Tag versammelten wir uns alle zu unserer Familienbesprechung, und dann fuhr Dad mit seinem blauen Koffer in dem kleinen Fiat davon.

Momentan war unser Ältester so alt wie ich damals. Und nun spielte also ich mit dem Gedanken an Scheidung, stellte mein eigenes Vergnügen über das Wohlergehen der anderen. Unsere Ehe stand kurz vor dem Scheitern. Gab es eine familiäre Programmierung, eine Konditionierung aus frühester Kindheit, dass ich meinem Sohn dasselbe zufügen musste, wie ich damals erlitten hatte, und dass es nun also an der Zeit war, ihn zugunsten einer wilden Romanze aufzugeben?

Die Aufgabe lautete, der Programmierung zu widerstehen, die so versessen darauf war, die Not in die nächste Generation weiterzutragen. Wenn wir es in dieser Generation aufhalten konnten, dann veränderten wir das Erbe, stillten den Fluss des Leidens.

Es gab ja das Zendō. Ich konnte dort hingehen und sitzen und das Sitzen tun lassen, was es musste. Ich konnte still sitzen und warten.

Die Erfahrung auf der Brücke erschütterte mich zutiefst. Eine Güte ohnegleichen hatte sich in mich hineingegraben und etwas aufgebrochen, hatte Anhaftungen zerschlagen, die ich niemals hätte lösen können.

Es war der Umschlagspunkt der Krise. Ohne Zen, ohne Johns Begleitung, wäre die Geschichte vielleicht ähnlich vorhersehbar verlaufen, aber anderes. Und da war Clare, meine beeindruckende Frau. Wir suchten uns therapeutische Hilfe, sie sprach mit niemandem darüber, sondern suchte Rat nur bei sich selbst. Wir arbeiteten daran. Schließlich führte sie uns beide wieder zurück in die Liebe.

Während meine Kōan-Praxis fortschritt, ging ich manchmal fassungslos vor Liebe durch die Welt. Nicht die bebende, romantische Version, obgleich sie dieser an Intensität in nichts nachstand, aber ihr ähnlich insofern, als sie über die Umstände erhaben schien. Sie war ruhig und satt: nicht das Versprechen auf Erfüllung, das ein Motor der romantischen Liebe ist, sondern Erfüllung selbst.

Aber was war nun die Realität von Kenshō? Das Wort bedeutet »die Natur erkennen« oder »die Wirklichkeit sehen«. Gott konnte es nicht sein. Ich glaubte nicht an Gott. Diese Realität schien dem Gott, von dem ich in der Schule gehört hatte, diametral entgegengesetzt zu sein. Sie war nicht bloß eine allumfassende Akzeptanz, nicht bloß irgendwie universelle Liebe, sondern die Erfahrung der Natur des Selbst als deckungsgleich mit aller Schöpfung. Sie war nicht trennend. Ihre grenzenlose Großzügigkeit bedeutete, dass alles, was wir je dachten oder fühlten oder sahen oder hörten, sie selbst war. Wir konnten sie nicht verlieren. Noch selbst verloren gehen. Wir konnten sie auch nicht durch unser Bemühen finden. Wenn wir das versuchten und dabei annahmen, dass sie etwas anderes als das Hier und Jetzt war, dann konnten wir sie aus eben diesem Grund nicht finden. Sie war stets vollkommen zutreffend. Sie konnte gar nicht anders, als sich mit vollkommener Angemessenheit zu manifestieren. Wir waren diese Realität. Immer schon.

Nur dass es an dieser Stelle nicht aufhörte. Es gab etwas jenseits der Schöpfung, das überhaupt keine Dimension besaß, jedoch unbestreitbar real war.

Leider haben »mystische Erfahrungen« die Eigenheit, dass man – oder ich – bei dem Versuch, sie zu beschreiben, fast unweigerlich im Klischeehaften landet. Doch die Erfahrung selbst ist das genaue Gegenteil von Klischee: Sie definiert sich geradezu dadurch, dass sie immer wieder neu ist, von allem Vertrauten abweicht.

Vielleicht liegt darin ihr Heilungspotenzial bei Depressionen verborgen: Depression ist das Gegenteil von Liebe. In der Depression fühlen wir uns abgetrennt und sinnentleert. Liebe bewirkt das Gegenteil. Wenn Liebe heilt, dann heilt universelle Liebe universell: wieder ein Klischee.

In der Kenshō-Erfahrung ist das Bewusstsein in eine formlose, namenlose Liebe getaucht. Dass es uns anschließend nicht gelingt, diese »Erkenntnis« im realen Leben umzusetzen, kann ein Anreiz dafür sein, unter einem Lehrer zu üben, bis wir tatsächlich dauerhaften Frieden finden. Zumindest wissen wir jetzt, dass dies im Bereich des Möglichen liegt.

Kenshō ist die Umkehrung von Trauma. Hier geschieht ein Schock durch Liebe und Zugehörigkeit, nicht durch Schmerz und Verletzung. In der psychologischen Forschung stellt man inzwischen fest, dass eine echte Epiphanie einen wohlwollenden Schatten auf der Psyche hinterlassen kann, ein positives Gegenstück zur PTBS.

Zen geht nicht ohne das Paradoxon. Doch paradox ist es nur, bis wir erkennen, wohin die Reise geht. Sobald wir davon eine Ahnung haben, ist das Paradox verschwunden.

War meine eigene chronische milde Depression äußeren Umständen geschuldet, eine Reaktion auf Lebensprobleme, eine Selbstschutzmaßnahme? Oder war sie endogen, von ihren eigenen Faktoren befördert, die keinerlei Unterstützung von außen brauchten?

Wer weiß das schon. Die Depression ist gut kartographiert, aber nur unzureichend verstanden. Warum kann eine milde Depression einen Menschen schwer beeinträchtigen, wie der Autor Andrew Solomon sagt, während ein anderer sich von einer schweren Episode vollkommen erholt? Trotz aller Forschung zu Neurotransmittern und Gehirnaktivität können Psychiater dies noch immer nicht beantworten. Es ist so geheimnisvoll wie seelisches Leiden an sich. Vielleicht sitzen wir unter Qualen im Zendō, stecken bis zum Hals in Elend und Wut fest, und fühlen uns, nur als Beispiel, im nächsten Augenblick wieder frei und erfüllt, obwohl die äußeren Umstände in beiden Situationen identisch sind.

Zen fängt bei unserem eigenen Leiden an und entwickelt sich allmählich zu einem mitfühlenden Interesse am Leiden anderer. Frei von Leiden zu sein klingt in meinen Ohren wie ein Märchen, gegen das sämtliche Instinkte in mir – jüdisch, schottisch, Oxford-positivistisch – rebellieren. Nur zu, wenn man sein Schicksal herausfordern will! Doch es ist real, und keineswegs Zauberei. Auf jeden Fall ist es wissenschaftlich belegt. Jüngere neurologische Forschungen in diesem Bereich legen nahe, dass durch langjährige Meditation unter kompetenter Anleitung die Nervenaktivität in jenen Gehirnarealen, die schmerzvolle Erfahrungen verarbeiten, abnimmt, während sie in denen, die mit Mitgefühl und Achtsamkeit verknüpft sind, zunimmt.

Clare und ich planten, wieder nach New Mexico zu ziehen. Seit Jahren sehnten wir uns dorthin zurück. Die Kinder waren noch klein, und so hatten wir das Gefühl, jetzt oder nie.

Wieder war ein Buch-Deal ausgehandelt, und so hatten wir die nötigen Mittel für den Umzug: ein frischer Vorschuss des Verlags und ein amerikanischer Herausgeber, der uns Visas beschaffte. Clare war in den Startlöchern, und ich akquirierte Aufträge von amerikanischen Zeitschriften. Ein Jahr, so sagten wir uns, höchstens zwei. Freunde fanden ein Haus für uns zur Miete. Es fiel mir schwer, John zu verlassen, doch ich wusste, dass es kein Abschied für immer war. Und wie es der Zufall wollte, gab es eine Zen-Lehrerin aus genau derselben Dharmalinie in New Mexico. John stellte den Kontakt zwischen uns her, so dass ich meine Schulung unter ihrer Anleitung fortsetzen konnte. Wir packten unsere Sachen und zogen um.

TEIL 3

Ein Kalb von einem Bullen geboren

Vorstadt-Kōan

Am frühen Morgen ist diese Hütte ein Gefrierschrank. Der Atem verwandelt sich vor dem Gesicht in Nebel, die Nase ist eisig, Wärme gibt es nur, wenn man sich noch tiefer in die Decken kuschelt. Schließlich schäle ich mich aus dem Bett und zünde das Anmachholz im Ofen an, ziehe mir eine extra Schicht Kleidung über, stecke ein paar dünne Kiefernzweige in den Ofen, schließe das Eisentürchen und lausche, wie das Feuer zu prasseln beginnt, dann ruhig lodert.

Ich habe in Socken geschlafen, an der Tür ziehe ich mir die Stiefel an. Draußen: kalter, blasser Himmel, wolkenlos. Hagere, kahle Bäume, überwiegend schwarz. Und der Schnee mit meinen Fußstapfen von gestern, blaue Taschen, die über Nacht gefroren sind. Meine Schritte knirschen kaum, so hart ist der Schnee. Die Luft selbst wirkt hart, steif vor Kälte. Die Schneedecke fängt das frühe Licht ein wie Staub. Das ganze Tal ist still. Wirklich still. Die ferne Talseite erhebt sich, dunkel und eindringlich, wie ein unverdünnter Block Wasserfarbe.

Ich trete hinter einen Baum zum Pinkeln, und als ich wieder in die Hütte zurückkomme, bollert bereits der Wasserkessel. Kaffee in den Filter.

Mehr harziges Kiefernholz in den Ofen, was mir Lust macht, eine Zigarette zu drehen, dann an die Arbeit, die Tasse neben meinem Ellbogen. Der Kaffee ist kochend heiß, aber in dieser Höhe bleibt er das nicht lange.

In dieser Hütte in den Bergen New Mexicos arbeite ich zurzeit. Der Besitzer überlässt sie mir für eine Pro-forma-Miete, wenn ich mich im Gegenzug ein wenig darum kümmere, und manchmal, wenn es mit dem Schreiben gerade gut läuft, bleibe ich über Nacht. Es fühlt sich abgelegen an und sieht auch so aus, ist aber in Wirklichkeit nur ein paar Meilen vom Zentrum von Santa Fe entfernt.

Nach ein oder zwei Stunden morgendlichen Schreibens mache ich Pause, um zu meditieren. Ich setze mich mit Blick zur Wand und lasse mir meinen gegenwärtigen Kōan durch den Sinn gehen. Nach einer Weile kommt etwas aus dem Feld links. Ein unerwarteter Wechsel. Alle Mühe mit dem Kōan hört auf. Es bedurfte keiner Mühen, wie sich nun zeigt. Ich habe aufgegeben, was ich glaubte tun zu müssen, und das Kōan hat mich gefunden. Seine schweigende, leere, vibrierende Welt erwacht überall um mich her und erfüllt mich mit einer stillen Freude, mehr noch, mit Ehrfurcht. Es ist, als hätte der alte Meister aus dieser winzigen Geschichte sich hinter mich gestohlen, mir die Hände über die Augen, die Ohren, mein Herz gelegt und mir erlaubt, die Welt einen Moment lang so zu sehen, wie er sie sieht. Er hat etwas berührt, was sich zunächst wie eine unvergessliche Wunde anfühlte, und mir kommen Tränen der Traurigkeit und Erlösung. Ich spüre, das hier ist real, und eine Art Hohlraum öffnet sich im Herzen aller Dinge.

Es ist ein weiteres altes Kōan des großen Meisters Seppo[18], der dreißig Jahre lang meditierte, bis er ein Erwachenserlebnis hatte, das die Lösung für sein gesamtes Leben war. Mir geht auf, dass ich nicht einmal die Frage

---

18 Chinesisch: Xuefeng, 822–908.

bemerkt hatte, die mitten in der Geschichte verborgen lag: Was ist das? Vielleicht koste ich gerade eine Antwort darauf. Das hier: Diese Offenheit, diese Leerheit, diese stille Ruhe im Herzen der Dinge – ob es das war, worauf seine Frage zielte?

Nach einer Weile gehe ich ins Freie hinaus. Die Welt ist im Frieden, weil alles genau das tut, was es muss. Ursache und Wirkung funktionieren vollkommen, ganz wie sie es müssen, was sonst. Die Sonne taucht über dem Kamm auf, und rauchiges Licht flutet herab in die Bäume. Der Schnee ist gestreift von den bläulichen Schatten der Stämme.

Ich gehe in die Hütte zurück und schöpfe mir den Haferbrei aus, der auf dem kleinen Ofen blubbert.

Vor drei Monaten habe ich hier oben einen weiteren Roman fertiggestellt, der jetzt in den Mühlen des Verlagsgeschäfts ist. Nun sitze ich wieder an dem alten Buchprojekt über meine Familie.

Sechs Uhr morgens. Wieder ein Wintermorgen im Norden New Mexicos. Ein Samstag. Es ist bitterkalt. Ich hätte mir eine lange Unterhose anziehen sollen, geht es mir durch den Kopf, während ich im Dunklen den Hof vor unserem Haus überquere. Der Erdboden ist hart wie Zement.

Das Haus steht an einem Berghang oberhalb von Santa Fe, 2200 Meter über dem Meer, etwa 100 Meter tiefer als die Hütte. Wenn ich nicht so mit meiner Körpertemperatur beschäftigt wäre, sondern mich umsehen würde, könnte ich einen Nachthimmel sehen, an dem die bissigen Sterne New Mexicos funkeln, wie D. h. Lawrence sie genannt hat. Aber ich hülle mich gerade noch fester in meine Jacke, um mich gegen die grimmige Kälte zu schützen. Ich bin erst ein paar Schritte gegangen, und schon dringt sie mir bis in die Knochen. Der Bewegungsmelder des Nachbarhauses lässt das Licht anspringen, und ich sehe den Atem vor meinem Gesicht dampfen. An der Einfahrt angelangt, stampfe ich mit den Füßen, blase mir in die Hände, vergrabe sie tief in meinen Hosentaschen, die wärmer sind als die Jackentaschen, und warte auf meine Mitfahrgelegenheit.

Auf der gegenüberliegenden Talseite sind Lichtpunkte zwischen den Bäumen zu sehen: Häuser. Die Lichter der Stadt breiten sich über das dunkle Land aus.

Etwas oberhalb flackert Licht auf, und eine Lehmmauer an der Straße fängt an zu leuchten: die Scheinwerfer eines nahenden Autos. Jetzt höre ich ein Brummen, dann taucht ein Lichtkegel auf und noch einer.

Eine Sekunde lang Aufregung: Habe ich alles, was ich brauche? Ich gehe im Geiste den Inhalt meines kleinen Rucksacks durch: Brieftasche, Telefon, Kōan-Ordner. Alles da.

Aber die aufkommende Nervosität zieht sogleich weitere Kreise. Habe ich wirklich alles, was ich brauche? Wir leben inzwischen seit zwei Jahren in New Mexico. Clare hat eine Stelle gefunden, die gut zu ihren Fähigkeiten und Interessen passt: Sie katalogisiert eine große Kunstsammlung der Stadt. Daneben bleibt ihr Zeit für ihr eigenes künstlerisches Schaffen. Wir genießen die Kameradschaft enger Freunde, sowohl aus unserer früheren Zeit in New Mexico, als auch mit anderen jungen Eltern. Die Jungs besuchen eine alternative Schule – schließlich sind wir hier in Santa Fe – wo die Kinder auf Kissen am Boden sitzen und in Latein und Griechisch gedrillt werden, Euklid und Pythagoras kennenlernen und die Reden berühmter Staatenlenker wie Lincoln oder Churchill analysieren. Einmal pro Term pausiert der Unterricht, dann steht die Kletterwoche auf dem Programm. Die Kinder klettern und hangeln sich an Seilen eine riesige Pappel hinauf, die auf dem Spielplatz steht, und hängen wie seltsame Früchte in den Zweigen. »Ist gut fürs Nervensystem«, beruhigt der Schuldirektor die Eltern, die ängstlich in den Baum hinaufschauen. Unseren Jungs taugt das alles bestens. Sie sind neugierig und lebhaft, oft leuchten ihre Augen vor Begeisterung, wenn sie morgens in die Schule aufbrechen. Abends wollen sie meistens allein mit mir spazieren gehen, dann steigen wir einen Berg unweit unseres Hauses hinauf oder schlendern durch das Viertel und reden über alles, was ihnen so in den Sinn kommt – Entdeckungen in Algebra oder lustige Einfälle und Verhaltensweisen ihrer Freunde. Ich habe einen Teilzeitjob beim Institute of American Indian Arts, auf der anderen Seite der Stadt, wo ich indigene Studenten in Literatur und Schreiben unterrichte, und bin nach wie vor gut gebucht von Magazinen. Das Leben geht also weiter, und die Lebenshaltungskosten sind hier niedriger.

Trotzdem frage ich mich des Öfteren, wann wir wohl nach England zurückkehren werden. So wie die Jungs hier Wurzeln schlagen, sieht es allmählich immer weniger danach aus. Ist das eine gute Idee? Oder eine schlechte? Richtig? Oder falsch? Manchmal beunruhigt mich das.

Dann fällt mir wieder ein, dass ich zum Zendō fahre, zu meiner neuen Lehrerin, Joan Rieck Rōshi, die Johns »Dharma-Tante« ist, was bedeutet, dass sie Seite an Seite mit Johns Lehrer in Kamakura, Japan, ihre Schulung erhielt. Für den Augenblick hat er mich an sie »weitergereicht«. Zufälligerweise wohnt sie nicht mal eine Autostunde von uns entfernt, was fast einem Sechser im Lotto gleichkommt. Es gibt nur eine Handvoll Lehrer und Lehrerinnen dieser Linie in Amerika, und wir sind per Zufall ganz in die Nähe von einer gezogen.

Jeden Samstagmorgen bietet Joan Meditation an. Zumindest für diesen Vormittag kann ich meine Sorgen beiseitestellen. Ich werde mich später wieder darum kümmern. Und es ist ja sowieso nicht alles verloren: Ich bin nämlich mit dem Familienroman endlich vorangekommen. Er ist mit knapp über dreitausend Seiten einen Tick zu lang, aber ich werde ihn noch einkürzen. Egal wie gut oder schlecht es ist, jedenfalls war es kathartisch für mich, diesen Berg von Material hervorzubringen, und ich sage mir, dass ich jetzt zumindest schon mal alles auf Papier habe, das ist das Wichtigste. *Entspann dich. Nimm einen größeren Blickwinkel ein. Bist du nicht Zen-Schüler?*

Während ich noch diese Gedanken wälze, hält ein blauer Pickup auf der Straße. Rechts ranfahren ist nicht nötig. Es ist früh morgens, und wir sind in New Mexico.

Die Beifahrertür klemmt beim ersten Versuch, aber dann gibt sie quietschend nach.

Sherry hat die Heizung voll aufgedreht. Ein heftiger Schauder läuft durch meinen Körper, als ich mir die kalten Beine reibe. Wir begrüßen uns mit einer schnellen Umarmung und fahren los. Vierzig Minuten auf der Autobahn.

Sherry ist seit mindestens zwanzig Jahren Schülerin von Joan Rieck Rōshi. Sie hat mit Zen angefangen, als ihr Sohn noch klein war. Inzwischen geht er auf die Uni. Sherry wandert, reist, klettert, ist drahtig und fit, freundlich und intelligent und praktiziert leidenschaftlich.

Über die Jahre gerechnet machen wir diese Fahrt weit über hundert Mal: hinauf zur Kuppe von La Bajada Hill, dann den langen Weg hinunter in die Ebene, die an die Ausläufer der Sandia Mountains bei Albuquerque grenzt.

Die Landschaft nimmt bei Tagesanbruch eine Schattierung zwischen braunem Wildleder und Blau an. Als wir den Freeway verlassen, sind die Pappeln im Tal des Rio Grande immer noch dunkel, doch der Himmel schimmert hell wie das Innere einer Muschel.

Wir parken vor einem alten Adobe-Haus in der Hauptstraße des Städtchens Bernalillo, zehn Meilen nördlich der Großstadt Albuquerque. Um diese Zeit ist es still hier. Genaugenommen ist es immer still hier, in dieser für den alten Westen typischen, breiten, von flachen Häusern gesäumten Straße.

Eine Spur Anspannung, sogar in Bezug auf das Sitzen, auch wenn es nur drei oder vier Stunden sind. Wird es schwer sein, schmerzhaft, langweilig, qualvoll, erhellend? Es macht oft ein bisschen Angst, sich selbst ohne Ablenkung zu begegnen.

Sherry und ich stellen unsere Taschen am Ende des Flurs ab, holen uns ein Kissen und setzen uns im Zendō mit Blick auf die weiße Wand.

Holzboden, schwarze Sitzkissen, weiße Wände: ein Zendō. Ein »Ort der Meditation«. Des schlichten Gewahrseins.

Joan und ein paar andere sitzen bereits. Weitere kommen leise dazu, aber sobald ich sitze, lenkt mich nichts mehr von dem tiefen Gefühl ab, das mich überkommt, während ich in die grauen Tiefen meines Schattens an der Wand starre.

Ein Hauch von Weihrauch in der Luft. Eine Glocke ertönt. Drei feine Plings. Und schon sind wir in der ersten Sitzperiode. Nicht mehr bewegen. Kein Geräusch. Es passiert bereits. Zen: Man macht es einfach. Um anzufangen, fange an.

Ich zähle meine Atemzüge. Eins bis zehn. Zähle das Ausatmen. Eine Wärme in meiner Brust. Dann fällt mir das Kōan ein. Ich habe ein neues.

Ich bin die ganze Woche damit gesessen und werde es nachher Joan »präsentieren«. So machen wir das im Kōan-Studium. Joan wird entweder damit zufrieden sein oder nicht. Wenn nicht, sitze ich eine weitere Woche mit demselben Kōan und versuche es nächsten Samstag wieder.

Es ist ein berühmtes Kōan von Meister Unmon. »Ich frage nicht nach etwas vor dem fünfzehnten Tag; sagt mir etwas über nach dem fünfzehnten Tag«, sagte er. Keiner der Mönche hat eine Antwort, und so antwortet er selbst. »Jeder Tag ist ein guter Tag.«

Jeder Tag ist ein guter Tag ist eine Empfindung, die ich nur aus der Ferne bewundern kann. So erlebe ich die Dinge nicht, obwohl ich bereits ein ordentliches Stück weit gekommen bin mit den Kōans, obwohl ich

Lehrer habe, die mich unterstützen, und obwohl ich auf jahrelange Meditationspraxis zurückblicken kann.

Aber Joan interessiert es nicht, wie ich das Kōan verstehe. Wir können uns ein wenig darüber unterhalten, allerdings erst wenn ich den wichtigeren Teil geschafft habe, nämlich das Kōan »zu präsentieren«.

In jedem Kōan geht es ums Erwachen. Deshalb müssen wir auch einen ersten Geschmack von diesem »Erwachen« haben, bevor wir mit Kōans arbeiten können. In der Theorie läuft es so: Indem wir in den Kōans betrachten, wie Generationen alter Meister gehandelt haben, vertiefen wir allmählich unser eigenes Erwachen, bis etwas geschieht, was uns erlaubt, jene Meister in ihrem fortschreitenden Erwachensprozess zu begleiten. Das, was da geschehen soll, wird manchmal »der große Tod« genannt, der zu einer »Wiedergeburt« führt. Es ist etwas anderes als Kenshō. Kenshō öffnet eine Tür, ermöglicht einen Blick auf etwas, doch dieser kurze Blick genügt nicht für einen dauerhaften inneren Frieden. Jedenfalls bei mir nicht. Ich habe meine Momente, aber normalerweise sind sie einfach nur das – Momente.

Dennoch ist das Ganze ziemlich undurchsichtig. Die Meister halten sich mit allzu expliziten Erläuterungen hierzu bedeckt. Und es ist schon schwer genug, überhaupt Kenshō zu erfahren. Trotzdem, und zumal ich ja nun schon ein paar Umbrüche in meiner Wahrnehmung der Wirklichkeit erlebt habe, frage ich mich, warum ich immer noch so anfällig für Empfindungen des Unbehagens bin, immer noch ein bisschen dysthymisch, und ich kann auch wirklich nicht behaupten, dass jeder Tag ein guter Tag ist. Ehrlich gesagt empfinde ich ziemlich oft das Gegenteil. Manchmal ertappe ich mich dabei, dass ich einen Tag nicht nur für nicht gut, sondern für ausgesprochen schlecht halte, ja, ich finde womöglich die ganze Woche richtig schlecht, oder den ganzen Monat. Sogar ein ganzes Jahr. Und doch darf ich mich, zumindest auf dem Papier, als moderat fortgeschrittenen Zen-Schüler bezeichnen.

Funktioniert Zen wirklich? Manchmal habe ich meine Zweifel. Schließlich versetzt es mich immer noch in Hochstimmung, wenn einflussreiche Agenten oder Gurus aus der Literaturszene mir eine wohlgesonnene Nachricht schicken oder mit einem Vertragsangebot winken, oder wenn ein Gedicht von mir in einem renommierten Magazin erscheint. Und ich versinke in Niedergeschlagenheit, wenn ich es nicht auf eine Shortlist schaffe: Ich habe mein ganzes Leben in dieses Buch gesteckt, und schau, wie sie jetzt mit mir umgehen. Et cetera. »Ein Gespenst, das in Sträuchern und Bäumen herumspukt,« wie es im Zen heißt. Das bin ich immer noch. Eine unwirkliche Person gefangen in einer unwirklichen Welt. Wie viel besser ist es da, in einem Zendō zu sitzen und die Unwirklichkeiten abfließen zu lassen wie die toxischen Substanzen irgendeines schlechten Trips. Und immer mehr die bloßen Knochen unserer tatsächlichen Existenz zu sehen, ganz ohne Trance.

Andererseits bin ich inzwischen bestimmt ein besserer Mensch als ich es war. Weniger getrieben von inneren Zwängen und Ängsten, nicht mehr so oft unzufrieden. Ich habe inzwischen ein paar Tricks auf Lager. Ich kann in einen Knäuel von Sorge in meiner Brust oder meinem Bauch hineinatmen und es schmelzen lassen wie einen Eisblock im warmen Strom meiner Aufmerksamkeit. Oft springt eine andere Art von Bewusstheit an, ruhiger, größer. Irgendwie leben diese Momente des Erkennens auch weiter. Jedes Kenshō war ein Eintauchen in eine Realität ohne Zeit oder Raum, wo alles gut ist. Deshalb weiß ich irgendwie auch, wovon Unmon in dem Kōan spricht. Aber ich bin keinesfalls so friedvoll, wie meine Lehrer es zu sein scheinen.

Die Glocke ertönt, wir stehen auf und gehen fünf Minuten im Kreis. Das ist schön. Der Boden knarrt und schwingt, und das Licht im Raum ist gleichmäßig und friedvoll. Ich behalte das Kōan im Kopf, erlaube mir jedoch, mich ein wenig zu entspannen. Es tut gut, wieder eine Runde meditiert zu haben, diesen Vormittag dem Zen zu widmen. Der Rest des Wochenendes gehört meiner Familie. Alles ist okay.

Die dritte Sitzeinheit ist *teisho*: Joan hält einen Vortrag.

Die Hölzer werden geschlagen, wir verbeugen uns alle und setzen uns wieder auf unsere Plätze.

Joan hat über die Jahre Hunderte von Vorträgen gehalten. Vielleicht sogar Tausende. Sie ist großartig. Ruhig, zierlich, mit silbrigem Haar, sanft, zärtlich, aber aus Eisen. Sie ist ein Kraftwerk, eine Schatzkiste, eine Goldgrube menschlicher Energie und Klarheit. Dabei jedoch bescheiden, unprätentiös, äußerlich unauffällig. Genau so sollen reife Zen-Praktizierende sein, heißt es: nicht zu unterscheiden von einem ganz normalen Menschen.

Während ich Joan betrachte, wallt Dankbarkeit in mir auf. Sie stellt ihr Leben in den Dienst, anderen Menschen mit dieser Praxis zu helfen. Ich lausche ihrem Vortrag, und der Raum wird mir zu einer kleinen Schachtel, die in einem riesigen Raum schwebt.

Dann ist Dokusan-Zeit. Der Reihe nach verlassen wir das Zendō und warten draußen im Gang auf einem Kissen sitzend, bis wir dran sind. Wenn Joans Glöckchen aus dem Gesprächszimmer ertönt, schlagen wir die Dokusanglocke auf dem Flur an, um uns anzukündigen, und gehen hinein.

Das erste Mal, als ich Joan ein Kōan präsentierte, schickte sie mich weg, weil sie mit meiner Darstellung nicht zufrieden war.

Seitdem fordert sie mich darin, von Kōan zu Kōan, von Gespräch zu Gespräch direkter zum Punkt zu kommen, schlichter zu werden, klarer.

Es ist wie Shiatsu für die Psyche, eine konzertierte Aktion von Joan und den Meistern der Kōans. Danach fühle ich mich leichter, leerer. Wenn Zen-Schulung eine Art Erziehung ist, dann werden wir eher reduziert als aufgebaut, wir lernen, wie wenig wir brauchen, nicht wie viel.

»Jeder Tag ist ein guter Tag.« Heute gelingt es mir, mit dem Vertrauen in eine höhere Wirklichkeit hineinzugehen, in der Gewissheit, dass Unmons Kommentar mit dieser verknüpft ist. Ich bin bereit, das Kōan »zu zeigen«. Doch kaum habe ich mich auf das Kissen gesetzt und das Kōan vorgetragen, da springt mich eine simple Frage an, etwas, das mir bisher noch überhaupt nicht in den Sinn gekommen war. Ich bin so verblüfft, dass ich nichts herausbringe. Dann taucht aus dem Nichts eine Antwort auf.

Sie lächelt. Offenbar ist das die erwünschte Antwort. Wir lächeln beide, lachen schließlich. Befreit vom Verstand, vom Verstehenwollen. Einen Moment lang ist alles zum Greifen lebendig, und diese Lebendigkeit zu erkennen ist essenziell gut, weil wir selbst Teil davon sind.

Noch eine Frage taucht auf, und ohne zu überlegen, antworte ich erneut. Jegliche Befangenheit ist verschwunden. Noch ein Lächeln.

Wir sprechen ein wenig darüber, aber es gibt jetzt nicht mehr viel zu sagen. Das Kōan muss in gewisser Weise aufhören, ein Kōan zu sein, und zu unserer Erfahrung werden. Und was soll man dann noch sagen?

Ich verlasse das Zimmer in perlendem Frieden. Wobei ich das eigentlich kaum wahrnehme. Was ich hingegen wahrnehme, ist jeder einzelne Schritt, den ich mache, die Verbeugung, die ich von der Tür aus vor Joan mache, das Dämmerlicht im Flur, das Knarren der Dielen, die Stille im Zendō, das Gefühl des Sitzkissens, auf dem ich mich wieder niederlasse, das Licht auf der Wand, das reizende Dunkel meines Schattens. Ich könnte weinen, so dankbar bin ich allen im Raum, dem Paar, dem dieses Yogastudio gehört und das uns erlaubt, einmal pro Woche hier zu sitzen, und Joan, und dem Kōan.

Als der Vormittag zu Ende geht, packen wir plaudernd unsere Sachen, klopfen die Sitzkissen ab und stapeln sie im Regal aufeinander.

Sherry und ich fahren nach Santa Fe zurück. Unterwegs halten wir einmal an, um uns einen Kaffee zu holen. Das ist alles. Ich habe ein neues Kōan für die kommende Woche. Ich werde mich weiter damit beschäftigen, wer ich bin und was ich tun kann, um auf dieser Welt hilfreich zu sein. So geht Zen. Es ist langsam, sorgfältig, friedvoll, irritierend, langwierig, unmittelbar. Es ist ein Pfad, nicht eine Schlussfolgerung. Und wir finden es immer nur hier und jetzt.

Ich arbeitete mich zentimeterweise durch die hundert Kōans umfassende *Niederschrift vom blauen Fels*, der meistverehrten, »klassischen« Sammlung von Kōans des chinesischen Meisters Setcho[19] von 1028.

Joan lud mich ein, sie einmal pro Woche zu einem extra Dokusan bei ihr zu Hause in Rio Rancho, einer Vorstadt von Albuquerque, zu besuchen, wenn ich es einrichten konnte. Das war aufregend! So ein Kōan-Studium dauert unglaublich lange. Manchmal konnte ich es mir nicht verkneifen zu rechnen. Von den insgesamt fünf Kōan-Büchern hatte eines ungefähr siebzig Kōans, zwei hatten jeweils hundert, und zwei ungefähr fünfzig, allerdings musste man sowohl die »Verse« als auch die »Fälle« lösen, was die Anzahl praktisch verdoppelte. Das ergab ungefähr 470. Dann gab es noch ein paar Extratexte, über die man keine eindeutigen Informationen erhielt, aber sie umfassten vielleicht nochmal zweihundert Kōans. Also insgesamt 670. Im Tempo von einem Dokusan pro Woche dauerte es also dreizehn Jahre, vorausgesetzt, man wurde nicht wieder unverrichteter Dinge weggeschickt. Es gab Wiederholungen, Kōans, die in mehr als einer Sammlung auftauchten; die durfte man üblicherweise überspringen, aber nicht immer. Und dann gab es Retreats. Auf Retreats hatte man ein oder mehrere Dokusans pro Tag.

19 Chinesisch: Xuedou, 980–1052.

Anscheinend handhabten es aber viele Leute so, dass sie, wenn sie mit den Kōans durch waren, wieder von vorne anfingen. Beim zweiten Mal sei es wieder anders, sagten sie.

Allerdings war es nicht gerade sehr Zen-mäßig von mir, überhaupt solche Rechenspiele anzustellen. Es war eher ein Anzeichen dafür, wie dringend ich der Praxis bedurfte. Je länger es dauerte, desto besser. Trotzdem war Joans Angebot großzügig, und das war mir bewusst.

Oft fühlte sich das Kōan-Training wie das Zentrum meines Lebens an, meine Rettungsleine, der Pfad zum inneren Frieden, zu einer wie auch immer gearteten Vervollkommnung als menschliches Wesen. Ich war überzeugt, dass es mich zu einem besseren Vater und Ehemann machte, weniger selbstbezogen, weniger abwesend und reaktiv, und Clare sah es prinzipiell auch so. Von außen betrachtet hätte man meinen können, es wäre nur eine weitere Ablenkung von Familienleben, Arbeit, Liebe, Freundschaft. Doch tatsächlich war das Gegenteil der Fall: Es öffnete einen für die Menschen, für das Bemühen, großzügiger und aufmerksamer zu sein, für das Bedürfnis, mit ihnen zusammen zu sein, und für die Wertschätzung ihrer Gesellschaft.

WIE SELTSAM, GING ES MIR durch den Kopf, wenn ich durch die Wohngegenden Albuquerques fuhr, bis zu einem Viertel in der Nähe eines Golfplatzes und unweit der Cottonwood Mall, um mich mit einer stillen Frau aus Wisconsin, die einmal in Japan gelebt hatte, dann in Europa und jetzt in dieser Wüstenstadt im amerikanischen Südwesten, über eine kryptische Mini-Geschichte aus dem frühmittelalterlichen China auszutauschen. Joan hatte irgendeine grundsätzliche existenzielle Wandlung durchlaufen, die ich vermutlich selbst noch nicht hinter mir hatte, jedenfalls sah es danach aus, sonst wäre ich mir diesbezüglich nicht unsicher; aber ich hatte eine Ahnung davon, dass dies möglich war, so wie auch die

Figuren in diesen chinesischen Anekdoten sie durchlaufen haben. Indem wir ihre Worte und Handlungen auf eine ganz spezifische Weise studieren, haben wir die Chance, diese Verwandlung ebenfalls zu durchleben. Und es lohnt sich. Darauf jedenfalls vertrauen wir.

Wobei es nicht nur blindes Vertrauen ist. Joan und John sind sichtlich im Frieden. Beide verbringen ungeheuer viel Zeit damit, andere in dieser seltsamen Praxis zu unterstützen, das Ganze für einen minimalen sichtbaren Lohn, außer der Freude des Teilens. Und beide scheinen ihre eigene Agenda zugunsten derer anderer Menschen aufgegeben zu haben. Dabei freuen sie sich ihres Lebens mehr als irgendjemand, den ich kenne. Man spürt es, wenn man in ihrer Nähe ist. Man sieht es in ihren Augen. Sie leben im Frieden, frei, erfüllt von ruhiger Energie, äußerst intelligent, und liebevoll.

Das war noch so ein Aspekt. Diese Dharma-Schulung schien die Menschen ungewöhnlich sprachgewandt, anregend, empfindsam, intuitiv zu machen. Wie kam das?

Nun folgen wir also immer noch dieser alten Praxis, jedoch in einem anderen Kontext: nicht in einem Kloster, sondern in einem Laien-Alltagsleben. Als ich bei Joan ankomme, setzen wir uns in ihrem Wohnzimmer auf unsere Kissen. Ich präsentiere das neue Kōan über einen Meister Kyorin, der auf die Frage, was Buddhanatur sei, antwortete: »Ich bin vom langem Sitzen müde.« Sie testet mich dazu. Es lichtet sich etwas. Gedanken verflüchtigen sich. Die Müdigkeit des Meisters verwandelt sich in eine unermessliche Weite, in der das Zimmer, der Teppich, das Gespräch, das Nachmittagslicht, das Geräusch eines vorbeifahrenden Autos in grenzenloser Selbstverständlichkeit ruhen. Das Kōan erwacht zum Leben. Als ob der Meister des Kōans übernimmt. Er wird alles. Er wird ich. Alles ist gut, alles war immer schon gut. Das ist es, was das Kōan zeigen wollte.

Wir trinken an der Küchentheke eine Tasse Tee. Ich bin aufgeregt. Ich liebe Zen, ich liebe Joan, und tatsächlich liebe ich auch mein Leben. Und womöglich, so ahne ich, während ich an meiner Teetasse nippe, liebt das Leben mich auch.

IN JOANS GEGENWART HATTE ICH immer das Gefühl, dass alles um sie herum erblühte. In ihrer Welt regierten Sanftheit und Wohlergehen. Es war mit das Beglückendste, was ich je erlebt hatte. Zuerst spürte ich es in ihrem Haus, dann breitete es sich auf ihren Garten aus, dann auf die Nachbarschaft.

Vielleicht würde sie ja auch unser Familienleben erblühen lassen, dachte ich manchmal. Und das tat sie.

Sie hatte eine besondere Art, achtsam mit Gegenständen umzugehen. Sie behandelte Gläser und Tassen beinahe wie lebendige Dinge, die fast so viel Fürsorge verdienten wie Menschen. Wenn sie Geschirr abspülte oder Tassen auf die Anrichte stellte und dazu eine Kanne Tee, eine extra Thermoskanne mit heißem Wasser und einen Unterteller mit Keksen, spürte man, welch liebevolle Aufmerksamkeit sie den Dingen zukommen ließ.

Einmal, als ich abwusch, trocknete sie einen Unterteller ab, hielt inne und gab ihn mir zurück. Am Rand war ein Schmutzrest, den ich übersehen hatte. Ich schämte mich ein wenig, weil ich ihr doch hatte zeigen wollen, wie achtsam ich die Dinge erledigte, was für ein guter Zen-Schüler ich war. Doch ihre kleine Korrektur, mit der keinerlei Aufhebens verbunden war, gab auch mir das Gefühl, in ihre Fürsorge mit einbezogen zu sein.

Einmal saß ich bei der Meditation neben ihr, es war ein sonniger, aber windiger Tag, und sie hatte das Fenster offen und die Jalousien heruntergelassen. Die Jalousien klapperten im Wind und warfen irrlichternde Schatten auf die Wände vor uns. *Sie wird doch wohl das Fenster schließen*, ging es mir durch den Sinn, *damit wir uns besser konzentrieren können*. Doch sie blieb bis zum Ende reglos sitzen. Störte sie denn das ganze Geflatter und Geklapper nicht? Oder störte es sie, aber sie hatte kein Problem damit, gestört zu werden? Sie saß wie ein Felsblock. Es inspirierte mich, mich anzustrengen und selbst immun gegen die Ablenkung zu werden.

Joan war in Wisconsin aufgewachsen und als junge Frau dem katholischen Maryknoll-Orden beigetreten. Als junge Nonne wurde sie nach Japan entsannt und entwickelte dort eine tiefe Wertschätzung für die japanische Kultur und das dortige spirituelle Leben. Nach zwölf Jahren verließ sie den Orden, kehrte in die USA zurück und schrieb sich für ein Graduiertenstudium in Japanstudien ein. Für einen Forschungsaufenthalt im Rahmen des Studiengangs kehrte sie nach Japan zurück. Dort bat sie einen Freund, sie einem Zen-Lehrer vorzustellen. Der Freund riet ihr, das Studium vorher abzuschließen – Zen habe so eine Art, einem die Dinge aus der Hand zu nehmen. Doch sie wollte sofort loslegen, und so kam es, wie es kommen musste: Sie begann im San'un Zendō in Kamakura mit der Praxis und gab kurz darauf ihre akademischen Ambitionen auf. Sie blieb in Japan und praktizierte Zen unter ihrem Meister Yamada Kōun Rōshi.

Jahre später, nachdem sie ihr Kōan-Studium abgeschlossen hatte, wollte sie am Jung-Institut in der Schweiz die Möglichkeit eruieren, sich zur Analytikerin ausbilden zu lassen, doch eine Gruppe von Zen-interessierten Schweizern bat sie, sie zu unterrichten, und sie kam dem Wunsch nach. Über die nächsten dreißig Jahre hinweg entstand das Sonnenhof Zen-Zentrum im Schwarzwald, das sie zusammen mit dem deutschen Benediktinermönch und Zen-Meister Willigis Jäger, einem ihrer Mitschüler in Kamakura, gründete und aufbaute. Sie unterrichtete auch in Dallas, Oregon, Italien und der Schweiz. Sie ging dorthin, wo sie gebraucht wurde.

Sie war weise. Hätte ich eine Meinung zu einem Problem einholen wollen, so wäre mir ihre Sicht stets lieber gewesen als die von irgendjemand sonst. Direkt unter der sichtbaren Oberfläche war sie kraftvoll, sprühend lebendig und friedvoll. Obwohl sie mir niemals zustimmen und mich der Übertreibung bezichtigen würde, kam sie mir wie ein Meister aus einem Kung-Fu-Film vor: Wohin man sich auch wandte, sie war immer schon da, ruhig und ausgeglichen, zu allem bereit. Sie hatte keine Agenda, weshalb ihr Herz und ihr Geist klar waren. Oder war es umgekehrt? Oft zitierte sie ihre eigenen Lehrer. Manche von ihnen besaßen einen gewissen Glanz, andere waren sogar berühmt. Bei ihr jedoch war keine Spur von Streben nach Ruhm oder Ansehen. Sie wollte nicht einmal »Rōshi« genannt werden – eine Anrede, die in amerikanischen Zen-Kreisen oft benutzt wird – obwohl ihr dieser Titel rechtmäßig zustand.

Manche Zen-Lehrer, denen ich in meinem jüngeren Leben begegnet war, hatten sich nicht so angefühlt. Vielleicht hatte ich sie mit unreifen Augen betrachtet, doch manche schienen ihren Einfluss zu genießen, oder ihre Eloquenz, oder ihre Stellung an vorderster Front einer neuen Bewegung im Westen. Manche verstrickten sich in Skandale. Aber bei John und Joan hatte man das Gefühl, sie waren einfach nur dankbar, Menschen begleiten zu dürfen. Oder sie machten sich nicht so viel daraus, ob man nun da war oder nicht. Den Großteil seines Lebens verbrachte man ja sowieso ohne sie, und so war es ja auch gedacht – deine Praxis war deine Privatsache. Die Rolle der Lehrer bestand nur darin, dich anzuleiten, so lange du das selbst wolltest.

Wenn ich am Kämpfen war, dann begegnete mir Joan mit liebender Güte. Sie war strenger, eher geneigt, mich mit einem Kōan, an dem ich mich abmühte, und dem Rat »Beiß dich nicht zu sehr fest daran« wieder wegzuschicken.

Die erste Reaktion konnte trösten, die zweite besaß Weisheit. Mit der Zeit lernte ich dadurch, dass nicht alles so wichtig war, wie ich oft dachte, nicht einmal die vermeintlich großen Dinge. Es genügte, einfach auf meine eigenen Ressourcen zurückzugreifen. Zen will keine Abhängigkeiten schaffen, sondern Menschen befähigen, inmitten der Mühen ihres Daseins auf eigenen Beinen zu stehen und dabei einen klaren Kopf und ein offenes Herz zu bewahren. Es geht davon aus, dass die Lernenden bereits alles in sich tragen, was sie brauchen. Tatsächlich sind sie selbst bereits das ganze Universum. Wenn sie es bloß wüssten.

Doch Joan und John schlugen eine Brücke zwischen der alten, fremd anmutenden Praxis und dem zeitgenössischen westlichen Lebensstil. Sie zeigten, dass diese Praxis nichts Exotisches war, sondern von unserem Leben handelte. Dabei sprach diese Praxis die Rätsel unserer Existenz an, genau wie ich es mir so lange gewünscht hatte. Zu sehen, dass Menschen aus dem Westen wie diese beiden Zen weitertrugen, war ermutigend. Es machte die Praxis sicher und relevant. Auch wenn ich selbst vielleicht noch nicht im Frieden war, so vertraute ich doch darauf, dass ich dies eines Tages würde sein können. Ich war auf dem richtigen Weg: Die beiden bewiesen es. Und das allein brachte schon ein gutes Stück Frieden.

Inzwischen hatte ich einiges über die Dharmalinie gelernt. Unter dem Titel Sanbō Kyōdan war sie im Westen recht einflussreich. Eine ganze Reihe westlicher Zen-Größen war in dieser Linie geschult worden. Robert Aitken Rōshi, ein berühmter Lehrer und Autor, war einer von ihnen, ebenso Taizan Maezumi Rōshi, auch er ein führender Lehrer in den USA. Beide waren mit ihren Schülern dem Kōan-Lehrplan dieser Linie gefolgt. Der Lyriker Gary Snyder, einer der ersten Zen-Praktizierenden aus der Bay Area in den Fünfzigern und Sechzigern, hatte ebenfalls in dieser Linie gelernt und das *Ring of Bone*-Zendō in den kalifornischen

Bergen gegründet. Yamada Rōshi selbst hatte 1983 die Zeremonie zur Eröffnung des Zentrums durchgeführt. Später übernahm Nelson Foster Rōshi die Leitung, er hatte seine Ausbildung unter Robert Aitken abgeschlossen. Sanbō Kyōdan hatte in den Vereinigten Staaten einen bedeutenden Einfluss.

Ich hatte von all diesen Leuten gehört, doch sie schienen weit weg vom Kern der Linie, auf den ich durch Zufall gestoßen war. John und Joan unterhielten beide eine direkte Verbindung mit dem gegenwärtigen japanischen Abt, sie besuchten die jährlichen Lehrer-Retreats der Linie, verbeugten sich unter dem Joch der japanischen Meister, um im »Klären des Dharma-Auges« weiter voranzuschreiten, und sie verstanden sich selbst als direkten Teil davon.

Zen-Praxis ist, wie in einer Badewanne zu sitzen, in der der Stöpsel gezogen ist. Zuerst scheint gar nichts zu passieren, aber das Wasser wird definitiv weniger.

Wir sind ein Plastikboot, das darin herumschwimmt, herumschaukelt, an der Gummiente vorbei, an der Wannenwand entlang. Das ist interessant, aber nichts Besonderes. Das Wasser wird weniger, aber so langsam, dass es nicht auffällt.

Dann kommt der Augenblick, wo man merkt, dass die Wannenwände viel größer geworden sind. Wie ist das denn passiert? Jetzt wird es schon interessanter. Die Perspektive verändert sich.

Dann wird das Wasser merklich seichter. Hey, wer war das?

Die Bewegung von Boot und Ente im Kreis herum beschleunigt sich. Der Zyklus verläuft jetzt ein bisschen schneller.

Dann sehen wir auf einmal einen Strudel, da wo der Abfluss ist. Es kommt wie ein Schock. Woher kommt dieser verschlungene Energiestrang? Vielleicht wollen wir unwillkürlich anhalten, jetzt wo wir den

Strudel gesehen haben. Vielleicht sind uns schon Gerüchte darüber zu Ohren gekommen, und jetzt schauen wir selbst darauf und wissen, dass er real ist. Reicht das nicht?

Wir sind Zen-Praktizierende. Da reicht das keinesfalls.

Die Wanne leert sich weiter. Die Reise, der Prozess, ist weit davon entfernt, vollständig zu sein.

Plötzlich ist da wieder der Strudel, eine silberne Spirale in die Dunkelheit hinein. Diesmal zerrt es uns richtig hinein, es gibt einen alarmierenden, erschreckenden Ruck. Eine intensive Energie trifft uns bis ins Mark. Und wir rutschen wieder heraus.

Aber das Boot ist durch den Ruck zerstört. Jetzt sind wir Treibgut auf der Oberfläche, und immer noch fließt das Wasser ab. Dann geraten wir erneut in den Sog des Leitungssystems. Uns ist gar nicht klar, dass es passiert, und im nächsten Augenblick zieht es uns auch schon in das Gewirbel hinein, wir werden vom Maul des Abflusses verschluckt und immer tiefer hinuntersogen.

Totale Dunkelheit. Das Leben, wie wir es kannten, ist verschwunden, verschluckt vom Leitungssystem, hineingesogen ins Innerste der Röhren. Irgendwie sind wir durch dieses unmögliche Schlüsselloch, dieses Nadelöhr, hindurch … jenseits …

Dafür ist Zen-Praxis da: Sie saugt uns aus dem Leben, wie wir es kennen, aus unserem Selbst, wie wir es kennen.

Die ganze Zeit über dachten wir, dass etwas *in* diesem Badewasser weggesaugt wird, aber es ist ganz anders: Das Wasser selbst wird abgesaugt. Und wie sich herausstellt, waren auch wir die ganze Zeit dieses Wasser.

Dōgen sagte, dass gewöhnliche Menschen keine Erleuchtung in ihrem Bewusstsein haben, aber Buddhas kein Bewusstsein in ihrer Erleuchtung. Gewahrsein muss ausgelöscht werden, jede Spur eines Zeugen verschwinden, damit der Pfad des Zen Blüten treiben kann.

Nullpunkt

Ich lebte in zwei Welten. Manchmal, im Zendō oder auf einem Retreat oder beim täglichen Sitzen zu Hause oder wenn ich mich selbstvergessen in einem Kōan verlor, ging mir das Herz auf. Einmal war ich bei Walmart, um für das Trampolin der Jungs ein neues Sicherheitsnetz zu besorgen, und während ich an der Kasse anstand, fiel mein Blick auf einen Fernsehbildschirm. Offenbar lief MTV, jedenfalls sah man eine Boygroup, die jungen Männer aufgestylt wie Puppen und darauf aus, einen Eindruck zu hinterlassen. Es erschien mir als ein so sinnloses und vergebliches Unterfangen – in phantasievollen Kostümen über eine Bühne zu hüpfen in dem Bemühen, andere Leute davon zu überzeugen, dass es sich lohnte, sich das anzuschauen. Ein Schauder des Wiedererkennens überlief mich. Hatte ich nicht genau das getan mit meinen Büchern, Lesungen, einer sichtbaren Karriere? Hatte ich nicht genauso versucht, ein unbekanntes Publikum davon zu überzeugen, dass ich seiner Aufmerksamkeit wert war? Mein Blick wanderte nach unten zu dem Verpackungskarton, auf dem der Fernseher stand. Der schlichte, einfarbige Karton hatte eine zarte, feine Textur. Also, das berührte mich mit seiner Schönheit.

Ich verliebte mich auf der Stelle in diesen Pappkarton und konnte die Augen nicht mehr davon lassen. Er trug eine Wahrheit in sich, die den Image-bewussten Jungs im Fernsehen fern war. Ich rang mit den Tränen.

Manchmal lag ich mit meinen beiden Söhnen auf dem Bett, einen links im Arm, den anderen rechts, während draußen der Regen niederprasselte und die Wüste dazu verlockte, ihren satten Duft in die Nachtluft abzugeben. Wellen von Liebe durchfluteten mich und ließen die Nacht unendlich tief erscheinen. Die Szene auf dem Bett wurde zeitlos, riesig, oder auch ganz klein – es war schwer zu sagen –, aber sie war Teil einer langen, unsichtbaren Kette menschlicher Erfahrung. Wenn ich dann anfing, mich ganz langsam und sacht zwischen den schlafenden Buben herauszuschälen, schlossen sich Sauls kleine Finger sofort fester um mein Handgelenk: je mehr ich zog, desto fester sein Griff, eindeutig darauf angelegt, mich hier zu halten. Vielleicht keimte einen Moment lang Ungeduld in mir auf – *Was denn, schläft er noch immer nicht?* – und der Gedanke an Dinge, die ich noch erledigen wollte. Aber dann drehte ich mich zu ihm herum, und seine Augen waren weit offen und strahlten mich in der Dunkelheit an wie zwei tiefe Brunnen. Und im selben Augenblick war mir vollkommen klar, dass nichts wichtiger sein konnte als dieser Moment, dieses ruhende Kind mit Augen voll schlaftrunkener Liebe, und dieses verschlungene Ineinander von Atem und Körpern und Knochen.

Und es gab noch eine allgemeinere Lektion: Konnte überhaupt irgendwas wichtiger sein als der gegenwärtige Augenblick? Genau dort wartete das Leben, um mir zu begegnen, immer. Ich musste mich nur daran erinnern.

Momente rückhaltloser Liebe, ab und zu.

Aber dann ging es wieder zurück in den Alltag, an den Schreibtisch, wo die Arbeit wartete, und es war keine Nachricht von meinem

Literaturagenten gekommen, oder doch, aber sie war nicht gut, oder gelegentlich gab es auch gute Nachrichten aus heiterem Himmel – ein Vorschuss, eine Shortlist, ein Angebot von einem Magazin, was auch immer. Dann noch mehr schlechte Nachrichten: schwache Verkaufszahlen, ein abschlägiger Bescheid bezüglich einer Veröffentlichung. Und so weiter. Ich war eine Wetterfahne im Wind. Gute Nachrichten, schlechte Nachrichten, und ich drehte mich entsprechend in die eine Richtung, dann in die andere Richtung. Befriedigung, Selbstwert; Enttäuschung, Scham.

Meine Lehrer waren anders. Sie waren keineswegs nervige Ausbünde von Glückseligkeit, doch sie begegneten den Wechselfällen des Lebens mit Anmut und Würde, wie Maschinen, die so gebaut waren, dass sie ohne Reibung liefen. Sie konnten einen Raum betreten, ohne dass man es überhaupt bemerkte. Nur dass man sich auf einmal ein wenig besser fühlte. Sie konnten still bei einem sitzen, und man hatte das Gefühl, dass sie einen kannten, ohne dass ein Wort gesprochen wurde.

Sie hatten beide getan, was Buddha gesagt hatte: den Weg aus *dukkha* herausfinden. Dukkha wird oft mit »Leiden« übersetzt, aber »Unzufriedenheit« trifft es eigentlich besser. Die implizite Metapher dafür ist eine Radnabe, die nicht sauber auf der Achse sitzt. Es entsteht Reibung. Das Rad dreht sich nicht frei. Weder John noch Joan hatten Reibung in ihrem Leben. Zweifellos würden sie widersprechen, doch sie drehten sich völlig frei.

Ich hingegen nicht. Trotz all der Praxis, der Unterweisung durch die beiden, des Vertrauens, das ich Zen entgegenbrachte, und dass ich mein Schicksal damit verbunden hatte – nach wie vor litt ich unter meinen Launen. Ich verhakte mich immer noch, wie man es im Zen nennt. Ich betrachtete meine Lehrer, sah ihren Frieden und verstand, dass dieser Frieden auch daher kam, dass sie ähnliche existenzielle Erkenntnisse gehabt hatten wie ich, und doch waren sie nicht so wie ich. Ihre Energie war tief und stark, fließend und leicht. Sie regten sich nicht auf. Ungeachtet all meiner »Fortschritte« in der Kōan-Praxis, strampelte ich mich immer noch in meiner kleinen Pfütze milder Dysthymie ab. Ich war gesegnet mit einer großartigen, humorvollen, talentierten, geerdeten Frau, mit einer Familie, einer beruflichen Karriere, die zwar nicht spektakulär zu nennen war, aber doch beständig, und die uns ein Einkommen und mir persönlich immer wieder echte Erfüllung bescherte. Ich hatte Lehrer, ich hatte eine Gemeinschaft von Meditierenden, ein bescheidenes, gemütliches Zuhause. Was wollte ich denn noch?

Aber es ging dabei nicht um ein »noch mehr«. Ich wollte bloß Frieden. Zen hatte mir ein paar Hammerschläge auf den Kopf verpasst, doch die tiefe Gelassenheit der Meister entzog sich mir. Ich war einfach eine harte Nuss: die Schale hatte ein paar Mal einen Sprung bekommen, sich aber immer wieder geschlossen.

Ich war ein Jammerlappen, und das immer noch, nach allem, was ich erlebt hatte. Bei meiner Doktorarbeit hatten mich die Recherchen erdrückt. Als ich es trotz geringer Erfolgsaussichten schaffte, meinen Lebensunterhalt als Reiseschriftsteller zu verdienen, hätte es Lyrik sein sollen. Als ich schließlich zwei Lehraufträge für Lyrik vorzuweisen hatte, eigene Sammlungen veröffentlicht und Preise eingeheimst, hätten es Romane sein sollen. Und als die Romane verlegt wurden, mir Auszeichnungen und Lob eintrugen, hätten es andere Romane sein sollen. Ich war bis in die Knochen undankbar, ein Fall von Anhedonie, einfach mit nichts zufrieden.

Und jetzt war es dasselbe mit Zen. Ich kriegte es einfach nicht ganz hin. Der Dibbuk der Unzufriedenheit auf meiner Schulter lachte immer zuletzt. Die Gene zwickten eine letzte Windung in der Spirale ab, und ich hatte das Nachsehen.

Dōgen sagte: »Selbst wenn du den Weg erreicht hast, hast du nur den Kopf durchs Tor gesteckt.« Und er hatte recht. Ich hatte den Kopf schon mehrmals hindurchgesteckt und ihn immer wieder zurückgezogen. Ich hatte einfach nicht die Gene für inneren Frieden, dachte ich. Meine Schwester und mein Bruder hatten beide eindrucksvolle Karrieren gemacht und hatten heile Familien. Clare war als Mediatorin sehr gefragt, und David war ein bekannter Korrespondent in den BBC-Fernsehnachrichten. Sie hatten beide früh im Leben eigene Familien gegründet und führten ihr Leben engagiert und kompetent. Ich war das Sorgenkind, der Unstete mit dem unsicheren Berufsleben, verheddert in den ausgefransten Rändern des Umhangs der Kompetenz, aber einfach nicht fähig, das Ding zu packen und es sich überzuziehen; oft stabil, glücklich, philosophisch, dann wieder abstürzend in Zyklen leichter Depression, fehlender Motivation und Scham. Ich hatte hart an Projekten gearbeitet und dann stets irgendetwas getan, was sie zwar nicht komplett sabotierte, aber doch kompromittierte.

»Little Big Man«, nannte mich mein Vater. Widerspenstig: das war Henry. Sich die Hände im Schmutz waschen und sie im Fluss trocknen. Dysthymisch: mild, aber chronisch.

Oje. Dad war nicht so. Leute gibt's. Da kann man nichts machen.

Eine Sache gibt es aber doch, die man mit solchen Leuten machen kann: Man kann sie auf ein Kissen setzten und ihnen sagen, sie sollen die Klappe halten. Und still sein. Genau das taten meine Lehrer mit mir, immer wieder.

Ging es immer noch um Vertrauen? Ich vertraute John, ich vertraute Joan, aber vielleicht nicht genug? Nicht genug, um zu sagen, mein Leben gehört mir letztendlich nicht?

Die Lehrer-Schüler-Beziehung ist komplex. Über die Jahre führte mich Joan sanft, manchmal auch unsanft. Wenn ich eingebildet und überheblich war, erinnerte sie mich, dass es darum ging, freundlich und großzügig zu sein; wenn ich niedergeschlagen war, dass ich eine Welt des Friedens kannte. Sie trieb mich immer wieder an, das Leben als eine fortwährende Entdeckungsreise zu verstehen und jeden Augenblick als eine Gelegenheit, es tiefer zu erforschen. Aber das Wichtigste ist vielleicht einfach, dass es diesen Lehrer im eigenen Leben gibt. Die Lehrer haben ihr Leben den Lehren und deren Weitergabe gewidmet. Auch Lehrer mögen ihre Schwächen haben, und gute Lehrer sind sich dessen bewusst. Aber sie sind da, um einen bei der Stange zu halten und immer wieder zur Praxis zurückzurufen.

Trotz der Beständigkeit, die John und Joan mir entgegengebracht hatten, fiel es mir immer noch manchmal schwer zu vertrauen.

In meinem Innersten sah ich in Frauen, mit ihrem unergründlichen Körper und ihrer Herzensklarheit, immer noch die Quelle von Trost, Vergnügen und Sicherheit. Aber sie konnten sich im nächsten Moment abwenden und einem den Laufpass geben. Und Männer waren für mich immer noch die Verleugner von Wert, die Diebe der Selbstachtung, die Übermittler von Scham; erst machten sie einen klein, dann benutzten sie einen für ihre eigenen Macht-Trips.

Eines Morgens saß ich auf dem Küchenfußboden in unserem Haus in Santa Fe über eine Pfütze aus klarer Flüssigkeit gebeugt, gut zwanzig Zentimeter im Durchmesser. Es waren Tränen. Zum ersten Mal seit Jahren weinte ich hemmungslos. Ein Reservoir von altem Schmerz war angezapft, berührt, geöffnet worden, der Korken war herausgeflogen. Die Trauer quoll nach oben und Tränen liefen mir unkontrolliert über Nase und Wangen.

Angeregt von Joan hatte ich angefangen, mich mit Jung'scher Traumdeutung zu beschäftigen. Joan hatte selbst vor langer Zeit am C.-G.-Jung-Institut in der Schweiz mit ihren Träumen gearbeitet und es als hilfreich empfunden. Zufällig hatte ich kurz zuvor einen eigenwilligen Traum-Therapeuten aus Vermont kennengelernt, einen brillanten, provokativen, mit Konfrontation arbeitenden Mann. Als ehemaliger Postbote mit einem Master-Abschluss in Philosophie war Marc Bregman vor langer Zeit in einem Workshop des Jungianers James Hillman gelandet und hatte dort seine Berufung gefunden. Er hatte eine eigene, kraftvolle Form der Traum-Therapie entwickelt. Träume führten uns. Wir mussten nur kapitulieren und ihnen die Führung überlassen, das war die zentrale Botschaft. In neun von zehn Fällen wollten sie, dass wir uns den tief in uns vergrabenen Wunden öffneten. Das war der Weg zur Heilung der Seele.

Ich hatte einen Punkt erreicht, an dem ich die unsichtbare Membran von Misstrauen, die mich umgab, nicht länger leugnen konnte. Ich wusste nicht, was es war, aber meine Träume wussten es. Sie zeigten mir einen Weg hindurch. Dieser Weg war die Trauer – über Schmerz, den ich vergessen hatte, meine Seele jedoch nicht. Meine Seele ließ mich den Weg nicht weiter gehen, solange ich den Wegzoll in Tränen nicht bezahlt hatte.

Marc bot Sitzungen ortsunabhängig übers Telefon an. Das Format schmälerte ihre Kraft nicht im Geringsten. Er benutzte meine Träume, um mich weichzuklopfen, und wenn ich dann in Tränen aufgelöst war, schob er mich Stück für Stück an den Rand eines Abgrunds von Schmerz, dem ich mich noch nie zu stellen vermocht hatte, und schubste mich mit einem letzten, sanften Stoß hinunter.

Er betrachtete Träume als unheimliche Überbringer halb-göttlicher Einsichten in unsere Psychologie und unser Verhalten. »Hatten Sie mal eine Affäre?«, fragte er mich in unserer ersten Sitzung. Damit waren meine Träume losgetreten. Die schwierige Phase in meiner Ehe vor ein paar Jahren hatte darum gekreist. Das war zwar längst vorbei, aber jetzt war es frischfröhlich wieder da, es lauerte nach wie vor in meiner Psyche.

Ich hatte gelernt, dass das Geheimnis einer glücklichen Beziehung nicht darin bestand, zu glauben, man müsse bloß mit der richtigen Person zusammen sein, sondern sich klar zu machen, dass man es bereits war. Und wenn irgendeine Valenz der Seele in dieser Beziehung ungenutzt blieb, dann war das okay, sie konnte auf andere Weise berührt werden als durch eine sexuelle Beziehung. Der mystische Drang nach Vereinigung beispielsweise wurde am besten dadurch beantwortet, dass man einen Lehrer fand, einen Führer auf dem Weg, einen Meister, und nicht durch heimliches Gegrapsche in einem Hotelzimmer. Die Midlife-Crisis konnte ein Schmelztiegel für Wachstum sein, für Alchemie.

Trotzdem hegte ich immer noch Misstrauen gegen Männer, schlug mich immer noch pauschal auf die Seite der Frauen, und hoffte immer noch, mein Leben durch einen noch tolleren beruflichen Erfolg zu erlösen. Kurz gesagt, ich war immer noch komplett selbstbezogen. Das, sagte er, zeigten meine Träume. Ich konnte es nicht leugnen. Dann fingen die Träume ganz allmählich an, die Schale aufzubrechen und mich ein tieferes Vertrauen zu lehren.

Immer wieder verfolgten mich bedrohliche Männer, bis ich mich ergab, nur um festzustellen, dass sie mich eigentlich immer nur hatten lieben wollen. Mein Vertrauen in diese Liebe begann langsam zu wachsen. In einem Traum hatte ich Dokusan mit John und legte meinen Kopf in seinen Schoß, und die Welt, wie ich sie bisher kannte, brach auseinander. In einem anderen ruderte mich mein Vater in einem Boot über einen schottischen *Loch* zu einer Insel mit einem Schloss darauf. Der König gab ein Bankett und lud mich dazu ein. Wie der verlorene Sohn kniete ich vor ihm, legte den Kopf in seinen Schoß und weinte, und er legte die Hand auf meinen Hinterkopf. Ich war nach Hause gekommen zu einem archetypischen Vater, der alles vergab. Ich zitterte vor archetypischer Demut, reuig und dankbar.

Immer wieder wurde ich in meinen Träumen ermordet. Pfeile durchlöcherten mich, Kugeln schossen mir das Gehirn weg, Feuer verbrannten mich. Es ging dabei immer um den Tod des Egos, sagte Bregman. Und mein Herz wurde stärker.

ICH HATTE AUCH IMMER WIEDER Träume über Skydiving, und obwohl das nicht dem therapeutischen Ansatz entsprach, entschloss ich mich, sie wörtlich zu nehmen. Ich wollte mit aller Macht einen radikalen Perspektivwechsel.

Accelerated Free Fall, AFF, nennt sich das Ganze: »beschleunigter freier Fall«. Ich wollte sofort alleine springen. Wenn schon, denn schon. Aus einer Höhe von dreitausend Metern.

Die ersten paar Sekunden hatte ich überhaupt keine Orientierung, dann schwebte ich eine halbe Minute lang zwei Meilen hoch über der Wüste New Mexicos und verspürte ein unbeschreibliches Gefühl von Sicherheit. Dann war ich nur noch eine Meile über dem Boden. Ich zog die Leine und spürte den massiven Ruck des Fallschirms.

Der Sprung bewirkte tatsächlich etwas. Ich machte mir danach nicht mehr so viele Sorgen.

Ich fing mit Ashtanga-Yoga an. Yoga war Teil des TM-Programms gewesen, und ich hatte es über die Jahre immer mal mehr, mal weniger praktiziert. Jetzt wurde ich gewissenhafter und entdeckte einen pulsierenden Frieden in meinem Körper, der eine ganz eigene Erfüllung brachte.

Ich reiste anlässlich eines Verlagstermins für eine Woche nach New York. In der Wohnung eines Freundes, bei dem ich abgestiegen war, arbeitete ich weiter an dem inzwischen uralten Familienroman, den ich auf fünfzehnhundert Seiten eingekürzt hatte. Eines Morgens fiel mir in der engen kleinen Küche ein Schneidebrett zu Boden. Ich schaute auf mein Schienbein, als es fiel, spürte einen plötzlichen Schmerz, hörte das Krachen, als es auf den Fußboden prallte, und auf einmal war ich vollkommen orientierungslos. Der Krach brach irgendein strukturgebendes Stück meines Bewusstseins aus mir heraus. Ich war auf einmal federleicht, ohne ein Zentrum der Schwerkraft. Anstatt des Schmerzes spürte ich bloß Freude, Gewichtslosigkeit. Ich hatte keine Masse mehr.

Es war so intensiv, dass ich Joan anrief.

»Ich habe jegliche Orientierung verloren«, seufzte ich in den Hörer.

»Wozu brauchst du Orientierung?«, fragte sie zurück.

Eine Abfolge kleiner Ereignisse, ein unsichtbarer Abstieg: Ein Weg muss aufhören, damit ein anderer zum Vorschein kommen kann.

Tag drei eines Sesshins. Du bist für Recherchen zu einem Artikel in England und hast es so gelegt, dass du dieses Retreat mit John besuchen kannst. Wie üblich in Cold Ash, dem Retreat Center in den Berkshire Downs, wo er all seine Sesshins hält. Du wohnst in einem kleinen Zimmer mit Kruzifix an der Wand und einem Waschbecken in einer Ecke. An klaren Tagen kann man die Hügel fünfzig Kilometer südlich sehen.

Allmählich kommt alles zur Ruhe. Du hast die für den ersten Tag typischen körperlichen Widerstände hinter dir – schmerzende Knie, ein Ziehen im Nacken, von dem du eigentlich dachtest, es los zu sein, das sich aber gleich zum Auftakt zurückmeldete. Der zweite Tag brachte einige emotionale Ausschläge. Nachdenken über den Familienroman, ob es wohl eine Chance gibt, dass das noch etwas wird, und wieso du überhaupt hier bist, anstatt an dem Buch zu arbeiten, das immer noch ein Chaos ist, ein Wirrwarr aus Segeltuch und Seil. Und so fort.

Dann dieser Morgen, der dritte schon, es geht so rasch, und du erwachst so klar im Kopf, so frisch, hellwach und lebendig, zu den neuen Empfindungen dieses Tages – die zarte Morgendämmerung, die durch den Vorhang dringt, der satte Schwall des Wassers aus dem Hahn, das köstliche Geräusch von Schritten, als jemand auf dem Gang vor deinem Zimmer vorbeigeht – dass du deinen Frühstückstee auslässt. Du willst diesen herrlichen Frieden durch nichts stören, nicht einmal durch eine Tasse Tee.

Das Zendō ist so schön, es bricht dir fast das Herz: die schwarzen Kissen, das graue Zwielicht, der einzelne Stern einer Kerzenflamme auf dem Altar. Als die Glocke die erste Meditationsrunde einläutet, klingt es so klar wie der Gesang einer Nachtigall. Eine leichte morgendliche Brise von einem offenen Fenster streicht dir über die nackten Hände. Die Haut verkostet es, süß wie Eiscreme.

Ein Gedanke taucht auf: *Hey, so fühlst du dich normalerweise nicht.* Einen Moment lang bleibst du an dem Gedanken hängen und fängst an, über die Bedeutung dieser Empfindungen nachzudenken, bis dir einfällt, dass es einen besseren Weg gibt, damit umzugehen: nicht zu denken, sie einfach nur zu erfahren.

Irgendwann im Laufe des Vormittags beginnt das Gerangel. Üblicherweise hält John jetzt einen Vortrag, doch er hat eine Veränderung eingeführt. Der dritte Tag ist jetzt ein »stiller Tag«. Keine Einzelgespräche, kein Vortrag. Das Zendō summt und brummt. Während der Gehmeditation, die das Sitzen unterbricht, geht der Zendō-Aufseher herum und öffnet die Fenster. Die dünnen Vorhänge flattern und werfen wilde Schatten auf den Boden, so dass es sich anfühlt, als würde man über einen vom Wind aufgewühlten See gehen. Dann ist die Gehmeditation fast zu Ende, *Schnapp* und *Klack* macht es, als der Aufseher erneut herumgeht und die Fenster und Vorhänge wieder schließt. Dann das *Klack!* der Hölzer, und alle gehen zügig zu ihrem Platz zurück wie ein strömender Bergbach. Dann wieder Stille in dem Zwielicht, während wir uns auf den Kissen einrichten.

Warum ist es so schön, in diesem verdunkelten Raum zu sitzen? Die anderen – etwa fünfunddreißig Personen – kommen mir vor wie Kiefern in einem Wald, schweigend und still, nur hin und wieder eine leise Bewegung. Jemand atmet tiefer, dann wieder Stille. Jemand verändert seine Position auf dem Kissen: ein leises Rascheln von Stoff.

Dann fängt es an. Irgendwo in deinem Körper. Eine kleine Anspannung. Und noch eine. Schon bald wird daraus ein innerlicher Ringkampf. Ellbogen und Knie drücken sich in deine Rippen, als würden sich zwei Kleinkinder mit aller Kraft ineinander krallen. Was ist da los?

Über die vergangenen Jahre hast du gespürt, dass zwei Personen in dir leben. Der eine ist das gute alte Du mit seinen Kämpfen, Hoffnungen, Befürchtungen, der andere ist anders, im Frieden, aus einem zarten Versprechen gestrickt. Er liebt es, zu sitzen. Er liebt andere Menschen. Er liebt es, zu helfen. Er macht sich keine Gedanken über seine Karriere, oder höchstens insofern, als es seine Familie betrifft. Er schaut nicht nach vorn. Du hast sogar zu Joan gesagt, dass du dir vorkommst, als würden zwei Personen in dir leben. Sie lächelte nur und sagte nichts.

Jetzt ist es, als ob die beiden es handgreiflich ausfechten. Unglaublich, dass du dabei still sitzt! Aber so ist es. Wenn du dich auch nur eine Winzigkeit bewegst, hört das Ringen auf. Wie zwei scheue Tiere, die nicht bemerkt werden wollen. Sie setzen ihr Kämpfen aus, wenn du nicht absolut still hältst. Dann verstecken sie sich. Geh wieder in die Stille, und sie machen weiter.

So geht das den ganzen Tag. Es ist kraftraubend. Es fühlt sich an wie ein tiefsitzender Juckreiz, an dem man nicht kratzen kann. Du sehnst dich danach, dass es vorbei ist, aber das hilft nichts. Du weißt schon, was du tun musst. Du musst still halten und sie gewähren lassen.

Auch am nächsten Tag geht es weiter. Dann, in der Abendmeditation, plötzlich Frieden. Eine glasklare Stille. So schön, dass du nach dem offiziellen Ende des Tages sitzenbleibst, bis in die Nacht hinein. Das Zendō ist still und dunkel, und jetzt spürst du die Abwesenheit der anderen samt der Sanftheit, mit der sie dich umgeben haben.

Es ist der letzte Abend des Retreats. Du sitzt bis spät in die Nacht hinein in dem halb erleuchteten Zendō.

Dein Sehvermögen spielt dir Streiche. Du siehst auf einmal helle Lichter. Das ist früher schon passiert. Du ignorierst es. Das Gefühl taucht auf, ganz hinten in deinem Schädel zu sitzen und auf das, was du siehst, zu blicken wie auf eine Leinwand, abgetrennt von dir selbst. Als ob man im dunklen Raum eines Kinos sitzt, und die Leinwand weit weg.

Dann wird es bizarr.

Du bist in Ägypten, in einem alten Tempel. Da ist eine Art Säulenplatte und der Fuß einer gigantischen Statue. Du bist im Schatten der Statue, um dich herum Sandwüste, trockene Luft, der Geruch von Staub.

Dann bist du in einem Theater. Paris oder London in den 1890er Jahren. Der vergoldete Bühnenrahmen erhebt sich hoch über dir, vor dir der dunkle Orchestergraben, der Schein von Rampenlichtern. Du spürst die gespannte Erwartung eines Publikums.

Eine langsame Freude steigt in dir auf wie Hefe im Teig. Es ist wundervoll, im Schein vergangener Jahrhunderte zu sitzen.

Dann wird dir deine Atmung hyperbewusst, doch es ist gar nicht mehr deine. Es ist, als ob man ein Tier beim Atmen beobachtet, wie durch eine Linse. Du fragst, *Wer atmet?* Da ist das Rascheln der Einatmung, gefolgt von einer Ausatmung. Wessen Atem ist das?

Du wechselst mit der Aufmerksamkeit zum Blick. Spontan taucht die Frage auf: *Wessen Blick ist dies?*

Und da ist Hören: ein schwaches, fernes Rauschen, und ein leises Brummen, vielleicht von einem Heizkessel im Keller, tief unter dem Fußboden. Wieder: *Wer hört das?* Als ob ein unbekanntes Wesen sich deiner Sinne bemächtigt hätte.

Während du diese Sinneswahrnehmungen empfängst – Atmen, Sehen, Hören – versuchst du herauszufinden, wer das ist, der da mitten drin sitzt. Was ist in den Zwischenräumen zwischen Hören, Sehen, Atmen? Irgendetwas muss da sein, weil *du* doch da bist. Aber je tiefer du den Raum in der Mitte erforschst, desto schwerer wird es, jemanden zu identifizieren.

Auf einmal ist es klar: da ist niemand. Nur leerer Raum. Atmen geschieht, doch niemand atmet. Da wo ein Atmender sein sollte, ist bloß Raum. Hören geschieht, aber niemand, der hört. Da wo ein Hörender sein sollte, ist bloß Raum.

Da ist es also wieder: *kein jemand*. Wie damals auf dem Berg in New Mexico.

Allerdings nicht genau gleich. Diesmal wird alles vollkommen flach. Atmen, Hören, Sehen: Sie plätten sich ineinander, zweidimensional. Was auch immer in der Mitte war, wird verdrängt. Mit dem Ergebnis, dass dort, wo »Ich« sein sollte, irgendwie nichts mehr ist als Raum.

Freude wallt auf. Warum Freude?

Weil es ist, als ob man die schwerste Last überhaupt ablegt, ein Gewicht, so absolut und furchtbar wie Jahweh. Es war die ganze Zeit eine Lüge. Eine winzige Justierung des Blickwinkels, und es ist weg. Kein Ich. Etwas anderes – das Herz, oder Raum, oder das Sein selbst – schwebt dort, schwerelos, frei. Grenzenlos und leer. Nicht-existierend vielleicht.

Aber wie kann Nicht-Sein so selig machen? Du weißt es nicht, aber so ist es.

Das also bedeutet das berühmte »nur« im Zen. Da heißt es immer: Nur sitzen. Nur gehen. Nur essen. Aber »nur gehen« bedeutet nicht:

Bleib mit deiner Aufmerksamkeit beim Gehen, denk an nichts anderes. Sondern: Es gibt gar keine Gedanken, die man auf das Gehen richten könnte. Es gibt nur Gehen. In Wirklichkeit ist da nur Gehen.

Gerade eben ist da nur Sehen, nur Atmen, nur Hören.

Was für eine Erlösung. Der Himmel auf Erden: verschwunden zu sein!

Gate Gate Paragate Parasamgate – »*Gone, gone, gone beyond, gone utterly beyond*«, heißt es im Herz-Sutra, einer zentralen Schrift im Mahayana-Buddhismus. Gegangen, hinübergegangen. Über was? Über alles.

Der Raum kollabiert. Die Wand, das Kissen, die Nacht draußen, der Teppich, das Rumpeln des Heizkessels im Keller – alles ist gleich weit entfernt, ohne Entfernung. Eine einzige große Intimität.

Die Wand und das Rumpeln des Kessels verwandeln sich in zwei liebende Palmen. Die Wand – diese flackernde Barriere aus Licht und Schatten, die dem Zen-Praktizierenden so vertraut ist – und der Raum, und die aufkommenden Gedanken und Empfindungen, die Geräusche, alles ist ein einziger Liebesakt. Erst die Liebe erschafft die Welt. Der Boden, auf dem du in der Gehmeditation zu mitternächtlicher Stunde langsam durchs Zendō gehst, ist der Inbegriff von Liebe. Das Gehen selbst ist ein Akt derselben schlichten Liebe, weil da niemand sonst ist, der geht. Da ist nur Gehen.

Ich sass die Nacht hindurch in einem Strom von Energie, der durch die Welt floss. Die ganze Welt war das Spielzeug der Liebe, ein Korken, der auf einem lautlosen reißenden Bach schaukelte.

In den frühen Morgenstunden unterbrach ich für eine Tasse Tee, ging zurück und nahm still meinen Platz im Zendō wieder ein, lange bevor die offizielle Meditation begann.

Eine Sorge taucht auf: Ich muss den Lehrer sehen.

Im Zen ist Bestätigung essenziell. Alle Meister ließen sich ihre Erkenntnisse und Erfahrungen durch ihren Meister bestätigen. So wird Zen weitergetragen. Man bringt es zum Lehrer. Zen bleibt in diesem Punkt tief und klar: Es erlaubt nicht, dass wir uns »selbstbestätigen«, selbst wenn die bloße Vorstellung von »Bestätigung« absurd scheint. Aber dies war der letzte Morgen des Retreats, mit dem Mittagessen würde es vorbei sein. Ob ich noch eine Chance hatte, John zu sprechen?

Als um sechs Uhr morgens die anderen zur Meditation kamen, fragte ich den Zendō-Aufseher, ob ich noch zum Dokusan könne, was bedeuten würde, dass ich mich vordrängeln müsste. Er sagte, es ginge klar. So wurde ich während der letzten Sitzperiode vor dem Frühstück hereingelassen.

Das Licht im Dokusan-Zimmer wirkte golden, als säßen John und ich in der Bronze-Zeit. Das Vogelgezwitscher aus den Bäumen draußen hallte innen wieder, als lebten wir alle, Vögel und Menschen, in einem einzigen großen Tank.

Ich wusste nicht, wo ich anfangen sollte, und wollte gerade zu einer Erklärung ansetzen, als John das kleine Glöckchen zur Hand nahm und es schwenkte. Er sagte, er würde später mit mir sprechen, ehrlich, aber im Augenblick müsse er sich um die Schüler kümmern, die am ersten Kōan arbeiteten.

Es war das allererste Mal, dass ich so schnell entlassen wurde.

Ich ging an meinen Platz zurück. Sobald ich saß, senkte sich Frieden über mich wie ein Mantel. Wieder: nichts als hören, die glasklaren Geräusche des frühen Morgens, wenn das Licht unter den fadenscheinigen Vorhängen hereinsickert.

Solcher Friede. Als ob ein langer Krieg hinter mir läge.

Es gab Frühstück, dann Johns Vormittagsvortrag, dann noch einmal Dokusan. Nach dem Vortrag holte mich der Assistent wieder in die Warteschlange vor der Tür zum Dokusan-Zimmer. Zwei Leute waren vor mir, und es war bereits elf. Johns Einzelgespräche konnten dauern, manchmal ging es langsam voran, und mir war klar, dass es ganz knapp werden würde. Ich wünschte mir, dass es noch klappen würde, aber Geduld macht nun mal einen Großteil der Übungspraxis aus. Vor der Tür zu sitzen und nicht zu wissen, ob man noch drankommt, mit dem Gefühl der Dringlichkeit umgehen zu lernen, sich daran zu erinnern, dass alles im Grunde dasselbe ist, egal ob wir nun noch reinkommen oder nicht, ist pure Praxis.

Schließlich kam ich an die Reihe. Ich machte meine Verbeugungen, ließ mich vor John auf dem Kissen nieder und seufzte.

Er lächelte und fragte, was los war.

Während er mich anschaute, erschien mir sein Gesicht so nah, dass es selbst Teil des Bewusstseins war.

Ich fing an, meine Erfahrung zu beschreiben. Er gab einen zustimmenden Laut von sich.

Dann sagte er etwas. Er nannte einen Bewusstseinszustand, von dem ich gehört hatte, ein sehr fernes und höchst unwahrscheinliches Praxisziel, jedenfalls für mich und zumindest in naher Zukunft. Dafür müsste ich ein ganz anderer Mensch sein. So war ich überrascht, als er es aussprach, und war mir sicher, er müsse sich täuschen.

In den letzten ein, zwei Tagen war ich mit einem komischen Kōan über einen Meister Kyozan[20] gesessen, in dem er und ein Mönch eine Art Farce vollführen. Der Mönch macht Bewegungen mit Körper und Armen, und jedes Mal antwortet Kyozan, indem er mit Pinsel und Tusche chinesische Schriftzeichen malt.

Ich hatte mir nicht den geringsten Reim darauf machen können, aber als ich nun so dasaß, kam es mir auf einmal, dass, wenn alles leer war, selbst die geschätzten »Erfahrungen« über all die Jahre hinweg leer waren. Einmal hatte ich eine Lehrrede über die achtzehn Arten von Leerheit gehört, und die achtzehnte war die »Leerheit der Leerheit«, mit anderen

20 Chinesisch: Yangshan, 807–883.

Worten, es gab nicht einmal Leerheit. Gewissermaßen: Wenn es eine gäbe, dann wäre sie nicht wirklich leer.

Aber was hatte ich dann all die Jahre eigentlich getrieben? Was waren die Kōans, die Meister, die Erfahrungen und die Dokusan-Gespräche, ja, die Meditation selbst? Was war Zen-Praxis? War das alles bloß eine Farce, wie sie die beiden Figuren in dem Kōan mit ihren seltsamen Gesten machten, ein Unfug, der nirgendwohin führte?

Ich versuchte, die Puzzleteile zusammenzusetzen. Die lang zurückliegende Erfahrung in New Mexico: War das dasselbe gewesen wie dies hier? Während mein Verstand sich noch eine Antwort zusammenzureimen suchte, war auf einmal jener Moment von damals ganz präsent. Die Zeit löste sich auf. Der Zeitpunkt damals und der Zeitpunkt jetzt waren nie voneinander getrennt gewesen. Was hatte ich dann all diese »Zen«-Jahre hindurch gemacht?

Während ich John sprechen hörte, hatte ich das Gefühl, am Rand einer gewaltigen Klippe zu stehen. Bevor ich mir überlegen konnte, ob ich mich da hinunter stürzen wollte, traf mich ein Blitz im Scheitelpunkt meines Kopfes.

Vom Kissen gestürzt. Auf dem Boden liegend. Weinend.

Alles fort. Die ganze harte Arbeit, die Welt zusammenzuhalten, wie Henry sie kannte: fort. Kein Henry mehr, keine Welt mehr. Nichts. Kein Zen mehr. Wirklich nichts. Echtes Nichts. Alles ausgelöscht. Nichts mehr übrig. Rein gar nichts.

Schwer zu sagen, was genau passierte. Aber wenn ich darauf zurückblicke, dann ist da einfach nur Nichts. Nicht einmal das Bewusstsein von Nichts. Eine Lücke. Aber nicht einmal das. Schwärze. Aber nicht einmal das. Es ist schwer, ein Wort dafür zu finden. Tod vielleicht. »Tod« scheint noch der passendste Begriff.

Eine unmögliche Tatsache: nichts, gar nichts. Auch nicht Leerheit, die immer noch suggeriert, dass da ein Raum ohne Inhalt wäre, sondern *nichts*. Nichts, was zu sehen wäre, niemand, der sieht, kein Sehen.

Wie wenn ein Stiefel gegen die Lampe tritt, die alles erleuchtet hatte, und sie auslöscht. Auch nicht gewaltiger Raum – das war immer noch *etwas*. Auch nicht, dass alles eins ist: das war immer noch etwas. Nicht Nicht-Ich, da wäre immer noch eine Art Bewusstsein desselben.

Das war also die letzte Wirklichkeit. Nichts. Nicht mal ein Zeuge.

Der ultimative Witz.

TRÄNEN FLOSSEN DURCH EINE WUNDERSAME universelle Dunkelheit.

Irgendwann musste John weg, um im Zendō die Abschluss-Zeremonie des Sesshins zu halten. Aber ich könne hier bleiben, wenn ich wolle, sagte er.

Ich lag immer noch auf dem Boden, geschüttelt von Lachen und Schluchzen. Er schob mir sein Kissen unter den Kopf und ließ mich zitternd und sprachlos liegen.

Die Welt setzte sich wieder zusammen wie Epochen kontinentaler Drift, alles hier und jetzt. Riesige Stücke der Welt in Bewegung. Das Dokusan-Zimmer flog unterm Keller, der seinerseits in den Himmel hinauf schaukelte. Die Bäume im Park sausten am Fenster vorbei. Alles war ein Karussell.

Zen hat einen eigenen Namen dafür. Es gibt keine Abkürzung im Prozess. Um wiedergeboren zu werden, muss man zuerst sterben.

Als John schließlich zurückkam, lag ich immer noch benommen da.

Er fragte, wie es mir ginge.

»Prima«, antwortete ich. Ich rollte mich auf die Seite und stand auf, und das ganze Zimmer mit mir.

»Alles dazwischen ist ausgelöscht«, sagte ich.

Er lächelte. Und erzählte mir, dass Zen erstaunlich wenig hierzu sagte. Joshu befragte einmal einen Meister über den Zen-Tod in einem Kōan, und der Meister hieß ihn, nicht des Nachts umherzustreifen, sondern bei Tag wiederzukommen.

»Hier wird nicht gestorben«, warf ich ein.

Er stimmte zu, und fügte an, ein anderer Meister habe gesagt, die ganze Welt sei auf den Kopf gestellt.

Wir zündeten gemeinsam Weihrauch an. Die gesamte Welt verbeugte sich vor dem Altar. Die Zimmerwände, Johns Gesicht, der Türrahmen, alles wurde in diesem Augenblick erst geboren.

Als wir in den Speisesaal hinuntergingen, wo gerade das entspannte letzte Mittagessen des Sesshins begann, begegnete ich ausgerechnet zuerst einem langjährigen Schüler aus der Gruppe, den ich sehr bewunderte. Wir hatten noch nicht viel miteinander gesprochen, aber ich hatte mir immer eingebildet, die Tiefe seiner Praxis zu spüren. Wir umarmten uns lange.

Beim Abschlussessen, als jeder eingeladen war, ein paar Worte zu sagen, stammelte ich nur »danke, danke«, immer wieder.

John sagte: »Normalerweise ist Henry ziemlich eloquent«, und alle lachten schallend.

Drei Tage und Nächte lang schlief ich kaum. Zitternd vor Dankbarkeit lebte ich in einer neuen Welt.

Großer Friede. Sonst nichts. Dōgen hatte seinen Tempel *Eihei* genannt, »Ewiger Friede«. Ich bebte vor Frieden.

Es war nur ein Anfang, aber endlich hatte ich mich selbst losgelassen. Nicht, dass ich das vorgehabt hatte, aber so war es gekommen, ohne einen Gott oder das Göttliche oder magisches Eingreifen.

Ohne meine Lehrer wäre es nicht möglich gewesen. John wurde eine neue Art von Vater für mich. Etwas Neues hatte die ganze Zeit versucht, geboren zu werden, und jetzt war es geschehen. Parallel dazu wurde Joan, die mich in New Mexico durch so viele Kōans geleitet hatte, von meiner Dharma-Tante zu meiner Dharma-Mutter.

Nun hätte ich sagen können: Was für ein Glück! Ich hatte zwei Lehrer, die sozusagen in Stereo arbeiteten, um mich auf Kurs zu halten. Aber jetzt schien es mir, als ob die ganze Erde ein einziger Lehrmeister, eine Lehrmeisterin war.

Unmon sagte: »Medizin und Krankheit entsprechen einander. Diese ganze große Erde ist Medizin. Wo ist dein wahres Selbst?«

Jetzt wusste ich die Antwort. Ich hätte sie nicht benennen können, aber ich konnte sie zeigen, so klar wie meine Nasenspitze in meinem Gesicht.

AM TAG NACH DEM RETREAT, unter dem Eindruck, dass alles neu geworden war, war ich allein in der Oxforder Wohnung meiner Mutter, als mich völlig unerwartet ein Welle von Dankbarkeit gegenüber meinen Eltern überrollte. Sie hatten mir das Leben geschenkt. So offensichtlich diese Tatsache war, hatte ich sie doch all die Zeit nicht wirklich zu sehen vermocht: Ohne sie hätte ich diese großartigste aller Möglichkeiten – ein menschliches Wesen zu sein – nicht gehabt. Endlich war ich das geworden, was ich war, nicht mehr und nicht weniger: ein Mensch.

Meine Existenz war ein Geschenk, und die Großzügigkeit dahinter war mir durch nichts weiter als eine Fata-Morgana von Verlangen und Abneigung verborgen geblieben, durch eine grundlegende Unwissenheit, die darin bestand, eine Illusion als Wirklichkeit zu betrachten.

Dieses System war jetzt mit der Wurzel ausgerissen worden, und an seiner Stelle erblühte ein süßer, vor Freude sprudelnder Frühling.

Ein paar Tage später fiel mir auf, dass dieses momenthafte Geschehen in meinem Leben am Geburtstag meiner Mutter passiert war.

Zwanzig Jahre Meditation, und jetzt fühlte ich mich zum ersten Mal so, als wäre ich gerade in diese Welt hineingeboren worden. Ich war lebendig. Das war alles. Lebendig.

Am folgenden Tag war ich in London. Die Reise nach England war von einer Zeitung gesponsert, damit ich einen Artikel über ein angesagtes neues Restaurant in Bayswater schrieb.

Ich stieg bei einem Freund ab, der in der Londoner City wohnte. Während ich mit ihm bei einer Tasse Tee saß, wurde mir alles – sein Gesicht, seine Gegenwart, die Wörter, die er sprach, der Tisch, an dem wir saßen, die bauchige Teekanne, die eindringlichen Tassen, die für uns bereitstanden – zu Seetang auf dem Meeresgrund. Als ich nach oben in sein Büro ging, um zu meditieren, öffnete sich, kaum dass ich mich auf einem gefalteten Stuhlkissen auf den Boden gesetzt hatte, das ganze Haus, die Straße draußen und London selbst wie eine Blüte.

An diesem Abend machte ich mir in dem höhlenartigen Restaurant Notizen. Ich wollte keinen Alkohol, doch der Wirt stellte unermüdlich Weine auf den Tisch, bis vor mir eine Sammlung von Proben unterschiedlicher Jahrgänge stand. Es war ein schöner Anblick. Früher hätte ich mich wohl verpflichtet gefühlt zu probieren; doch es gab nirgends auch nur den Hauch einer solchen Verpflichtung, nicht im ganzen Universum.

Am folgenden Tag saß ich in einem Café und wartete auf John. Er hatte mir großzügig angeboten, mich für ein kurzes Nachgespräch zum Retreat zu treffen. Kurz vor der verabredeten Zeit merkte ich, dass ich ihm unbedingt etwas schenken wollte, und eilte hinaus.

Das Café befand sich in einer Straße mit kleinen Geschäften. Es gab einen Weinladen. Das ging gar nicht. Ein Zeitungskiosk. Eine Immobilienagentur. Dann ein kleiner Schreibwaren- und Krimskrams-Laden.

Ich ging hinein, suchte mit dem Blick die Regale ab, blieb bei einigen kleinen Kerzen hängen und entschied mich für eine große Altarkerze und eine Karte. Die Zeit reichte gerade, um zu bezahlen, meine Dankesworte in die Karte zu schreiben und gleichzeitig mit John wieder im Café einzutreffen.

Wir setzten uns an einem Tisch zusammen und John gab mir seinen Rat. Er sagte, diese neue Erfahrung sei ein Prozess, und ich solle ihn einfach sich entfalten lassen. Als Lehrer konnte man da nicht viel tun. Ein Lehrer hatte einmal seine Rolle mit dem Vergleich beschrieben, einem Schmetterling aus einem Kokon helfen zu wollen. Wenn man die Flügel berührte, würde man Schaden anrichten. Das Ganze würde von selbst geschehen.

John beugte sich über den Tisch näher zu mir her, damit andere unseren seltsamen Austausch nicht mitbekamen.

»Schau dir Fall 77 in der Niederschrift vom blauen Fels an«, schlug er vor.

Das war ein weiteres berühmtes Zen-Kōan. Ein Mönch fragte Meister Unmon: »Was bedeutet die Anweisung, über den Buddha hinauszugehen?«

Die Frage spielt auf eine Zeile aus den Schriften an, eine Zen-typische respektlose Floskel über die Notwendigkeit, jegliche Vorstellung von »Buddha« hinter sich zu lassen. Unmon antwortet darauf ohne jedes Zögern: »*Kobyo*«.

Ein *kobyo* ist ein grober, rustikaler Reiskuchen. Er hat ungefähr den kulinarischen Status von saurem Apfelmost. Oder Toastbrot.

Zufällig lag vor mir ein trockener Keks auf der Untertasse. Es war ein Wunder, kostbarer als jeder vorstellbare Buddha oder sonstige Gottheit, einfach weil es da war. Es war entstanden. Oder besser gesagt, es lag dort inmitten des Akts des Entstehens. Aber es war egal, was wir sagten oder taten. John und ich saßen nicht nur *in* einem Ozean; vielmehr schien es, als ob wir, an diesem Tischchen in einem West-Londoner Café sitzend, während draußen, unter einem dunklen und niedrigen Himmel und mit einem Versprechen von Regen in der Luft, der Wind durch die großen Birken rauschte und die knallroten Londoner Busse die Straße entlangzottelten – als ob der gesamte Augenblick samt allem, was ihn ausmachte, einschließlich John und mir, dieser Ozean *war*.

Wir waren längst weit über die Buddhas hinausgegangen. All dies war vollkommenes Verschwundensein, das mit unendlicher Fruchtbarkeit funktionierte.

Ich begleitete John zu seinem Zug, und während ich ihm nachsah, wie er über den glänzenden Boden des Bahnhofs durch die Sperre ging, wusste ich, dass er nicht fortgehen würde. Zum ersten Mal hatte ich das Gefühl, dass er mich wirklich gefunden hatte, und ich ihn, und jetzt konnten wir einander nie wieder verlieren.

Mir ist klar, dass der letzte Satz verrückt klingt. Ich habe diesen Bericht so rational begonnen, dass ich die Offenbarung damals am Strand, mit neunzehn Jahren, in keinster Weise einordnen konnte. Beende ich sie nun so irrational, dass ich den Blick dafür, wie die Dinge sind, verloren habe?

Zen mag wohl falsche Annahmen unterminieren, aber vor allem will es uns dahin führen, in unserem Leben hilfreich für andere zu sein – anderen zu dienen, anstatt einem imaginären Tyrannen namens »Ich« zu gehorchen. Im »alten Zen« geschieht dies durch den Kollaps unserer Vorstellung davon, wer wir sind. Es ist schwer zu glauben, dass das, was sich dann zeigt, eine universelle Wirklichkeit sein soll, die alle Wesen einschließt, und dass dies eine greifbare und innige Erfahrung sein soll, nicht bloß irgendeine tolle Idee. Aber genau so ist es. Die Tradition des Zen besteht darin, diese Realität zu leben, und nicht etwa sie als eine Metaphysik zu postulieren, und deshalb dauert die Zen-Unterweisung so lange, und ist dennoch die Mühe wert: sich unter Anleitung eines Lehrers durch Hunderte von Kōans zu arbeiten und am Ende wieder von vorn anzufangen. Nichts ist wichtiger als herauszufinden, dass unser »wahres Selbst« alles mit einschließt. Und dies leben zu lernen, ist die Reise unseres Lebens.

Zurück in New Mexico suchte ich Joan auf so schnell ich konnte. Ich setzte mich ihr gegenüber hin, seufzte tief und erzählte ihr, dass etwas passiert war. Sie sah mich an, und ich sie, und mir kamen Tränen.

»Ah«, sagte sie.

Ich wischte mir die Augen und erzählte ein wenig.

Sie nickte. »Gut«, sagte sie nur.

Sie lächelte leise. Und sagte dann noch etwas im Sinne von, dass es nicht nötig sei, allzu viel über die tieferen Erfahrungen zu sprechen.

Der Krieg war vorbei. Mir war nicht klar, ob ich gewonnen oder verloren hatte – vermutlich verloren. Ein unendlicher, köstlicher Verlust. Die Inhalte dieses Kriegs, seine Ursachen und Demarkationslinien, die bittere Härte und der Zorn, verblassten bereits in meiner Erinnerung. Es war eine große Erlösung.

Sie erzählte mir von einem Briefwechsel ihres Lehrers. Ein Freund hatte ihm geschrieben, um sich nach der Erwachenserfahrung des Lehrers zu erkundigen. In seinem Antwortbrief beschrieb er sie mit drei Worten: *Eihei. Eihei. Eihei.*

»Großer Frieden. Großer Frieden. Großer Frieden.«

»Großer Frieden« ist selbst für sorgenvolle, »seelenkranke« Menschen, wie William James uns nannte, möglich. Wir sollten nicht zu früh verzweifeln.

Die folgenden Tage, Wochen, Monate bewegte ich mich in einem Taumel von Dankbarkeit durch die Welt. Zuerst nahm ich an, es würde mit der Zeit wieder verblassen. Doch allmählich dämmerte mir, dass das nicht passieren würde. Dieser letzte Shift war eigentlich keine »Erfahrung« im engeren Sinn, sondern ein tatsächlicher Wendepunkt, der auch Jahre später noch spürbar war. Zen hatte das Unmögliche geschafft: mich zu verwandeln. Irgendwann konnte ich gar nicht mehr sagen, ob es nun »verblasst« war oder nicht. Es spielte einfach keine Rolle mehr.

Aber in jenen ersten Tagen danach fühlte es sich an wie neu geboren zu sein – oder eigentlich nicht neu, sondern zum ersten Mal. Endlich wusste ich, was mein Leben war. Nicht in irgendeinem metaphysischen oder ontologischen Sinn, sondern in den Begriffen der alten Zen-Sprache. Als ein Mönch im Zwiegespräch vom sechsten Patriarchen Huineng[21] geprüft wurde und schweißgebadet, unter Tränen und vor Schock zitternd »erwachte«, soll er gesagt haben: »Jetzt bin ich wie ein Mensch, der selbst weiß, ob das Wasser, das er trinkt, warm oder kalt ist.« Ein anderer alter Meister sagte über sein Erwachen: »Jetzt weiß ich: Augen horizontal, Nase vertikal.«

Das klingt nach nicht viel. Aber die Rede ist hier nicht von Wissen, sondern davon, zum ersten Mal, das Leben durch und durch zu erfahren.

Als ich wieder zu Hause war, überschwemmte mich Dankbarkeit – hauptsächlich für Clare, und die Jungs, und dafür, dass sie existierten. Ich war baff vor Staunen über alles, was existierte. Alles war ein überwältigendes Wunder.

Gemäß meinem alten Denken erwartete ich, dass diese Phase nach einer Weile wieder vorübergehen würde. Stattdessen schienen das Staunen und die Dankbarkeit Jahr für Jahr noch zu wachsen und der Raum

---

21 Japanisch: Enō, 38–713.

in meinem Herzen täglich vor Liebe überzufließen. Es warf sämtliche konditionierten Erwartungen über den Haufen. Aber dafür ist diese Praxis da: unserem konditionierten Realitätskonstrukt einen solchen Schlag zu versetzen, dass die Fabrik, in der dieses verfertigt wird, selbst mit ausgelöscht wird.

Im Japanischen sagen sie: *mu ichi motsu – mu jin zo.*

»Nicht ein einziges Ding – ein unerschöpflicher Schatz.«

Und weiter: *shin ku – myo u.*

»Wahre Leerheit – wundersames Sein.«

In ein bodenloses, zeitloses, raumloses Nichts zu stürzen, bedeutet, als wundersames Sein, das absolut alles einschließt, wieder aufzutauchen. Eine Welt jenseits der Dinge, in der zwar Phänomene auftauchen wie zuvor, es jedoch unmöglich ist zu sagen, ob es Dinge gibt oder nicht. Das spielt keine Rolle mehr. Wie Meister Nansen[22] sagt: »Dies ist nicht Geist, dies ist nicht Buddha, dies ist nicht ein Ding.« Stattdessen ist jedes noch so winzige Phänomen geliebt, ist Liebe selbst. Obwohl wir begrenzte, sterbliche, mit vielen Fehlern behaftete Wesen sind, sind wir nichts desto trotz fähig, in der Tiefe unseres Seins zeitlose Liebe zu finden.

Auch wenn ich so spreche, bleibe ich Atheist. Das hier hat nichts zu tun mit irgendeiner vorgestellten Gottheit.

Das Drama war vorbei. All das, was ich »mein Leben« genannt hatte, war genau das gewesen und nicht mehr: ein Drama, eine Geschichte. Ein bloßer Traum. Nun war ich daraus erwacht. Er war zu Ende.

Yakusan, aus dem neunten Jahrhundert, verglich das Erwachen mit einer Schlange, die ihre Haut abwirft, sodass ihr wahrer Körper sichtbar

22 Chinesisch: Nanquan, 749–835.

wird. Die ganze »Haut« unseres imaginierten Lebens abgeschüttelt. Nun war ich in der wirklichen Welt geboren, nicht der Welt, wie ich sie mir vorgestellt hatte, sondern wie sie wirklich war – jenseits von Beschreibung, wunderbar und gewöhnlich, alles zugleich, grenzenlos und doch genau so, wie sie erschien.

»Was zu tun war, ist getan«, wie der Buddha sagte.

Und was nun?

Das zeigte sich mit der Zeit.

Einiges begann einzustürzen. Ich erinnere mich, wie ich eines Morgens überlegte, ob ich mich rasieren sollte. Sofort ging mir auf, dass meine eigentliche Sorge nicht dem Zustand meines Gesichts galt, sondern was andere von mir denken mochten. Ob ich gepflegt auf sie wirkte? Ich entschied mich spontan und mit einem Anfall von Wärme, mich nicht zu rasieren, noch mir die Haare zu schneiden. Es spielte keine Rolle, wie ich aussah. Ich hatte gefunden, was Suchende durch alle Zeitalter hindurch gesucht hatten. Es gab eine Lösung für das menschliche Leben. Sie war nicht leicht zu finden, selbst dann nicht, wenn wir das Glück hatten, über Lehrer zu stolpern, die uns einen Weg dorthin wiesen. Aber sie existierte, und sie war wahr. Wir mussten nur uns selbst aufgeben.

Bis dahin war die Lehre der verschiedenen Kenshō-Erfahrungen nicht tief genug vorgedrungen. Jetzt schien das Ich, das diese Erfahrungen gemacht hatte, selbst samt der Wurzel ausgerissen. Niemand hatte diese Erfahrungen gehabt. Es hatte die ganze Zeit niemanden gegeben. Endlich war ich frei, der zu sein, der ich war. Und wer das war, konnte ich nicht sagen. Und doch wusste ich es.

In einem Gedicht über Erleuchtung schreibt Yamada Kōun: »Wie von einem plötzlichen Blitzschlag waren all meine karmischen Sünden ausgelöscht.«

Eine uralte Axt trifft den Schädel. Auf einmal ist es klar: die nackte Tatsache des Nichts. Dieses ganze Leben, dieses ganze Zen: Die ganze Zeit war da nichts. Nichts zu sehen, niemand, der sah, kein Sehen. Im nächsten Augenblick liegst du am Boden, dein Gesicht nass von Tränen und Gelächter, jeder hinterletzte Winkel deines Selbst ist ausgelöscht und deshalb von aller Schuld entbunden.

Das Seltsame daran war, dass es, wann immer ich bewusst hinschaute, nach wie vor anhielt. Ein umgestülptes schwarzes Loch, eine Sonne, eine fortdauernde Kernfusion – aber wo? Ich wüsste nicht, dass irgendwer das beantworten könnte. Was *es* war, war zugleich alles. Eine Berührung, und es saugte das ganze Universum weg. Eine weitere, und alles war geboren.

Das fruchtbare Vakuum, Mutter und Vater von allem: so liebevoll, so mächtig, so all-bewusst – was für ein Ding. Und dabei war es kein Ding.

Wie ein in einem Heuhaufen gefangenes Tier war ich angerannt und hatte ausgeschlagen, ohne zu wissen, ob ich irgendwohin gelangte. Meine Lehrer redeten mir gut zu, aber nicht einmal sie konnten mir sagen, wie ich da herauskam. Am Ende brach ich auf der entgegengesetzten Seite ins Freie durch, ins Tageslicht, oder ins Mondlicht, oder irgendetwas dazwischen, und zwar so, dass es keinen Weg mehr zurück unter den Heuhaufen gab.

Aber was hatte ich dann tatsächlich während all der Jahre des Praktizierens getan? Durch das schlichte, ruhige stille Sitzen war etwas herangereift. Hin und wieder hatte es sich gezeigt und sich wieder zurückgezogen. Ein Tier, und was für eins, das da im Inneren herangewachsen war, der

Ochse aus den berühmten »Ochsenbildern«[23] des Zen. Am Ende streifte es die Hülle von Selbst und Welt ab. Im fahlen Tageslicht Englands war der wahre Ochse angekommen, und jetzt ging er nicht mehr weg.

Ich schrieb John.

> Die Welt hat sich von hinten nach vorn gekehrt, von innen nach außen, von oben nach unten. Dinge, die ich für schlecht hielt, sind dies nicht, und solche, die ich für gut hielt, sind dies auch nicht. Ich stelle fest, dass ich Menschen, die ich seit Jahren kenne, überhaupt nicht kenne.
>
> Am liebsten würde ich stundenlang nur sitzen und zusehen, wie das, was da geboren wurde, kräftiger wird. Ich bin vollkommen wach, aber weiß nicht, wer ich bin. Eine Sicherung ist durchgebrannt, jetzt ist nur Stille.
>
> Ich bin meinen Eltern so dankbar dafür, dass sie mir dieses Leben geschenkt haben. Ich bin überwältigt von Dankbarkeit gegenüber Clare und den Jungen. Und dir und Joan. Ich sehe jetzt, wie viel meiner Lebenszeit ich damit verbrachte, »Henry« zu befriedigen. Wie sinnlos das ist, und immer schon war! Eine lange Kindheit ist endlich zu Ende gegangen, und eine neu hat begonnen.
>
> Danke. Danke.

---

23 »Die zehn Ochsenbilder« sind eine bekannte Darstellung der Zen-Praxis, deren ursprüngliche Fassung im China des neunten Jahrhunderts entstand. Der Ablauf ist folgender: (1) Sich auf den Weg machen und den Ochsen suchen. (2) Die Spuren des Ochsen entdecken. (3) Den Ochsen erblicken. (4) Den Ochsen einfangen. (5) Den Ochsen zähmen. (6) Auf dem Ochsen nach Hause reiten. (7) Zu Hause, der Ochse ist vergessen. (8) Ochse und Selbst sind vergessen. (9) Die Quelle erreichen. (10) Auf dem Marktplatz mit offenen Händen. Kenshō entspricht dem dritten Bild und die »Zen-Tod«-Erfahrung dem vierten. Der Weg geht weiter, bis der Praktizierende frei und selbstlos auf ganz gewöhnliche Weise seinen Alltag lebt.

ALS ICH SPÄTER WIEDER EINMAL mit John im Café saß, fragte ich ihn, wie er es erkannt hatte. Ich hatte das Dokusan-Zimmer betreten und gerade angefangen zu erzählen, als er es auch schon benannte. Ich selbst war mir nicht so sicher gewesen.

»Ja, das ist eigenartig. Schau dir nochmal Dōgens Erfahrung an«, sagte er, auf den Meister aus dem dreizehnten Jahrhundert verweisend, der mich damals in Natalies Küche in Santa Fe zu meinem ersten Zen-Retreat inspirierte hatte. Dōgen beschrieb seine Erfahrung als das Abfallen von Leib und Geist. Nach der Erfahrung ging er zu seinem Lehrer Rujing[24] und sagte: »Leib und Geist sind abgefallen.«

Rujing bejahte sofort und bestätigte ihn damit.

Aber Dōgen sagte zu ihm: »Sei nicht vorschnell. Es könnte vorübergehend sein.«

Rujing widersprach, er urteile keineswegs vorschnell. Er wusste es. Er hatte es erkannt.

»Obwohl Dōgen sich nicht sicher war, wusste Rujing es sofort«. sagte John.

Dafür war Zen da: einen Menschen in einen Umstand zu bringen, der, so unmöglich das war, alles auflöste. Und diesen weiterzugeben.

DIE SCHLICHTESTEN DINGE LIESSEN MICH vor Ehrfurcht zittern. Auf einem Kissen zu sitzen und die Wand anzuschauen. Das heraufdämmernde Licht des anbrechenden Tages. Das Geräusch eines Autos von der Straße draußen. Ich war durch den Boden gefallen. Die Erde verschlang mich ganz.

Allmählich wurde mir klarer, wie diese Wirklichkeit verdunkelt wurde: durch das Denken, und dass man dann diesen Gedanken glaubte. Der Pro-

---

24 Japanisch: Tendō Nyojō, 1163–1228.

zess war subtil, aber allgegenwärtig. Sobald sich einem jedoch diese dunkle, ausstrahlende Tatsache eröffnete, hatte man eine Alternative. Es war dann möglich, den Verdunkelungsprozess in Aktion zu sehen und ihn zu würdigen, ohne sich von ihm einfangen zu lassen. Denn auch der war ja leer.

Eine Zeit lang fiel mir das Arbeiten schwer. Ich saß mehrere Stunden am Tag in Stille, in denen alles in Zazen getaucht war.

Der koreanische Son-Meister Chinul[25] sprach davon, »das heilige Kind zu nähren«. Die Zen-Praxis lässt dieses Kind überhaupt erst geboren werden, dann hilft sie ihm zu wachsen. Das ist real, allerdings schweigt sich Zen über diesen Teil der Reise aus. Der ganze Impetus scheint darauf gerichtet, diese Geburt herbeizuführen. Ist sie geschehen, so vertraut Zen darauf, dass wir inzwischen genügend gelernt haben, um diesem Kind den Raum für sein Wachstum zu geben. Danach zeigt es uns einen Handlungsweg auf. Er besteht im Dienen, und die ganze Welt ist der Schauplatz dafür.

Meine Meditation hatte sich verändert. Ich wusste jetzt, was Yakusan meinte, wenn er sagte, meditieren sei »das Nicht-Denken denken«.

»Wie geht das?«, fragte ein Mönch.

»Nicht-Denken«, antwortete er.

Nicht-Denken: eine leuchtende Klarheit, die nicht mehr wegzugehen schien, egal was ich machte, nicht einmal im Schlaf.

Ich will nicht prahlen, wenn ich das erzähle. Eine reale Gefahr unserer Praxis ist, dass wir Erwachenserfahrungen »suchen« und dann stolz auf sie sind. Der tibetische Meister Chögyam Trungpa nannte dies »spirituellen Materialismus«. Dabei handelt es sich nur um eine weitere Form von selbstverliebtem Egoismus.

---

25 1158–1210. »Son« ist die koreanische Form von Zen oder Chan.

Ich schreibe diese Erzählung, weil ich will, dass Menschen um das wissen, was Zen nach wie vor in seiner DNA trägt, in seiner »Blutlinie«, wie Bodhidharma es nannte. Zen kann im Alltagsleben »funktionieren«. Sogar ein von Ängsten zerfledderter, atavistisch ehrgeiziger, sich selbst im Weg stehender Heide kann zu mehr Entschlossenheit und Frieden finden – mehr als er jemals verdient hätte – und es zu seinem Anliegen machen, anderen zu helfen.

Aber womöglich klingt es jetzt auf eine noch schlimmere Art nach Angeberei, eine, die sich auch noch mit Selbstlosigkeit tarnt oder gar missionarisch daherkommt.

Andererseits ist es aber so, dass diese Erfahrungen passieren. Zen bestätigt sie, als würde es mit einem müden Seufzer sagen: »Ja, so sind die Menschen, das passiert.« Die Gefahr liegt darin, dass es zu etwas werden kann, was man erreichen möchte, oder erreicht haben möchte. Die Tradition hat Mechanismen eingebaut, die dem entgegenwirken, aber der allerbeste ist schlicht, eine so tiefe Erfahrung zu machen, dass die ganze leidige Angelegenheit hinweggefegt wird.

»Trete den Boden des Fasses durch«, lautet ein alter Zen-Spruch. Verliere jedes letzte bisschen Bewusstsein.

Tu das, und du hast noch nicht einmal die Hälfte des Wegs zurückgelegt.

AB HIER WIRD ES SCHWIERIGER, die Dinge zu beschreiben. Solange Zen noch nicht wirklich gezündet hat, herrscht immer noch Konflikt im Inneren, gibt es immer noch Arbeit. Wenn es dann »geliefert« hat, dem unbedarften Anwärter einen unerwarteten Schlag in die Magengrube versetzt hat, Vorstellungen vom »Leben« sich in Schall und Rauch aufgelöst haben, wird es schwieriger, über die Praxis zu sprechen.

Yakusan betrat eines Abends die kaum beleuchtete Meditationshalle mit den versammelten Mönchen und verkündete: »Ich habe eine einzige Formulierung. Aber ich verkünde sie erst, wenn ein Bulle ein Kalb gebiert.«

Ein Ding der Unmöglichkeit, ganz klar.

Doch ein Mönch rief im Dunkeln aus: »Ein Bulle hat ein Kalb geboren. Warum sprichst du es nicht aus?«

Yakusan rief nach einer Lampe, um zu sehen, wer so gesprochen hatte. Als die Lampe gebracht wurde, war der besagte Mönch wieder in der Menge untergetaucht.

Buch-Begräbnis

Dad ist gestorben, an Prostatakrebs. Er hatte die Krankheit mehr oder weniger unsichtbar fünfzehn Jahre lang, und am Ende hat sie ihn gekriegt.

Er starb als glücklicher Atheist.

»Was denkst du, was danach kommt?«, fragte ich ihn während seiner letzten Wochen im Krankenhausbett.

»Wir gehen aus wie eine Glühbirne«, sagte er mit einem erleichterten Seufzer.

Er war froh, im Krankenhaus zu sein. Er hasste es nämlich, nicht gehen zu können, und im Krankenhaus fiel das weniger auf.

»Es ist sowieso alles nur ein Traum«, sagte ich ihm. »Sagt Zen. Es ist nicht das, als was es erscheint.«

»Oh, *das* gefällt mir.« Seine Augen leuchteten.

NIEMALS NIMMT MAN DEN KÖRPER eines Elternteils so eindrücklich wahr, wie wenn er tot ist. Bei Dad zum Beispiel: Ich wusste immer, dass er eine markante Nase hatte, das wussten wir alle, es war ein Gemeinplatz.

Aber jetzt, wo er tot, fast nackt, in diesem Krankenhausbett liegt, fahl und ein wenig aufgedunsen, steif wie ein Fisch, der seit einer Stunde aus dem Wasser ist, ragt das große Blatt schärfer denn je aus seinem Gesicht hervor – eine Flosse mit ihrer ureigenen Identität, ein Flügel, der noch immer seinen eigenen Weg durch die Welt schneidet.

Vor ein paar Tagen hatte ich ihr noch einen versehentlichen Stupser versetzt, als ich ihn rasierte. Von Kissen gestützt in seinem Krankenhausbett hatte er es genossen, sich von seinem Sohn das Gesicht mit Rasierschaum einpinseln zu lassen. Die Schwestern hatte er zuvor noch hingehalten, als sie ihn rasieren wollten, weil ich es schon einmal gemacht hatte, und somit betrachtete er das als »Henrys Job«. »Henry rasiert mich«, hatte er verkündet.

So war er. Die Dinge im Gehen gestalten, Formen etablieren, während wir unterwegs waren. Ich hatte immer gedacht, alle Väter würden das tun, aber jedenfalls war es seine Art.

Mit dem Handrücken stieß ich an seine Nase. Es muss ihm wehgetan haben. Aber er ging stoisch damit um, ein Mann, dessen Selbstbewusstsein sein ganzes Leben lang mit seiner Nase verknüpft war. Es ging kein Augenblick vorbei, in dem nicht seine Nase ein Wörtchen mitzureden hatte: ein Pfeifton, ein Schnauben, Schnäuzen, Schniefen. Ein Kratzen, ein diskretes Bohren mit einer Fingerspitze.

Falls ich ihm wehgetan hatte, so ließ er es sich nicht anmerken, zuckte bloß einen Moment auf dem Kissen.

»Entschuldige, Dad.«

»Nein, nein. Mach ruhig weiter.«

Im Bett zu liegen machte ihm eigentlich nicht so viel aus, vielmehr hasste er es, nicht gehen zu können. Sechs Wochen, nachdem klar war, dass er nicht mehr auf die Füße kommen würde, war er tot. Ohne Gehen, kein Leben. Auch das war seine Art.

Ich hielt die Pappschale mit warmem Wasser, die mir die Schwester gegeben hatte, unter sein Kinn und fuhr fort mit dem heiklen Unterfangen, einen anderen Menschen zu rasieren, die Bewegungen entgegengesetzt, spiegelverkehrt zu den lebenslangen Gewohnheiten auszuführen.

Seitdem sind vier Tage vergangen. Das ganze Drama und die Kämpfe sind vorbei. Feine silbrige Stoppeln bedecken wieder sein Kinn, aber er ist gegangen.

Ich rasiere ihn ein letztes Mal, diesmal achtsamer, manövriere die Klinge zwischen Nase und Oberlippe, lasse sie sanft durch die groben Stoppeln gleiten, die sich von der Unterlippe aus über das Kinn hinunter ziehen.

Dann waschen wir ihn, zwei Krankenpfleger und ich. Niemand sonst aus der Familie ist dabei, aus Furcht, wie es sich anfühlen könnte. Aber es ist gut, nichts daran ist schaurig.

Sein Körper ist jetzt ganz steif, das Zimmer still. Nur die Geräusche unserer feuchten Lappen sind zu hören.

Mir geht durch den Sinn, dass ich jetzt vielleicht etwas fühlen sollte, weinen sollte, so wie ich es in den vergangenen Wochen mit ihm zusammen getan habe, aber da ist nichts. Es ist komisch – unlogisch und zu früh, dass er jetzt tot ist und wir seinen Leichnam waschen. Aber so ist es. Unsere Atemzüge kommen und gehen zitternd, während wir ihm die sauberen Sachen anziehen, die seine liebevolle Ehefrau für ihn gepackt hat.

Am Tag seiner Beerdigung regnete es nicht. Es war leicht bewölkt und zwischendurch kam immer wieder kurz die Sonne heraus.

Die Rabbiner von Golders Green in London waren schnell gewesen. Noch am Nachmittag seines Todestages war sein Leichnam vom Krankenhaus in Oxford nach London gebracht worden und kam bereits am nächsten Tag, rituell gewaschen und gereinigt für die Fortsetzung seiner

Seelenreise, in einer Kiste aus Pappe wieder zurück. Aber wir setzten uns über die jüdische 24-Stunden-Vorschrift hinweg und ließen seinen Leichnam ein paar Tage im Kühlhaus eines Bestatters aufbewahren, um mehr Zeit für die Vorbereitung der Beerdigung zu haben.

Mein Vater und meine Stiefmutter hatten jahrzehntelang Beiträge an die Synagoge entrichtet, obwohl sie nie hingingen. Und so nahm die Synagoge die Sache in die Hand, sobald sein Tod bekannt geworden war.

Ein Lubawitscher Rabbiner hielt die Zeremonie. Er brachte eine Kiste mit alten Talmud-Kommentaren, dicke, schwere Bände, die wie Hauptbücher aus den Zeiten Viktorias aussahen, und als die Trauergäste Erde auf den Leichnam streuten, warf er diese gewichtigen Texte mit hinein. Sie plumpsten dumpf auf den Sargdeckel und später dann auf die Erde, als diese ihn zu bedecken begann.

»Es hilft der Seele«, erklärte er. »Sie fühlt sich nicht so fremd unter den neuen Umständen, wenn sie ein paar religiöse Texte dabei hat.«

Durch und durch ein Volk der Schrift.

Einmal hatte ich auf der Station meine Stiefmutter an seinem Bett angetroffen: Sie beugte sich über ihn, hielt seine Hände und sprach leidenschaftlich, aber ruhig auf ihn ein.

Ich blieb vor der Lücke des Vorhangs stehen. Sie hatten mich nicht kommen hören. Ich konnte nicht verstehen, was gesprochen wurde, aber ich spürte das Prickeln im Zimmer. Sie liebten einander noch immer. Sie waren wie die Liebenden, die sie damals gewesen sein mussten, als sie sich in Hotels und geliehenen Wohnungen trafen und wussten, dass ihre Zeit knapp bemessen war. Da war sie wieder, die Uhr, die gegen die Liebe tickt – nie genug Zeit.

Ich sprach ein paar Worte bei seiner Beerdigung, wie auch meine beiden Geschwister: Wie klar es mir schien, dass jenseits all seiner Verdienste und akademischen Leistungen – der Konferenzen, die er organisiert hatte, der sowjetischen Texte, die er ediert hatte, seiner heimlichen Tätigkeit für den MI5, seiner Bücher, Artikel und Vorlesungen – das Zentrum seines Lebens die Liebe für unsere Stiefmutter war.

Einmal hatte er mir erzählt, dass er nach der Scheidung von unserer Mutter unglücklich war, weil er nicht gern allein lebte. Zu meiner Schwester und mir hatte er gesagt: »Ihr wollt doch nicht, dass euer Dad einsam ist?«

Wir hatten nicht geantwortet, weil wir gar nicht der Meinung waren, dass er allein sei: Er hatte doch uns! Aber wir sahen ihn ja nur alle vierzehn Tage, und wie es ihm dazwischen erging, konnten wir uns nicht wirklich vorstellen.

Ich hatte aus der Ferne mitbekommen, dass die neue Ehe glücklich war. Als Kind hatte ich nicht gewollt, dass die beiden zusammen glücklich waren, weil das bedeuten würde, dass sie zusammen blieben, und ich konnte mir keinen anderen Weg vorstellen, unsere Familie wieder heil zu machen, als dass Dad zu uns zurückkehrte. Nicht, dass Mum das gewollt hätte. Aber ich hatte aus Faulheit frühzeitig aufgehört, mir andere Lösungen vorzustellen. Es gab nur entweder – oder.

Das war auch ein Grund, warum ich seit Jahrzehnten an dieser Familiensaga schrieb: weil mir nichts Besseres einfiel.

Jedes Mal, wenn ich daran arbeitete, passierte etwas: Die Welt war erfüllt von einer zärtlichen Hoffnung. Und schließlich war der Tag gekommen, an dem das Buch fertig war. Ich fühlte mich unbehaglich. Bei der Vorstellung, dass es tatsächlich erscheinen würde, beschlich mich eine Angst hinsichtlich meiner Eltern, und meiner Kinder. Ja, es war ein Roman, aber irgendwie auch nicht. Es hatte so lange gedauert, dieses Buch fertigzustellen, und die ganze Zeit war die Veröffentlichung ein so unwahrscheinliches Szenario gewesen, dass es mich wie ein Schock traf, mich nun tatsächlich dieser Möglichkeit unmittelbar gegenüber zu sehen. Würden meine Eltern es lesen? Wie würden sie darauf reagieren? Würde es sie verletzen? Und meine Geschwister und Stief-Geschwister? Und die weitere Verwandtschaft? Würde es womöglich eine Reihe von Leuten schockieren und verletzen? Die aufkeimende Liebe zwischen meinen Jungen und ihren Großeltern zerstören? Könnten meine Eltern ihre Enkelkinder aus ihrem Leben herausschneiden? Und würden die Ängste des Literaturbetriebs mein altes Selbst wieder aus der Versenkung holen, das dann wieder seine leeren Ansprüche stellen würde wie ein Zombie auf Speed?

In den Kulissen hielt sich ein mächtiger Literaturagent bereit, ein wortkarger Mann, der sich überschwänglich zu dem Buch geäußert und bereits ein Liste von Verlagen vorbereitet hatte, an die er das Manuskript senden wollte. Er prophezeite Großes.

Aber ich merkte, dass ich längst weiter war. Ich war durch mit dem Literaturzirkus. Plötzlich war die Entscheidung ganz einfach. Die Risiken waren es nicht wert. Ich legte das Buch zu den Akten. Wenn ich es so leicht hätte loswerden können, hätte ich es zusammen mit den Talmud-Bänden in Dads Grab geworfen.

Wie es der Zufall wollte, mochte es mein gegenwärtiger Verlag, bei dem ich nach wie vor unter Vertrag stand, sowieso nicht, fühlte sich jedoch verpflichtet, unseren Vertrag zu erfüllen und bezahlte uns trotzdem. So war am Ende beiden Seiten gedient: Meiner Verwandtschaft blieben Unannehmlichkeiten erspart, und mein eigener Haushalt erhielt eine gewisse Entschädigung für all die Belastungen, die ich uns mit diesem Projekt zugemutet hatte.

Ich hörte mit dem Schreiben auf.

Ich konnte keinen Wert mehr darin sehen. Selbst wenn es mir gelang, einem feinen Gedicht auf die Welt zu verhelfen, was bedeutete das schon?

Besser, als die Welt zu reflektieren und zu beschreiben, war es doch, mit ihr vertraut zu werden, solange man das konnte – das belohnte und erfüllte einen automatisch, und bedurfte keiner Aufzeichnung.

Es ging dabei nicht nur um die weltliche Seite des Schreibens, sondern auch um die innere Maschinerie kreativer Prozesse, die Kräfte, welche Sätze, Abschnitte, Verszeilen, Bilder, Gliederungen hervorbrachten. Seit meinen Teenager-Jahren waren diese Kräfte permanent in Aktion, eine verbissene Instanz, der alles andere egal war. Sie schätzte und genoss Schönheit, besaß jedoch keine Moral. Sie war nicht unmoralisch, aber amoralisch. Ihr Standard war ästhetische Kraft, und damit Punkt.

Nach diesem Prinzip hatte ich gelebt: ein Zwang, ein Ruf, naturgemäß repetitiv in seiner Dynamik, eine Art Sucht. Literarische Produktivität versprach Erfüllung, und manchmal lieferte sie auch. Schreiben konnte gut sein. Es bot einem die Möglichkeit, das Leben zu verdauen, eine Kunstfertigkeit zu üben, und es eröffnete einen Weg, das Leben zu interpretieren und es dadurch mitzuerschaffen, anstatt es bloß zu rezipieren. Aber schon ein Krümel von Erfolg hatte in meinem Fall zu übersteigertem Selbstbewusstsein geführt, hoch aufgeschossen, aber schmächtig, eine schöpferische Arroganz, die stets lange genug durchhielt, bis eine Arbeit zu Ende gebracht war, und das immer wieder aufs Neue, die jedoch zwangsläufig wieder in den Grund und Boden der Scham zurücksank, aus dem sie emporgewachsen war.

Jetzt war diese Dynamik zum Erliegen gekommen.

Immer deutlicher erkannte ich nun, dass die schwankende Selbstsicherheit hinsichtlich meiner literarischen Fähigkeiten viele blinde Flecken in meiner Kunst verdeckt hatte. Vielleicht war ich gar nicht besonders begabt, sondern nur arrogant, und mit deutlich weniger Talent ausgestattet als viele andere Schriftsteller, hatte jedoch mehr Erfolg verbuchen können, als mir zustand – nicht weniger.

Seltsamerweise erleichterte mich dieser Gedanke. Inzwischen mochte ich es, weniger gut als andere zu sein, und weniger bekannt. In den Niederungen der Bescheidenheit und Fehlbarkeit war das Leben süßer.

Ruhe. Keine Worte. Das Schwungrad von Hoffnung und Angst, das mein Schreiben angetrieben hatte, verlor Fahrt. Der Drang zu schreiben war aus einem Knotenpunkt von Unbehagen in meinem Brustkorb erwachsen, und jetzt war es dort leer. Die Welt war ein einziges Leuchten. Wofür brauchte es da ein Buch?

Die Ruhe war ein Geschenk. Es kam von meinen Lehrern, die es von ihren Lehrern erhalten hatten, und die wiederum von ihren. Es wurde von Generation zu Generation weitergegeben. Dabei hatten nicht wir selbst oder unsere Lehrer es in der Hand. Es hatte sein Eigenleben. So beschrieb es Meister Keizan[26] in seinem Buch *Die Weitergabe des Lichts*: wie Wasser, das aus einem Gefäß ins nächste fließt.

Ich verstand jetzt, weshalb die Legende behauptete, Bodhidharma habe die Lehren vor 1.500 Jahren auf einem einzigen Grashalm über den Yangtse-Fluss transportiert. Wie leicht und rank das Fährschiff ist, das Fahrzeug, in dem die Lehren übermittelt werden. Ein einziger Halm. Es braucht eigentlich fast kein Fahrzeug. Und irgendwie doch. Es braucht diesen zerbrechlichen menschlichen Körper. Nach China kamen die Lehren jedenfalls auf diesem einen Stängel, die große Tradition des Chan erblühte, erreichte Japan als »Zen« und verbreitete sich von dort aus weiter, in den modernen Westen, bis zu uns.

26 Keizan Jōkin, japanischer Meister, 1268–1325.

Ich fing an, im Hospizverein eines Freundes mitzuarbeiten: einfache Arbeiten und Besorgungen für Menschen in der Sterbephase, bei ihnen am Bett sitzen, während sie schliefen, sich ruhig mit ihnen unterhalten, wenn sie wach waren. Hin und wieder übernahm ich Nachtwachen.

Ich schloss mich einer Gruppe an, die im Gefängnis südlich der Stadt interessierten Insassen Unterricht in Yoga und Meditation anbot. Anschließend ging ich nach Hause zu meiner Familie.

Es gab nichts zu erreichen: alles war bereits erreicht. Das große Projekt dieses Lebens bestand darin, ebendies zu erkennen. Dōgen sagte: »Der große Weg ist in sich vollkommen. Das Prinzip von Zen ist vollkommene Freiheit.« Was danach kam, war nur noch Dienen, Liebe, das Bemühen darum, hilfreich und offen zu sein.

Ich saß viel, morgens und abends. Es war, als ginge ich durch einen Kiefernwald, den weichen Waldboden unter meinen Füßen, das Laubdach hoch über mir, und eine Ruhe, ein grenzenloses Zwielicht zwischen den Bäumen, das ewig so weiterging: weder licht, noch dunkel, sowohl licht als auch dunkel. Zeit, Tag und Nacht, Epochen öffneten sich wie Blütenblätter, und die »Geistesblume« blühte.

Einige Zeit nach jenem einschneidenden Retreat bei John lernte ich den Abt der Dharmalinie, Yamada Ryoun[27] Rōshi kennen, einen japanischen Meister, damals in seinen späten Sechzigern, der seit über fünfzig Jahren Zen praktizierte und sich entschlossen hatte, jährlich für ein Retreat nach Amerika zu kommen.

Sein Vater, Yamada Kōun Rōshi, hatte mehr als ein Dutzend Westler zu Zen-Lehrenden ausgebildet, darunter auch Joan Rieck und Robert Aitken, die beide zusammen bei ihm in Kamakura praktiziert hatten. In

---

27 Gesprochen Ryo-un, in zwei Silben.

den Jahren vor seinem Tod 1989 hatten Yamada Kōun Bedenken hinsichtlich der »Dharma-Klarheit« bei manchen dieser westlichen Lehrenden umgetrieben, genauer gesagt eines Mangels derselben, und so hatte er ein Trainings-Retreat für Lehrende initiiert, das sein Sohn nun abhielt. Die meisten Lehrenden nahmen jedes Jahr begierig daran teil, doch einige aus der amerikanischen Kohorte nicht. Dies hatte unweigerlich zu einer gewissen Entfremdung von der ursprünglichen Linie geführt, und in einigen Zen-Kreisen in Amerika wurde die Existenz der Sanbō Kyōdan-Tradition gar nicht mehr richtig wahrgenommen, fast wie eine unangenehme Tatsache, die man am liebsten ignorierte. Nach Kōuns Tod hatte Kubota Akira Rōshi fünfzehn Jahre lang der Linie vorgestanden, dann hatte Yamada Ryoun die Zügel in die Hand genommen. Ihm war es ein Anliegen, dass auch auf dieser Seite des Pazifiks der Kern der Lehre so klar wie möglich vermittelt würde, und dafür würde er alljährlich hier ein Retreat geben. Vielleicht würde dies, als Nebenprodukt, auch dazu beitragen, eventuelle Verwerfungen innerhalb der weiteren amerikanischen Sangha zu heilen.

Das erste Retreat fand in einem Vorort von Toronto statt, in einem großen alten Zentrum, dem Sitz der Scarboro Mission. Weißbärtige alte Missionare, die von ihren Streifzügen in Übersee zurück waren, saßen mittags in den Ecken des Speisesaals und unterhielten sich leise, während etwa fünfundsechzig Zen-Lehrer aus ganz Nordamerika schweigend zwischen ihnen hindurchgingen, wenn sie nicht gerade lange Sitzperioden auf ihren Kissen in der Kapelle absolvierten.

Es war das erste Mal, dass ich Leute aus dem weiteren Umfeld der Dharmalinie kennenlernte. Ein paar waren von weit her angereist: von den Philippinen, aus England und Japan. Naturgemäß gab es während des Retreats kaum Gespräche, doch davor und danach saß man an Tischen zusammen, spazierte gemeinsam zu den Klippen mit Blick auf den Lake Ontario und lernte sich kennen.

Mich beeindruckten diese Leute. Sie hatten ihre Prioritäten im Leben jenseits von eigenen Belangen, arbeiteten für das Wohlergehen anderer. Man spürte eine Leichtigkeit und Gutmütigkeit unter ihnen, die Atmosphäre hatte etwas Gesundes, das mir ein wenig neu war, und ich vermutete, dass es von ihrer uneigennützigen Arbeit herrührte.

Bei diesem Retreat hatte ich zum ersten Mal Dokusan beim Abt, und sobald ich mich vor ihm hingesetzt hatte, veränderte sich das Licht in dem kleinen Raum, es wurde eigenartig strahlend und satt, und gerade als ich anheben wollte, etwas zu sagen, spürte ich, dass etwas wie eine Hand in mich hineingriff und den lebendigen Raum fand, der sich dort geöffnet hatte. Die Hand wusste nicht nur, was sie dort gefunden hatte, sondern auch, dass sie erkannt worden war. Ich konnte nicht nur die Hand spüren, sondern auch, dass die Hand spürte, dass ich sie spürte. Eine perlende Freude ging von diesem gegenseitigen Erkennen aus.

In seiner tiefen, ruhigen Stimme sagte Yamada Ryoun etwas in der Art, dass er eine tiefe Erfahrung wahrnehmen könne.

Mir war, als verstünde ich in diesem Augenblick, dass auch er diese Erfahrung gemacht haben musste, und auch John, und auch Joan. Sie übertrug sich.

In diesem Moment wurde auch der Abt zu einem meiner Lehrer. Danach sah ich ihn regelmäßig bei seinem jährlichen Nordamerika-Retreat und war auch in seinem Zendō in Tokio willkommen, wann immer ich es einrichten konnte.

Ich gewöhnte mir an, bei einem Retreat die letzte Nacht durchzusitzen, nicht um mein Durchhaltevermögen unter Beweis zu stellen, sondern weil es mir leicht fiel. Etwas in mir war lebendig, und wenn ich in Stille saß, konnte es sich erfüllen und stärker werden.

Ich verbrachte eine Woche sitzend auf den Straßen Londons. Anfangs saß ich in der Nähe der großen Gotteshäuser. Sie hatten etwas Heimeliges in dem ganzen Gewimmel und Getriebe. St. Paul's, Southwark, Westminster Abbey. In den umliegenden Gassen saß ich mit Blick auf die nackten Mauern. Ich hatte Regenkleidung dabei, brauchte sie jedoch kaum. Anfangs war es mir manchmal peinlich. Touristen und Londoner Bürger gingen ihren Geschäften nach, und dazwischen ließ ich mich auf die Knie nieder, blies mein kleines Kissen auf und setzte mich mit gekreuzten Beinen auf den Boden, obendrein auch noch so komisch mit dem Blick zur Mauer, weg von der Straße. Was dachten sich die Passanten wohl? Allmählich schob ich diese Überlegungen beiseite und ließ mich ganz auf die sinnliche Erfahrung ein, einfach da zu sein.

Am zweiten Tag traute ich mich weiter weg von den Kathedralen. Hyde Park Corner, Marble Arch, Trafalgar Square, die großen Brücken. Zwischen den Sitzperioden ging ich umher, ließ mich treiben und wählte einen beliebigen neuen Platz, an dem ich dann wieder für ein paar Stunden saß. Vor der Bank of England saß ich mehrmals die Stoßzeiten durch, wie ein Straßenmusikant, nur mit Blick zur Wand, von den Passanten abgewandt, und lauschte dem Geräusch der Schritte hinter mir.

Ich schätze, es war eine Art Schmach, inmitten so vieler geschäftiger Leute still zu sitzen. Es war mir egal. Irgendwie fühlte es sich wie eine Schuld an, die zurückgezahlt werden musste – meinem Vater, meiner Mutter, dem Dharma, das mir zuteil geworden war, und der großen Stadt.

Die Kōans waren jetzt anders. Ich hatte das Gefühl, die Welt zu kennen, in der die Meister lebten, und sie war nicht das, als was sie mir früher erschienen war. In der frühen Phase meiner Praxis war es mir vorgekommen, als würde mich jedes Kōan aus einer anderen Welt treffen und durchdringen, als würde es mich benutzen wie eine Marionette, um sich zu »zeigen«. Doch jetzt fühlte es sich an, als hätte die Wand zwischen mir und jener anderen Welt, durchlöchert von so vielen Kōans, nachgegeben. Ich stand in derselben Welt wie die Kōans. Und es war klar, dass jene Welt und diese Welt des Alltags niemals getrennt gewesen waren.

John hatte einmal in einem Vortrag einen Zen-Dialog wiedergegeben, in dem ein Mönch Joshu fragt: »Was ist Zen?«

Joshu: »Es ist nicht Zen.«

Schüler: »Warum ist es nicht Zen?«

Joshu: »Es lebt! Es lebt!«

John hatte uns allen die rhetorische Frage gestellt: »Was ist das, was lebt?« Der Tisch, die Straße, das Auto, die Wand nicht minder als der Vogel oder die Katze, ein Gedanke an das morgige Mittagessen, ein Löffel auf dem Tisch, der brummende Kühlschrank. In Joshus Welt könnte man ernsthaft die Frage stellen, ob dort irgendetwas *nicht* lebte.

Zen ist das Gegenteil von einem Rückzug aus der Welt. Es ist eine radikale Akzeptanz des Daseins, des Schmerzes und des Leidens nicht minder als der Schönheit einer Morgendämmerung oder des Meers im Regen oder eines düsteren Bergs unter morgendlichen Wolken oder einer Einkaufsliste. Wenn uns der Weg nicht zurück in die Welt führt – uns reinkarniert, sozusagen – dann ist er nicht vollständig. Für Zen ist diese Welt, dieses Leben, das Absolute. Eine Tasse Tee zu bereiten, Milch aus dem Kühlschrank zu holen, sich vor die Haustür zu stellen, die letzten Reste eines Gewitters am Morgenhimmel abziehen zu sehen, zu hören, wie Regenwasser von einem Dach in eine Pfütze tropft, sind Wunder. Letzten Endes besteht das Wunder darin, dass überhaupt irgendetwas existiert.

Deshalb sprechen die Kōans allesamt die Sprache der gewöhnlichen Dinge. Hunde, Brücken, Berge, Flüsse: die konkreten Dinge dieser Welt sind ihr Stoff.

Ein Mönch fragte Joshu: »Was ist mein Lehrer?«

Joshu antwortete: »Wolken, die aus den Bergen aufsteigen, Bäche, die lautlos zu Tal fließen.«

Der Mönch sagte: »Danach habe ich nicht gefragt.«

Joshu sagte: »Obwohl sie dein Lehrer sind, erkennst du sie nicht.«

Es gibt eine Schwelle, die wir überwinden, einen Wendepunkt, den wir erreichen können, und dabei lichten sich die Schleier zusehends, je mehr die Forschung auf dem Gebiet der kontemplativen Neurowissenschaft dem Ganzen auf die Spur kommt. Die Psychologie tut sich hingegen etwas schwerer mit dem kontemplativen Shift. Freud und Jung gingen davon aus, dass er Teil des Unbewussten sei, weil er eben nicht Teil des Alltagsbewusstseins war und man überhaupt nur darauf stieß, wenn man die Vorherrschaft des gewöhnlichen Bewusstseins aufgab. Dabei ist er dem Unbewussten diametral entgegengesetzt: Er ist Bewusstsein in exponentieller, alles einschließender Form.

Die Neurowissenschaft tut sich da leichter.

Richard Davidson, ein bekannter Forscher in der kontemplativen Neurowissenschaft, leitete viele Jahre das *Waisman Laboratory for Brain Imaging and Behavior* an der Universität von Wisconsin-Madison. Dort werden die Wirkungen von Meditation auf das Gehirn untersucht und mit bildgebenden Verfahren dargestellt. Er selbst praktiziert tibetischen Buddhismus, und ich durfte anlässlich seiner wiederholten Besuche in Santa Fe, wo er am Upaya Zen Center unterrichtete, seine Bekanntschaft machen.

Einmal fragte ich ihn, ob der tibetische Buddhismus eine Erfahrung von durch und durch Nichts bestätigte – kein Sehen, kein Seher, kein Gesehenes.

Aber natürlich, sagte er, und erklärte zu meiner Überraschung, dass genau diese Erfahrung das tiefere Ziel der »Dzogchen«-Praxis sei: die Natur des Geistes zu durchleuchten, die allgegenwärtig in Raum und Zeit war, jedoch vollkommen leer.

Wir saßen an einem grauen Nachmittag in einem Café in Santa Fe, und seine Augen leuchteten klar und dunkel. Er war offen und tiefgründig, das konnte man spüren. Es war ein gutes Gespräch, und ich war glücklich – er auch, meinem Eindruck nach – diese Wirklichkeitserfahrung zwischen verschiedenen Schulen zu teilen.

Ich fragte ihn, ob sein Labor jemals eine solche Erfahrung live in einem Hirn-Scan festgehalten hatte, auch wenn das höchst unwahrscheinlich schien.

»Wir können das Echo davon sehen«, sagte er. »Wir können sehen, wenn es passiert ist.«

Er beschrieb ein paar der Veränderungen in den Gehirnfunktionen und der Neuroplastizität, die damit einhergehen. Die neuronalen Netzwerke entlang der Mittellinie, in denen narrative Aktivität stattfindet – ein zentraler Ort für die Konstruktion unseres Selbst, weil das Selbst im Prinzip nur eine Geschichte ist, die Geschichte vom »Ich« – werden ruhiger, erklärte er. Weniger Narrativ, weniger Ich. Bei Meditierenden, die durch eine tiefe Erfahrung gegangen sind, ist dieses mittlere Netzwerk still.

Das leuchtete mir ein. Die Nachwirkungen dieser Erfahrung sind endlos. Jeder Augenblick ist die Entfaltung dieser Erfahrung. Die Zeit fließt weiter, aber gleichzeitig bewegt sie sich keinen Millimeter vorwärts. Alle Zeit ist immer hier, wenn wir erst einmal den Boden durchstoßen und den »grundlosen Grund« gefunden haben.

Ich stellte fest, dass ich sagen konnte, ob jemand diese Erfahrung lebte. Ich konnte spüren, in welchem Zustand eine Person war – ob sie nach etwas strebte oder an etwas festhielt, oder im Frieden war, zu Hause in sich.

Es dauerte lange, bis sich die Nachwirkungen der Erfahrung zurückzogen. Ich bin mir nicht sicher, ob sie das überhaupt jemals taten. Vielmehr entfaltete sich alles weiter von diesem ursprünglichen Augenblick aus.

Doch was da zurück blieb, war nicht etwa ein Hochgefühl. Als das erste Hochgefühl abgeflaut war, blieb eher ein Glimmen, die glühende Asche eines alten Feuers, das ausgelöscht worden war. Zurück blieb ein gewaltiger Raum, ein Gewölbe wie die Himmelskuppel, eine glimmende Höhle, eine alte steinerne Kathedrale, eine Moschee wie ein Kiefernwald, Säulen, die sich in der Ferne verloren, nackter, schwammiger Boden unter den Füßen und ein tiefes Zwielicht, das das ideale Klima für die Bäume war – feucht und leicht moderig – wo sie unvorstellbare Zeiträume überdauern konnten, weit länger als jede bekannte Lebensspanne.

Aber ob dieser Raum im Inneren einer Person oder außerhalb war, konnte man nicht sagen.

Es war nicht etwas. Aber es war auch nicht nichts.

Völliges Verschwundensein. Und doch nicht nichts. Aber auch nicht etwas.

Nichts Anderes

Wieder ein Spätwinter in New Mexico. Nachts. Schnee fällt, große, feuchte Flocken, die im Licht einer Außenlampe flackernd zu Boden fallen wie nasse Blätter.

In einem spärlich erleuchteten Schlafzimmer stöhnt leise ein alter Mann. Etwas plagt ihn, aber es ist schwer zu sagen, wie schlimm es ist. Er ist zweiundneunzig, sein weißes Haar ist so fein wie Flaum. Es muss zwei oder drei Uhr in der Nacht sein. Ich habe auf einer Couch nicht weit von seinem Bett geruht. Ich beschließe, ihn nicht zu stören. Ob er wohl träumt, oder wach ist? Oder ist beides für ihn nicht mehr zu unterscheiden?

Als der Morgen dämmert und seine pergamentenen Lider sich öffnen, ist die Iris seiner Augen fein und strahlend wie ein Schmetterlingsflügel, den Licht durchdringt. Ich ziehe an dem Gleittuch in seinem Bett, um ihn umzulagern. Normalerweise, wenn ich das tue, hält er sich mit einer knochigen Hand an dem Metallgeländer des Krankenhausbetts fest, in dem er, bei sich zu Hause, liegt. Heute jedoch nicht. Plötzlich fällt mir auf: Die Luft im Zimmer hat sich verändert. Eine Stille ist eingetreten, und darin ein Prickeln eigener Art.

Seine Frau beugt sich über ihn, hält seine Hand und spricht mit lauter Stimme. Er antwortet nicht. Sie versucht es erneut, eilt dann hinaus und sagt, wir sollten ihn weiter schlafen lassen. Ich murmele Zustimmung.

Anrufe werden gemacht, eine Tochter trifft ein, ein Sohn fliegt gerade aus dem Mittleren Westen her. Ein Priester kommt, groß, geschäftig, freundlich. Weitere Leute tauchen auf, Hospizhelfer, die wie ich in den letzten Monaten Zeit mit dem alten Mann verbracht haben. Üppige Gestecke mit Osterglocken werden ins Zimmer gebracht. Wie sie wohl in seinen Augen aussehen? Gleißendes, butteriges, goldenes Licht. Frühling in Kindertagen. Wer weiß, ob er sie überhaupt sieht.

Die Stille im Raum wird intensiver. Seine Frau seufzt an seinem Bett sitzend. Er war Wissenschaftler in der Armee, ein pflichteifriger Mann. Wenn ich ihn fütterte, beklagte er sich kein einziges Mal, sondern begegnete mir, während ich den Löffel an seine Lippen hob, mit einem Blick aus seinen durchsichtig scheinenden Augen. Er verlor nie seinen katholischen Glauben, und vielleicht hilft ihm das, dem Tod ins Auge zu sehen. Vielleicht kommt es ihm gar nicht wie ein Tod vor.

Der Raum füllt sich mit einem neuen Frieden. Eine Erlösung in der Luft. Seine Frau hat aufgehört zu seufzen. Sie weint leise. Der Pfarrer steht von seinem Stuhl auf und intoniert ein sonores Gebet. Wir anderen sitzen still dabei, wie tief unter Wasser, als könnte schon ein Atemzug eine Störung sein.

Er ist gestorben. Die leitende Hospizmitarbeiterin blickt kurz zu mir her, mit einem zarten, eigentümlichen Lächeln, auf ihren Wangen sind Tränen.

Ich trete in den Morgen hinaus. Die Sonne scheint durch die Pinyon-Sträucher, die Erde ist mit einer leichten Schneedecke überzogen. Ich sauge die nach Kiefern duftende Luft tief in meine Lungen und hole den Autoschlüssel heraus.

Die Zeit drängt. Im Verlauf des Vormittags wird der Abt aus Tokio am Flughafen landen, um hier ein Retreat zu leiten, und meine Aufgabe ist, ihn abzuholen. Mir bleibt gerade Zeit, um nach Hause zu fahren und kurz mit meiner Familie zu frühstücken.

Während ich durch das breite Galisteo-Tal zurückfahre, taucht die Wüste aus der samtigen Morgendämmerung auf und verwandelt sich in wässriges Blau. Als ich nach längerer Steigung den Rücken eines Hügels erreiche, zieht sich gerade der Flügel der Dunkelheit über der Welt zurück und die Sangre de Cristo-Mountains treten in mein Blickfeld. Der kahle Gebirgsstock schimmert in der ersten zarten Morgenröte; unten an seinen Ausläufern mischen sich die letzten noch leuchtenden Straßenlaternen der Stadt mit den ersten blinzelnden Sonnenstrahlen auf Fenstern und Dächern.

Mir ist zum Weinen zumute beim Anblick dieser sanften Berge im Morgenlicht und der Stadt, wie glitzerndes Geröll in der Ferne. Es ist einer dieser mythisch anmutenden Ausblicke, er berührt mich jedes Mal. Wie eine archetypische Rampe zu einer Zitadelle hinauf führt der Highway geradewegs zu den blauen Bergen hin, über denen metallisch glänzende Kumuluswolken thronen, und Himmel und Land sind in Bewegung wie ein einziger lebender Organismus. Ein Ausbruch von Hochgefühl scheint die Landschaft zu erfassen, und mir kommt ein längst vergessenes Rätsel wieder in den Sinn: Warum sagte Dōgen, dass die Berge schreiten? Gerade eben betrachte ich die Antwort: Während ich durch die Ebene fahre, bin nicht ich es, der sich bewegt, sondern alles bewegt sich, alles bewegt sich wie ein einziges Ding. An diesem ortlosen Ort sind Berge keine Berge. Sie sind real auf eine Art, die das Wort »Berge« niemals einfangen kann. Sie sind lebendig, wild und frei.

Zu Hause treffe ich meine Frau und die Jungs. So nahe war unsere Familie dem Auseinanderbrechen. Aber das Wunder im Herzen des Zen brach herein und heilte die Katastrophe. Ich bin so dankbar dafür, nach Hause kommen zu können. Es ist der einzige Ort, an dem ich sein will.

Wir wohnen immer noch in demselben klapprigen Haus am Berg. Ich rumple die zerfurchte Straße entlang, dann die Einfahrt hinauf. Es ist noch früh, aber die Jungs sind bereits auf dem ramponierten Trampolin im Freien zugange.

Sie hören auf zu springen, als sie mich kommen sehen, und rufen mir, wie nicht anders zu erwarten war, juchzend zu, ich solle mitmachen. Eigentlich sollte ich nach der langen Nacht müde sein, aber heute kommt es mir vor, als wäre mein Herz umgestülpt, und eine zärtliche Energie steigt durch alles auf: durch die Gräser neben der Haustür, die Chamisa-Büsche, die Aprikosenbäume, die noch immer ohne Blätter sind, aber schon knospen, den Stapel Feuerholz an der Hauswand und die Gesichter und Schreie der Kinder.

»Schau was ich kann«, rufen die Jungs und zeigen mir ihre neuesten Saltos und Drehungen, bevor ich mich auf das Gerät begebe und die beiden durch mein Körpergewicht noch höher Richtung Himmel hinauf katapultiere. Sie juchzen vor Vergnügen.

»Boah!«, schreien sie nach einem nervenkitzelnden besonders hohen Sprung und bremsen ihren nächsten kichernd ab, indem sie sich auf den Rücken rollen.

Im Haus bereitet ihre Mutter das Frühstück.

»Pfannkuchen?«, frage ich.

»Ist zwar ein Schultag, aber ich dachte mir, was soll's«, sagt sie.

Sie ist eine großgewachsene, schöne Frau und ich kann noch immer nicht recht fassen, was für ein Glück ich habe, mit ihr zusammen zu sein. Wir küssen uns, und ich mache Kaffee.

»Er ist gestorben«, sage ich, »heute Nacht.«

»Oh, Schatz.« Sie umarmt mich und auf einmal ist wieder die Helligkeit da, als er starb, und ist nun hier in unserer Küche. Es fühlt sich einfach nur wie Liebe an.

Zen eröffnet einem einen Weg, aufzugeben, damit die Liebe einbrechen kann.

Ich rufe die Jungs zu den Pfannkuchen herein und die Küche füllt sich mit aufgeregtem Geschnatter.

»Hey, Dad, Dad, ich hab einen Salto rückwärts gemacht … einen Salto seitwärts … einen Salto vorwärts …« Ihre Gesichter leuchten am Tisch.

Als ich wieder ins Auto steige, um zum Flughafen zu fahren, ergießt sich ein rauchiger Sonnenstrahl den Berghang herab. Dieses Land ist so groß. Und doch leicht wie eine Feder.

SEIT EIN PAAR JAHREN BILDEN mich meine Lehrer Joan, John und Yamada Ryoun zum angehenden Zen-Lehrer aus. Ich habe dem zögernd zugestimmt, nachdem klar war, dass meine eigene Schulung nicht enden und ich nach wie vor unter ihren Fittichen bleiben würde, um dem Anspruch, den alten Weg des Zen zu leben, ein wenig näher zu kommen. Ich hatte nicht den Eindruck, wirklich eine Wahl zu haben. Meine Eltern hatten mir das Leben geschenkt, und meine Lehrer – hatten mir eine andere Art Leben geschenkt.

Nachdem ich unter Joans Führung alle Kōans bearbeitet hatte, begann ich eine weiterführende Schulung mit einer »Kōan-Review« unter dem brillanten philippinischen Meister Ruben Habito Rōshi, einem Jesuiten, der seit den 1990er Jahren Professor für Vergleichende Religionswissenschaften an der Southern Methodist University in Dallas war. Er war mit Maria Reis verheiratet, einer bekannten Gelehrten der Chinesischen Literatur und selbst Zen-Lehrerin. Beide hießen mich immer wieder einmal für ein paar Tage in ihrem Haus willkommen. Irgendwie fand Ruben mit seiner scheinbar unerschöpflichen Energie zwischen all seinen anderen Verpflichtungen ein- oder zweimal am Tag Zeit für ein langes Dokusan. Dann ließ er seiner leidenschaftlichen Zen-Weisheit aus einer Vielzahl unterschiedlicher Blickwinkel freien Lauf, feuerte Kōans auf mich ab, erwartete sofortige, von jeglichen Gedanken freie Antworten von mir, schliff verbliebene »Klebrigkeiten« des Geistes ab, blies immer wieder den Staub weg, wie er es nannte, beschleunigte meinen trägen Zen-Modus, hämmerte auf die Verkrustungen der Selbst-Anhaftung ein und eröffnete mir neue, unverstellte Einblicke ins Dharma. Einmal nannte er es »gemeinsam durchs Universum tollen«. Es war erheiternd, dynamisch, erfrischend. Ich schloss auch ihn rasch in mein Herz. Im Verlauf einiger Jahre führte er mich ein weiteres Mal durch alle fünf Kōan-Bücher.

Inzwischen hatte mich Yamada Ryoun Rōshi zu den Lehrenden-Retreats der Linie eingeladen. Er war ein bemerkenswerter Mann, sowohl ein Meister mit eindrucksvollem Ruf als auch eine bedeutende Figur in der japanischen Geschäftswelt. Sein Englisch war dank längerer Aufenthalte in den USA und London fließend, und seine Beherrschung der Kōans suchte ihresgleichen: Er hatte fast vierzig Jahre mit ihnen praktiziert, zuerst unter Yasutani Rōshi[28], dann unter seinem Vater Yamada Kōun Rōshi. Unter ihm lernen zu können, war eine einmalige Chance.

Beim jährlichen Lehrer-Retreat gab es ehrfurchtseinflößende Seminare, in denen vollendete Meister »Dharma-Wettstreit« über ein Kōan hielten, bis der Kreis sich schließlich auf die am deutlichsten hervortretende Wahrheit einigte, die das Kōan eröffnete. Abschließend stellte der Abt sicher, dass alle Lehrer Klarheit über die zentralen Punkte des Kōans

28 1885–1973.

hatten. Diese Schulungen sollten uns helfen, die Lehre, die im Westen noch so neu war und so leicht in Konzepte abgleiten konnte – oder »totes Zen«, wie die alten Meister es nannten – zu erhalten. Wenn Zen nicht in einem dynamischen Leben des Dienens verkörpert wird, ist es Zeitverschwendung. Die Kōans sollen nicht so sehr »verstanden«, als gelebt werden. Gleichzeitig kann die Kōan-Schulung sehr leicht auf Abwege geraten. Sie braucht eine feste Hand und ein tief blickendes, klares Auge.

Als ich das erst Mal dieses Retreat besuchte – was an sich schon eine einschüchternde Erfahrung war, vor allem als Anfänger unter den ganzen langjährigen Lehrend-Praktizierenden – und es Zeit für mein Dokusan beim Abt war, betrat ich den kleinen Raum voller Erinnerungen an die leuchtenden Begegnungen während der bisherigen Retreats in Amerika bei ihm.

Ich hatte mich noch kaum hingesetzt und meine eröffnenden Worte gesagt, als er den Kopf schüttelte und nach dem kleinen Glöckchen griff, dem Signal, dass das Gespräch hiermit beendet war. Er schwenkte das Glöckchen, und ich musste gehen.

Benommen und gekränkt verbrachte ich die verbleibende Sitzperiode damit, zu überlegen, was schiefgelaufen war. Allmählich legte sich meine Bestürzung, und am folgenden Tag ging ich in der Überzeugung hinein, dass es diesmal besser laufen würde.

Er lauschte einen Augenblick und streckte dann wieder die Hand nach dem Glöckchen aus. Ich hörte einen knappen Satz dahingehend, dass ich in einer Täuschung gefangen sei und dass ich diese abwerfen müsse, dann war ich wieder draußen. Im Anschluss daran sah ich ihn mehrere Monate nicht mehr.

Offensichtlich war ich nicht bereit für die erste Liga, und die Tatsache, dass mich das so aus der Fassung brachte, unterstrich dies noch besonders. Am besten ich gab jegliche Hoffnungen, zum Lehrer ausgebildet zu werden, komplett auf. Doch allmählich kehrten Wohlgefühl und Frieden zurück: Es ging ja gar nicht ums Lehrer-Sein. Was für eine dumme Idee! Es ging um die Praxis. Ich setzte mich ruhig auf meinen Platz ganz hinten im Zendō und ließ mich von meinem nächsten Kōan verschlucken.

Eine der teilnehmenden Lehrerinnen, eine ältere christliche Nonne, die auf der Krebsstation eines Kinderkrankenhauses arbeitete, fragte mich, wie es lief, und ich erzählte es ihr.

Sie lächelte. »Denk an Mumons Worte, wie die Löwin ihre Jungen erzieht«, sagte sie. In dem Vers, auf den sie anspielte, beschreibt Meister Mumon, wie die Löwin ihre Jungen eine Böschung hinunterwirft, die sie dann wieder heraufklettern müssen, damit sie stark, einfallsreich und widerstandsfähig werden.

»Offenbar kommt immer ein Punkt in unserem Training, wo es nur so geht«, fügte sie mit einem Nicken hinzu und dachte dabei vielleicht an eigene Erfahrungen dieser Art.

Und tatsächlich verlief meine Begegnung mit dem Meister beim Retreat im folgenden Jahr in einer leuchtenden Gegenwärtigkeit, und er entschied, mich als Assistenz-Lehrer zu autorisieren, wodurch ein langsamer Prozessweg durch die verschiedenen Ebenen von Verantwortung in der Linie initiiert wurde.

Parallel dazu wurden die guten, freundlichen Menschen des weltweiten Netzwerks dieser Linie zu Freunden, Brüdern und Schwestern im Dharma.

Der Abt besass einzigartige Kräfte. Meistens eröffnete sich mir bei einem Retreat mit ihm ein ganz neuer Einblick, der mir wieder den Boden unter den Füßen wegzog. Bei ihm in die Schule zu gehen, war wieder ein Neubeginn. Immer wieder brachte er mich dahin, Dinge neu zu erfahren, schob mich in eine Richtung, die mich wieder eine neue Facette des lebendigen Dharmas erblicken ließ, all das durch sein Geschick im Umgang mit den Kōans und seine tiefe und lange Erfahrung in der Erforschung der menschlichen Natur.

Bei einem Retreat brach mich ein Kōan plötzlich auf und die ganze Welt wurde mein Fleisch. Der Identifikationsprozess mit dem Selbst verrutschte auf einmal in die Wand vor mir, so dass ich die Wand war, die Henry anlächelte. Die kraftvolle Gegenwart des Abts war wie ein heftiger Windstoß hereingefegt.

In der darauffolgenden Nacht schlief ich nicht, sondern ging auf eine Reise mit Joshu hinunter in die Katakomben, wo ich Hunderten Toter in staubigen grauen und braunen Kleidern begegnete, denen ich allen etwas schuldig war. Joshu wollte, dass ich das wusste. Sie hatten sich über Jahrhunderte hinweg durch ihr Leben getragen, damit ich meins haben konnte. Waren das frühere Leben, die ich gehabt hatte? Aber ich glaubte nicht an Reinkarnation. Doch die Vision hinterließ ein intimes Gefühl von Verantwortung.

Ich will nicht hochtrabend oder grandios klingen. So soll es genügen, festzuhalten, dass mächtige Winde auf neue Weisen hereinbliesen, weitere Annahmen und Vorstellungen in mir zerstörten, neue Dimensionen des Staunens, des Friedens und der Einfachheit eröffneten. Aber wichtiger als irgendetwas davon war, dass sich meine Beziehung zum Rōshi in eine von Liebe und tiefer Verpflichtung entwickelte. Und je mehr das geschah, desto mehr fühlte ich mich auch anderen Menschen verpflichtet – meiner Frau, meinen Kindern, und allen meinen Lehrern. Es war keine Übertreibung, zu sagen, dass sie alle mich gerettet hatten.

Während dessen besuchte Joan zwei bis drei Mal im Jahr das von ihr gegründete Zentrum in Deutschland, um dort Retreats zu geben. Nun hatte sie sich entschlossen, damit aufzuhören, und um die Verpflichtung abgeben zu können, nahm sie mich die letzten drei Male als Co-Leitung mit, damit die Schüler eine Gelegenheit hätten, mich kennenzulernen. Wenn sie aufhörte, würde ich zweimal im Jahr hinreisen, und die Schüler könnten, wenn sie wollten, ihre Praxis bei mir fortsetzen.

Es waren große Retreats mit sechzig oder siebzig Teilnehmern, und das Sonnenhof-Zentrum, ein altes, renoviertes Bauernhaus an einem Berghang im Schwarzwald, war ein herrlicher Platz zum Meditieren. Joan hatte es mit viel Hilfe ihrer Schüler und ihres Kollegen Willigis Jäger gegründet und aufgebaut.

Zuerst fand ich es ziemlich kühn, Leute im Dokusan-Zimmer zu empfangen. Nicht nur, dass ich mir überlegen musste, wie ich ihnen mit ihrer Praxis behilflich sein konnte: als britischer Halbjude hatte ich darüber hinaus meine eigenen Widerstände, überhaupt in Deutschland zu sein. Ich hatte diese Nation mein ganzes Leben lang mehr oder weniger gemieden.

Ich sprach es mit Joan an und erkannte, dass ich in Wirklichkeit einem Vorurteil aufsaß. Insofern bot sich mir die Chance, eine weitere Kammer meines unergründlichen, heiklen Herzens zu öffnen. Eine Welle von Vergebung flutete daraufhin herein, die sich, ohne dass ich es bemerkt hätte, über lange Zeit aufgestaut hatte. Allmählich ließ auch das Gefühl nach, als Lehrer irgendein Ideal erfüllen zu müssen. Wenn ich nicht natürlich und authentisch war, dann konnte ich sowieso niemandem eine große Hilfe sein. Das Dharma, das ich von meinen Lehrern erhalten hatte, fing an, sich ganz von selbst zu zeigen. Je weniger ich tat, desto mehr konnte *es* tun. Beim Lehren ging es um alles Mögliche, nur nicht um mich.

Manchmal tauchte in der Meditation ein klammerndes oder bohrendes Gefühl in den Rippen auf. Irgendwann ging mir auf, dass es ein Unbehagen in Bezug auf meine Lehrerrolle war. Ich war doch als Meditierender nie im Leben gut genug, um anderen den Weg zu weisen. In einem perfekten Ringschluss interpretierte ich die Tatsache, dass dieses Unbehagen auftauchte, als Beweis dafür, dass ich die unerschütterliche Gelassenheit, die einem Lehrer angemessen war, nicht erreicht hatte.

Doch eines Abends beim Sitzen kam mir der Gedanke, dass gelegentliche Bedenken beim Eintreten in eine neue Rolle eigentlich ganz normal waren. Vielleicht wussten es meine Lehrer ja auch wirklich besser als ich. Was, wenn das Gefühl, irgendetwas laufe falsch, tatsächlich nur eine alte Gewohnheit war? Vielleicht war wirklich alles in Ordnung. Nicht, dass es nicht konkrete Probleme in unserer Welt gab, aber das alte, gewohnte Grundgefühl, dass ich selbst nicht in Ordnung sei, war ein atavistisches und inzwischen überflüssig gewordenes Erbe. Die Dinge waren so, wie sie zu sein hatten, gute wie schlechte. Wir mussten tun, was wir konnten, um sie zu verbessern, und das war alles. Und außerdem würde ich sowieso nie aufhören, Schüler zu sein.

Je weiter man im Zen geht, desto weniger versteht man. So ist es einfach. Am Ende kommt man sich vor wie Sokrates, der sagte, er wisse bloß, dass er nichts wisse. Wobei man im Zen noch nicht einmal das weiß.

Mit der Zeit tauchten immer öfter Passagen des vorliegenden Buchs in meinen morgendlichen Meditationssitzungen oder während der Nacht auf. Ich wollte eigentlich kein weiteres Buch schreiben, schon gar nicht ein Buch darüber, wie ich mit dem Schreiben aufhörte. Das wäre ja wohl der Gipfel der Tautologie, um nicht zu sagen der Egozentrik – und das noch dazu in einem Buch, das für sich beansprucht, einen Weg zu weniger Selbstbezogenheit zu weisen. Aber irgendwann knickte ich ein, nahm einen Stift zur Hand und schrieb Abschnitte nieder, die mir gerade in den Sinn kamen.

(Tja nun, die Folgen davon halten Sie in der Hand.)

Ein Grund für das Schreiben war, dass ich Angst hatte, es würde sich alles bald wieder in Schall und Rauch auflösen. »Ich war hier – jedenfalls dieses eine Mal.« Bevor die Landschaft komplett wieder verschwunden war, wollte ich eine Aufzeichnung dieses alten Weges erstellen, den ich gefunden hatte und gegangen war, für den Fall dass es jemand anderem, der nach einem ähnlichen Weg suchte, helfen könnte.

Der Dichter vom Kalten Berg, Hanshan, der im China des neunten Jahrhunderts auf eben jenem Kalten Berg lebte, schrieb: »Ich habe den Weg vergessen, der mich hierher geführt hat.« Und weiter: »Kalter Berg? Es gibt keinen Kalten Berg.«

Ich wollte dennoch versuchen, die Route aufzuzeichnen, die mich hierher geführt hatte.

Meine ganze Zen-Schulung hindurch hatte ich eigentlich immer gedacht, es ginge mir nur darum, die »eine leuchtende Perle« wiederzufinden, die ich mit neunzehn am Strand erspäht hatte, das Goldene Vlies, das ich als Jüngling nicht hatte nach Hause bringen können, wobei die innere Qual, die ich darüber empfand, das Maß meines Scheiterns war. Nicht im Traum wäre ich damals darauf gekommen, dass es eine Lebensaufgabe war, dieses Vlies heimzubringen, und dass genau dieses Bemühen der Kern von Zen war: wie man diese eine leuchtende Perle lebte, wie sie zur tiefsten Grundlage unseres Lebens werden konnte. Zen kann kein Selbstzweck sein. Das Abfallen von Körper und Geist, wie Dōgen es beschrieb, ist nicht das Ende, sondern es geht darum, wie wir ein Leben *frei* von Körper und Geist *in der Welt* führen können, obschon wir zusammen mit allen anderen Wesen verkörpert sind. Ihnen sollte unsere Fürsorge zuallererst gelten, und jede Spur von Erwachen erlöschen.

Zen: Der einzige Weg, es zu behalten, ist, es zu verschenken.

Es wäre gelogen, zu behaupten, dass alle Sorgen dann aufhörten und Punkt. Hin und wieder nutzte ich die Traum-Arbeit, wenn ich mit Schwierigkeiten konfrontiert war. Eine Zeit lang machte ich bei einem talentierten Psychologen aus der Gegend, Bill Smythe, körperorientierte Trauma-Arbeit. Es ging darum, alte Trauma-Muster aufzulösen, die sich im Körper zeigten. Und ich hatte das große Glück, Achtsamkeitstraining von dem amerikanischen Meditationsmeister Shinzen Young zu erhalten. All dies verbreiterte die Basis meiner Praxis und meines Lehrens.

Eigentlich hatte ich mir immer nur gewünscht, diese Welt lieben zu lernen, und nun hatte ich es erfahren. Selbst wenn es eine andere, bessere Welt gäbe, würde ich sie nicht wollen. Zen öffnete einen unbekannten Quell, der wie das Leuchtfeuer der Liebe sprudelte, der Goldregen im Herzen, den ich vor vielen Jahren am Strand in Südamerika erstmals geschmeckt hatte. Ein Born der Liebe, der nie aufhörte überzuströmen. Oder wie Johannes vom Kreuz es im sechzehnten Jahrhundert gesagt hatte:

> »Wie kenne ich doch den Quell, der sprudelt und strömt,
> auch in dunkler Nacht.«

Danach bleibt nur noch, zu teilen und zu dienen.

Am Ende ist alles ein Märchen. Am Ende rettet uns alles Zen nur von uns selbst. Vielleicht stimmt es nicht ganz genau, aber es spricht doch einiges dafür, zu sagen, dass alles Zen letzten Endes Liebe ist.

Mountain Cloud

Ich erkannte das Mountain Cloud Zen Center sofort wieder. Es war der Ort, an dem ich vor Jahrzehnten mit Natalie Goldberg zusammen Achtsamkeitstage verbracht hatte. In dem stillen Talabschnitt am Rand von Santa Fe gelegen, wirkte es immer noch bezaubernd und immer noch eigentümlich verlassen. Eine Atmosphäre stiller Erwartung umgab es, als harre es der Dinge, die da kommen und es vielleicht mit Liebe und Leben erfüllen sollten.

Will Brennan hatte mich mit heraufgenommen. Er war längjähriger Zen-Praktizierender, ein ehemaliger Lehrer, der auf Installationstechniker umgesattelt hatte, und ein freundlicher, umgänglicher Mann. Er hatte sein Kōan-Studium unter verschiedenen Lehrern durchlaufen, und wir waren uns hin und wieder bei Joans Meditationsstunden begegnet, wo er sein Training unter ihrer Führung fortsetzte. Er war Gründungsmitglied von Mountain Cloud, und eines Samstagnachmittags, auf dem Rückweg von einer Morgenmeditation bei Joan, bot er an, mich herumzuführen.

Kiefern bedeckten eine Seite des kleinen Tals, karger Wacholder und vereinzelte Pinyons die andere. Unter dem Erdboden verliefen Grate aus rotem Granit, geologisch gesehen das südliche Ende der Rockies, die hier und da hervorbrachen wie die Rückenplatten eines Stegosaurus. Diese Drachenfelsen, wie sie bei den alten Anwohnern hießen, boten stämmigen alten Pinyon-Kiefern Schutz, die mit ihren Pfahlwurzeln tief in Felsspalten hinunterdrangen und über Jahrhunderte hinweg Kuppen aus Mutterboden aufgebaut hatten, so reichhaltig, dass er anderen Bäumen Nahrung bot.

Kleine Schluchten oder *arroyos* zogen sich die Talhänge hinauf und bildeten Szenerien von atemberaubender Schönheit, Canyon-Landschaften mit verstreuten Felsblöcken und einsam thronenden Kiefern, alles im Miniaturformat.

Inmitten dieser landschaftlichen Schönheit stand das Hauptgebäude des Zentrums, eine Halle mit großen Holzbalken, erbaut im goldenen Schnitt, aus Stampflehm mit einer Schicht Adobe. Wenn man sie betrat, wurde einem warm ums Herz. Sie hatte ein menschliches Maß, und doch eine subtile Größe. Sie erinnerte mich daran, wie ich die Akropolis erklommen hatte: Die Gebäude waren nicht groß, sie entsprachen den menschlichen Sinneswahrnehmungen und bestätigten diese. Man fühlte sich einfach gut.

Der Ort hier hatte genau so eine Qualität. Es gab einen Speiseraum, eine Veranda, eine kleine, mit Holzmöbeln ausgestattete Küche, wie eine Kombüse auf einem alten Segelschiff, ein Schlafzimmer und ein Zimmer für Einzelgespräche. Versteckt unter den Nadelbäumen in der Nähe standen vier Hütten mit Stockbetten darin. Es kam mir vor, als würde ich eine alte, im Dornröschenschlaf liegende Traumwelt betreten.

In den vergangenen fünfundzwanzig Jahren hatte das Zentrum keinen festen Lehrer gehabt. Der ursprüngliche Lehrer, Philip Kapleau, der derselben Linie angehörte wie ich, war ein Jahr, nachdem er das Zentrum eröffnet hatte, woanders hin gerufen worden. Seit seinem Weggang hatte das Zentrum kaum genutzt vor sich hingedümpelt. Die spärlichen Mieteinnahmen reichten gerade eben für die notwendigsten Reparaturen – um das Dach gedeckt und die Dachrinnen intakt zu halten. Zwei oder drei der damaligen Schüler kamen all die Jahre regelmäßig einen Abend pro Woche her, um zu sitzen. Einer davon war Will. Der Ort fühlte sich nicht verlassen an, sondern eher leerstehend. Er war makellos, doch es herrschte kein Leben darin.

Ich erfuhr, dass das Zentrum eine bewegte Geschichte hinter sich hatte. Philip Kapleau war ein geachteter amerikanischer Zen-Lehrer gewesen, jedoch nie von der Linie zum Lehren autorisiert worden. Er hatte Japan verlassen, als er sein Kōan-Studium gerade zur Hälfte absolviert hatte. Dass er sich selbst zum Lehrer ernannte, war nicht nur ein Vertrauensbruch und ein Bruch mit dem Protokoll, es war auch ungesund. Die Lehre wird durch Demut und Hingabe weitergegeben. Sich den Umständen zu beugen, und nicht sich in irgendeiner Form selbst zu inszenieren, ist essenziell, um überhaupt erst die befreiende Schönheit der Lehren erfahren zu können und sie weiterzugeben.

Daneben war Kapleau bekannt geworden, weil er an der Veröffentlichung und Übersetzung des berühmten Zen-Buchs *Die drei Pfeiler des Zen* Anteil hatte. Das Buch ist das Ergebnis der Arbeit von drei Männern – Yamada Kōun Rōshi, Kubota Akira Rōshi und Philip Kapleau – und es handelt sich um eine edierte Anthologie, nicht ein Autorenwerk. Doch als es 1965 in den Vereinigten Staaten erschien, stand nur Kapleaus Name auf dem Cover. Seine Verbindung zur Dharmalinie war verdorben, und er wurde einer der vielen selbsternannten Einzelgänger-Gurus, die die spirituelle Landkarte des Westens sprenkeln.

Seit seinem Weggang hatte Mountain Cloud sich durch Vermietung der Räume an Gruppen für unterschiedliche Aktivitäten über Wasser gehalten. Die ursprüngliche Gründungsgruppe war nach Zwistigkeiten auseinandergefallen, und es waren nur die zwei oder drei üblichen, die niemals aufgaben, übrig geblieben.

Will wollte, dass ich Mountain Cloud kennenlernte. Er fragte, ob ich nicht mit den verbliebenen paar Schülern der Gründergruppe, die nach wie vor einmal die Woche herkamen, hier sitzen wolle. Ich sagte sofort zu, und schon bald fragten sie mich, ob ich als ihr Lehrer fungieren wolle. Ein paar fragten, ob sie bei mir die Kōans studieren könnten. Will wurde sogar mein erster Schüler, ein Mann, der zehn Jahre älter war als ich und mindestens genauso klar. Seine Bereitschaft, sich unter das bescheidene Dach zu beugen, das ich anzubieten hatte, war ein Zeichen seiner außergewöhnlichen Reife als Praktizierender. Auf diese Weise begann meine Einsetzung als Lehrer des Zentrums.

Andere langjährige Schüler tauchten auf: Jan Unna, mit seiner tiefen, friedvollen Präsenz, ehemals Anwalt, jetzt Therapeut; Bill Bruce, ein hervorragender Handwerker und Baumeister, der die Infrastruktur des Zentrums von innen kannte; Nancy O'Connor, eine begabte Lektorin und Schriftstellerin und langjährige Zen-Schülerin; und Pancho Burke, eine Art lokaler Buschmann, der drei Tage pro Woche in der nahegelegenen Strafvollzugsanstalt Einzelhaft-Insassen spirituelle Begleitung anbot, und der das Land rings um Mountain Cloud wie seine Westentasche kannte und verstand. Auch neue Schüler tauchten auf.

Wir erstellten einen Stundenplan mit regelmäßigen Sitzzeiten und Retreats. Ich bot Vorträge und Einzelgespräche an, und es kamen immer weitere Leute, so dass in den folgenden Jahren die Gemeinschaft wuchs. Ich hegte nie einen Zweifel, dass aus dem Zentrum etwas werden würde. Wir sahen uns in der Lage, es zu renovieren und zu unterhalten und legten einen Garten mit einem Netz von Fußwegen an, die die herrliche Landschaft durchzogen. Am Anfang war es schon eine große Sache, wenn an einem Abend zehn Leute kamen. Mit der Zeit wurden es immer mehr, sowohl bei den regelmäßigen Meditationsabenden während der Woche als auch bei den Retreats. Die anderen Gruppen, die das Zentrum bisher genutzt hatten, gingen entweder in unserer Gemeinschaft auf oder blieben weg. Das Zentrum entwickelte sich zusehends zu einem Ort, an dem die Menschen Zugang zu den alten Wegen der Praxis finden konnten, dem Weg des Schweigens und der Stille, der nicht ins Nichts, sondern ins Herz des Lebens führt.

Inzwischen blüht das Zentrum und hat sich zu einer großen und nach wie vor wachsenden Familie aller Generationen entwickelt. Wir haben ein neues Gebäude für die Gästeunterbringung gebaut, finanziert mit Unterstützung verschiedener Wohltäter, und es gibt junge Leute, die fest hier leben, den Betrieb sicherstellen und tägliche Meditationssitzungen anleiten. Im Garten spielt sich viel Gemeinschaftsleben ab, und wir richten mindestens zwölf Retreats im Jahr aus, nebst einem wöchentlichen Angebot für Einsteiger. Gelegentlich kommen Lehrer von außerhalb für Vorträge. Wir haben ein Programm ins Leben gerufen, das Rio Grande Mindfulness Institute, mit dem wir Achtsamkeitspraxis in die berüchtigten öffentlichen Schulen New Mexicos bringen. Ein aktiver Vorstand und ein Geschäftsführungsteam leiten das Ganze. Alles, was wir hier tun, ist darauf ausgerichtet, der Verbreitung des Dharma zu dienen. Der Ort funktioniert allmählich so, wie sich seine Gründer das vielleicht vorgestellt hatten.

Und nun kam Yamada Rōshi hierher, an ebendiesem Vormittag. In Kürze würde er auf dem kleinen lokalen Flughafen landen. Und er würde nicht nur ein Retreat hier abhalten, sondern eine Wiedereröffnungs-Zeremonie im Zendō durchführen und es jetzt, wo es nach den langen Jahren der Vernachlässigung zu neuem Leben erwacht war, feierlich einweihen.

Ein herrlicher, kühler, klarer Abend: Hinter dem Zentrum befindet sich ein Hügel, ein steiler Hang aus loser, klumpiger roter Erde und Steinen. Von dem breiten Rücken aus hat man einen Blick auf das Flachdach des Hauptgebäudes zwischen den Bäumen und hinaus auf die weite Ebene westlich von Santa Fe. Zwei silbrige Linien zeichnen sich in der Ferne ab: die beiden Fahrspuren des Freeway, die auf einer Anhöhe das Licht der Abendsonne einfangen. Die Sandia Mountains bei Albuquerque bilden eine dunkelblaue Silhouette am Horizont.

Ich setze mich auf einen Felsen. Ich mag den Platz hier oben. Irgendwann baue ich eine Terrasse und lebe hier in einem Zelt. (Allerdings befürchte ich, dass meine Frau da ein Wörtchen mitreden will.)

Im neunten Jahrhundert gab es in China einen Meister namens Zuigan[29], der jeden Morgen auf einem Felsen saß und sich selbst zurief. »Meister!« »Ja«, antwortete er. »Ganz wach!«, ermahnte er sich. »Ja, ja.«

Das Licht ist jetzt weich. Wie gut es tut, in solch einer Landschaft zu sein. So ein Ausblick hat es mir immer schon angetan. Weite Landschaften boten mir eine Chance, mir selbst zu entkommen. Ich konnte mich in ihnen verlieren und klein werden. Hier kann man die Gesetze des Universums in der Landschaft erkennen: die Zacken in der Silhouette der fernen Jemez Mountains, die Baumlinie, an der der Waldbewuchs endet, der Riss im Boden, den ein Fluss gegraben hat, und wie das Licht zu unterschiedlichen Tageszeiten die Sicht verändert. Schönheit ist letzten Endes nur Physik.

Mir fällt auf, dass ich diesen kleinen Hügel auch deshalb mag, weil ich, wenn ich mich umblicke, hinter mir die Sangre de Cristo Berge mehr als eine Meile hoch über meinem Standort aufragen sehe. Das ist ein guter Platz für mich. Er erinnert mich an das Niveau meiner Zen-

---

29 Chinesisch: Ruiyan, 830–900.

Erkenntnis. Die paar Gnadenmomente, die mir beschieden wurden, sind bloße Hügelchen vor der gewaltigen Bergkette des Dharma, die meine Lehrer erkunden, weit jenseits der Kuppe, auf der ich sitze. Aber das macht mir nichts aus. Ich fühle mich wohl, da wo ich bin. Es genügt. Meine Hoffnung ist, eines Tages die Lehren, die ich erhalten habe, klar genug weitergeben zu können, damit andere nach mir sie in ihrem Leben noch weiter entfalten können.

Unter den Bäumen unten fahren immer mehr Autos vor, und kurz vor sechs ist der Platz unter den Kiefern kreuz und quer vollgeparkt. Zeit für mich, hinunterzugehen und nach dem Abt zu sehen. Heute Vormittag habe ich ihn zu seinem Hotel gefahren, wo er sich tagsüber ausruhen und ein wenig in der Innenstadt bummeln wollte. Später habe ich ihn abgeholt und hier heraufgebracht. Seine Roben hatte er zu einem Bündel gerollt bei sich. In seinem Zimmer hier oben hat er sich umgezogen und für den Abend vorbereitet.

Die Einweihungszeremonie wird bald beginnen. Wir gehen das Prozedere zusammen durch, dann führe ich ihn durch die Menge der Gäste, die sich an diesem Abend versammelt hat, über hundert Leute, mehr als eigentlich hineinpassen, aber irgendwie haben sie alle Platz gefunden und sitzen nun dicht an dicht auf Kissen, Matten, Stühlen über den gesamten Boden des Zendōs verteilt. Wir arbeiten uns vorsichtig Schritt für Schritt zwischen ihnen hindurch bis nach vorn, wo zwei Matten für uns reserviert sind.

Der Zendō-Aufseher wartet einen Augenblick, dann schlägt er die große Glocke an. Der tiefe Klang markiert den Beginn dieses gemeinsamen Abends. Eine erwartungsvolle Stille erfüllt die alte Lehmhalle. Die Meditation beginnt.

Epilog

Ist nun »Erleuchtung« etwas Reales? Ich habe keine Ahnung, aber:

Erfahrungen, in denen Raum und Zeit verschwinden und alles sich als ein einziges Bewusstsein offenbart, oder als vollkommen formlos und leer, oder in denen wir selbst uns in einen leeren Himmel hinein auflösen, oder in denen keine Spur mehr von irgendwas, einschließlich einem Zeugen bleibt – das ist real.

Erfahrungen, die unauslöschliche, heilsame Veränderungen in der Psyche hinterlassen – real.

Mehr Liebe in sich zu spüren, mehr Anteilnahme am Schicksal anderer – real.

Anhaltende, positive Veränderungen des Charakters, also weniger Abneigung und Wut, weniger Gier und Anhaftung, eine größere Gelassenheit angesichts des Auftauchens und Vergehens von Dingen, und zugleich weniger Egozentrik – real.

Vielleicht können wir für uns beanspruchen, dass unsere Persönlichkeit durch die Praxis ein klein wenig besser wird, mehr nicht: kleine Schritte, aber sie sind genug.

Worum ging es dann die ganze Zeit?

Erstens, Peter Matthiessen hatte wohl recht mit dem, was er über »frühe Öffnungen« sagte: dass sie einem das Leben schwer machen können. Für einen Samen, der keimt und aufspringt, wäre es gut, Erdreich vorzufinden.

Zweitens, manche Menschen werden neben der Meditation noch andere Hilfen brauchen: Arbeit mit Träumen, Kognitive Therapie, somatische Arbeit, Yoga, was auch immer. Je mehr die unterschiedlichen Wege voneinander wissen und sich gegenseitig respektieren, desto so besser.

Drittens, ein gängiges Missverständnis im Westen über die Meditation ist, dass man sie für sich allein macht. Ich bin diesem Irrglauben aufgesessen und habe mich darin verheddert. Tatsächlich ist der Meditationsweg eine kollektive Unternehmung und ein Beziehungsgeschehen, jedenfalls wenn man wirkliche Fortschritte darin machen will.

Viertens: Während es für manche hilfreich sein kann, sich einer Lebensgemeinschaft anzuschließen, die nicht-westliche Bräuche, Feste, Kleidung, Ernährungsgewohnheiten und Zeitrechnungen übernommen hat, brauchen viele Menschen genau dies nicht. Es besteht keinerlei grundsätzliche Unvereinbarkeit zwischen der westlichen Kultur und der Meditationspraxis. Die zentralen Lehren brauchen nicht als exotisch dargestellt zu werden, sie sind es nämlich nicht. Sie handeln schlicht vom menschlichen Geist, Herzen und Körper.

Fünftens, meine Lehrer waren keine Deepak Chopras oder Eckhart Tolles, isoliert herausragende spirituelle Stimmen, die abseits jeglicher Linien stehen und für die die Errichtung eindrucksvoller Geschäftsimperien Teil ihrer Mission war. So sehr ich solche populären öffentlichen Lehrer und ihre Bücher schätze, bin ich doch froh, dass meine eigenen Lehrer nicht so sind. Ich war viel zu lange selbst ein einsamer Wolf, voller zähnefletschendem Misstrauen gegen alle und jeden. Genau das war mein Problem oder ein Teil davon. Wenn man bedenkt, dass es Linien von Praktizierenden gibt, die das menschliche Bewusstsein bereits seit Jahrtausenden erforschen und ihre Ergebnisse weitergeben, warum dann nicht die Weisheit ihrer gesammelten Erfahrungen empfangen? Mir hat nicht »Zen« das Leben gerettet, sondern meine Lehrer. Sie haben sich hingebungsvoll dem langen, anstrengenden Training unter ihren eigenen Lehrern gewidmet, um etwas – das Beste daraus – an andere weitergeben zu können. Und was das ist, erfährt man nicht unabhängig von Beziehung. Gewissermaßen ist es sogar die Essenz von Beziehung, und dies als eine isolierte Erkenntnis zu präsentieren, die jeder für sich selbst entdeckt, hieße, das Allerwichtigste daran zu übersehen. Zen ist beinahe ausschließlich gemeinschaftlich.

Sechstens, es gibt einen Prozess, den man als Mensch durchlaufen kann und der im Erlöschen gewisser Aspekte des menschlichen Bewusstseins resultiert. Er führt zu dem, was man im Buddhismus traditionell *prajna*-Weisheit nennt, eine Weisheit, die als »die höchste« bezeichnet wird oder, in einer anderen Übersetzung, »dem Wissen vorausgehend«. Anders ausgedrückt, eine Weisheit, die kein Wissen ist, sondern eher ein Seinszustand. Dass »Weisheit« nicht dasselbe ist wie »Wissen«, leuchtet ein, da im Lauf dieses Prozesses das Wissen selbst als einer der Schleier vor genau jener Wahrheit entlarvt wird, die die Praxis enthüllen will. Alles, was wir wissen, löst sich in nichts auf, wird als bloße Schimäre erkannt, als Nebel. Symptomatisch für diesen Shift sind: Flexibilität, das Spüren von Unterstützung und Liebe, die Bereitschaft, die eigenen Standpunkte aufzugeben, sich anderen Menschen zu öffnen, so wie sie sind, ein Gefühl tiefer Freiheit, und dass alles an seinem richtigen Ort ist, das Gefühl, Teil von etwas Unbenennbarem, jedoch höchst Lebendigem zu sein, und Teil der Menschheitsfamilie zu sein, aller lebenden Wesen, aller Schöpfung, ein Gefühl, das einen dazu anregt, hilfreich sein zu wollen. Doch es ist keine

Verwandlung von einem Zustand zu einem anderen, eher ein Shift von einem Zustand zu einem fortwährenden, immer wieder neu anmutenden Prozess. Moksha, Nirwana, Epoché (in der griechischen Philosophie das Zurückhalten von Überzeugungen), Erlösung, Befreiung, Erkenntnis, der Große Tod, Theosis (Vereinigung mit Gott), Metanoia, Erwachen: das sind vielleicht alles nur verschiedene Begriffe für ganz ähnliche Tore.

Vielleicht ist das »Selbst«, das spirituelle Traditionen befrieden, zähmen oder sogar auslöschen wollen, eine Art Potenzial, die Keimzelle eines zweiten Erwachsenwerdens, das ein Mensch durchleben kann. Durch unsere Kindheit und Jugend hindurch entwickeln wir ein Selbst, das in der Welt funktioniert. Eine erste Vernetzung unserer Nerven geschieht in unseren ersten Lebensjahren, eine zweite in der Pubertät. Mit der Zeit – häufig in der Lebensmitte, manchmal auch schon früher – fangen wir an, uns zu fragen, ob unsere Sicht des Lebens vollständig ist, oder ob da nicht noch mehr sein könnte. Während manche diese Selbsterforschung theistisch verstehen, könnte es auch sein, dass wir in Wirklichkeit die Möglichkeit eines weiteren Entwicklungsstadiums, jenseits des Selbst, berühren: nicht eine metaphysische oder kosmologische Exkursion, sondern eher ein tiefes Einbrechen in die Erfahrung des Hier und Jetzt. Einige Neurowissenschaftler sprechen von einer dritten Verdrahtung des Gehirns, welche optional ist, eine Transformation, die in den großen Weisheitstraditionen gefördert wird. Ich habe seit meinen Teenager-Jahren eine Fährte hin zu dieser Transformation aufgenommen, die ich abwechselnd mal verfolgte, mal verweigerte. Schließlich war ich dann bereit und hatte das Glück, auf gute Führer zu treffen, mit deren Hilfe ich an den Rand eines Abgrunds stolperte, an einen *point of no return*, an dem es nur noch nach vorn ging.

Siebtens: Seit diesem Moment ist mein Leben ein anderes. Mehr Frieden, Liebe, Freude. Mehr Trauer allerdings auch, dort, wo sie geboten ist, und das empfinde ich als gesund. Ich will nicht schwärmerisch oder rührselig klingen, und ohne Frage erlebe auch ich immer noch Momente von Anspannung und Ärger, doch sie sind viel seltener und kürzer geworden und gehen nicht mehr so tief. Die buddhistische Vorstellung, dass wir bereits den Samen der »Buddhaschaft« in uns tragen, erscheint mir jetzt plausibel. Wie auch immer man so einen Begriff verstehen mag, auf jeden Fall bezeichnet er eine in uns angelegte Fähigkeit zu Mitgefühl, Frieden, Liebe, Energie. Und allein schon in dieser Hinsicht kann Zen als ein Meditationsweg unter Anleitung ganz sicher helfen.

Zuletzt: Während meines gesamten Zen-Studiums hatte ich angenommen, dass Zen ganz spezifisch von jener Erfahrung handelt, die ich mit neunzehn am Strand machte. Das stimmte einerseits, und andererseits auch nicht. Zen befasst sich mit dem, was eine Person mitbringt. Wenn man also so eine Erfahrung mitbringt, dann befasst sich Zen damit. Wenn man etwas anderes mitbringt, dann befasst es sich auch damit. Tatsächlich hat Zen keine Agenda, keinen Inhalt.

Kann es eine ernsthafte, brauchbare menschliche Aktivität geben, die keine konkrete Absicht verfolgt? Das klingt ziemlich abstrus. Allerdings: In der Welt der Meister ist alles schlicht und einfach so wie es ist. Die westliche Logik dagegen gründet auf einem »Dilemma«: Entweder ein Ding ist, oder es ist nicht. Kein Ding kann gleichzeitig »A« und »nicht A« sein. Indien hingegen hat das »Tetralemma« hervorgebracht: Von einer Sache gilt, dass sie entweder ist, oder nicht ist, oder sowohl ist als auch nicht ist, oder weder ist noch nicht ist.

Dieselbe Formulierung findet sich übrigens in der Lehre des griechischen, den Skeptizismus vertretenden Philosophen Pyrrhon, der im vierten Jahrhundert vor unserer Zeitrechnung mit Alexander dem Großen nach Indien reiste. Pyrrhon sagte: »Wir sollten von jedem Ding sagen, dass es genauso viel oder wenig ist wie es nicht ist, oder dass es sowohl ist als auch nicht ist, oder dass es weder ist noch nicht ist.«

Vielleicht hat er diese Formulierung auf seiner Reise aufgeschnappt, bei der er jenen »nackten Philosophen« am Ufer des Indus begegnete, aller Vermutung nach wandernde buddhistische Asketen.

Es bedeutet, dass wir überhaupt keine festen Ansichten vertreten können, noch nicht einmal die, dass wir keinerlei Ansichten vertreten können. Platon forderte dazu auf, alle Abbilder zu überwinden, was ähnlich klingt, nur dass er an dieser Ansicht festhielt und sie mit der Zeit ein Dogma seiner Athener Akademie wurde.

Irgendwie führte mich die buddhistische Schulung wieder zurück zu meiner alten Liebe für die Griechen und deren Streben nach *eudaimonia* oder echtem Wohl-Sein. Gelehrte wie Thomas McEvilley und Adrian Kuzminski haben gezeigt, dass die gängige Trennung zwischen Ost und West, die die alte Weisheit Asiens von der Griechenlands trennt, nie so eindeutig war, wie wir immer dachten. Es gab viel Austausch und gegenseitigen Kontakt während des sechsten vorchristlichen Jahrhunderts, als Griechenland und Indien beide zum Persischen Reich gehörten. Es gibt Textbelege, wonach die Satrapen und Prinzen in Babylon ein großes Haus für »Gastgelehrte« aus dem gesamten Reich unterhielten, die dort für zwei Jahre blieben. Dichtern, Ärzten und Philosophen galt dabei das Hauptinteresse. Es ist durchaus möglich, dass die kulturübergreifenden Kontakte während dieser Aufenthalte die vorsokratische philosophische Revolution auf den Ägäischen Inseln entzündeten.

Zen ist soteriologisch. Deshalb muss man ihm irgendeine Art von Agenda zubilligen. Es will uns in gewisser Weise »retten«, und sei es auch nur, indem es uns von unserem Gepäck aus Annahmen und Vorstellung befreit. Aber es rettet uns nicht vor unheilvollen übermenschlichen Kräften, noch führt es uns in die Arme eines himmlischen Wesens. Es rettet uns nur vor uns selbst. Sein Motto könnte lauten: »Wie man sich selbst entkommt.« Es trachtet danach, uns von einer falschen Perspektive zu befreien, die auf einem Missverständnis über unser Selbst beruht: nämlich, dass es sich dabei um ein Ding handelt, dass »Ich« eine feste Einheit sei. Dabei ersetzt es jedoch keine falschen Sichtweisen durch richtige, sondern es will uns eher von allen Sichtweisen befreien. Deshalb kann man sagen, dass es keine Agenda hat.

Ich bin in einer Zeit aufgewachsen, als Männer in dunklen Kutten das schulische Leben begleiteten: Sie wurden dafür bezahlt, uns zu erinnern, dass wir, wenn wir nicht an ihre Botschaft von Blut, Todesstrafe, bösen Juden und kannibalistischen Riten glaubten, für immer in der Hölle schmoren würden. Heute erscheint es unfair, ja, grausam, so viel Schuld in junge Herzen zu gießen. In meinen ersten Jahrzehnten lebte ich bereits in den Feuern der Hölle, eines davon glomm in meinem eigenen Körper und erzeugte Blasen und Furchen auf meiner Haut. Die Hölle war für einen mit Neurodermitis geschlagenen schon da. Wenn ich den Dogmen der Pädagogen nicht gehorchte, würde ich dem nie entrinnen.

Dann wiederfuhr mir Gnade. Ohne dass ich eingewilligt hätte, irgend etwas zu glauben, fand ich an einem Strand weit weg von Zuhause Genshas eine leuchtende Perle. Es dauerte Jahre, bis jemand das erkannte und mir einen Weg wies, daraus mehr zu machen als nur einen beiläufig erhaschten Blick. Meine Zen-Lehrer führten mich geradewegs zurück ins Hier und Jetzt. Allerdings zu einem neuen Hier und Jetzt, einem, das nicht mir gehörte, sondern zu dem ich gehörte.

So stimmt es also, dass Zen keine Agenda hat. Wenn es eine Agenda oder einen Inhalt hätte, würde es seine eigene Freiheit verletzen.

Dabei gehört diese innewohnende und grenzenlose Freiheit gar nicht dem Zen. Sie gehört nichts und niemandem. Das hat sie nie und wird sie nie. Sie gehört nicht einmal uns selbst. Aber es liegt an uns, sie zu finden.

Danksagung

Ich hatte das Glück, über die Jahre hinweg vielerlei Mentoren, Lehrer, Wegbegleiter, Unterstützer und Verbündete zu haben, denen ich Dank schulde, die ich nicht gewürdigt oder womöglich nicht einmal bemerkt habe. Das tut mir leid. Ich kann an dieser Stelle unmöglich alles auflisten, was mir an Freundlichkeit wiederfahren ist, aber ich kann zumindest versuchen, jenen zu danken, die mich inspirierten, mich unterstützten oder die in diesem Buch beschriebene Reise vorantrieben. Mir ist klar, dass ich vermutlich einige vergessen werde; bitte verzeihen Sie mir, falls Sie darunter sind. Zu wenig und zu spät, aber trotzdem Dank an:

Meine Mutter, Rev. Dr. Ann Shukman, meinen verstorbenen Vater, Dr. Harold Shukman, und meine Stiefmutter, Barbara Shukman; Padre Gustavo, Speedy, Flora Papastavrou, Mahesh Yogi und Dr. Sasha Piatigorski, brillanter Gelehrter zentralasiatischer Weisheitslehren; Reverend Hewitt Wilson, Juan San Emeterio, Hotelier und Weiser von Old San Juan, Jack Everett von Shutway Quarry in Sheepscombe, Meister für Chi, Bambus und die Friedenspfeife, und Wynne MacIver, die mich in Richtung Stille schubste, lange bevor mir klar war, dass ich das brauchte;

Natalie Goldberg, George Bowman, Aidan Hart, Thich Nhat Hanh, Daido Loori, Shinzen Young und Joan Halifax, Schamanin, Anthropologin und kompromisslose Dharma-Lehrerin – allesamt unschätzbare Ratgeber, Vorbilder und Führer auf dem Weg; mein schillernder, großartiger Bruder David Shukman, und meine begnadete, tiefgründige Schwester Clare Ramos; Mish und Martin Dunne, Schwiegereltern die sich jedem Stereotyp entziehen; Ghislaine Agostini, Mimi Kaye, Adam Jacobs, inspirierende Stiefgeschwister; Mary und Eric Lloyd Wright, die in den Bergen von Santa Monica mit Freundlichkeit führten; Dr. Vickers und das gesamte Personal des Radcliffe Krankenhauses, Hilda Saenz de Deas, Malcolm Deas und der verstorbene, stets fürsorgliche, stets liebenswürdige Bill Haining.

Die in der Widmung genannten Zen-Lehrer wissen ja bereits um das Ausmaß ihrer Schnitzarbeiten an diesem hartnäckigen Holzpflock: Joan Rieck, John Gaynor, Ruben

Habito, Yamada Ryoun – danke euch allen. Vielen Dank allen frühen Leserinnen und Lesern, die so freundlich waren, Zeit und Ideen in diese Seiten zu investieren. Das wären: Bettina Lancaster, Christy Hengst, Helmut Hillenkamp, Bill Bruce, Rodger Kamenetz, Bill Broyles, Susan Heard, Granville Greene, Chris Hebard, Alex Heard, Henry Richardson (der ein paar erste Seiten schon vor ganz langer Zeit gelesen hat), James Ishmael Ford und Clare Dunne. Sowie danke an Will Palmer für sein hervorragendes Lektorat.

Weitere, die richtungsweisend für mich waren, mir halfen oder mir in sonstiger Weise unverdiente Geduld und Freundlichkeit zukommen ließen: Rory Carnegie, Flora McDonnell, Tias Little; Will Brennan, Lucie Brennan, Jan Unna, Nancy O'Connor; Katie Widlund, Tor Travis, Pancho Bourke; Peg Froelich, Rachel Belash, Gudrun Hoerig, Chris Wuest, Bradan Beech, Jay Coghlan, Kathryn Stedham, Abigail Adler; Margie und Steve Hughes, Chris Worth, Susan York und Philip Kapleau sowie alle, die über Jahrzehnte dazu beigetragen haben, Mountain Cloud zu errichten. Pete Wallis, Sandy Chubb, Meg Vaughan Fowler, Shirley du Boulay; Tom Melk, Sarah Potter und Philo Martinez von Corkins Lodge, die großzügig mehrere produktive Einsätze oben in den Bergen ermöglichte; Stefan Laeng, Kaz Tanahashi, Peter Cowdrey und mein verstorbener Großonkel Steven, Umwerfer überlieferter Geschichte.

Mentoren und Freunde der schreibenden Zunft, denen ich alles schulde, was hier zu lesen ist – danke: Douglas Dunn, Sam Willetts, Robert Boswell, dem verstorbenen und geliebten Jay Ramsay und Tony Hoagland, Neil Rollinson, Robin Robertson, Anne Stevenson, Pico Iyer, Stewart Wills, Hamish Robinson, Jonathan Carr, Dave Swann, Rob Wilder, Toni Nelson und Mc McIlvoy.

Für anderweitige Hilfe Dank an: Harvey Karman, Marc Bregman, Albert Ellis, Sue Scavo, Bill St Cyr und Bill Smythe.

Besonderer Rank an Anne Edelstein, dafür dass sie sich für dieses Projekt eingesetzt hat, für die umsichtige Führung beim Überarbeiten und dass sie es Jack Shoemaker vorlegte, dem ich allen Dank dafür schulde, dass es realisiert wurde; sowie an Jennifer Alton, Yukiko Tominaga, Jordan Koluch, Hope Levy und Sarah Jean Grimm von Counterpoint.

Danke, Peter Weiss. Wenn wir uns nicht an jenem Vormittag im September auf eine Tasse Tee im Teahouse zusammengesetzt hätten, wer weiß, ob dies hier dann entstanden wäre.

Zuletzt und am allermeisten gilt mein Dank meiner eigenen Familie: Stevie und Saul für ihre grenzenlose Inspiration, und Clare, für deine immense Geduld, Unterstützung und Liebe.

Über den Autor

Henry Shukman ist gebürtiger Brite und lebt heute in Santa Fe, New Mexico. Dort war er Mitgründer des Mountain Cloud Zen Center und ist Co-Leiter des Rio Grande Mindfulness Instituts. Als Dichter und Schriftsteller wurde er mit Preisen ausgezeichnet. Er ist Zen-Meister der Sanbōzen-Linie, sowie spiritueller Leiter des Mountain Cloud Zen Centers. Für mehr Information besuchen Sie seine Webseite https://henryshukman.com/.

Arbor Verlagsprogramm

Umfangreiche Informationen zu unseren Themen, ausführliche Leseproben aller unserer Bücher, einen versandkostenfreien Bestellservice und unseren kostenlosen Newsletter. All das und mehr finden Sie auf unserer Website.

www.arbor-verlag.de

Mehr von Henry Shukman:

www.arbor-verlag.de/henry-shukman

Arbor Seminare

Die gemeinnützige *Arbor-Seminare gGmbH* organisiert regelmäßig Seminare und Weiterbildungen mit führenden VertreterInnen achtsamkeitsbasierter Verfahren. Zudem informiert sie über aktuelle Entwicklungen in diesem Bereich und trägt Achtsamkeit auf diese Weise nachhaltig in die Gesellschaft. Nähere Informationen finden Sie unter:

www.arbor-seminare.de

Arbor Online-Center

Mit dieser Plattform hat Arbor einen virtuellen Ort der Inspiration und des Lernens rund um das Thema Achtsamkeit geschaffen. Lernen Sie die Autor*innen unserer Bücher und die Referent*innen unserer Veranstaltungen kennen: in Interviews, Vorträgen, Meditationsübungen, Webinaren, Podcasts sowie Online-Kursen und zahlreichen weiteren Ressourcen.

www.arbor-online-center.de